KB041986

비트겐슈타인의 철학

비트겐슈타인의 철학

언어의
마법에 대한
하나의 투쟁

이영철 지음

책세상

|차례|

일러두기

1. 이 책에서 인용하는 비트겐슈타인의 문헌들은 인용문헌에 있는 약어들을 사용한다.

2. 이 책에서 문헌들의 쪽수를 표기할 때 '쪽'은 우리말 문헌(번역 포함)의 쪽수, 'p.'
   는 영어, 독일어 등 외국문헌의 쪽수를 나타낸다. 가령 'BGM p.xx'는 참고문헌에
   'BGM'으로 약칭된 원서(3판)의 xx쪽, 'BGM xx쪽'은 그 책(2판)의 우리말 번역서의
   xx쪽을 나타낸다.

3. (3쇄 교정본) 비트겐슈타인 선집으로부터의 인용은 해당 선집의 최근 수정된 내용
   들로 교체했고, 연관된 본문의 표현들도 조정했다. 그리고《철학적 탐구》2부의 인
   용은 개정4판에 따른 수정번역의 절 표시에 따랐다.

머리말

    여기에 지난 십수 년 동안 비트겐슈타인의 철학에 관해 쓴 나의 논문들을 모아 다듬어 한 권의 책으로 낸다. 원래부터 책으로 묶어 낼 요량으로 시작한 글들은 아니었지만, 몇 편의 글을 쓰고 나니, 잘하면 언젠가 책으로 묶어 낼 수도 있겠다는 생각이 들었다. 그리고 그런 생각은 점차 그렇게 하고 싶고, 해야겠다는 소망 내지 욕심 같은 것으로 바뀌었다. 그때부터는 글을 쓸 때, 비록 그 자체로는 여전히 독립성을 지니는 논문들이지만, 주제 선정이나 글의 스타일에서 한 권의 책으로 묶어 냈을 경우의 모습을 그려보면서, 그 경우에도 어울릴 수 있게끔 신경 쓰면서 글을 쓰게 되었다.

    이왕 비트겐슈타인에 대한 책을 낸다면, 나는 내 연구가 한 철학자의 철학 전반에 대한 연구로서 어느 정도 구색은 갖춘 그런 것이 되길 바랐다. 아마 이는 내가 2006년에 7권의 비트겐슈타인 선집을 낸 일과도 무관하지 않을 것이다. 번역된 선집뿐 아니라 그 번역에 이르기까지 그 동안 공부한 토대 위에서 나는 그에 관한 연구서 하나쯤은 남기고 싶었고,

또 남겨야 마땅할 듯싶었다. 그러나 나는 가능하면 비트겐슈타인 철학의 특정 시기나 특정 측면이 아니라 전체 시기와 전체 모습을 요점적으로 살피는 가운데 그의 철학의 의의를 살피고 싶었다. 이것은 자연히 선집에 추려진 비트겐슈타인의 저술들을 비교적 골고루 다루는 방향으로 나의 작업을 이끌었다. 물론 그렇다고 이 연구들이 선집에 나타난 비트겐슈타인의 주요 고찰들을 다 다룬 것은 아니며, 또 한편으로는 여기서 다루어진 그의 생각들이 선집에 실린 글들에 한정되는 것만도 아니다. 나의 연구는 결국은 비트겐슈타인이라는 철학자의 사상 중 내가 관심을 갖고 또 다룰 수 있는 것들을 다룬 게 될 것이다. 다만, 비록 그것들이 그렇게 제한적일 수는 있지만, 나는 그것들이 그의 사상을 이해하는 데 기본적으로 중요한 점들에 속한다고 믿는다.

《철학적 탐구》머리말에서 비트겐슈타인은 자신의 책을, 광대한 사고 영역을 종횡무진으로, 모든 방향으로 편력하는 얽히고설킨 긴 여행에서 생겨난 다수의 풍경 스케치들을 담고 있는 하나의 앨범에 비유했다. 거기에 실려 있는 그림들을 어떤 식으로 배열하고 종종 가위질하면, 그것을 보는 사람에게 하나의 풍경 사진을 줄 수 있는 앨범. 이러한 비유는 그 책뿐 아니라 그의 나머지 글들 대부분에도 적용될 수 있을 것이다. 나의 연구들은 기본적으로, 그가 남긴 사고 여행의 앨범 또는 앨범들로부터 그가 말한 방식에 따라 그가 본 풍경들을 재현해 보려는 이런저런 시도들이라고 할 수 있을 것이다. 물론 그것들은 틈새 없이 하나로 이어진 활동사진과 같은 것이 되지는 못하였다. (그와 같은 것을 만들려는 것은, 비트겐슈타인에 따르면, 그의 사고 경향에 반하는 것이기도 하다.) 나는 다만 그의 여행에서 핵심을 이루는 지점들이라고 여겨지는 곳들을 선택적으로 클로즈업하여 살펴보면서 그의 여행이 지향했던 바를 나름대로 조망해 보려 애썼다.

그의 풍경 스케치들은 깨끗하고 경치 좋은 산이나 바다로의 한가로운 여행의 결과라기보다는 오히려 눈에 띄지 않는 (철학적) 공해들로 둘러싸인, 그러나 그 속에서 우리의 많은 삶이 이루어지고 있는 혼탁한 도시 같은 지역으로의 여행의 산물이라고 할 수 있을 것이다. 안개인지 스모그인지, 아마도 아주 예민하고 예리한 정신의 소유자가 아니면 구별하여 파악할 수 없는 문제들로 고통 받고 있는 사고 영역의 풍경들. 비트겐슈타인은 분명 자신의 스케치들이 우리의 사고 영역에 낀 오염들을 우리가—그 오염원에 대한 자각과 함께—치료하는 데 도움이 되기를 바랐다고 할 수 있다. 그에 따르면, 그 오염들은 우리 자신을 마술적으로 사로잡는 잘못된 언어 사용, 즉 언어의 일상적 사용을 넘어서는 철학적, 형이상학적 오용(초-사용)과 같은 것에서 비롯된다. 따라서 문제는 오직 우리 언어의 올바른 문법에 대한 탐구에 의해 그 숨겨진 마술들을 명백히 드러내고 그러한 마법에 걸려드는 일이 벌어지지 않게 우리의 사용을 교정(矯正)해야만 사라질 수 있다. 이것은 우리의 언어 자체를 어떤 이상적 틀에 맞춰 개조하는 것과는 다른 일로서, 그는 철학적 문제들의 해결을 "마법의 성에서는 마술적으로 보이는데 대낮에 밖에서 바라보면 단지 보통의 철 조각(또는 그런 어떤 것)일 뿐인 동화 속의 선물"에 비교한 바 있다. 그 해결은 그러므로 어찌 보면 마법에서 풀려나듯 한순간에 이루어질 수 있는 일처럼 보일 수도 있다. 그러나 사실 그 마법의 뿌리는 우리의 언어 사용에 너무나 깊이, 병적으로 박혀 있어, 그것을 근절하는 일은 매우 지난한 일이다. 비트겐슈타인이 어떤 점에서 본받고자 했던 니체는 일찍이 그러한 일을 "지금까지 인간을 마음대로 해 왔던 모든 폭력 가운데서 가장 큰 폭력"에 맞서는 일로 규정한 바 있다. 그만큼, 우리의 언어 사용을 어떤 식으로 바로잡는 것은, 그런 사용 방식들을 허용한 우리의 삶과 문화가 있었다는 사정을 고려할 때, 근본적으로는 우리의 삶과 문화 전체를 바꿔야 가능한 (거의 불가능해 보이는) 일이기도 하다. 그러나 그것이 그렇게 바뀌는 한에서, 우리의 세계는 그만큼 건강한 삶과 문화를 지닌 세계가 될 수 있다. 실로, 비트겐슈타인이 처음부터 일관되게 바랐던 것은 바로 그렇게 철학적 문제들을 낳는 병적 경향들이 우리스스로의 자각으로 치료되고, 결국에는 그러한 문제들을 치료하는 철학자체도—치료할 문제들이 더 이상 발생할 일이 없기 때문에—불필요하여 사라지게 되는 세계, 그러나 오히려 건강한 의미들로 우리의 삶이 충만하여 빛나는 세계였다고 할 수 있을 것이다.

이 책에서 나는 내 나름으로 파악한 비트겐슈타인의 사상 전체의 이러한 지향점을 염두에 두면서 작업했지만, 사실 그 지향점은 어느 선을 넘어서면 그리 투명하지 않고 여러 곳에 상당한 안개가 끼어 있다. 나는 그안개 속 저편의 모습과 그리로 이어지는 길들을 그려보기도 했지만, 그것들은 말 그대로 '안개 속의 풍경'일 뿐이다. 명료성을 추구한 비트겐슈타인의 작업 자체 속에 그처럼 안개가 끼어 있다는 것은 아이러니처럼보일 수 있다. 그러나 그의 명료화 작업은 처음에는 말하자면 스모그와함께 안개까지 혐오하는 형국에서 안개를 스모그와 구별하여 자연스러운 현상으로 받아들이는 방향으로 나아갔다. 그러므로 그의 여행 앨범에남겨진 스케치들이 우리에게 궁극적으로 보여 주려 한 것들 가운데에는언제나 선명한 풍경들만이 있는 게 아니라 안개 속의 풍경들도 포함되어있으며, 그 속을 걸어간 그의 행적 역시 일정 정도 안개에 휩싸여 있을수밖에 없다. (그리하여 급기야 어느 지점에 이르러서는 우리가 그를 거의 따라갈 수 없을 정도가 되기도 한다.[1]) 나는 다만 그 안개 사이로 언뜻언뜻 보이기도 하는 비교적 선명한 풍경들을 통해, 그가 안개 속을 헤치며 우리를 인도하여 데려가고자 했던 곳들을 나름대로 추측하며 조금이나마 뚜렷하게 해 보려 했을 뿐이다. 그 과정에서 나 자신이 혹 안개 속에서 헤맨 바가 있었다 해도, 나는 그것이 적어도 또 다른 스모그 속으로 들어가는 것은 아니라고 믿었고, 그래서 비교적 안심하고 즐겁게 거닐 수 있었다고 말하고 싶다.

그러나 여기 모인 글들 사이의 십수 년에 이르기도 하는 간격은 그 헤맨 정도에서 역시 각각의 글 사이에 어떤 차이를 남기고 있다고 하지 않을 수 없을 것이다. 그리고 어쨌든 그것들은 처음부터 전체적으로 하나의 계획된 구도 속에서 쓰인 글들은 아니기 때문에, 그것들의 단순한 모음은 하나의 책으로서는 아무래도 짜임새에서 각 장을 이루는 글 사이에 다소 연결이 부족하거나 일부 중복되는 면이 없다고 할 수 없을 것이다. 이런 점들을 없애거나 줄이기 위해 아예 지금 시점에서 그 모든 글을 다시 풀어서 내는 것이 어떨까 하는 생각도 해 보았고, 또 언젠가 그런 권유도 받아 보았다. 그것이 아무래도 딱딱하고 또 편차가 있는 논문들의

---

1 이는 그의 철학의 요체가 말하자면, "철학의 구름 전체는 한 방울의 언어 규범으로 응축된다"고 한 그의 말에서 볼 수 있듯, '구름을 잡는' 데 있다는 점에서 비롯된다고 (말장난) 할 수 있을까? 그가 철학의 구름을 한 방울의 언어 규범(즉 문법)으로 응축해 잡는 과정은 어떤 사람들에겐 그야말로 '구름 잡는' 이야기, 아무리 흉내 내려 해도 따라 하기 힘든 어떤 ('펑'하는 연기와 함께 이루어지는) 마술과 같은 느낌을 자아낼 수 있다. 그리고 그 느낌은, 한 방울의 언어 규범으로 화(化)한 철학의 스모그 구름에도 불구하고 그 구름들은 다 어디로 갔을까 하는 일말의 의구심과, 또 한편으로는 그 구름들이 사라진 현실에서 우리는 그 다음 어디로 가고 무엇을 해야 하나 하는 전망의 막연함과 함께할 수 있고, 그리하여 사람을 당혹스럽게 할 수 있다.

모음으로 이루어진 책보다는 훨씬 더 읽기가 나을 것이기 때문이다. (첫 번째 글을 제외하면 여기 실린 글들은 모두 전문 학술지에 발표된 논문들이 다.) 그러나 그것은 독자를 생각한다면 분명 바람직할 수도 있지만, 나로 서는 아무래도 내키지 않는 일이었다. 왜냐하면 이미 발표되어 있는 내 용을 단순히 읽기 좋게 풀어쓴다는 것은 나 자신에게는 더 이상 근본적 으로 어떤 새로운 의미를 갖는 작업이 될 수 없고, 따라서 즐거운 일이 아니라 지겨운 일이 될 공산이 크기 때문이다. 게다가 이 일마저도 제대 로 하려면 노력은 노력대로, 아마도 거의 처음부터 새로운 저서를 쓰는 만큼 에너지가 들 뿐 아니라, 내가 더 많은 독자를 염두에 두면 둘수록 그 결과는 자칫 어정쩡하게 개괄적인 소개서나 해설서로 변질될 가능성 이 있기 때문이다.

나는 결국 원래의 글들을 거의 그대로 살리되, 다만 지금의 시점에서 나의 글들 일부에 필요해 보이는 수정보완을 하는 선에서 타협하기로 했 다. 이러한 타협은 어떤 면에서 이기적이고 지겨움을 참지 못하고 그러 면서도 일말의 허영심—빨리 뭔가를 보여 주고 싶은—이 없다고 할 수 없는 나로서는 이미 예정된 것이었을지도 모른다. 그러나 나는 이에 대 해 다음과 같은 좀 오만해 보일 수도 있는 변명으로 나 자신을 합리화했 다: 나의 지금 이 글들이 이미 읽을 만하지 않다면, 그것들을 가지고 아 무리 용을 써도 의미 있는 책이 되지는 않을 것이다. 그러나 그것들이 읽 을 만하다면, 그것들은 더 이상 어찌하지 않아도 (거의) 그 자체로 읽힐 수 있어야 한다. 옛말에 "사향이 있으면 자연히 향기롭거늘, 어찌 꼭 바 람을 마주해 서겠는가(有麝自然香, 何必當風立)"라고 하지 않았는가. 비록 사향에 비교될 수 있는 것은 원래 비트겐슈타인의 생각들이고 내 글 자 체가 아니겠지만, 어쨌든 그의 생각들에 대해 논하는 내 글에 뭔가 읽을 만한 것이 스며들어 있다면, 내 글 역시 굳이 표를 내려 애쓰지 않아도 자연히 누군가가 그것을 알아 줄 것이다. 나에게 아직 에너지가 남아 있다면, 그것이 쓰여야 할 곳은 아마 다른 곳이어야 할 것이다.

　내가 원래의 글들[2]에서 수정하거나 보완한 부분은 여러 군데이지만, 1장 4절이 새로 추가된 것을 제외하면, 기본적으로 동일한 논지에서 글을 더 명료화하기 위한 것에 지나지 않는다. 그리고 몇몇 장(2장, 4장, 6-9장)의 원래 글에는 절들에 번호만 있고 제목이 없었는데, 여기서는 책으로서의 모양새를 고려해 제목들을 달았다. 아울러, 문헌 인용 방식 등과 같은 형식적인 문제에서 효율성과 통일을 기했다. 각 장을 이루는 원래의 글들에서 수정된 점들을 밝히자면 다음과 같다.

　1장의 경우는 우선 이 글에 어울릴 만한 제사(題詞)를 새로 넣었으며, 원 글에서 들어가는 말에 해당되는 부분을 1절 앞부분에 통합하면서 수정했고, 같은 절의 마지막 두 단락을 수정해 통합했다. 그리고 2절은 각주 3을 추가하고 전반적으로 여러 단락을 조금씩 고쳤다. 4절("문법적 탐구로서의 철학")은—이것은 내가 2008년 5월에 행한 한 강연을 위해서 추가했던 것을 이번에 약간 더 손 본 것인데—전체가 새로 추가된 것이다. 그리고 원래의 4절과 5절은 순서를 바꿔 이제 각각 수정된 제목으로

2　그것들이 실렸던 곳은 다음과 같다. 1장:《창작과 비평》제112호(2001년), 375-397쪽(원제는 "50주기에 새로 보는 비트겐슈타인의 철학"); 2장:《철학적 분석》제10호(2004년), 25-50쪽; 3장:《철학사상》제46호(2012년), 185-224쪽; 4장:《논리연구》제11집(2008년), 59-91쪽; 5장:《철학사상》제57호(2015년) 171-202쪽; 6장:《철학적 분석》제15호(2007년), 159-180쪽; 7장:《철학적 분석》제22호(2009년), 25-49쪽; 8장:《철학》제109집(2011년), 229-261쪽; 9장:《철학적 분석》제22호(2010년), 105-137쪽; 10장:《철학연구》제102집(2013년), 87-119쪽; 11장:《철학》제118집(2014년), 111-137쪽.

6절과 5절이 되었고, 이 중 일부 단락도 수정되었다.

2장의 경우는 2절의 일부를 수정하고 3절의 마지막 두 단락과 5절의 중후반 부분을 새로 다듬었다.

3장은 2, 3, 4절에서 《논고》의 한 핵심 낱말('vertreten')의 번역어를 바꿨고, 이에 따른 조정을 했다. (이는 4장의 관련된 대목들에도 해당된다.) 그리고 5절 끝에서 세 번째 단락 중간의 괄호 속 부분을 수정했고, 7절에서 《논고》 6.43의 번역과 관련하여 수정(및 그에 따른 약간의 문구 조정)을 했으며, 각주 47을 수정했다.

4장은 2절을 좀 더 세분하여 소절들로 나는 것 외에는 일부 표현을 간단히 바꾸거나 삽입하는 데 그쳤다.

5장은 원래의 글에서 지면 관계상 뺐던 1절의 각주 2를 되살리고 2절 두 번째 단락의 중간 부분에 한 문장을 삽입하고 약간 수정한 것 말고는 원 글과 같다.

6장은 2절의 세 번째 단락을 각주 1과 함께 수정, 보충했고, 3절의 마지막 단락에서 각주 6을 추가하고 각주 8을 수정했다. 그리고 4, 6절에서 약간의 표현을 수정했으며, 7절의 중후반부와 8절의 전반부를 다시 다듬었다.

7장은 1, 2절에서 약간의 표현들을 다듬은 것 외에, 3절에서 각주 6과 10을 추가하고 8의 내용을 보충했으며, 또 6절 첫 단락과 마지막 단락을 약간 수정했다.

8장은 원 글의 각주 26(현재는 25)을 다듬었고 각주 27, 28, 33, 34를 추가했다.

9장은 1절의 끝에서 2번째 단락 일부와 2절 중간 부분을 수정했고, 4절에서 각주 12를 추가하고 각주 13을 다듬었으며, 5절의 두 번째 단락을 약간 다듬었다.

10장은 (3장 7절에서와 마찬가지로) 1절에서 인용된 《논고》 6.43 번역의 일부 표현을 수정하고 이에 따라 연관 표현들을 조정했으며, 3절 후반부 일부와 4절 각주 25의 일부를 수정했다.

11장은 제사를 넣고, 중간 부분의 두어 단락에서 표현을 약간 수정했으며, 각주 34)에서 한 문장을 추가했다. 그리고 본문 맨 마지막에 각주를 하나 추가하였다.

돌이켜 보면, 십수 년에 걸쳐 쓴 글이 철학자로서 근본적으로 독창적인 생각이 아니라 해석적인 작업에 머물러 있다는 것과, 그나마 그 양조차 잘해야 일 년에 논문 한 편 꼴로 빈약하다는 것에 자괴감을 느낀다. 그러나 이것이 비록 내가 최선을 다한 결과라고 할 수는 없어도, 어쨌든 내가 그 동안 내 능력과 처지에서 할 만큼 한 결과이다.[3] 다만 나는, 비록 해석적인 차원에서이지만, 여기에 아주 새로움이 없지는 않다고 믿는다.

---

3   나는 내가 아주 독창적인 철학자가 될 것이라거나 되어야 한다는 생각을 일찍이 버렸다. (더 나아가 이른바 철학사에 남을 만큼 뛰어난 철학자는 그 수가 적을수록 사람들의 골머리를 앓게 하는 일을 덜어 주어 좋지 않은가 하는 생각까지 지니게 되었다. 그리고 그 수준에 못 미치는 어중간한 철학자들은 당연히, 스스로 알아서, 쓸데없이 글을 많이 남기지 않는 것이 좋다는 생각도.—이것이, 철학을 오래 하면 지혜가 느는 것이 아니라 궤변만 는다는 인상을 사람들에게 주지 않기를! 왜냐하면 어쨌든, 내가 이해하는 비트겐슈타인의 생각에 따르더라도, 우리는 (더 나아가) 일상적 사유와 구별되는 특출한 사유를 하는 존재로서의 철학자가 따로 있지 않게 되는 삶의 형태를 추구해야 할 테니 말이다.) 나는 내가 별 수 없이, 니체가 진정한 철학자와 대비시켜 (생산 능력 없는) 노처녀나 심지어 노예에 비유하면서 비아냥거린 전문적 '학자' 혹은 '철학적 노동자'로 머물게 될 것 같은 예감을 지니곤 했다. 이제 나는, 진정한 철학자가 키워지기 위해서는 그에게 종사하는 철학의 학문적인 노동자들이 머무르는 그 모든 단계에 그 스스로도 한 번은 머물러야 한다는 역시 니체의 말을 그나마 위안으로 삼으면서, 학자적 차원의 글이라도 제대로 남길 수 있다면 좋겠다고 생각하고 있는 편이다.

그러한 부분들이 어떻게 평가될 수 있을지는 물론 여러 고명한 독자들의 진지한 검토와 논의를 더 기다려 보아야 할 것이다.

나의 이 연구물에 대해서 나로서는 일말의 부끄러움과 미심쩍음을 완전히 떨쳐버리지는 못하였다. ('혹 나는 별 향기롭지도 않은 냄새를 굳이 풍기기 위해 바람을 마주해 서 있는 것은 아닌가?') 하지만 이것을 어떤 식으로 더 마음에 들게 개선하는 것은 적어도 이제 나에게 주어진 시간 안에서는 무리라고 보이는 이상, 이 정도로 나는 만족해야 할 것 같다. 그러나 나는 이 정도의 결과를 내는 것조차도 물론 순수하게 나 혼자만의 능력에 의해서가 아니라 많은 이들의 도움으로, 또는 어쨌든 많은 이들과의 인연 속에서 이루어졌다는 것만큼은 분명히 알고 있고 또 말하고 싶다. 나에게 가르침을 주었던 여러 선생님들, 나의 글들에 이런저런 평을 해준 철학계의 선후배 동료들, 나와 같이 공부해온 제자들에게 감사드리며, 그 이전에 무엇보다 먼저 나의 가족, 특히 부모님과 아내에게 고마움을 표하지 않을 수 없다. (그 고마움은 나에게 혹 더 많은 것을 기대했던 이들에게는 미안함을 포함한 것이기도 하다.) 그리고 분명 상업적 이득이 별로 기대되지 않을 터인 이 책을 아마도 내가 번역한 비트겐슈타인 선집을 기왕에 냈던 인연 때문에 출판을 떠안았을 책세상 출판사에도—어쨌거나, 그리고 미안한 마음과 함께—감사를 드린다.

2016년 12월,

금정산 자락에서

1

비트겐슈타인의 철학

말은 (항해도를 보듯) 정확하게 해야 해, 안 그러면
애매모호한 표현이 우릴 망가뜨릴 거야.
— 《햄릿》, 5막 1장

내 너에게 차이들을 가르쳐 주마.*
— 《리어왕》, 1막 4장

---

* 비트겐슈타인은 한때 이 대사를 《탐구》의 모토로 사용하려고 했다고 한다. 여기서 '차이들'은
원 맥락에서는 신분상의 차이들이다. 그래서 이 대사에 대해서는, "어느 안전이라고 감히"와 같
은 식의 번역도 존재한다.

1. 비트겐슈타인의 삶과 철학 스타일

비트겐슈타인은 지난 세기를 마감하면서 《타임(*Time*)》지가 선정한 '20세기를 대표하는 인물들'에 철학자로서는 유일하게 들었을 만큼 현대 철학을 대표하는 인물이다. 그러한 선정의 공정성에 이의를 제기한 사람들도 있었고 또 여전히 있을 것이다. 그가 20세기 현대 철학의 대표적 인물 가운데 한 사람인 것은 분명하지만, 과연 그가 유일한 대표자일 수 있겠는가? (그것은 지나치게 영·미적 시각에 따른 평가가 아닌가?) 그러나 그것이 단순히 철학자의 사상만이 아니라 그 사상을 지니고 산 사람에 대한 평가이기도 하다면, 그러한 선정이 그리 잘못된 것은 아니라고 할 수 있을 것이다. 그러니까, 비트겐슈타인에게 그러한 영예로운 평가를 안겨준 것은 단순히 그의 철학 자체만이 아니라 철학자로서의 그의 독특한 삶과 스타일이 불러일으키는 강한 매력과 흥미에도 있을 수 있다는 것이다. 그에 관한 다수의 전기들은 물론, 그와 직·간접적으로 관련된 영화·소설·시·음악 등이 일종의 증후군처럼 존재한다는 사실—아마도 니체나 마르크스 정도를 제외하고 다른 철학자들(현대 철학자는 물론이고)에게서 찾아보기 힘든 현상—이 이를 증거한다고 할 수 있다.

비트겐슈타인의 삶은 철학자로서는 드물게 꽤 극적인 요소들을 갖추고 있다. 그는 오스트리아-헝가리 제국의 수도 빈의 당시 최고 부호 가운데 하나였던 집안에서 태어나 어린 시절을 26명의 가정교사와 7대의 그랜드 피아노를 둔 귀족적이고 예술적 분위기 속에서 보내다가, 부친의 사업 후계자 양성과 관련된 기술교육의 일환으로 린츠의 실업고등학교—나중에 히틀러가 입학하여 같이 다니게 되는—에 보내진다. 그 후 그는 독일의 베를린과 영국의 맨체스터에서 공학을 공부하다 케임브리지에서 러셀을 만나 철학으로 전향하게 된다. 1차 세계대전이 발발하자 그는 자원입대하여 무공훈장을 받을 정도로 용감히 싸우다가 포로가 되는데, 그 와중에 《논리-철학 논고》가 완성된다. 그러나 전후에 그는 부친의 죽음으로 받았던 막대한 유산을 포기함과 아울러 철학을 그만두고, 시골 초등학교 교사, 수도원 정원사, 건축가 등으로 전전한다. 그리고 그렇게 철학으로부터 10여 년의 공백기를 가지다가 다시 돌아와 새로운 방향의 철학을 하게 되는데, 그 대표적인 결실이 그의 사후에야 출판된《철학적 탐구》이다.

유태계였던 그는 히틀러의 나치 정권이 오스트리아를 합병하자 독일 국민이 되기를 거부하고 영국 국적을 택해 케임브리지 대학에서 G. E. 무어의 후임으로 교수가 된다. 교수 시절 그는 독특한 강의 스타일로 유명했고 인기도 있었다. 그럼에도 불구하고 그는 강단 생활이 싫어 러시아(당시는 소비에트 연방)에 노동자로 취직하러 가기도 하였다. (러시아는 노동자가 부족하지 않았기 때문에, 그에게 철학 교수 자리를 제안했고, 이에 비트겐슈타인은 실망하여 원래의 자리로 되돌아온다.) 이런 비교적 잘 알려진 일화들 외에도, 그의 동성애 관계를 둘러싼 논란, 그리고 최근에는 심지어 히틀러의 반유태주의의 동기가 그가 학창시절 보았던 비트겐슈타인에 대한 반감에서 비롯되었으며, 또 비트겐슈타인은 러시아 방문 후 제3인터내셔널의 첩자로 히틀러에 대항하여 활동했다는 알 수 없는 주장까지, 그의 삶과 관련된 이런저런 이야기들이 계속해서 사람들의 관심

을 끌고 있다.[1]

철학자 비트겐슈타인의 삶이 이채로운 만큼, 그의 철학 스타일도 역시 이채롭다고 할 수 있다. 그의 글들은 우리가 대부분의 다른 철학자의 저서나 논문에서 흔히 보는 것과 같은 형식으로 되어 있지 않다. 그는 자신의 사유들을 논변 형식으로 단선적으로 표현하지를 않고, 그가 '소견들'이라 부른 대체로 짤막한 고찰들을 통해 마치 입체파 화가처럼(또는 몽타주 기법을 사용하는 영화감독처럼) 중첩적으로 담았다. 그는 이러한 스타일이 문제들을 여러 방향에서 가로질러 고찰하는 자신의 탐구의 본성에 어울린다고 보았다.

그러므로 그의 글은 종종 읽기가 쉽지 않다. 그 어려움은 우리가 입체파의 그림을 대할 때 느낄 수 있는 낯섦 또는 난해함과 비슷하다고 할 수 있을 것이다. 우리는 주어진 것을 그대로 편안하게 받아들이기만 하면 되는 게 아니다. 주어진 것은 기본적으로 어떤 단편적 장면들의 이상해 보이는 집합에 불과하고, 온전한 모습은 우리 스스로가 그것들로부터 유기적으로 구성해 내지 않으면 안 된다. 따라서 우리 스스로도 사유하지 않으면 안 된다. 우리는 마치 어떤 수수께끼를 풀듯 사유하고, 뿐만 아니라 그 과정에서 우리의 보는 관점 자체를 바꾸지 않으면 안 된다. 한마디로, 그의 글은 우리 스스로도 철학하지 않으면 따라가기가 힘들다.

그의 글을 읽기가 쉽지 않은 것은 그러므로 그의 글에서 어떤 논리의 비약이나 명료성의 결여, 또는 난해한 전문 용어들의 사용과 같은 것이 있기 때문은 아니다. 오히려 그의 글은 독일어 철학 문장으로서는 거의

---

1 비트겐슈타인의 전기로는 Monk(1990)이 훌륭하다. 비트겐슈타인의 동성애 문제는 Bartley III(1986)에서, 그리고 그의 히틀러 반유태주의 동기와의 연관설 및 그의 소련 첩자설은 Cornish(1998)에서 제기되었다.

예외적이라고 할 만큼 매우 간결하고 투명한 명료성을 지니고 있다. 그의 소견들은 종종 경구처럼 함축적인 게, 니체를 연상시키기도 한다. 그리고 후기의 글들에서 보이는 비전문적인 일상어의 사용에 의한 (내면적) 대화 구조는 플라톤을 연상시키기도 한다. 그러나 비트겐슈타인 자신은 자신의 문체가 프레게로부터 강하게 영향 받았다고 말한다(Z § 712).

사실 명료성은 비트겐슈타인의 철학이 추구하는 주요 목표에 속하는 것이었다. 그러므로 그의 글이 명료해야 하는 것은 당연하다고 할 수도 있다. 그러나 그 명료성이 우리를 괴롭히는 혼란스러운 철학적 수수께끼들과의 지루한 씨름의 장에서 발견될 때, 그것은 특별한 느낌으로 와 닿는다. 우리에게 그것은 끝없는 철학적 물음들의 절망적 미로에서 마주치는 한 줄기 밝은 빛과 같을 수 있다. 그것은 오랜 철학적 번뇌의 매듭들을 명쾌하게 풀어내는 마술 같아 보이고, 그리하여 그의 '소견들'은 마치 깨달은 자의 법어처럼 느껴질 수도 있다.

그리고 이런 점들은 그의 글을 거의 예술적인 것으로 만든다. 언젠가 비트겐슈타인은 "철학은 본래 오직 **시(詩)로 써져야** 하리라"고 쓴 바 있다(CV 68쪽). 물론 (시에 대한 통상적인 관념에 비추어 볼 때) 그 자신은 그렇게 하지 못했다. 그러나 그의 글의 특출한 투명성과 함축성은, 그가 드는 수많은 예과 비유의 참신함 내지는 기발함과 함께, 그의 글에 어떤 독특한 매력, 아마도 예술성을 부여한다고 할 수도 있다.[2]

---

2 데릭 자먼 감독의 영화 〈비트겐슈타인〉(1993)을 위한 대본의 서론에서 테리 이글턴은 비트겐슈타인을 '시인과 작곡가, 극작가, 소설가의 철학자'(p.5)로 기술한다. Perloff(1996)는 비트겐슈타인의 글들에 깃들어 있는 시적 성격에 주목하면서, 그것들이 현대시와 그 해석에 대해 가지는 중요성을 다루고 있다.

요컨대, 비트겐슈타인의 독창성과 천재성은 그의 스타일에서 이미 드러난다. 그의 글은 공학도 출신다운 치밀성과 명료성을 지니면서도 동시에 예술가적 개성을 지니고 있다. 비트겐슈타인 자신도 자신의 특출한 독창적 재능을 알고 있었다. 그러나 그는 자신이 지닌 독창적 재능의 본성을 "토양의 독창성이지 씨앗의 독창성은 아니"(CV 90쪽)라고 (겸손하게?) 보았다. 그는 자신이 받아들인 씨앗들로, 볼츠만, 헤르츠, 쇼펜하우어, 프레게, 러셀, 크라우스, 로오스, 바이닝거, 슈펭글러, 스라파 같은 사람들을 꼽으면서, 자신의 재능은 스스로 사유 노선을 창안해 내는 데 있지 않고, 누군가에 의해 주어진 것을 받아들여 명료화하는 '재생산적' 작업에 있다고 보았다. (그리고 흥미롭게도, 그는 이러한 재능을 유태인의 본성과 결부시킨다.) 자신이 창안하는 것이 있다면, 그것은 새로운 비유들이라고 그는 말한다(CV 48-49쪽).

2. 비트겐슈타인의 전기 철학: 《논리-철학 논고》[3]

비트겐슈타인의 사상은 크게 두 번에 걸쳐 열매를 맺었다. 그것은 《논

---

3 원래 'Logisch-Philosophische Abhandlung'이란 제목으로 1921년 오스트리아의 한 철학지에 수록되었다가 1922년 영국에서 독-영 대역본으로 출판되면서 책 제목이 (G. E. 무어의 제안으로) 라틴어로 'Tractatus Logico-Philosophicus'라고 개칭되어 오늘날 이 이름으로 더 잘 알려져 있다. 책 제목은 정확히 번역하자면 '논리적-철학적 논문' 또는 '논리적-철학적 논고'인데, 논리뿐 아니라 철학의 문제들을 포괄적으로—윤리, 미학적인 문제들을 포함하여—다룸을 내비친다. (그러므로 이 제목을 '논리철학 논고' 또는 심지어 '논리철학론'처럼 번역하여 이 책이 마치 순전히 논리(학)의 철학적 문제들을 다루는 것으로 좁게 이해되는 '논리철학(philosophy of logic)'의 저서인 양 오해할 수 있게 만드는 것은 옳지 않다.) 이하에서 이 책은 《논고》로, 그리고 《철학적 탐구》는 《탐구》로 간단히 언급할 것이다.

고》와《탐구》로 각각 대표되는 전기와 후기의 사상이다. 이 두 열매는 서로 맛이 매우 다르지만, 그래도 그것들은 같은 나무에서 열렸다고 해야 한다. 이 기묘해 보일 수 있는 상황은, 비트겐슈타인 자신의 잘 알려져 있는 이야기를 원용하자면, 마치 가지치기나 접붙이기를 통해 원래의 나무가 더욱 튼튼해지고 더욱 풍성한 열매를 맺게 된 것과 비슷하다고 할수 있을 것이다. 아마도 첫 번째 나무의 열매는 견고해 보이는 외관과는달리 실제로는 빈약한 열매였다고, 또는 심지어 먹을 수 있는 열매가 아니었다고 할 수 있다. 그러나 나중의 풍성한 열매는 어쨌든 같은 뿌리의나무로부터 나왔다고 할 수 있고, 그런 한―《탐구》의 머리말에서 암시되고 있듯이―비트겐슈타인의 후기 사상은 그의 전기 사상과의 연관과대조 속에서만 올바로 이해될 수 있다.

《논고》는 극도로 절제되고 군더더기가 없는 것이 오히려 사람을 긴장하게 만드는 점이 있다. 그것은 이 책의 저자가 그의 작은 누이를 위해지은 집(이 저택은 1971년도에 빈의 문화재로 등록되었다)과 비슷한 분위기를 풍긴다. 그 집은 건축의 모든 것은 가로·세로·높이의 세 직선만으로 말해질 수 있다고 선언하는 듯 단순하면서도 절제된 정교함을 지녀,마치《논고》의 논리가 건축으로 구현된 듯한 느낌을 준다. (그의 큰 누이는 그 집이 인간이 아니라 신의 거처처럼 느껴졌다고 말했다.)《논고》는 유의미한 것은 모두 세 낱말로 (명료하게) 말해질 수 있다는 취지의 퀴른베르거(Kürnberger)의 말을 모토로 삼고 있다. 그리고 그 머리말에서 이 책은 사고의 표현(즉 언어)에 한계를 그으려 한다고 선언한다. 이 점에서《논고》는 사유의 한계를 분명히 하려 한 칸트의 '이성 비판'과 비슷하면서도 구별되게, '언어 비판'이다. 이 '언어 비판'은 무엇이 의미 있는 말이되고 무엇이 의미 있는 말이 될 수 없는가를, 언어의 본질을 제시함으로써 명백히 보이려고 한다.

비트겐슈타인은 언어의 어떤 본질이 존재하며, 그것은 바로 언어가 세계의 그림(또는 모형)이라는 것이라고 믿었다. 과학을 실재의 모형으로 보았던 헤르츠의 생각과 통하는 이 믿음 자체는 완전히 새로운 것은 아니고, 언어란 본래 뭔가를 표상하는 것이라고 보던 서양 언어관의 오랜 전통에 속한다고 할 수 있다. 그러나《논고》는 프레게-러셀의 현대적 논리 분석의 힘을 빌려 그 오래된, 그러나 직관적으로 머물러 있던 관점을 독창적으로 기초 짓고 체계화함으로써 그 전통의 정점에 선다.

비트겐슈타인의 이른바 '그림 이론'은 전통적 표상 이론들과는 달리 낱말이 아니라 명제에 관한 것이며, 그 그림 그려지는 것도 사물이나 관념, 또는 실제 사실들이 아니라 '가능한 사태들'이다. 명제에 의해 그려지는 그 가능한 사태들이 명제의 뜻이다. 그것은 명제가 참이라면 존립할─그리고 존립하면 명제를 참으로 만들─사태들, 즉 명제의 진리조건이다. 그런데─여기서 비트겐슈타인은 프레게를 따른다─명제는 참 아니면 거짓으로 확정되고, 따라서 명제의 진리조건(뜻) 역시 확정적이어야 한다. 그리고 명제의 뜻은 명제를 구성하는 요소들의 의미의 함수이기 때문에, 그 구성 요소들의 의미 역시 확정적이어야 한다. 이것은 결국 명제의 궁극적 구성 요소들('이름들')의 의미라고 간주되는 '대상들'의 절대적 단순성을 요구하고, 이로부터 언어의 모든 명제는 오직 이름들의 결합으로써 동일 형식의 사태를 논리적으로 그리는 요소 명제들의 진리함수이며 세계는 (단순히 우연적 사물들의 집합이 아니라) 이름들이 가리키는 불변적 대상들의 결합들로 일어나는 '사실들'의 총체라는《논고》의 원자주의적 의미론과 존재론이 탄생한다.

일상 언어는 그 자체로는 논리적 그림처럼 보이지 않을 수 있다. 프레게와 러셀은 일상 언어를 포기하고 과학에 맞는 이상 언어를 따로 추구하였다. 그러나 비트겐슈타인은 그들이 추구한 논리적 질서가 일상 언어 속에 이미 내재한다고 보았다. 그에 의하면, 우리가 어떤 명제의 진릿값을 몰라도 그 뜻은 알 수 있는 것이라든가, 유의미한 거짓 명제가 가능하다는 사실, 그리고 유한수의 낱말들을 가지고 무한히 많은 명제들을 만들어 새로운 뜻을 전달할 수 있는 것 등은 언어가 이미 그림인 한에서만 설명 가능하다.

그림 이론은 명제와 사태의 요소들이 일대일로 대응하고 또 같은 형식으로 결합되어 있을 것을 요구한다. 따라서 언어와 그것이 표현하는 사고, 그리고 세계는 같은 형식 즉 논리를 가지며, 그 한계는 결국 동일해야 한다. 그러나 명제의 요소들과 사태의 요소들 사이의 대응은 어떻게 이루어지는가? 비트겐슈타인은 그것이 사유의 투영 작용에 의해 이루어진다고 보았다. 명제의 뜻을 생각함으로써 명제 기호는 세계와 투영 관계에 놓인다(3.11). 그러므로 《논고》에서 의미의 원천은 이 투영적 사유인 셈이다. 비트겐슈타인은 투영 작용을 사고에 본래적인 것으로 간주한 것 같다.[4] 즉 명제 기호와 달리, 사고는 그림이 되기 위해 따로 투영 작용을 필요로 하지 않는다. 따라서 사고는 그 자체로 그림이다.

그런데 이 사고는 누구의 것인가? 비트겐슈타인은 ─ 흄과 비슷하게 ─ "생각하고 표상하는 주체는 존재하지 않는다"(5.631)고 말한다. 어떤 사람이 ……라고 생각한다는 것은 어떤 하나의 대상과 어떤 하나의 사실 사이의 관계가 아니라, 사실들 간의 관계를 나타내는 것으로 이해되어야 한다(5.542). 즉 실체적 영혼은 존재하지 않는다. 그러나 한편으

---

4 Malcolm(1986) 4장 참조.

로―칸트와 비슷하게―사고는 형식적으로는 언제나 '나'의 사고라고 할 수 있다. 비트겐슈타인은 이 '나'를 사고-사실들을 하나의 전체로 통합하는 한계와 같은 형이상학적, 철학적 성격의 것으로 보았다. 모든 사고는 이 철학적 자아의 것이다. (따라서 의미의 원천도 결국 이 '나'의 투영적 사유라고 할 수 있다.[5]) 그런데 이미 말했다시피, 사고의 한계는 언어의 한계와, 그리고 세계의 한계와 동일하다. 그러므로 언어와 세계는 곧 '나'의 언어, '나'의 세계이다(5.62 참조). 나의 세계가 곧 나이며(5.63), 나의 삶이다. 세계와 (나의) 삶은 하나다(5.621). 이 점에서 《논고》는 순수한 실재주의와 통하는 유아주의의 관점을 포함한다(5.64 참조).

그리고 이렇게 해서 언어의 한계에 대한 고찰로서의 《논고》의 언어 비판은 동시에 사유 비판이며, 세계와 삶의 한계에 대한 비판적 고찰이 된다. 그런데 삶의 한계를 고찰한다는 것은 삶의 뜻을 고찰한다는 것이며, 또 삶의 뜻을 고찰한다는 것은 삶의 가치를 고찰하는 것, 즉 윤리적 고찰이다. 그렇기 때문에 《논고》의 요점은 (비트겐슈타인 자신이 《논고》의 출판을 위해 쓴 한 편지에서 말했듯이) '윤리적'이라고 말할 수도 있다.[6] 다만, 《논고》의 언어관에 의하면, 이 윤리적인 것은 말해질 수는 없다. 진정으로 말해질 수 있는 것은 오직 그림 그려질 수 있는 것들뿐이다.

'말해질 수 없는 것'이 있다는 사상은 '말해질 수 있는 것'에 관한 《논고》의 그림 이론의 이면을 이룬다. 명제들은 무엇인가를 말한다(그림 그린다). 그러나 명제가 명제(그림)가 되기 위해 본질적으로 지녀야 하는

---

5 이 점에서 나는 맬컴(앞의 책, 4장)과 견해가 다르다. 내가 보기엔, 《논고》에서 사고의 본래적 투영 작용을 인정하는 것과 이것을 (철학적) 자아의 것이라고 인정하는 것은 양립 가능하다.
6 한편, 비트겐슈타인은 삶의 뜻, 즉 세계의 뜻을 신이라 부를 수 있을 것이라고 말한 바 있는데 (NB 11.6.16), 그렇게 본다면 《논고》의 요점은 또한 종교적이라고도 할 수 있을 것이다.

것들(세계와 공유해야 하는 것들)—모사 형식, 논리적 형식, 명제의 뜻 등—은 말해질 수 없다. 그것들은 명제가 뭔가를 말하는 가운데 '보일' 뿐이다. 그것들에 관해서는 말해 보아야 말(그림)이 되지 않는다. 말해질 수 있는 것은 오직 그림 그려질 수 있는 것들, 즉 세계가 사실적으로 어떻게 있다고 하는 것들, 그러니까 과학에 의해 기술될 수 있는 세계에 속하는 것들뿐이다. 그러나 비트겐슈타인에 의하면, 이것들은 모두 가치가 같다. 또는 가치가 없다. 가치는 우연적 세계의 밖에 놓여 있어야 한다 (6.4-6.41). 그것은 신적이어야 한다.[7]

말해질 수는 없지만 중요한(가치 있는) 어떤 것이 있다는 것은, 그 말해질 수 없는 것을 말하려는 형이상학적 시도들에서 드러난다. 올바른 철학은 이러한 시도들의 헛됨을 깨우쳐 줘야 한다. 비트겐슈타인에 의하면, 실은《논고》의 철학적 명제들도 깨닫고 보면 무의미한 것들이다. 그것들은 단지, 깨닫고 나면 필요 없는 사다리, 주해와 같은 것으로서만 의의가 있다(6.54). 결국《논고》의 요점은, 그 머리말이 이미 말하고 있다시피, "무릇 말해질 수 있는 것은 명료하게 말할 수 있다; 그리고 이야기할 수 없는 것에 관해서는 우리들은 침묵해야 한다"는 것이다.

---

7 1929년에 비트겐슈타인은 자신의 윤리학을 이렇게 요약하였다: "어떤 것이 선(善)하다면, 그것은 또한 신적이다. 이상스러울지 모르지만, 이로써 나의 윤리학은 요약된다. 오직 초자연적인 것만이 초자연적인 것을 표현할 수 있다"(CV 31쪽). 그러나 비트겐슈타인의 가치관이 사실과 가치의 세계를 실체적으로 이원화하는 것으로 해석될 수 있는지는 논의의 여지가 있다. Steinvorth(1979)는 A. 야니크와 S. 툴민의 잘 알려진 책(1973)에서의 그러한 칸트적 해석을 비판하고 있다.

3. 비트겐슈타인의 후기 철학:《철학적 탐구》를 중심으로

비트겐슈타인의 후기에서도, 언어에 대한 고찰은 근본적으로 삶의 의미에 대한 고찰의 차원에서 계속된다.[8] 그러나 언어와 삶에 대한 비트겐슈타인의 생각은 크게 변화한다. 기본적으로 그의 생각은 전기의 원자주의적이고 본질주의적이고 유아주의적인 관점으로부터 사회적 실천을 포함하는 자연사적 삶의 상황을 근본적으로 보는—아마도 '총체주의적'·'맥락주의적'·'자연(사)주의적'이라 부를 수 있는—관점으로 바뀐다. 글의 스타일도,《논고》의 일방적이고 절대적 선언과 같은 형태로부터 내적인 대화의 형태로 변모된다.

후기 비트겐슈타인의 탐구는 '언어놀이' 개념을 중심으로 이루어진다. '언어놀이'는 어린아이들이 모국어를 배우는 놀이나 어떤 하나의 원초적 언어, 또는 언어와 그 언어가 뒤얽혀 있는 활동들의 전체를 가리키는데, 언어를 말한다는 것이 어떤 활동의 일부, 또는 삶의 형태의 일부임을 부각하고자 의도된 것이다. 즉 이제 그의 고찰에서 근본을 이루는 것은 우리의 자연사적 삶이요 실천이다.[9] 이런 관점에서 그는 먼저《논고》식 언어관의 문제점을 지적한다.《논고》는 단순한 대상들을 지칭하는 단순한 이름들로 이루어진 명제들을 가지고 사태들을 그리는(기술하는) 것

---

8 《논고》의 경우처럼 이것 또한 종교적 차원의 고찰과 연결된다고 할 수 있을지 모른다. 비트겐슈타인은 자신이 '모든 문제를 종교적 관점에서 보지 않을 수 없다'고 말한 것으로 전해지고 있다(Rhees(ed.)(1984) p.79 참조). 비트겐슈타인 후기 철학의 종교-신학적 측면이나 함축에 대해서는 Kerr(1986) 참조.

9 그는 이렇게 말한다. "말은 오직 삶의 흐름 속에서만 의미를 가진다"(BPP2 §687). 그러므로 삶 속에서 말이 실천적으로 어떻게 사용되는가, 어떤 일을 하는가가 탐구되어야 한다. 왜냐하면 그것이 말에 의미를 주기 때문이다. "**실천**이 말에 그 뜻을 준다"(CV 175쪽).

을 언어의 본질로 보았다. 그러나 이제 그의 생각은 이렇게 바뀐다(PU §
§1-64 참조): (가) 지시하고 기술한다는 것은 특정한 하나의 언어놀이일
뿐이다. 언어놀이는 다양하다. (나) 지시적 설명 또는 명명이 언어의 기
초를 제공한다고 보는 것도 잘못이다. 그것들은 문제의 낱말들이 언어에
서 일반적으로 어떤 역할을 하는지가 이미 명료해야만 기능을 한다. (다)
지시된 대상을 낱말의 의미로 보는 것도 이름의 의미를 그 보유자와 혼
동하는 것이다. 많은 경우, 한 낱말의 의미는 오히려 '언어에서의 사용'이
다. (라) 단순성이라는 것도 문맥(언어놀이)에 상대적이다. 또 단순자로
존재해야 한다고 보이는 것은 놀이에서의 견본 또는 범례의 역할을 하는
것으로서, 우리의 묘사 방식에 속하는 것이다. (마) 분석이 반드시 더 명
확한 이해를 가져오는 것만도 아니다.

　더 근원적으로는, 언어에 어떤 하나의 본질이 있다고 보는 것 자체가
문제이다. 언어(놀이)는 서로 다양한 방식으로 근친적이며, 이러한 근친
성 때문에 모두 '언어(놀이)들'이라고 불리는 것이지, 어떤 공통적 일자
(一者)가 있기 때문에 그렇게 불리는 것이 아니다. 이러한 근친성 ― '서
로 겹치고 교차하는 유사성들의 복잡한 그물' ―을 비트겐슈타인은 '가
족 유사성'이라 부른다. 놀이나 수(數) 등과 같은 개념들은 어떤 고정된
한계에 의해 폐쇄되어 있지 않다. 즉 그 적용 규칙이 언제 어디서나 명확
히 확정되어 있지 않고도 사용 가능하다. 따라서 《논고》에서 근본적인
역할을 하였던 프레게의 '뜻의 확정성' 논제는 성립하지 않는다. 모든 가
능한 의심들을 제거할 경우에만 확실한 이해가 가능한 것이 아니다. (어
떤 것이 의심 가능하다는 것이 우리가 실제로 그것을 의심한다거나 의심해야
한다는 것은 아니기 때문이다.) 낱말의 적용 규칙이 의심을 허용하면서도
사용 가능하다는 점에서, 규칙은 이정표처럼 있다(PU §85). 정상적인 상

황 속에서 그것의 목적을 달성한다면, 이정표는 이상 없다((PU §87).

그러므로—이제 비트겐슈타인은 이렇게 본다—필요한 것은 경험적이고 현상적인 것들의 배후에 숨은 본질, 내부에 놓여 있는 어떤 것, 우리가 사물을 꿰뚫어 본다면 보는 어떤 것, 그리고 분석이 파헤쳐 내야 할 어떤 것을 이른바 '논리적 고찰'에 의해 밝혀내는 것이 아니다. 오히려 이미 명백하게 백일하에 놓여 있고, 정돈함으로써 일목요연하게 되는 어떤 것, 우리가 현상들에 관해서 행하는 진술들의 종류를 상기해 내는 '문법적 고찰'이 요구된다. 이른바 '본질'은 거기서 드러난다. ("**본질**은 문법에서 언표된다."(PU §371)) 그럼에도 불구하고 세계·언어·사유·명제·진리 등의 본질이 사실과 경험으로부터 승화(昇華)되고 분리되어 초개념화될 때 철학적 문제들이 발생하는 것이다. 그것들은 낮은, 일상적 사용에서 탐구되어야 한다. 우리 언어는 있는 그대로 완전한 질서를 가지고 있다. 그런데도 (《논고》처럼) 우리 언어에 완전한 확정성·명확성·순수성을 요구하는 것은 우리의 표현 방식에서 비교 대상으로서 이해되어야 할 이상(理想)의 역할을 오해하는 것이다. 그러한 이상적 요구는 우리를 마찰 없는, 그러나 그 때문에 걸을 수 없는 빙판으로 빠져들게 할 뿐이다. 우리는 거친 대지로 되돌아가 언어의 시공간적 현상들에 관해 고찰해야 한다(PU §§107-108). 비트겐슈타인에 의하면, 그것만이 언어의 일상적 사용으로부터 벗어나 발생한 철학적 문제들을 치유하는 길이다.

본질과 현상의 관계와 비슷하게, 낱말의 의미는 낱말을 이해할 때 머릿속에 떠오르는 그림(이미지)으로서 숨어 있지 않고, 사용에서 드러난다. 그림은 이런저런 사용을 암시할 수 있고 또 충돌도 할 수 있지만, 스스로 적용 방식을 갖고 있지 않다. 따라서 이해는 그런 그림을 소유하고 있는 심리학적이거나 생리학적인 내적 상태나 성향, 과정, 또는 체험에 있지 않다. '이해한다'는 말은 그런 내적인 것들의 기술이 아니다. 이해와 의미를 결정하는 것은 어디까지나 사용이다. 그러나 비트겐슈타인에 의하면, 사용의 문제는 언제나 상황과 연관되어 있다. 사용은 상황의 정상성을 요구한다. "오직 정상적인 경우에만 말의 쓰임은 우리에게 명료하게 규정된다. […] 경우가 점점 더 비정상적으로 될수록, 우리가 이제 여기서 무엇을 말해야 할지는 점점 더 의심스러워진다. 그리고 만일 사물들의 상태가 실제와 아주 다르다면, […] 우리의 정상적인 언어놀이는 그로써 그 요점을 상실할 것이다."(§142) 그리고 정상성은 이렇게 대단히 일반적인 자연 사실들에 대해서만이 아니라, 언어 행위 자체에 대해서도 요구된다. 그리하여 어떤 사람이 어떤 규칙(체계)을 이해하고 배울 수 있느냐의 여부, 그리고 우리가 그와 의사소통할 수 있느냐의 여부는 그의 반응의 정상성 여부에, 즉 그가 규칙을 올바로 적용할 수 있는 정도에 달려 있다.

그러나 규칙을 올바로 적용한다거나 따른다는 것은 무엇인가? 비트겐슈타인의 이른바 '규칙 따르기 논의'(PU §§185-242)에 따르면, 규칙 따르기는 우선 단순히 믿음이나 해석이 아니라 실천이다. 믿음이나 해석으로만 말한다면, 어떠한 행동 방식도 주어진 규칙을 따르는 것으로 해석될 수 있다는 역설이 발생하고, 그러면 '규칙 따르기'는 의미를 상실한다. (규칙을 따른다고 믿는 것은 규칙을 따르는 것이 아니다. 규칙을 '사적으로' 따를 수는 없다.) 그러나 또 한편으로, 한 개인의 전혀 다른 행동 방식들이 하나의 동일한 규칙 따르기가 되어서는 규칙 따르기가 성립할 수 없는 것처럼, 상이한 개인들의 서로 전혀 다른 행동 방식들이 동일한 규칙 따르기가 되어서도 규칙 따르기는 성립할 수 없다. 왜냐하면 그 경우 그 '규칙 따르기'의 옳고 그름이 말해질 수 없기 때문이다. 규칙 따르기는 공통적 실천을 전제한다. 규칙 따르기의 옳고 그름은 물론 규칙 자체에 의해 결정된다. 그러나 규칙과 관련하여 사람들 사이에 어떤 일반적 일치—정의(定義)의 일치뿐 아니라 판단의 일치—가 없다면, 그러니까 결국 삶의 형태의 공유로 특징지어질 어떤 공통적 실천이 전제되지 않는다면, 옳고 그름이 말해질 수 있는 하나의 규범적 실천으로서의 규칙 따르기에 대해 말하는 것은 뜻을 잃는다.

《탐구》의 규칙 따르기 논의 바로 다음의 이른바 '사적 언어 논변'(§§243-315) 역시 유명하고 중요하다. 이 '논변'은 언어적 의미의 궁극적 원천이 사적 주관에 있다고 보는 모든 관점에 대한 결정적인 비판이다. 이에 따르면, '사적 언어' 즉 그 낱말들이 오직 화자만이 알 수 있는 내적 감각들과 연관된 언어는 불가능하다. 사적 언어가 가능하다는 관점은 내적-정신적 감각과 외적-물질적 표현이 근본적으로 분리 가능하다고 보는 관점이다. 그러나 비트겐슈타인에 의하면, 외적 표현은 내적인 것의 기준을 이룬다. '내면'과 '외면'은 단지 경험적으로가 아니라 논리적으로 결합되어 있고, 그런 한 그 둘은 근본적으로 분리 불가능하다. '사적 감각'은 '나만이 아는' 것이라고도 말할 수 없다. 왜냐하면 가령 나의 고통과 같은 것에 대해 내가 그것을 가지고 있는지 의심하는 것은 뜻이 없고, 따라서 그런 경우에 '안다'는 말은 적용될 수 없기 때문이다. ('안다'의 정상적 사용에서, 다른 사람들은 내가 고통스러워하는 경우를 자주 안다.) '사적 감각'은 기계 장치의 작동과 무관한 단순한 장식품처럼, 언어놀이와 무관한 것이다. '감각'이라는 말 자체가 우리의 공통적 언어놀이의 낱말로서, 이미 그 문법이 우리의 언어에 준비되어 있어야 한다. 감각뿐 아니라 의도 등 이른바 내적인 것들은 우리의 관습과 제도에 깊이 뿌리 박혀 있다(PU §337 참조).

이상은 《탐구》의 핵심 부분에 불과하지만, 그것이 함축하는 바는 크다. 그것은 우리가 여기서 다 살펴볼 수 없는 《탐구》의 나머지 부분과 연관되며 또 비트겐슈타인의 다른 여러 탐구 분야의 기초를 이룬다. 가령 표현을 지칭 대신 사용의 관점에서 접근하는 비트겐슈타인의 기본 입장은 수학철학(BGM, LFM 등)에서 플라톤주의·경험주의·논리주의·직관주의·형식주의 모두를 배격하고 수학적 명제들의 본성을 문법 규칙들로 보는 새로운 입장으로 나타난다. 현상과 본질의 관계에 대한 그의 고찰은 기존의 실재주의 대 반실재주의 논쟁 구도를 허무는 면이 있다. 또 '내면'과 '외면'의 관계에 대한 관점은 이원주의와 환원주의 양자를 모두 배격하는 것으로, 그의 방대한 심리 철학적 고찰의 기본 노선을 이룬다. 그리고 앎과 의심의 문법과 관련된 관찰은 이후 《확실성에 관하여》에서 인식론적으로 중요한 고찰들에로 이어진다.

4. 문법적 탐구로서의 철학

비트겐슈타인에게 철학은 우리의 언어의 논리 또는 문법에 대한 오해에서 비롯되는 철학적 문제들을 해소하기 위한 활동이었다. 그의 유명한 비유에 의하면, "철학의 구름 전체는 한 방울의 언어 규범으로 응축된다"(PU 2부 [315]). 그러므로 그가 보기에, 철학을 뒤덮고 있는 문제들을 해소하는 길은 본질적으로 언어에 대한 논리적-문법적 탐구가 되어야 했다. 즉 그에게 철학은 과학과 같이 실재를 설명하고 인식하려는 이론적 작업이 아니라, 또한 직접적 체험을 기술하려는 현상학—그는 이것을 '과학과 논리학 사이의 한 중간물'(BF, II, §3)로 이해하였다—도 아니라,

언어의 의미를 어떤 방식으로 해명하고 이해함으로써 개념적 혼란을 해소하는 명료화 작업으로 이해되었다.[10] 이 작업은 《논고》에서는 논리적 분석으로, 《탐구》에서는 문법적 기술(記述)로서 나타난다.

논리적 분석은 우리 언어의 일상적 문법에서는 드러나지 않고 논리적으로 분석해 보아야 비로소 드러나는 논리적 문법 즉 논리적 구문론에 의거해, 철학적 문제를 야기하는 언어와 사고의 혼란을 해소하는 작업이었다. 논리적 구문론은 진리 함수적 구조를 지녔고, 모든 언어가 그 표면적 차이에도 불구하고 하나의 언어로서 성립하려면 따라야 하는 유일하고 보편적인 문법으로 간주되었다. 이 점에서 비트겐슈타인의 논리적 분석도 결국은 문법적 탐구라고 할 수 있다. 그러나 후기로 넘어가면서 비트겐슈타인의 논리관은 변하고 이에 따라 문법적 탐구의 양상도 변화한다. 즉 후기로 가면서, 유일하고 보편적인 문법으로서의 논리 개념은 상이한 언어놀이들에 고유하게 적용되는 다양한 문법 개념으로 대체된다. 이들 문법은 여전히 자율성과 필연성을 지닌 것으로서 이야기되지만, 그 이유는 문법적 명제들이 (《논고》의 논리적 명제들처럼) 실재의 불변적 질서 또는 한계들을 반영하는 형식을 지니기 때문이 아니라, 언어놀이에서 뜻의 한계를 구성하는 표현 규범들로서, 경험 명제들과 구별되는 역할을 하기 때문인 것으로 바뀐다. 이제 그가 탐구하는 문법은 학교에서 배우는 보통의 문법과 같다고는 할 수 없지만, 그렇다고 본질적으로 다

---

10 어떤 사람들은 비트겐슈타인의 작업을 (여타의 분석 철학적 작업과 같은) 언어 또는 이론에 대한 이론적 해명으로 여겨, '메타-이론적' 작업이라고 부르곤 했다. 그러나 비트겐슈타인에 의하면, 철학은 이론적 작업이 아니며 '메타' 이론적 작업도 아니다. 철학의 근본 문제들은 도대체가 이론적 작업에 의해서 해결될 수 있는 것이 아니다. 이 점에서 그의 관점은 철학을 고차의 이론으로 보는, 그리고 분석철학의 주류 철학관을 형성해 왔다고 할 수 있는 러셀-콰인 식 철학관과 대립된다.

르거나 더 근본적인 것도 아니다. 그 두 문법은 모두 언어 사용 규칙들과 관계하며, 차이는 단지 그것들이 다루는 규칙들이 철학적 문제를 일으키느냐 여부에 대한 관심과 그것과 관련된 언어 사용에 대한 관찰의 철저성의 정도 차이에 있을 뿐이다.[11] 비트겐슈타인에 의하면, 문법 문제에서 숨겨져 있는 것은 아무것도 없다(PU 90-92, 126, 129, 435, 599 절들 참조).

숨겨져 있는 것이 아무것도 없으므로, 비트겐슈타인은 자신의 문법적 탐구가 현상들에 (마치 그것들을 꿰뚫어 보아야 할 듯이) 맞추어져 있지 않고, "현상들의 **'가능성들'**이라고 할 수 있을 것에 맞추어져 있다"(PU §90)라고 말한다. 즉 그것은 "우리가 현상들에 관해서 행하는 **진술들의 종류**를 상기해 낸다"(같은 곳)는 것이다. 여기서 우리가 상기해 내야 하는 것은, 실은 언제나 우리들 눈앞에 있는 것들이지만 그것들의 단순성과 일상성으로 인하여 눈에 띄지 않는 것들이다(PU §129 참조). 그러니까, 비트겐슈타인에 의하면, "우리의 문법에는 일목요연성이 결여되어 있다"(PU §122). 그에 의하면, 이것이 철학적 문제들을 일으키는 한 가지 주요 원천이고, 따라서 '일목요연한 묘사'가 중요하다(같은 곳). 이 일은 쉬운 일이 아닌데, 왜냐하면 우리는 언어 사용은 배우지만, 언어 사용에 대한 기술은 (언어 사용의 학습에 반드시 필요하지는 않으므로) 배우지 않기 때

---

11 이 점은 비트겐슈타인 자신이 구별한 '표층 문법'과 '심층 문법'(PU §664)의 경우도 마찬가지이다. 표층 문법에서는 가령 '본다'나 '간다'나 모두 동사이고, 어떤 행위를 나타내는 것으로 보인다. 그러나 심층 문법에 따르면 "본다는 것은 행위가 아니라, 상태이다"(Z §208). 또 "나는 내가 고통스럽다는 것을 안다"는 표층 문법적으로는 문제가 없는 듯이 보이지만, 심층 문법적으로는 무의미하다(PU §246). 그러나 심층 문법이 밝혀내는 것은 표층 문법이 전혀 다룰 수 없는 숨겨진 어떤 것이 아니라, 우리에게 이미 명백히 드러나 있으나 일목요연하게 정돈되어 있지 않아 볼 수 없었던—그러나 좀 더 철저히 주의를 기울이면 누구나 볼 수 있는—언어 사용의 문제일 뿐이다. (이 점에서 비트겐슈타인의 문법적 탐구는 그가 CV에서 언급한 '골무 찾기 놀이'—실내의 뻔히 보이는 곳에 골무를 '숨겨' 놓고 찾기 하는, 어린이들을 위한 놀이—에 비교될 수 있을 것이다.)

문이다. 그는 일목요연한 묘사(를 통한 이해)를 위해서는 어떤 창조적 작업, 즉 **"중간 고리들의 발견과 발명"**(같은 곳)과 같은 것이 중요하다고 말한다. (발견뿐 아니라 발명도 중요하다고 보는 점에서도 비트겐슈타인의 탐구는 언어학적 탐구와 구별된다.) '가족 유사성'이나 '의미는 사용'이라는 관념, 그리고《탐구》§§155-178에 삽입된, '읽기'에 대한 고찰 등은 그러한 중간 고리들의 예에 해당한다.

후기 비트겐슈타인의 문법적 탐구는 다양한 주제에 대해 다양하지만 특징적인 방식으로 이루어진다.《탐구》의 첫 부분에서, 건축가 A와 조수 B의 원초적인 언어놀이(A가 건축용 석재들의 이름을 외치면 B는 해당 석재들을 가져가는 것으로 구성된 단순한 실천적 활동)로부터 나아가 점차 확장되는 언어놀이들을 살피면서 아우구스티누스의 언어관 내지《논고》의 언어관 같은 데에서 볼 수 있는 여러 고정 관념들을 깨부수어 나가는 것이나, 그 이후의 이른바 '규칙 따르기 논의'나 '사적 언어 논변'에서의 고찰들은 그 대표적인 예들에 속한다. 좀 더 간단히 인용할 수 있는 예로는 가령 다음과 같은 것들을 들 수 있을 것이다.

나는 "부부부"라는 말로 "비가 오지 않는다면, 나는 산보를 갈 것이다"를 뜻할 수 있는가? — 오직 하나의 언어 내에서만 나는 어떤 것으로 어떤 것을 뜻할 수 있다. 이는 "뜻하다"의 문법이 "어떤 것을 표상하다"와 같은 표현의 문법과는 비슷하지 않음을 명료하게 보여 준다. (PU §35의 쪽지)

암흑 속의 장미를 그린 두 그림. 한 그림은 완전히 검다; 왜냐하면 장미가 눈에 보이지 않기 때문이다. 다른 한 그림에서는 장미가 아주 상세하게 그려져 있고, 검은색으로 둘러싸여 있다. 그중 하나는 옳고, 다른 하나는 잘못되었는가? 우리는 암흑 속의 흰 장미에 대해서, 그리고 암흑 속의 붉은 장미에 대해서 이야기하지 않는가? 그리고 그럼에도 불구하고 우리는 그것들이 암흑 속에서는 구별될 수 없다고 말하지 않는가? (PU §515)

"신생아는 이가 없다." — "거위는 이가 없다." — "장미는 이가 없다." — 어쨌든 후자는 명백히 참이다! 라고 우리들은 말했으면 한다. 심지어 거위가 이가 없다는 것보다도 더 확실하다고 말이다. — 그렇지만 그것이 그렇게 분명하지는 않다. 왜냐하면 장미가 어디에 이가 있을 수 있단 말인가? 거위는 그 턱에 이가 없다. 그리고 그것은 물론 날개에도 이가 없다. 그러나 거위는 이가 없다고 말하는 어느 누구도 그걸 뜻하지는 않는다. — 만일 우리들이, 소는 사료를 씹고 나서 그것으로 장미에 거름을 준다, 그러므로 장미는 동물의 입에 이가 있다고 말한다면 과연 어떻게 될까? 이것은 우리들이 장미의 어디에서 이빨을 찾아야 할지를 처음부터 전혀 모르기 때문에, 불합리하지 않을 것이다. (('다른 사람의 몸에 있는 고통'과의 연관.)) (PU 2부 [314])[12]

이러한 무수한 예들 가운데에서 비트겐슈타인의 방법이 제시된다. 그것은 잘못된 언어적 유비나 일련의 오도하는 사고에 의해 촉발되어 우리를 무자비하게 사로잡는 어떤 그림들의 본성을 드러내고 그 힘을 제거하는 것이다. 또는, 그의 표현에 의하면, "지성이 언어의 한계로 달려가 들이받을 적에 얻은 그 어떤 뻔한 무의미와 혹들"(PU §119)을 드러내는 것이다. 이 과정에서 다른 유비들이나 중간 고리들이 비교를 위해 사용되곤

---

12 여기 인용된 단락의 영어 번역은 한 노래의 가사로도 쓰였다.

하지만, 이것들은 어디까지나 방편일 뿐, 실재나 언어 일반에 대한 어떤 새로운 주의 주장을 담은 것으로 이해되어서는 안 된다. 그의 방법은 말하자면, "명백히 드러나지 않은 무의미로부터 명백히 드러난 무의미로" (PU §464) 우리를 인도하는 것일 뿐이다. 그에 의하면, 여기에 '**하나의** 철학 방법'은 존재하지 않고, 다만 다수의 방법들이 흡사 다양한 치료법들처럼 존재한다(PU §133 참조). 그리고 해결(제거)되는 것은 "**하나의** 문제가 아니라, 문제들(난점들)"(같은 곳)이다. 즉, 철학적 난제들의 해소를 위해 획득되어야 할 것은 '완전한 명료성'(같은 곳)이지만, 이는 철학적 문제들을 발생시킨 다양한 원천의 오해들(잘못된 언어적 유비나 일련의 오도하는 사고들 따위)만큼이나 다양한 방식으로 획득될 수 있다는 것이다.

비트겐슈타인의 방법이 우리 지성의 병통을 대하는 방식은 정신 질환에 대한 프로이트의 정신분석 방법과 어떤 점에서 유사하다. 그러나 그가 치료하려는 병은 심리학적인 것이 아니라 논리-문법적인 것들이며, 이것들은 심리학이나 그 어떤 과학적 탐구를 통해, 또는 그가 한 때―그의 이른바 '중기'에―시도했던 현상학적 탐구를 통해 치료될 수 있는 것이 아니다.[13] 그에 의하면 필요한 것은 "소란스러운 억측들과 설명들 대신 […] 언어적 사실들을 조용히 음미"(Z §447)하는 것이다. 이러한 그의 방법은 우리가 결코 배울 수 없는 것은 아니겠지만, 쉽게 모방하기 어려운 점을 지니고 있다.

---

[13] 프로이트의 정신분석학에 대한 비트겐슈타인의 미묘하고 흥미로운 태도는 그의 글들에서 산발적이고 단편적으로 나타나는데, 이에 대한 연구로 Bouveresse(1995) 등이 있다.

5. '새로운 사고 운동'을 통한 탈-신화화와 가치 전환의 시도

비트겐슈타인의 논리-문법적 탐구로서의 철학은 어디까지나 명료화를 추구하는 실천적 활동이다.[14] 그러나 무엇을 위한 명료화 작업인가? 비트겐슈타인이 궁극적으로 추구한 것은 과연 무엇이었는가? 그가 성취하거나 추구한 것들은 우리의 삶에서 어떤 의미가 있는가?

언어 비판과 해명은 물론 그 자체로 중요하다. 그러나 그것의 목적과 의의는 더 넓은 맥락에서 찾아볼 수 있다. 비트겐슈타인은 자신의 철학적 목적이 (니체와 같은) '가치의 전도'에 있다고 보았다.[15] 이미 언급했다시피, 그는 이미《논고》의 요점도 윤리적이라 한 바 있다. 이것은 철학적 명료화 작업이 결국 가치의 문제와도 연관되어 있음을 뜻한다. 그런데 이는 단순히 가치의 영역을 그 나머지로부터 명확히 경계 지음으로써 끝나는 문제가 아니라, 우리의 삶(=세계)을 가치 있게 만드는 문제를 포함하는 것이다. 즉 우리의 삶(=세계) 자체를 근본적으로 바꾸는 것이 중요하다.《논고》에서 이 점은 (철학적 자아의) 의지 문제인 것으로 표현되어 있다: "세계는 선악의 의지를 통해 전혀 다른 세계가 되어야 한다. [⋯] 행복한 자의 세계는 불행한 자의 세계와는 다른 세계이다"(TLP 6.43). 여기서 선악의 의지 주체는 의미의 원천인 투영적 사유의 주체와 통한다고

---

14   그것은 이론적 작업이 아니며 일부 사람이 주장했듯이 '메타-이론적' 작업도 아니다. 이런 점에서 비트겐슈타인의 관점은 철학을 고차의 이론으로 보는, 그리고 분석철학의 주류 철학관을 형성해 왔다고 할 수 있는 러셀-콰인 식 철학관과 대립된다.

15   1938년의 유고에서 그는 다음과 같이 말한다: "내가 **더 올바른** 사유가 아니라 새로운 사고 운동을 가르치고자 한다면, 나의 목적은 '가치의 전도'이며, 나는 니체에 도달한다".

할 수 있고, 따라서 삶 또는 세계를 바꾸는 문제는 세계를 올바로 보는 문제(TLP 6.54), 그러니까 명료화의 문제와 연결된다고 할 수 있다.

그러나 한편으로, 비트겐슈타인은 윤리적-철학적 자아의 의지가 사실들을 바꿀 수는 없다고 보았다. 바꿀 수 있는 것은 단지 '세계의 한계들'(TLP 6.43), 그러니까 논리에 속하는 것들뿐이다. 이 소극적으로 보이는 관점은 후기에 가서도 되풀이되는 것으로 보인다: "철학은 언어의 실제 쓰임을 어떤 방식으로도 침해해서는 안 된다. [⋯] 철학은 모든 것을 있는 그대로 놓아둔다"(PU §124). 철학은 우리의 언어 사용을 일목요연하게 볼 수 있게 기술할 뿐이라는 것이다. 그러나 이로써 그가 추구하는 것은, 그러한 일목요연한 조망과 더불어, 우리의 개념적 한계들로 작용하는 그릇된 그림들에서 벗어나는 것이다. 세계와 사물을 보는 방식에서 우리를 사로잡는 뿌리 깊은 그림들을 극복하고, 우리의 보는 방식을 근본적으로 변화시키는 것이다(PU §144; Z §461 등 참조). 이것은 보는 방식의 변화일 뿐, 어떤 경험적 사실을 바꾸는 것은 아니라고 할 수 있다. 경험적 사실들은 전환 이전이나 이후나 어떤 의미에서 같다. 그러나 보는 방식이 근본적으로 변한다면, 그것들에 대한 우리의 태도는 변해야 하고, 따라서 어떤 의미에서는 모든 것이 바뀌어야 한다. 사물을 보는 우리의 방식만이 아니라 결국은 우리의 삶의 방식도 바뀌어야 이루어지는 어떤 것이라는 점에서, 그것은 거의 종교적 개종과 비슷한 어떤 것으로 간주된다.

우리의 보는 방식은 근본적으로 변해야 한다. 그러나 그것은《논고》에서처럼 획일적이 아니라 언어놀이에 따라 다양할 수 있다. 그리고 그것은 "우리의 본래적 욕구를 회전축으로 해서 방향 전환되어야 한다"(PU § 108)고 말해진다. 이것은 실용주의처럼 들릴지 모른다. 그러나 비트겐슈타인이 염두에 두는 것은 우리에게 실용적으로 유용한 것만이 아니라 우리 삶에서 (좋건 나쁘건) 실제로 주어져 있고 사용되는 모든 것들이다. 그에 의하면, 우리가 사는 것은—그리고 생각하는 것은—그것이 유용하기 때문은 아니다(BGM 293쪽 및 PU §467 참조).[16]

한편, 언어놀이와 보는 방식의 다양성에 대한 비트겐슈타인의 강조는 상대주의처럼 들릴지 모른다. 그러나 그는—가령 파이어아벤트(P. Feyerabend)처럼—단순히 다르게 보는 것 자체를 미덕으로 보지는 않는다. 그에 의하면, "우리의 개념들은 우리의 삶 한가운데에 있다"(LS2 p.72). 그러므로 그것들은 탄력적이긴 하되 자의적이지는 않으며, 그것들을 사용하는 우리의 믿음들 역시 객관적 실재에 뿌리를 두고 있지 않으면 안 된다. 만일 "신뢰와 불신이 객관적 실재에 **아무런** 기초들도 가지고 있지 않다면, 그것들은 단지 병리학적 흥미들밖에 자아내지 못할 것"(LS2 p.24)이라고 그는 말한다.

우리를 사로잡는 철학적, 형이상학적 그림들은 비트겐슈타인에 의하면 대부분 언어 사용 문제에서의 착각에 그 뿌리를 두고 있다. 그렇기 때문에 그것들을 극복하기 위해 그는 우리로 하여금 우리의 실제 언어 사용뿐 아니라 다양한 언어놀이 가능성에 주의를 기울이게 만든다.[17] 우리

---

16 비트겐슈타인과 실용주의가 거리가 있다는 것은, 그가 놀이 행동, 사용, 규칙 따르기 등의 옳고 그름의 문제를 논할 때 그것을 곧바로 유용성의 문제와 연결시키지 않는다는 점에서도 알 수 있다. 그리고 어쨌든 그것들의 옳고 그름이 이야기될 수 있어야 한다는 것은 그의 논의에서 근본 전제로 되어 있고 따라서 진리 개념은 후기 비트겐슈타인에서 여전히 중요하다고 할 수 있는데, 이 점에서 그는 이른바 '포스트모더니즘'과도 거리가 있다.
17 비트겐슈타인에 의하면, 이러한 작업은 주어진 공동체 내에 한정되지 않는다. 그는 주어진 공동체 내의 것들에 한정된 반성은 '부르주아적'(CV 62쪽 참조)이라고 말한다. 이에 반해, 진정한 의미에서 "철학자는 어떤 한 사유(思惟) 공동체의 시민이 아니다"(Z §455).

는 우리의 실제 언어, 일상 언어에서 언어놀이가 어떻게 이루어지고 있는가를 살피고, 그 속에서 문제의 그림들과 결합된 언어 사용들이 (그것들이 주는 그럴듯한 인상과는 달리) 실제로는 하는 일이 없음을 보아야만 한다. 그리고 다양하게 새로운 언어놀이 가능성을 봄으로써, 우리를 사로잡고 괴롭히는 그림들로부터 벗어나 달리 볼 수도 있다는 점을 깨달아야 한다.

비트겐슈타인이 문제 삼은 것은 기본적으로 철학자들의 ─ 그리고 이들로부터 영향 받은 자들의 ─ 보는 방식이었다. (그러므로 그는 기본적으로 '철학자들의 철학자'라고 일컬어지곤 한다.) 그들은 말하자면 파리통에 갇힌 파리들처럼, 사물을 보는 신화화된 방식에 사로잡혀 있다고 할 수 있다. 비트겐슈타인의 '새로운 사유 운동'은 문법적 탐구를 통해 그들에게 새로운 그림들의 가능성을 보여 주고, 그들이 보는 방식을 바꾸어 빠져나갈 출구를 볼 수 있게끔 하고자 한다. 그러나 그 파리통 밖은 어떠한가? 일상 언어에로 돌아가면 과연 모든 문제가 끝나는가? 일상 언어 역시 이미 ─ 가령 각종 이데올로기에 의해 ─ 오염되지 않았는가? 어떤 사람들은 이런 점을 들어 비트겐슈타인 식 처방의 문제점을 제기한다.[18] 과연, 일상 언어 역시 많은 문제점을 안고 있다. 그러나 그렇다고 우리가 ─ 가령 논리실증주의자나 후기 하이데거가 서로 다른 방향에서 꿈꾸었던 것처럼 ─ 일상 언어를 떠나 살 수는 없다. 문제는 일상 언어 자체라기보다는 그것의 이데올로기적, 형이상학적 오용[19]과 그러한 오용을 가

---

18 가령 Eagleton(1982) 참조. Derrida(1981, p.19 참조) 역시 일상 언어를 순수하거나 중립적이지 않은, '서양 형이상학의 언어'라고 본다.
19 이 비슷한 생각은 하이데거의 제자 가다머에게서도 발견된다. 그는 ─ 비트겐슈타인과 비슷하게 ─ 언어의 사용 또는 적용의 문제를 중시하면서, 하이데거가 (피하려고) 생각했던 것과 같은

능케 하는 우리 언어 속의 어떤 뿌리 깊은 신화들일 것이다. 일상 언어 자체는 우리의 '자연' 언어이므로, 설사 그것이 어떤 면에서 오염되어 있더라도 우리는 그 속에서 살면서 오염을 정화해 나갈 수밖에 없다. 다행스럽게도, 일상 언어의 오염은 전면적이 아니며, 또 그럴 수도 없다. 만일 일상 언어가 완전히 (형이상학적으로, 이데올로기적으로) 오염되어 있다면, 그것은 완전히 오염된 공기와 같이 이미 언어로서의 기능을 상실하고, 우리는 질식했을 것이다.[20]

물론, 비트겐슈타인이 비판하는 철학적으로 오염된 언어 사용들이 일상 언어에도 침투되어 있는 것이 현실인 한, 그의 작업은 일상 언어의 오염에 대한 정화 작업이라고도 할 수 있다. 그것은 이데올로기 비판과 통하는 정신을 지니고 있지만, 그러나 현실적 논란의 대상이 되는 통상적 이데올로기들처럼 눈에 띄거나 논란의 대상이 되지 않을 수 있기 때문에 오히려 더 뿌리 깊고 감지하기 어렵다고 할 수 있는 수준의 신화적 그림들에 대한 비판이다. 그의 말하자면 탈-신화화 작업은 아마도 그러한 그림들에 의한 오염의 심각성을 절감한 소수의 사람들에게나 중요하게 여겨지고, 눈앞의 좀 더 현실적인 문제들에 대한 해결책을 기대하는 많은 사람들에게는 실망스러울지도 모른다. 그러나 어쨌든 그의 작업은 마치 히말라야나 아마존의 숲들처럼 멀리서나마 우리에게 신선한 사상적 산소를 공급하고 있다. 그것이 철학적 오염을 막아 주는 하나의 강력한 보

'형이상학의 언어'가 따로 존재하지는 않는다고 스승을 비판한다. Gadamer(1986) p.11 및 p.15 이하 참조.

20 그럼에도 불구하고 이런 태도는 역시 보수주의적인 것일까? Nyíri(1982)는 등의 일련의 논문들에서 비트겐슈타인의 특징적인 관점들을 1920년대와 30년대의 독일-오스트리아의 신보수주의와 연관시켜 보고 있다. 이에 대한 하나의 반론으로서, Schulte(1986) 참조.

루로 남을 수 있을지, 아니면 계속되는 철학적 산성비에 의해 언젠가 그 것마저 결국 무력화될지는 더 지켜보아야 할 일이다.

6. 비트겐슈타인의 철학적 위상

주지하다시피, 비트겐슈타인의 철학은 20세기의 강력한 철학 사조인 분석철학의 전개에 지대한 영향을 주었다. 그의 전기 철학은 논리실증주 의에, 후기 철학은 일상언어학파에 영감과 영향을 주었다. 분석철학에서 논의되는 많은 주제들에서 그의 관점은 지금도 생명력과 힘을 지니고 있 다. 그렇기 때문에 그는 분석철학의 대표적인 인물로 간주되곤 한다.

확실히 비트겐슈타인은 분석철학에서 가장 중요한 인물, 또는 적어도 그런 인물들 중 한 명이다. 그러나 그를 이러한 틀 속에서만 파악하려 한 다면 잘못이다.《논고》와 논리실증주의 사이에 중대한 차이점들이 존재한 다는 것은 오늘날 분명해졌다. 그 둘은 논리와 언어, 그리고 과학의 본성에 대한 탐구에 몰두한다는 점에서 비슷해 보인다. 그러나 논리실증주의가 논리와 과학을 넘어서는 형이상학적인 것들에 대해 매우 부정적인 데 반 해,《논고》는 오히려 논리와 과학의 한계를 넘어서는 '말할 수 없는 것'(윤 리·종교·예술)에 중요성이 있음을 강조한다. 물론 논리실증주의와 마찬가 지로《논고》역시 형이상학을 비판한다. 그러나《논고》가 염두에 둔 형이 상학의 문제는 논리실증주의의 믿음처럼 종교-신학적인 사고로부터 오 는 것이라기보다는 오히려 과학적 사고로부터 오는 어떤 것이었다.[21]

---

21 von Wright(1995) 참조.

비트겐슈타인이 전·후기를 통틀어 저항했던 것 중의 하나는 바로 과학적 방법에 의한 이론화 또는 체계화가 철학 문제를 해결해 줄 수 있으리라는 믿음이었다. (이 믿음은 우리 시대의 지배적 이데올로기에 속하는 것이기도 하다.) 이러한 믿음은 논리실증주의뿐 아니라 그 이후 분석철학의 전개에서 주류를 형성해 왔다고 할 수 있다. 일상언어학파의 경우, 논리실증주의와 달리 일상 언어의 사용에 세밀한 주의를 기울이면서 후기 비트겐슈타인의 일면을 계승한 점이 없지 않으나, 화용론 또는 언어행위 이론으로 발전되는 데서 보다시피, 언어 사용 문제의 일반적 체계화 또는 이론화 자체에 몰입하고, 언어에 대한 고찰을 통해 삶의 의미를 드러내고 삶에 대한 관점 변화를 꾀하려는 비트겐슈타인 철학의 근본정신을 살리지는 못했다고 보인다. 부흐테를과 휘프너의 지적처럼, 일상언어학파에서는 철학적 문제들에 대한 고찰이 말하자면 점점 더 전면으로 밀쳐 나오는 이론적인 언어 연구의 부산물로 전락했다.[22]

일상언어학파 이후에도 분석철학에서 비트겐슈타인의 영향은 주요 철학자들에게서 (정도의 차이는 있지만) 여전히 발견될 수 있다. 비트겐슈타인의 철학을 분석철학적 전통과 분리하여 본다는 것은 아마도 어려울 것이다. 이는 그의 철학이 프레게와 러셀의 영향을 받으며 시작한 것과 무관하지 않다. 그러나 1960년대 이후로 비트겐슈타인의 철학을 영미 중심의 분석적 전통뿐 아니라 독일-오스트리아의 철학적·문화적 전통에 비추어 보아야 옳게 이해할 수 있다는 인식들이 싹텄다. 그 대표적인 것 중 하나는 그의 철학을 칸트 철학과의 연관 속에서 파악하려는 것이었다.[23] 그러나《논고》를 칸트 철학의 (쇼펜하우어를 거친) 변형 내지

---

22 Wuchterl, K. & A. Hübner(1979), p.128 참조.

발전으로 파악하는 것은 그럴 듯하다고 할 수 있지만,《탐구》의 경우에도 그러한 관점이 깊이 있게 적용될 수 있다고는 보이지 않는다. 물론, 언어놀이들에 대한《탐구》의 고찰들은 언어의 가능성과 한계 문제와 무관하지 않다는 점에서 여전히 언어 비판의 성격을 갖는고 할 수 있다. 그러나 이제 언어는 어떤 하나의 본질을 지닌 문장들의 총체로서 한계를 지니는 것이 아니라, 문장 이전 또는 이외의 단계나 요소들을 포함하는 다양한 언어놀이들로 이루어지는 열린 한계를 지니는 것으로 간주된다. 그리고 언어놀이들은 더 이상 형이상학적 원자나 초월적 자아와 같은 어떤 무엇에 의해 기초되어야 할 것으로서 간주되지도 않는다. 그러므로 이제 비트겐슈타인의 목표는 언어(놀이)가 언어(놀이)가 되기 위한 새로운 필수 조건들을 제시하는 데 있지 않다. 즉《논고》식 언어 비판의 초월철학적인 면들은 사라진다.

비트겐슈타인의 후기 철학은, 그 구체적 내용과 방법으로 들어가면, 오히려 헤겔-마르크스와 통하는 면을 포함하고 있는 것으로 보인다.[24] 가령 '일어나는 일과 독립해서 존재하는' 실체의 부정과 함께 현상과 본질 사이의 근본적 구분의 폐기, 그리고 의미와 우연적 경험 사실 사이의 상관관계 및 거기서 정상적인 것과 예외적인 것 사이에 성립하는 '양에서 질로의 변화' 등의 고찰은 변증법적이라고 할 만하다. 그리고 언어와 사회적 삶과의 본질적 연관성에 관한 고찰들, 신비적인 것은 (만일 그런

---

23 이런 시도의 구체적 예들에 대해서는 S. 프롬(1988) 참조. 국내에서는 아마도 이승종(1995)이 그런 시도의 대표적인 예일 것이다.

24 그 밖에 니체나 프로이트와도 부분적으로 비교될 수 있는 면들을 가지고 있다. 가령 '가족유사성'이란 말은 이미 니체(《선악의 저편》)에서 나타난다. (니체와의 연관에 대해서는 이 글의 다음 절에서도 언급된다.) 또 비트겐슈타인은 프로이트를 비판하면서도 자신을 그의 '제자' 또는 '추종자'라고 부르기도 했다.

것이 있다면) 바로 그 사회적인 것 속에 있다는 것,[25] 언어 및 사고와 행동적 또는 물질적 상황의 관계 문제에서 '내면'과 '외면'의 근본적 구별을 거부하고 통일적으로 파악하려 하는 것 등은 분명 칸트 이후에, 특히 헤겔-마르크스를 거치면서 비로소 뚜렷해지는 점들이다.[26] 이런 점들이 비트겐슈타인의 후기 철학을 전기와 구별 짓게 하는 결정적인 점들에 속한다고 할 수 있는 한, 그의 후기 철학마저 여전히 칸트적 틀에 맞춰 이해하려는 것은 후기 철학에서 나타난 변화의 요체를 놓치는 것이라고 아니할 수 없다.

비트겐슈타인의 후기 철학은 서양 철학사의 주된 흐름과 무관하지 않지만, 그 연관이 그리 단순하지도 않다. 그것은 기존의 어떤 하나의 주의나 학파의 틀에 집어넣기 곤란하다. 이는 과거뿐 아니라 현대의 주의나 학파들과의 관계에서도 적용된다. 그의 철학이 주로 분석철학의 맥락에서 이해되어온 것이 사실이지만, 오늘날 그의 철학은 분석철학뿐 아니라 현상학·해석학·구조주의·포스트모더니즘 등을 포함하는 더 넓은 맥락에서 음미될 필요가 있다. 그의 철학은 아마도 이들 상호 고립적으로 전개되어온 사조들 사이의 진지한 상호 이해와 비판적 교류의 가능성을 실

---

25 이 점은 가라타니 코오진(1998)에 의해서도 지적되고 있다. 그러나 그는 정작 '사회'를 '하나의 언어 게임으로 닫혀 있는 영역'으로서의 공동체와 공동체 사이에만 존재하는 것으로 본다. 그리고 (근본적으로 사회적인) 대화 역시 '나 자신의 확실성을 잃게 하는' '일종의 방법적 회의의 극한에서' 나타나는 '타자'—결국 '우리말을 이해 못하는 […] 외국인'—와의 사이에만 존재하는 것으로 본다. (이에 따르면, 공통 규칙에 따르는 공동체적 대화는 동일한 타자와의 대화, 다시 말해 모놀로그일 뿐이다.) 이런 관점은 문제인데, 비트겐슈타인에서는 제도화된(공동체적) 문법 규칙이 있어야 대화도, 의심도 가능하다. 또 '타자'는 '나'와 마찬가지로 이미 문법 규칙에 의존하는 것이지, 그 역이 아니다. 코오진의 관점은 규칙 따르기에 관한 명백히 문제 있는 크립키의 해석을 무비판적으로 수용한 결과로 보인다.
26 언어관에서 비트겐슈타인과 마르크스(주의)의 유사점들에 대한 더 자세한 논의는 이영철(1999)를 참조할 것.

질적으로 연 선구적 작업의 하나로서 간주될 수 있을 것이다.

언어 이해의 문제에 관한 후기 비트겐슈타인의 고찰들은 중요한 점들에서 (현상학적-)해석학적 고찰들과 비교될 수 있다. 가령 하이데거의 현존재 분석에서 보이는 언어관은 비트겐슈타인과 통하는 면을 지닌다. 이 점은 하이데거에 강한 영향을 받은 가다머의 해석학에서 더 분명하게 볼 수 있다. 예컨대 놀이 개념을 중시하고 언어 이해를 삶의 수행으로 보는 것, 말의 내용이 사용에 의해 결정되며 적용이 이해의 참된 핵심이라고 보는 것, 언어는 추상적인 규칙 체계가 아니라 끊임없이 변화하며 개념들의 사용은 확고하게 미리 주어진 엄밀한 규칙의 지배를 받지 않는다고 보는 것 등은 분명 비트겐슈타인(후기)과 통하는 생각들이다. 또 모든 개별적인 말의 뜻에는 이미 말들의 체계, 언어가 놓여 있고 이것은 개인적이고 주관적인 뜻으로 환원 불가능하다고 보는 것, 화자가 뜻하는 바는 그것이 삶과 존재 차원에서 공통적인 것이 될 때만 분명해진다는 것, 따라서 이해는 계속해서 공유되는, 공통적인 것의 재생산 과정으로서 존재하며, 불일치가 아니라 일치가 언어적 이해, 의사소통의 근본적이고 정상적인 구조를 이룬다고 보는 것, 그 일치의 기본 구조는 전통과 제도에 의해 전승되는 것이며, 그렇게 전승된 것들이 이해의 조건들을 이룬다는 것(이른바 '해석학적 순환') 등등도 역시 비트겐슈타인과 통한다고 할 수 있는 것들이다.[27]

물론 차이도 존재한다. 하이데거-가다머는 우리의 일상 언어와 구별되는 '근원적 언어'나 '자연의 언어' 같은 것에 대해 말하곤 하는데, 비트겐슈타인에서는 근본적인 언어가 어디까지나 우리의 실제 자연언어, 즉

---

27 Gadamer(1960) 및 (1986) 참조.

일상 언어일 뿐이다. 또 그들은 '존재', '존재 진리', '전통'과 같은 것들을 일방적 권위를 지닌 '근거'의 역할을 하는 것으로 이야기한다고 보이는데 반해, 비트겐슈타인에서 '근거'가 되는 것은 한편으로는 그 '근거'에 근거한 것들의 운동에 의해, 즉 그 '근거'에 근거한 일상적 언어놀이들의 작동에 의해 정립되는 것으로 파악된다. 이런 점에서 비트겐슈타인의 입장은 하버마스와 비슷해 보이지만, 그러나 그와도 대조되는 점을 지닌다. 즉 하버마스가 전승과 일상적 의사소통의 체계적 왜곡 가능성을 이야기하면서 '이상적 담화 상황'을 추구하는 쪽으로 나가는 데 반해, 비트겐슈타인은 바로 그 왜곡될 수 있으면서도 가능한 의사소통의 본성과 거기 내재된 비판적·치료적 능력에 대해 신뢰하는 편이라고 할 수 있다.[28]

한편, 비트겐슈타인은 구조주의자 및 탈구조주의자와도 어느 정도 통하는 점들을 가지고 있다. 규칙과 구조의 강조(기호는 기호들의 규칙 체계로서의 언어 구조에서 그것의 의미를 얻는다고 하는 것), '사적' 기호의 부정과 제도의 강조(말의 의미는 주체의 어떤 심리적 연합이나 의식적 의도 작용을 통해서 성립되지 않고, 오히려 의미와 의도 작용조차도 공적 제도 속에 그 문법 규칙이 마련되어 있어야 가능하다고 보는 것), 문법 규칙들과 언어의 자율성 주장(그것들은 실재 또는 사실적인 어떤 것에 의거해서 정당화되지 않는다는 것), 언어에서 지시의 비본질성에 대한 주장, 의미 문제에서 차이들—동일성과 마찬가지로 제도적 본성을 가지는 것으로 이해되는 차이들—이 결정적이라고 보는 관점 등이 그것이다.

그러나 더 들여다보면 여기서도 역시 차이들이 존재하는데, 비트겐슈

---

28 비트겐슈타인을 해석학자들과 비판적으로 비교하는 하나의 시도로 (불충분하지만) 이영철 (1998) 4절 이하 참조.

타인은 언어를 추상적이고 엄격한 규칙 체계로서가 아니라 실천적인 활동으로서, 그리고 언제나 엄격한 규칙들의 지배를 받는 것만도 아닌—그렇다고 모든 것이 불확정적으로 되는 것도 아닌—활동들로서 이해한다. 언어의 자율성은 그러한 언어놀이들의 자율성이다. 여기서 문법 규칙들은 개별 활동들보다 확고한 위치를 점하지만, 그 지위는 어디까지나 구체적인 언어적 실천들에 의해 주어지는 것이다. 언어적 실천들이 달라지면 그 지위는 흔들리고 폐기될 수 있다. 언어의 의미를 결정하는 차이들의 경우에도, 비트겐슈타인이 강조하는 차이는 어디까지나 언어 사용의 실천 문제에서의 차이들이지 단순히 기표들 사이의 차이들이 아니다. 그러므로 어떤 말의 뜻을 알려면, 우리는 그것이 어떤 실천적 차이를 만드는가를 보아야 한다. "우리의 말은 우리의 나머지 행위들에 의해 그 뜻을 얻는다."(ÜG §229) 이러한 실천적 사용의 장에서는 이른바 '기표가 기의에 닿지 못하고 끊임없이 미끄러지는' 현상은 없다. 물론 여기서도 경우에 따라 미끄럼은 존재한다. 그러나 일반적으로는, 걷기에 충분한 마찰이 존재한다.

　이상의 고찰은 너무 간략하고, 또 어떤 면에서 주관적 인상에 불과할 수 있다. 현대 철학 및 철학사에서 비트겐슈타인의 정확한 위상을 말하기 위해서는 앞으로 더 깊은 비교와 논의가 필요하다.

2

비트겐슈타인의 철학관

1. 비트겐슈타인의 철학관: 개요와 쟁점

철학이란 무엇인가? 철학을 하는 사람치고 이 물음을 묻지 않는 이는 없을 터이지만, 그것은 특히 비트겐슈타인에게는 평생의 그리고 중심적인 화두의 하나였다. 그가 1912년에 케임브리지의 도덕과학클럽에 제출한 최초의 논문 주제가 바로 '철학이란 무엇인가' 하는 것이었으며, 1929년에 그가 다시 철학에 복귀한 이후 케임브리지 대학에서 강의하게 되었을 때, 그는 늘 자신의 강의에 단순히 '철학'이라는 제목을 붙이곤 하였다.[1] 그는 교수직을 그만두기 직전인 1946년에도 다시 한 번 '철학이란 무엇인가'를 주제로 강연을 한다.

비트겐슈타인에게 철학 자체에 대한 물음은 '제2차의 철학'이나 메타-철학에 속하는 것이 아니라, 바로 철학적 작업에 속하는 것이다.[2] 그리고 그것은 철학의 그저 한 물음이 아니라, 철학의 다른 물음들을 주도하고 근저에서 엮어 내는 물음이다. 비트겐슈타인의 언어철학, 심리철학, 수

---

1 비트겐슈타인이 처음 강의를 맡았을 때, 그의 강의 제목을 어떻게 하겠느냐는 물음에 그는 자신의 강의 주제가 철학이 될 것이며, 강의 이름으로 '철학' 말고 또 무엇이 있을 수 있겠는가 하고 대답했다고 한다(몽크(1998) 429쪽 참조). 물론 '철학'이란 제목의 강의에서 비트겐슈타인은 철학관뿐만이 아니라 철학의 다양한 주제들을 다루었고, 또 '철학' 강의 외에도 나중에는 '수학자들을 위한 철학', '심리학의 철학'과 같은 제목의 강의들도 한다.
2 이는 마치 철자법이 '철자법'이란 낱말과도 관계하지만 그렇다고 제2차의 철자법이 있지는 않는 것과 같다. PU §121 참조.

학철학 등의 탐구는 그의 철학관과의 연관 속에서 수행된 개별 프로젝트였다고 할 수 있고, 따라서 이들 분야에서의 탐구는 늘 그의 철학관을 염두에 두고 이해되어야 한다.

비트겐슈타인의 전기의 철학관은 비교적 간단하게 정리될 수 있다. 《논고》에서 그의 철학관과 관련되는 주요한 언급들은 한 단락 정도에 다 모아볼 수 있다. 그에 의하면 철학적 문제들은 우리 언어의 논리에 대한 오해에 기인한다(머리말 및 4.003). 그리고 철학은 '사고의 논리적 명료화'를 목적으로 하는 '언어 비판'이다(4.0031과 4.112). 그것은 '활동'이지 '교설(敎說)'이 아니며, 특히 '자연과학들 중의 하나가 아니다'(4.111과 4.112). 철학적 활동의 결과 명제들이 명료해지지만, '철학적 명제들'이 탄생하지는 않는다(4.112). 즉 철학은 명제화될 수 있는 것, 말할 수 있는 것이 아니다. 그것은 오로지, 말할 수 있는 것(명제)들을 명료화하면서, 말할 수 있는 것의 한계, 그러니까 언어와 사고의 한계를 드러내는 작업이다(머리말 및 4.114-4.115). 물론《논고》는 철학적 명제들을 포함하고 있고, 이 점에서 철학에 대한 자신의 규정을 위반하고 있다. 그러나 그것들은 말하자면 세계를 올바로 볼 수 있는 위치에 이를 때까지만 필요한 사다리와 같은 역할을 하는 것으로서, 본질적으로 주해 작업이다(4.112과 6.54).

간단해 보이지만, 그러나 여기에 비트겐슈타인의 전체 철학관의 주요한 논지가 거의 다 들어 있다. 후기로 가면서 위의 이야기에서 '언어의 논리'는 '언어의 문법'으로, '논리적 명료화'(또는 '분석')는 '문법적 기술과 조망'으로 바뀐다. 또 '말할 수 없는 것'의 본성과 지위에 대한 생각도 바뀐다. 그러나 철학이 우리 언어에 대한 오해에서 기인하는 문제들을 해소하기 위한 활동이라는 것, 철학이 과학과 같은 이론적 설명 작업이 아니라 언어와 사고의 명료화 작업이라는 것, 그리고 철학적 작업의 결과는 철학적 명제 또는 논제의 수립이 아니라, 우리로 하여금 어떤 고양된 위치 또는 관점에 도달하게 할 수 있는 것이어야 한다는 것과 같은 것들은 후기에서도 여전히 보존된다.

이러한 점들 때문에 비트겐슈타인의 철학관은 전·후기에 걸쳐 근본적인 변화가 없는 것으로 이야기되기도 한다. 그러나 이는 어디까지나 상대적인 이야기일 뿐이다. 그의 전·후기 철학관 사이의 관계는 결코 단순명료하지 않으며, 그 변화에 대한 이해가 불변적인 부분에 대한 이해와 마찬가지로 그의 전체 철학관의 이해를 위해 본질적이다.

비트겐슈타인의 철학관이 현대 철학에 끼친 영향과 아울러 그것을 둘러싼 논의들을 감안할 때, 오늘날 그의 철학관에 대한 고찰은 기본적으로 두 가지 측면을 포함해야 할 것이다. 하나는 그의 철학관을 가능한 한 명확하게 드러내는 것이다. 이 차원에서는 그의 전·후기 철학관의 올바른 관계 해명과 아울러 그의 철학관을 둘러싼 오해들을 해소시킬 필요가 있다. 또 하나는 그의 철학관 자체를 어떻게 볼 것이냐 하는 것이다. 이 차원에서는 그의 철학관에 대한 시비들이 검토되고, 그의 철학관의 진정한 의의가 무엇인가가 고찰되어야 할 것이다. 물론 여기서 우리가 그 모든 논의들을 다 살펴볼 수는 없다. (이 일은 훨씬 많은 지면을 요한다.) 나는 다만 주요하다고 생각되는 것들에 한정해 살펴보고자 한다.

2. 언어 비판으로서의 철학

비트겐슈타인의 철학관에서 가장 기본적이라고 할 수 있는 것은, 철학의 문제들이 우리 언어의 작용에 대한 오해에서 기인한다는 것과, 철학은 그러한 문제들을 풀기 위한 언어 비판적 작업이라는 것이다. 철학이 우리 언어의 의미의 한계를 밝히고 그 한계를 넘는 일체의 언어 사용의 월권을 비판하는 '언어 비판'이라고 본 점에서 비트겐슈타인의 철학관은 철학의 이른바 '언어적 전회'를 고하는 것이었다. 철학사적으로 말하자면, 하버마스도 지적하고 있다시피[3], 《논고》에 의해서 비로소 근대의 '정신주의적인' 의식 철학적 패러다임이 언어 중심의 패러다임으로 분명하게 전환된다고 말할 수 있다. 그 변화는 (러셀이나 카르납의 경우처럼) 여전한 의식 철학의 틀 내에서의 단지 방법론상의 변화가 아니라, 의식 철학의 근본 전제들 자체까지 건드리는 변화였다고 평가된다.

《논고》에서의 '언어 비판'의 이념은 칸트 식 비판 철학의 한 변형이라고 할 수 있다. 의미의 한계를 밝히고 명료화를 추구한다는 점에서 《논고》는 이성의 확장이 아니라 한계 해명을 목표로 한 칸트의 '이성 비판'과 유사하다. 그러나 그럼에도 불구하고 칸트의 '이성 비판'은 어디까지나 가능한 지식과 단순한 사변의 구분을 위한 인식론적 정초 작업으로서, 또 이론적이고 체계적인 학문이어야 할 형이상학을 위한 예비학[4]으로서 이해되었다는 점에서 비트겐슈타인의 '언어 비판'과 중요하게 구별된다. 후자는 결코 학적 이론 체계를 지향하는 인식론적 정초 작업이 아니다.

후기 철학도 언어놀이의 한계를 넘는 일체의 월권적 언어 사용(오용)을 비판한다는 점에서는 여전히 '비판'의 면모를 지닌다. 그러나 이제 언어놀이들은 더 이상 어떤 선천적으로 고정된 한계가 있는 것이 아니라, 그 한계가 열려 있는 것으로 간주된다. 그리하여 그 '비판'에서, 언어 현

---

3 Habermas(1999) pp.80-81 참조.
4 칸트(1983) II.3장 '순수이성의 건축술' 참조.

상들을 그 속에 숨어 있는 보편적이고 선천적인 어떤 원리들을 (논리적) 분석을 통해 발견하여 설명하려는 초월철학적 경향은 사라진다. (다음 절에서 더 자세히 이야기되겠지만,《논고》는 실은 이 경향을 완전히 탈피하지 못했었다.) 철학은 학문적인 인식론적 정초 작업이 아닐 뿐 아니라, 도대체가 그 무엇의 정초 작업이 아니다(PU §124 참조). 이제 비트겐슈타인은《논고》의 '논리적 분석' 대신에 순수한 '문법적 기술'을 추구한다. 이 점에서 비트겐슈타인의 후기 철학은 칸트보다는 오히려 니체와 비교할 수 있을 것이다. 왜냐하면 니체는《선악의 저편》("도덕의 자연사" 장)에서 도덕 과학과 구별되는 것으로서 도덕의 유형론에 대해 이야기하고 있는데, 그가 거기서 말한 것—즉 도덕 과학은 (기존) 도덕을 정초하고 정당화하려 할 뿐인데 반해, 도덕 유형론은 다양한 도덕적 사실들을 비교, 기술하며, 이에 의해서만 도덕의 본래 문제들이 드러난다는 것—을 언어 고찰에 적용하면 우리는 여기서 언급된 후기 비트겐슈타인의 관점과 통하는 어떤 것을 얻을 수 있을 것으로 보이기 때문이다.[5]

일반적으로《논고》는 프레게의 작업에 실질적으로 깃들어 있는 언어

---

5 비트겐슈타인은 자신의 철학 수법과 관련하여, 자기가 하고 있는 것은 "언어 사용의 형태학"이라고 말했다고 한다. Malcolm(1958) p.50 참조. 여기서 "형태학"이란 괴테와 슈펭글러의 이른바 '형태학적 방법'을 염두에 둔 것일 것이나, 니체의 '유형론'과도 통할 것으로 생각된다. 물론 니체는 '유형론적' 기술들 외에 "이렇게 되어야만 한다"고 하는 '입법' 기능도 철학에 부여한다(니체(2002a)《선악의 저편》§211 참조). 그러나 이것이 꼭 비트겐슈타인과의 차이를 이루지는 않을 것이다. 아래 각주 31 참조. 니체의 '유형론' 뿐 아니라 이른바 '계보학' 역시, 한 용어의 의미를 이해하려면 그 '계보'—그 용어가 특수한 상황들 속에서 특수한 결과들을 성취하기 위해 구사되어 온 방식—를 발견해야 한다고 보는 점에서 비트겐슈타인의 고찰 방법과 통한다. 비트겐슈타인 스스로도 철학에 대한 자신의 태도와 니체의 그것이 합치될 수 있음을 다음과 같이 언급한 바 있다: "내가 **더 올바른** 사유가 아니라 새로운 사고 운동을 가르치고자 한다면, 나의 목적은 '가치의 전도'이며, 나는 니체에 도달한다; 그리고 이는 철학자는 시인이어야 한다는 내 견해에 의해서도 역시 마찬가지이다."(WN 120 p.145r)

적 전회의 싹이 열매를 맺은 것으로 평가된다. 그러나 프레게가 자신의 철학관을 명시적으로 표명한 바는 없다.[6] 후기로 가면서 비트겐슈타인은 철학관의 문제에서 우리에게는 좀 생소한 철학자인 리히텐베르크(G. C. Lichtenberg; 1742-1799)를 언급하며 그의 생각에 공감을 표한다.

> 리히텐베르크: "우리의 전(全) 철학은 언어 사용의 교정(矯正)이다; 그러니까, 철학의, 그것도 가장 일반적인 철학의 교정이다." […]
> 왜 문법적 문제들은 그렇게 단단하고 외견상 근절하기 어려운가— 왜냐하면 그것들은 가장 오래된 사유 습관들과, 즉 우리의 언어 자체 속에 각인되어 있는 가장 오래된 그림들과 연관되어 있기 때문이다. ((리히텐베르크.)) (P 82쪽)

리히텐베르크의 생각은 '철학은 격세유전한다'는 니체의 생각, 즉 가령 인도-그리스-독일과 같이 언어 유사성이 있는 곳에서는 공통된 문법의 철학에 힘입어 철학 체계가 동일한 방식으로 전개되고 배열되도록 처음부터 모든 것이 준비되어 있다는 생각[7]과도 통하는 것으로 보이지만, 아무튼 비트겐슈타인의 생각은 철학이 우리의 언어 자체 속에 간직되어 있는 오래된 그림들('가장 일반적인 철학')의 문제와 관계한다는 것이다. 즉 비트겐슈타인이 관심 가지는 철학적 문제들은 "명제들 속에서가 아니라 언어 속에서 간직"(P 85쪽)되어 있는 것들, 또는 "우리의 언어 형식들 속에 들어 있는 신화들"(P 92쪽)과 같은 것들이다. 따라서 그는 리히

---

6 아마도 그는 철학을 추상적 실재에 대한 과학으로 생각했다. Glock(1996a) p.293 참조.
7 니체(2002a)《선악의 저편》§20 참조. 또한 이 책 서문에서는 독단적 철학을 낳는 '문법적 유혹'이 언급된다.

텐베르크가 '언어 사용의 교정'을 말하는 것과 비슷하게, 우리 "언어 전체가 재편성되어야 한다"고, 또는 "우리는 전체 언어를 갈아 일구어야 한다"(P 83쪽과 91쪽)고 역설한다.

철학의 핵심을 이와 같이 언어 비판적 작업으로 보는 것은 비트겐슈타인의 거의 근본적인 직관, 또는 믿음이라고 보인다. 다른 철학적 문제들을 다룰 때와는 달리, 이 경우 그것은 '철학'이란 낱말의 다양한 일상적 사용들에 대한 일목요연한 조망의 결과로서 얻어진 것처럼 보이지 않는다. 그러나 이것이 그가 자신의 철학 개념을 유일하게 적법한 것으로 고집한다는 것을 뜻하지는 않는다.《청색 책》에서 그는 다음과 같이 묻는다.

　　여기서 우리가 하고 있는 것이 왜 '철학'으로 불려야 하는가? 왜 그것
　　이 이전 시대에 이 이름을 가졌던 상이한 활동들의 유일하게 적법한 상
　　속자로 간주되어야 하는가?(BB 112쪽)

비트겐슈타인의 뜻은, 자신의 작업은 "원래 '철학'이라고 일컬어진 주제의 상속자들 가운데 하나"(BB 58쪽)라고 할 수는 있지만, 유일하게 적법한 상속자라고 할 수는 없다는 것이다. '철학' 역시, 다른 많은 개념들과 마찬가지로, 가족 유사성을 지닌 개념이다. 다만, 그는 자신과 같은 식의 작업을 '철학'의 가장 중요한 상속자라고는 믿었던 듯하다[8]. 그것도, 단지 계속적 발전의 한 단계로서가 아니라 '새로운 주제'와 '새로운 방법'을 지닌 것으로서[9], 그러니까 철학 개념 자체의 어떤 변화를 동반한 것으

8　폰 브리크트(1982, 200쪽 참조)에 의하면, 비트겐슈타인은 자기가 한 것이 "과거의 철학자들이 해놓은 것에 대해 가족 유사성에 의해 관계 맺어진 '정통 후계자'"라고 했다고 한다.
9　비트겐슈타인은 자신의 철학이 "갈릴레오와 그의 동시대인들이 역학을 고안했을 때 일어난

로서 말이다.

이러한 신념이 얼마나 정당한가 하는 것은 대답하기 쉽지 않은 문제이다. (가령, 철학은 "존재자의 존재의 말 걸어옴에 응답하는 그런 응답, 즉 [이러한 말 걸어옴을] 저 나름의 고유한 방식으로 받아들여 펼쳐나가는 그런 응답"[10]이라는 하이데거의 주장은 얼마나 정당한가를 생각해 보라.) 비트겐슈타인은 자신의 작업이 일종의 설득이라고 할 수 있는 면을 지니고 있다는 점을 솔직히 시인한 바 있다(LC 109쪽 참조). 즉 그것은 단적으로 옳다거나 그르다고 말하기 힘든 점을 지닌다. 또는 차라리, 그것은 그런 차원을 뛰어넘는 곳에 있다고도 할 수 있다. 비트겐슈타인은 베토벤의 어떤 한 교향곡이나 어떤 고딕 성당의 경우처럼 '엄청난' 것들은 놀이의 차원이 다른 것들('전혀 새로운 놀이')이며 거기에 대해서는 옳다 그르다는 식의 감상이 불가능하다는 이야기를 한 바 있는데(LC 72-73쪽 참조), 철학을 언어적 작업으로 보는 것에 대해서도 우리는 비슷하게 말할 수 있을 것이다. 왜냐하면 그것은 철학에서 이른바 패러다임의 전환이라는 '엄청난' 변화를 동반한다고 할 수 있을 것이기 때문이다.

이 새로운 철학관의 정당성 문제를 군이 거론할 수 있다면, 아마도 그것은 그 철학관과 결부된 구체적 작업들이 얼마나 성과를 거두느냐에 달려 있다고 해야 할 것이다. 그리고 이 점에서 보자면, 이 새로운 철학관이 그 이전의 철학관들—특히 '인식론 중심의' 철학관—보다 더 낫거나 적어도 더 매력적인 것으로 보이게 만드는 점들은 분명 존재하는 것으로 보인다. 왜냐하면 오늘날 언어적 전회가 비록 그 정도와 스타일이 다양

것과 비교할 수 있는, '인간 사유 발전에서의 한 뒤틀림(kink)"이며, '연금술에서 화학이 출현했을 때 일어난 것처럼' 새로운 방법이 발견되었다고 말했다고 한다. Moore(1959) p.113 참조.
10 하이데거(1956) 99쪽

하기는 하지만 어쨌든 이미 우리 시대의 대표적인 철학 틀을 이루고 있음은 부인할 수 없는 사실이기 때문이다.

이 새로운 철학관은 흔히 오해되듯이 언어만을 보고 실질을 도외시하는 것이 아니다. 이른바 언어적 전회는 언어만을 철학의 주제로 인정하는 것이 아니라, 철학의 다양한 주제들이 언어적 문제와 밀접하게 관계된다는 것[11]이며, 또 그런 한에서 그 핵심 방법에서 언어의 분석 또는 기술을 포함해야 한다는 것이다. 따라서 이 철학관에서는 언어에 관한 어떤 일반적 기술 자체가 아니라 어디까지나 철학적 문제들을 해소하는 데 관계되는 한에서의 기술들이 중요하다.

그렇다고 이 새로운 철학관이 전문적인 철학자들에게나 해당되는 것이라고만 할 수도 없다. 잘 알려져 있다시피, 《탐구》에서 비트겐슈타인은 "철학은 우리의 언어 수단에 의해 우리의 지성에 걸린 마법에 맞서는 하나의 투쟁"(§109)이라고 선언하였다. 이는 일차적으로는 분명 그러한 마법에 걸려든 철학자들을 겨냥한 말이다. 그러나 철학적 문제들이 우리의 언어 자체 속에 신화처럼 간직되어 있다고 한다면, 저 선언은 단지 전문적 철학자들만을 겨냥한 것은 아닐 것이다. 그것은 그러한 마법에 걸려 있고 또 걸릴 수 있는 모든 사람, 즉 "철학자들과 우리 안의 철학자들", 그러니까 결국 우리 자신들에 대해 해당된다고 해야 할 것이다.[12]

---

11 가령 '어떤 것을 봄'은 어떤 것을 본다고 말함과 같은 것을 의미하지 않는다. 그러나—비트겐슈타인에 의하면—'어떤 것을 봄'(의 문법)은 어떤 것을 본다고 말함(또는 어떤 것을 봄의 표현)과 밀접히 관계되어 있다(LPE 140쪽 참조). 즉 x가 무엇인가는 무엇을 'x'라고 부르는가 하는 문법적 문제와 연결된다.

12 이 점에서 나는 Kenny(1982) p.13의 견해와 같다. 인용부호 속의 표현은 비트겐슈타인의 유고 219의 p.11에 나오는 것으로, 케니의 이 논문에서 재인용했다.

3. 문법적 기술로서의 철학

비트겐슈타인의 철학관에서 불변적인 것 가운데 중요한 또 하나의 것은—그리고 아마도 가장 많이 주목받고 논의된 것은—언어적 작업으로서 파악된 철학의 구체적인 작업 내용과 방식에 관한 것이다. 그것은, 철학은 결국 철학적 문제들을 해소하기 위해 우리의 언어를 기술함으로써 의미를 명료화하는 작업이며, 이는 어떤 새로운 사실을 발견하거나 설명함으로써 지식을 증진하려는 과학적-이론적 작업과 구별되어야 한다는 확신이다. 비트겐슈타인은 이미 초기에 철학은 '순전히 기술적'[13]이라고 말한 바 있는데, 같은 정신으로 그는 후기에도 다음과 같이 말한다.

> 철학자들은 끊임없이 과학의 방법을 안중에 두고 있으며, 과학이 하는 방식으로 물음들을 묻고 대답하려는 저항할 수 없는 유혹을 받는다. 이러한 경향이 형이상학의 진정한 원천이다. 그리고 철학자를 완전한 어둠 속으로 이끈다. 나는 여기서, 어떤 것을 어떤 것으로 환원하거나 어떤 것을 설명하는 것은 결코 우리의 일일 수 없다고 말하고 싶다. 철학은 정말로 '순전히 기술적'**이다**. (BB 42쪽)

> 우리의 고찰들이 과학적 고찰들이어서는 안 된다고 한 것은 옳았다. […] 그리고 우리는 어떠한 이론도 세워서는 안 된다. 우리의 고찰 속에는 어떤 가설적인 것도 있어선 안 된다. 모든 **설명**은 사라져야 하고, 오직 기술(記述)만이 그 자리에 들어서야 한다. 그리고 이 기술은 그것의 빛,

---

13 NB p.106

즉 그것의 목적을 철학적 문제들로부터 받는다. [⋯] 이러한 문제들은 새로운 경험의 제시에 의해서가 아니라 오래 전부터 우리에게 친숙한 것들을 나란히 놓음에 의해서 풀린다. (PU §109)

아리스토텔레스가 철학을 '에피스테메 테오레티케'로 간주한 이래로 거의 대부분의 전통 철학은 실재에 대한 어떤 이론적 인식을 목표로 해왔다. 그리고 그러한 목표를 지닌 것으로서의 철학은 일종의 과학 내지 초-과학이 되어야 한다고 보았다. 이러한 생각은 단지 전통 철학에서 끝나지 않고 현대 철학에서도 여전히 지속되는데, 가령 러셀은 철학을 '가장 일반적인 과학'으로, 카르납을 대표로 하는 논리 실증주의는 철학을 '과학 언어에 대한 논리적 통사론'(그러므로 과학은 아니지만 일종의 메타-과학)으로, 콰인은 철학과 과학의 엄밀한 구별을 거부하는 입장에서 철학을 '과학의 연장'으로 본다. 그리고 이와 비슷한 관점들은 분석철학의 주요 흐름에서만이 아니라, 현대의 다른 철학적 흐름에서도 발견되곤 한다. 이런 사정을 염두에 둘 때, 비트겐슈타인의 비-인식적 철학관은, 해커의 말마따나, 그의 전 저작 가운데에서 가장 근본적인 하나의 통찰로서 꼽힐 수 있을 것이다.[14]

그러나 비트겐슈타인의 이러한 통찰도 그의 후기 철학에 와서야 비로소 완성된다. 왜냐하면 그의 전기 철학은 비록 공식적으로는 비-인식적 철학관을 내세웠지만, 다음과 같은 점에서 실은 여전히 유사-과학적이고 이론 지향적인 면을 암암리에 포함하고 있었다고 할 수 있기 때문이다. 즉 첫째로, 언어의 본질을 그림이라고 보면서《논고》는 언어의 구체

---

14 Hacker(1996a) p.110 참조.

적 차이들을 사상하고 일반화하였고, 또 더 나아가 언어가 실재를 묘사할 수 있는 능력을 숨겨진 논리적 통사론에 의거하여 설명하려 했다. 둘째로,《논고》는 철학이 논리적 분석을 통해 언어와 실재가 공유하는 것들(논리적 형식들)을 보일 수 있다고 믿었으며, 따라서 철학이 형이상학적 진리를 (비록 진술할 수는 없지만) 어떤 식으로 깨우쳐줄 수 있는 것으로 보았다.

그런데 왜 비트겐슈타인은 철학적 문제들이 과학적-이론적 설명에 의해서는 해결될 수 없다고 보는 것인가? 그리고 어떻게 철학적 문제들이 단순히 친숙한 언어 사실들에 대한 기술에 의해 해결될 수 있다는 것인가?

일반적으로, 과학 이론은 경험적 현상들에 대한 인과적 설명의 제공을 핵심으로 한다. 그런데 원인은 현상들을 경험하는 자에게 일반적으로 숨겨져 있다. (그래서 인과적 설명의 결과는 새로운 지식이 될 수 있다.) 그리고 인과적 사슬은 계속될 수 있기 때문에, 인과적 설명은 원리상 끝없이 계속될 수 있다. 그러나 비트겐슈타인의 생각에 따르면, 철학이 관여하는 '의미의 설명'에서는 근본적으로 사정이 다르다. 많은 경우, 한 표현의 의미는 언어에서 그것의 쓰임으로 설명될 수 있다(PU §43). 그리고 이러한 설명은 어디에선가—최종적으로는 설명이 아니라 훈육인 곳에서—끝이 난다(PU §1과 §5). 왜냐하면 의미의 설명은 그것이 없다면 발생할 오해를 제거 또는 방지하기 위해서 필요한 것이지, 이론적으로 가능한 모든 오해를 막기 위해서 필요한 것이 아니기 때문이다(PU §87). 물론 모든 설명은 각각 오해될 수 있다(PU §29 아래 단편과 §71). 그러나 상상 가능한 모든 오해를 막지 못하는 설명이 불완전한 것은 아니다. 비트겐슈타인에 의하면, 의미 설명을 주는 언어 사용 규칙은 오히려 이정표처럼 있다(PU §85 참조). 그리고 "이정표는 이상 없다—그것이 정상적인 상황 속에서 그것의 목적을 달성한다면 말이다"(PU §87). 그러므로 특정한 언어적 오해에서 비롯되는 철학적 문제들의 해소를 위해서 일반 이론을 세울 필요는 없으며, 또 언어 사용자가 학습하지 않은 어떤 숨겨진 요인들을 끌어들여 설명하려 해서도 안 된다. 일반적으로, 언어 사용자에게 숨겨진 어떤 것이 그가 언어를 그렇게 사용하는 까닭일 수는 없기 때문이다. 언어 사용자는 그가 공적으로 배워 익힌바 언어 사용법들(즉 문법들)에 따라 언어를 사용할 뿐이며, 궁극적으로 그가 자신의 언어 사용을 달리 정당화할 수 없다. 즉 거기가 의미 설명의 종착점이다. 그리고 그렇기 때문에 의미의 설명은 우리 언어 사용자가 배워 익힌 친숙한 언어 규칙들을 기술해 보이는 것이 될 수밖에 없다. 다시 말해서, 철학에서 의미의 '설명'은 궁극적으로 문법적 '기술'로 귀착된다.

사실, '설명'이란 것이 우리가 아직 알지 못하는 어떤 것에 대해 주어져야 하는 것이라고 한다면, 그 이유만으로도 우리는 우리 언어 사용자들이 이미 알고 있는 것에 대해서는 설명을 줄 수 없기도 하다. 왜냐하면 관계된 모든 것이 언어 사용자에게 숨김없이 드러나 있다면, 설명할 것이 아무 것도 없기 때문이다(PU §126 참조).[15] 그래도 혹시 숨겨져 있는 것이 있다면, 그것은 단순히 문제와 무관할 뿐이다(같은 곳 참조).

누구나 다 아는 것을 기술한다는 것은 그러나 단순히 문법적 상식에 머무르라는 것이 아니다. 상식에 호소하는 것은 철학적 문제 해결에 대한

---

15 GB 39-40쪽에서는 다음과 같이 이야기된다: "나는 설명의 기도(企圖) 자체가 이미 잘못되었다고 믿는데, 왜냐하면 우리들은 우리들이 **아는** 것을 단지 올바르게 정돈해야 할 뿐 아무것도 덧붙여서는 안 되기 때문에, 그리고 설명에 의해 얻고자 애쓰는 만족은 그 결과 저절로 생기기 때문이다."

회피일 뿐이다. 철학자는, 니체의 말마따나, 우리의 문법에 대한 단순한 믿음에서 벗어날 필요가 있다.[16] 그러나 이것이 꼭 우리가 문법에 대한 불신으로 가야 한다는 것일 수는 없다. 비트겐슈타인에 의하면, 철학적 문제들의 해결을 위해서 우리는 철학적 사유가 빠져든 미로만큼이나 복잡한 과정을 거쳐야 한다.[17] 그러나 그 미로를 빠져나온 결과, 또는 철학적 문제가 얽혀든 사유의 매듭들을 푼 결과는 어디까지나, 그렇게 빠져들거나 얽혀들기 이전의 상태로의 복귀일 뿐이다. 비트겐슈타인은 말한다:

> 당신은 철학적 문제를 상식에 호소함에 의해서 피하려고 해서는 안 된다; 대신에, 문제를 그것이 발생하는 바대로 최대한 힘차게 제시하라. 당신은 자신을 수렁 속으로 끌려들어 가게 했다가 거기서 벗어나야 한다. 철학은 세 가지 활동으로 이루어진다고 말할 수 있다. 즉 상식적 대답을 보는 것, 상식적 대답이 견딜 수 없을 만큼 당신 자신이 문제 속으로 매우 깊이 들어가는 것, 그리고 그 상황으로부터 상식적 대답으로 되돌아가는 것이 그것이다. 그러나 상식적 대답은 그 자체로는 해답이 아니다; 그것은 누구나 알고 있는 것이다. 철학에서는 문제들을 단축시키려고 해서는 안 된다.[18]

철학의 문제들을 풀기 위해서는, 일상 언어를 떠난 낱말들의 철학적 (형이상학적) 사용을 다시 그것들의 고향인 일상 언어에서의 사용으로 돌려보내야 한다(PU §116). 그리고 사실상 일상 언어의 모든 문장은 '있

---

16 니체(2002a)《선악의 저편》§34 참조.
17 PB §2 및 Z §452 참조.
18 AWL pp.108-109.

는 그대로 질서 잡혀 있다'(TLP 5.5563; PU §98). 그러나 이것은 그 질서가 우리에게 언제나 명료하게 보인다는 것은 아니다. 그렇기 때문에 우리는 철학할 때 쉽게 길을 잃곤 하는 것이다. 그러므로 철학적 문제를 풀기 위해 필요한 것은 일상 언어의 질서에 대한 명료한 이해이다. 《논고》에서 비트겐슈타인은 그 질서(논리)가 일상적 언어 현상의 배후에 숨겨져 있다고 보았으며, 논리적 분석이 그 숨겨진 질서를 드러내 보일 수 있다고 믿었다. 그러나 후기 비트겐슈타인에 의하면, 일상 언어의 질서(문법)는 배후에 숨겨져 있는 것이 아니라, 우리 앞에 이미 있으되 다만 일목요연하게 눈에 들어오지 않을 뿐이다. 그러므로 이제 필요한 것은, 이미 알고 있는 언어적 현상들의 어떤 새로운 배열을 통해 그것들 사이의 (상호) 연결을 일목요연하게 조망하는 것이다(PU §122).[19] (그에 의하면, "본질은 문법에서 언표된다".(PU §371)) 그리고 그런 까닭에, 여기서 '중간 고리들'의 발견과 발명이 중요하다(같은 곳). 왜냐하면 단순 명료한 실제의 또는 가상의 언어놀이들에 대한 고찰을 통해 언어 사용의 각 단계가 명백하게 제시되면, 관련 문법이 명료해지고, 또 그러면 문법적 오해에 의해 발생한 철학적 논의들은 끝이 날 것이기 때문이다. 그러나 중간 고리들의 발명조차도, 그것들은 '유사성과 비유사성을 통해 우리의 언어 상황에 대해 빛을 던져야 할 **비교 대상들**로서'(PU §130) 고안되는 것이지, 실재에 대한 이론적 가설들로서 제시되는 것은 아니다. 따라서 이러한 비교를 통해 얻어지는 문법적 조망도, 자명한 것들에 대한 어떤 하나의 개괄—그것도, 철학적 문제를 일으키는 언어 사용 영역에 한정된 개

19　비트겐슈타인은 이 일을 지리학에서 지도를 만드는 일, 또는 도서관을 정리하는 과정에서 책들을 배열하는 일과 비교한다((AWL p.43 및 BB 83쪽) 참조).

괄—일 뿐, 이론적 일반화가 아니다. 그것은 오히려 '우리의 묘사 형식, 즉 우리가 사물을 보는 방식'을 가리키며, 그래서 차라리 "이것은 하나의 '세계관'인가?" 하는 생각이 들 정도의 어떤 것이다(PU §122).

이 점에서, 비트겐슈타인이 생각하는 철학과 과학의 관계는 미묘할 수 있다. 일단, 문법적 조망은 일상적 언어 사용을 어떤 식으로 배열할 뿐, 침해하거나 근거 지을 수 없는 것으로 이야기된다. 즉 그것은 실제의 언어 사용과 관련된 모든 것을 있는 그대로 놓아둔다(PU §124). 그에 의하면, 그것은 수학도 그대로 놓아둔다(같은 곳). 수학뿐 아니라, 심리학을 포함한 과학 이론 일반에 대해서—그리고 논란의 여지가 있지만, 언어 이론으로서의 경험적 의미론에 대해서도[20]—그 점은 마찬가지일 것이다. 그러나 이것은 철학이 과학 이론들에 대해 무관하고 무력하다는 뜻은 아니다. 오히려 그 반대다. 왜냐하면 다른 한편으로 그는 철학적 명료성이 수학에 대해 가질 수 있는 영향을 다음과 같이 비유적으로 말한바 있는데, 이는 다른 과학 이론들에 대해서도 똑같이 말해질 수 있을 것이기 때문이다.

철학적 명료성이 수학의 성장에 대해 가질 영향은 햇빛이 감자 싹의 성장에 대해 가질 영향과 같다. (어두운 지하실에서는 감자 싹들이 수 미터나 자란다.) (PG p.381)

비트겐슈타인의 생각은, 철학적 명료성이 결여된 과학은 위험할 수 있

---

20 의미의 일반 이론에 대한 비트겐슈타인의 비판은 의미 문제에 대해 자연과학적 이론과 같은 어떤 것이 가능하지 않을 것이라는 신념의 표현으로 볼 수 있을 것이다. 그러나 데이빗슨이 보여 주었듯이, 자연과학적 방법이 심리학 이론에 적용되지 않는다고 해서 심리학이 불성립하지 않듯이, 경험적 의미론은 자연과학적 이론과 본성을 달리하면서도 성립할 수 있을 것이다.

다는 것이다.[21] 또는 이미 니체가 말한 방식으로 표현하자면, '조망, 둘러봄, 내려다봄'에 이르지 못한 전문화된 학문의 '독립 선언'은 위험하다는 것이다[22]. 이러한 관점은, 과학에 대한 철학의 지위와 관련하여 하버마스가 전통철학의 이른바 판관과 정리(Platzanweiser)(또는 좌석안내원)로서의 역할과 대조하여 내세운, '대역(Platzhalter)'(즉 남을 위한 임시적 자리지킴이)과 해석자로서의 역할과도 거리가 있다. 즉 비트겐슈타인이 생각하는 철학의 역할은, 근본주의적 전통 인식론처럼 과학의 기초를 밝혀 정당화하고 그 영역을 (판관과 정리처럼) 한계 짓는 것이 아님은 물론, 마르크스주의, 프로이트의 정신분석, 촘스키의 언어 이론 등의 경우와 같이 "과학 체계 내부에서는 수준 높은 이론 전략들을 위한 자리를 몇몇 곳에 잡아 놓을 뿐 아니라 바깥으로는 또한 일상세계와 자신의 자율적 영역들로 움츠러든 문화적 근대 사이의 매개를 위한 번역 서비스도 제공하는 것"[23]도 아니다. 그가 생각하는 철학의 역할은 그렇게 결국은 과학들과 협력하는 가운데 여전히 진리 탐구에로 방향이 정해져 있는 것이 아니라, 어디까지나 언어적 오해들로부터 비롯된 신화들에 불과할 뿐인 모든 뜬구름 같은 '공중누각들'을 해체하고 "그것들이 서 있었던 언어의 토대를 드러내"(PU §118)는 데 있다. 그리고 이제 그의 믿음은, 상식과 과학 등 결국은 그 토대 위에서 자라나는 것들이 그 동안 언어적 신화의 구름으로 가려졌던 명료성의 햇살 아래 비로소 튼튼하게, 철학적 혼란들

---

21 가령 프로이트의 정신분석 이론을 우리가 매우 명료하게 생각하지 않으면 그것은 '비범한 과학적 업적들'에도 불구하고 해로울 수 있다고, '인류의 파괴를 위해 사용될' 수도 있다고 비트겐슈타인은 경고한다. Malcolm(1958) p.45 참조.
22 니체(2002a)《선악의 저편》§§204-205 참조.
23 Habermas(1983) p.26

없이, 자랄 수 있다는 것이다. 그러므로 그에게 철학자란 말하자면 일종의 청소부, 즉 언어의 토대에서 피어난 신화의 구름들을 걷어 내고 그런 것들이 다시는 피어오르지 않게 그 토대를 명료하게 청소하는 존재로 이해된다고 할 수 있을 것이다.

물론, 현실적으로 문법적 기술에 머무르지 않는 철학자들이 여전히 존재한다. 그러나 이것이 곧 비트겐슈타인의 철학관의 문제점을 보여 주는 것이 되지는 않는다.[24] 오히려 철학에서 이론적 설명에의 의지가 얼마나 근절하기 어려운 병인가를 증거하는 것일 수도 있다. 그 어느 쪽이냐는, 무엇을 더 이상의 설명을 요하지 않는 '원현상들'로 볼 것이냐 하는 문제 (PU §654 참조)를 포함하는 단순한 '설득'의 문제처럼 보이기도 한다. 그러나 여기서 우리는 우리의 논의 맥락이 언어 사용에 대한 오해에서 비롯된 철학 문제들의 해소와 이를 위해 필요한 '의미 설명'이었다는 점을 상기해야 할 것이다. 비트겐슈타인이 문법적 기술에 머물지 않는 종류의 설명들, 즉 숨겨진 것에 대한 가설들에 의존하는 일반 이론들을 비판하는 것은 그러한 맥락에서였다. 그러한 맥락에서 그는 철학자로서 말한다: "다른 사람들이 앞으로 나아가는 곳, 거기서 나는 멈춰 선다"(CV 141쪽). 그곳에서는, 그에 의하면, "설명의 기도(企圖) 자체가 이미 잘못되었

---

24 김광수(2002)는 촘스키와 같이 '보편 문법' 이론을 펴는 철학의 존재를 들면서, 철학은 설명을 멈추고 기술에만 머물 수 없다고 주장한다. (그는 또 '상식인은 누구나 자신의 의미론, 진리론을 가지고 있다'(21쪽)는 점을 들어 비트겐슈타인의 기술적 철학관을 비판하기도 하는데, 그러나 이 비판은 '사적언어'를 인정하는 불합리한 입장에 서는 것으로서, 이해하기 어려운 이야기이다.) 이보다는 세련되게, 리쾨르((1994) 4장과 (2002) 2부 1장과 2장 참조)는 설명과 이해가 해석의 일반적 과정에서 변증법적 연관을 지니며 설명은 더 깊은 이해를 위해 역할을 한다고 주장한다. 그러나 그의 설명과 이해 개념, 그리고 문제 맥락과 비트겐슈타인의 그것(그리고 기술 개념)과의 관계는 불분명하다. 때문에 그의 주장이 비트겐슈타인의 기술적 철학관에 꼭 부정적이 될지도 역시 분명하지 않다.

다"(GB 39쪽). 왜냐하면 "우리들은 우리들이 **아는** 것을 단지 올바르게 정돈해야 할 뿐 아무것도 덧붙여서는 안 되기 때문에, 그리고 설명에 의해 얻고자 애쓰는 만족은 그 결과 저절로 생기기 때문이다"(GB 39-40쪽). 다시 말해서, 이론적 설명이 추구하는 것은 종종 문법적 기술에 의해 주어진다는 것이다(BF I, §22 참조). 그러므로 언어의 명료화 작업에서 문법적 기술에서 멈추고 그 이상의 설명을 추구하지 않는 것은 결코 빈약하거나 소극적인 것이 아니다.[25] 그것은 보기보다 적극적이며, 많은 것을 포함하고 있다고 할 수 있을 것이다.

4. 삶의 변화를 위한 촉매제로서의 철학

철학의 본성은 명료화 활동이라는 것이 비트겐슈타인의 일관된 생각이었다. 그러나 무엇을 위한 명료화인가? 물론 철학의 문제들을 풀기 위함이다. 그에 의하면, 문법적 기술을 통한 명료화 작업에 의해서만 철학적 문제들은 해소될 수 있다. 그러나 근본적으로, 왜 우리는 철학적 문제 풀이를, 즉 철학을 해야 하는가? 명료화 작업에 의해 철학적 문제들이 풀릴 때 얻어질 수 있는 것은 무엇인가? 이런 차원에서 우리는 비트겐슈타인 철학의 근본 목적에 대해 물을 수 있을 것이다. 그리고 우리는 그 대답을, 우리의 삶의 방식에서의 어떤 근본적 변화에 대한 비트겐슈타인의 열망[26]에서 찾을 수 있을 것이다.

---

25 이 점에서 비트겐슈타인이 추구하는 철학자의 상을, 들뢰즈(1969, 18계열)가 '높이의 철학자' 및 '깊이의 철학자'와 대조하여 말한 이른바 '표면의 철학자'와 비교해 보면 흥미로울 것 같다.
26 예컨대 다음과 같은 말 참조: "내가 나의 작업이 다른 사람들에 의해서 계속되기를 삶의 방

잘 알려져 있다시피, 마르크스는 "철학자들은 세계를 서로 다르게 해석해 왔을 뿐이다"라고 기존의 철학들을 비판하면서, "중요한 것은 세계를 변화시키는 것이다"라고 일갈했다.[27] 그리고 흔히 사람들은 명료화 작업을 본성으로 하는 비트겐슈타인 식의 철학관은 마르크스 식의 철학관과는 거리가 있다고 간주하는 듯하다. 그러나 마르크스의 저 테제는 철학에게 세계 해석의 과제 자체를 부인하고 직접 세계 변화의 짐을 부과하고 있다기보다는, 철학이 세계 변화의 촉매가 되는 활동이 되기를 촉구하는 것으로 보는 것이 온당할 것이다. 그리고 이런 독해가 옳다면, 비트겐슈타인과 마르크스 사이에 (비록 세계 변화의 구체적 그림에서는 차이가 있다 해도) 이 문제에 있어서 흔히 생각하는 만큼 차이가 있는 것은 아닐 것이다.[28] 왜냐하면 비트겐슈타인에게서도 철학은 근본적으로 세계 또는 삶의 변화를 위한 촉매제로서 이해된다고 할 수 있기 때문이다.

《논고》의 말미에서 비트겐슈타인은 자신의 철학을 세계를 올바로 보기 위한 일종의 사다리에 비유한다. 그런데 《논고》에서 (나의) 세계의 한계는 (나의) 언어의 한계와, 그리고 이것은 또 (나의) 삶의 한계와 일치한다. 그러므로 세계를 올바로 보는 일은 언어와 삶의 한계를 올바로 보는 일과 연관되어 있다. 즉 세계를 올바로 보는 자는 사실적이고 말할 수 있는—그러나 가치가 없는 또는 '동가치적인'—것뿐만 아니라, 말할 수 없는—그러나 가치 있는 또는 '보다 높은'—것의 존재를 깨달아

식의 변화—이 모든 물음들을 쓸데없는 것으로 만드는 것—보다 더 원하고 있는지, 나로서는 전혀 분명치 않다. (그 때문에 나는 학파를 세울 수 없을 것이다.)"(CV 133쪽).

27 Marx & Engels(1958) p.7.
28 뿐만 아니라 그 둘의 언어관에서도 상통점이 있다고 보인다. 이영철(1999) 참조.

야 한다는 것이다. 비트겐슈타인이 《논고》의 요점을 '윤리적'이라고 한 것은 이러한 점과 연관되어 있다. 그런데 이는 단순히 가치의 영역을 그 나머지로부터 명확히 구별하는 관조적인 문제로 끝나는 것이 아니라, 우리의 삶(=세계)을 가치 있게 만드는 실천적 문제와도 연결된다. 왜냐 하면 '윤리'와 관련하여 비트겐슈타인은 우리의 삶(=세계)의 한계들을 근본적으로 변화시키는 문제를 또한 말하고 있기 때문이다: "세계는 선 악의 의지를 통해 전혀 다른 세계가 되어야 한다. […] 행복한 자의 세 계는 불행한 자의 세계와는 다른 세계이다"(TLP 6.43). 즉—여기서 암 시되는 것은—철학은 사실들을 바꿈으로써가 아니라 사실들에 대한 관점 또는 태도 변경을 통하여 전체로서의 세계를 다른 세계로 변화시 킬 수 있다는 것이다.

철학이 추구하는 변화의 문제가 《논고》에서는 (말할 수 없는 영역에 속 하는 고로) 암시적으로만 표현되어 있다고 할 수 있는데 반해, 후기에서 비트겐슈타인은 자신의 철학 작업이 세계를 보는 방식에서의 변화 추구 이며, 이것은 또 세계에 대한 우리의 태도의, 또는 우리 삶 자체의 어떤 근본적인 변화 문제와 연결되어 있다는 점을 분명히 한다. 우선 그는 자 신의 작업이 사유 스타일을 변화시키는 문제와 관련되어 있음을 분명히 한다: "나는 어떤 뜻에서 하나의 사유 양식을 다른 사유 양식과 대조적 으로 옹호하는 선전(宣傳)을 하고 있다. […] (우리가 하고 있는 것 중 많은 것은 사유 양식을 바꾸는 문제이다.)"(LC 110&111쪽). 그리고 이런 면에서 그는 자신의 작업이 (프로이트의 정신 분석과 비슷하게) '설득'(LC 109쪽) 이라고도 말한다.

세계를 보는 방식에서의 변화는 두 측면을 지니고 있다. 하나는 기존 의 사고방식 또는 '그림'으로부터의 해방이다. 이것은 "파리에게 파리통에서 빠져나갈 출구를 가리켜 주는 것"(PU §309)이 자신의 철학 목표라는 비트겐슈타인의 유명한 말로 잘 알려져 있다. 여기서 '파리'는 어떤 하나의 그림에 사로잡혀 있는 우리 자신이다(PU §115 참조). 다른 한 측면—이것은 첫 번째 측면과 동전의 양면을 이루는데—은 새로운 그림들의 가능성을 보는 것, 또는 주어진 사물을 보는 우리의 방식을 바꾸는 것이다. 비트겐슈타인은 자신의 철학적(문법적) 작업과 관련하여 다음과 같이 말한다.

> 나는 이런 그림을 그에게 보여 주고자 했다. 그리고 이 그림에 대한 그의 **승인**은 이제 그가 주어진 경우를 달리 바라보는 경향, 즉 그것을 **이** 일련의 그림들과 비교하는 경향이 있다는 점에 놓여 있다. 즉, 나는 그의 **직관 방식**을 바꾸었다. (PU §144; 또한 PU §140 참조)

문법적 탐구로서의 철학은 이렇게 우리의 직관 방식을 바꿈으로써 우리를 옥죄던 그림들로부터 우리를 해방시키려 한다. 그러나 비트겐슈타인에 의하면, 진정한 해방 또는 치료는 사물을 보는 우리의 방식만이 아니라 우리의 삶의 방식도 바꾸어야만 이루어질 수 있다.

> 한 시대의 병은 인간들의 삶의 방식에서의 변화에 의해 치유된다. 그리고 철학적 문제들이라는 병은 한 개인에 의해 발명된 약에 의해서가 아니라, 변화된 사고방식과 삶의 방식에 의해서만 치유될 수 있었다. (BGM p.132/119쪽)

그런데 사고방식의 변화와 우리 삶의 방식의 변화가 전혀 별개의 것은 아니다.[29] 왜냐하면 사물을 보는 관점에서의 변화는 실천적 행동에서의 변화를 '기준'으로 가지고(내면과 외면의 연관), 이 변화는 분명 자연적 사실에서의 중요한 변화에 속하기 때문이다. 물론, 사물을 보는 방식이 달라질 때 정확히 무엇이 달라지는가는 쉬운 문제가 아니다. 한편으로, 사물을 보는 방식이 달라져도 그것은 어떤 면에서는 여전히 **같은** 사물을 다르게 보는 것이다. 그러나 다른 한편으로, 보는 방식이 달라지면, 우리에게 보이는 사물은 어떤 면에서 전혀 **다른** 사물이기도 하다. 그래서 비트겐슈타인은 ― 보이는 모습(相)의 전환과 관련하여 ― 이렇게 말한다: "상(相) 전환의 표현은 변하지 않은 지각의 표현인 동시에 **새로운** 지각의 표현이다"(PU 2부 [130]).

전자의 측면에서는, 비트겐슈타인이 언어의 실제 사용과 관련해 이야기했다시피, "철학은 모든 것을 있는 그대로 놓아둔다"(PU §124). 이는 철학이 모든 것을 기존 상태로 머물도록 해야 한다는 (일종의 보수주의자 같은) 말이 아니다. 원한다면, 여기서도 변화는 가능하다. 다만 그 근거가 철학적 본성을 한 것은 아니라는 것이다.[30] 또한 비트겐슈타인의 저 말은 우리의 실제 언어 사용과 관련된 한의 말이고, 철학자들의 (주로 형이상학적인) 언어 사용에 대해서까지 적용되는 말이 아니다. 앞에서 언급한 바와 같이, 철학적 언어 사용(또는 오용)은 그대로 놓아두어서는 안 되고, 금지되어야 한다.[31]

비트겐슈타인이 염두에 두는 변화의 촉매제는 후자의 측면과 관련된

---

29 이 문제와 관련해서는 Genova(1995)의 연구(특히 서론)가 도움이 된다.
30 Raatzsch(1998) p.87 참조.
31 이 점에서 비트겐슈타인의 경우에도 니체가 말한 '입법' 기능이 적어도 소극적으로는 존재한다고 할 수 있을 것이다.

다. 그에 의하면, 이 측면은 '새로운 어법, 새로운 비교'였고 '새로운 감각'이라고도 말해질 수 있는 것의 발견으로서, 일종의 '문법적 운동'이다. 그리고 그것은 마치 '어떤 새로운 화법(畵法)을 창안'하거나 '심지어 새로운 운율이나 새로운 종류의 노래들을 창안한 것'과 같다(PU §§400-1 참조).

아무튼, 새로운 파악 방식 내지 사고방식의 발견이 '문법적 운동'에 속한다면, 그리고 비트겐슈타인이 강조하고 있듯이, **"본질은 문법에서 언표된다"**(PU §371)면, 즉 "어떤 것이 어떤 종류의 대상인가는 문법이 말한다"(PU §373)면, 우리의 관점 변화는 동시에 대상의 본질에 필연적으로 어떤 변화를 가져올 수밖에 없을 것이다. 다시 말해서 비트겐슈타인 식의 철학 작업은 세계와 삶의 변화를 위한 촉매제로서 작용할 수 있다는 것이다.[32]

5. 철학의 종언을 향한 운동으로서의 철학(혹은 '반철학')

문법적 작업에 의한 관점 변화는 일단은 철학자 자신의 태도 변화와 관계된다.[33] 《논고》에서는 이러한 주체의 변화가 곧 모든 것의 변화일

---

32 이는 로티가 비트겐슈타인을 이른바 '교화적 철학자들' 가운데 하나로 보면서 이들이 "새로운 자기 기술을 내재화함으로써 우리 자신을 변화시켰다"고 말할 수 있다고 한 것과 통할 것이다. 다만 로티는 '새로운 자기 기술'로서 '부르주아 지식인', '자기 기만적'과 같은 어떤 새로운 기술 용어들의 사용을 뜻하는 듯한데, 비트겐슈타인의 철학 방식이 꼭 그런 식은 아니다. Rorty(1979) 8장, 특히 p.386 참조.
33 CV 61쪽 참조: "철학에서의 작업은―건축에서의 작업이 여러모로 그렇듯이―실제로는 오히려 자기 자신에 대한 작업이다. 자기 자신의 파악에 대한 작업. 사물들을 어떻게 보느냐에 대

수 있었다. 왜냐하면《논고》의 순수한 실재주의와 통하는 유아주의의 관점에서는 (철학적) 자아의 변화는 곧 세계의 변화가 되기 때문이다. 주체의 변화가 어떻게 가능한지에 대해《논고》는ㅡ그것이 의지의 문제와 관계된다는 암시 외에ㅡ별다른 시사가 없다. 그러나 어쨌든《논고》는 명제의 본질을 해명함으로써 말(그리고 사고)할 수 있는 것의 한계와 세계의 한계를 드러내고, 동시에 말할 수 없는(그러나 가치 있는) 것의 존재를 드러내었다고 믿었고, 이로써 "본질적인 점에서 문제들을 최종적으로 해결했다"(머리말)고 주장한다. 즉, 철학의 종언을 선언한다.

그러나 이 문제에 대한 후기 비트겐슈타인의 생각은 그리 단순하지 않다. 유아주의는 포기되고, 철학의 문제도 더 이상 "명제의 본질"이라는 단 하나의 문제가 아니다. 그럼에도 불구하고 철학의 종언 가능성은 여전히 시사되는 듯 보인다.

> 본래적인 발견은, 내가 원할 때 내가 철학하는 것을 그만둘 수 있게 해주는 것이다.ㅡ철학을 진정시켜, 철학이 더 이상 **자기 자신을** 문제로 삼는 물음들에 의해 채찍질 당하지 않도록 하는 것이다.ㅡ대신에 이제는 예들 가운데에서 어떤 하나의 방법이 제시된다; 그리고 이러한 예들의 열은 중단될 수 있다.ㅡㅡ **하나의** 문제가 아니라, 문제들이 풀린다(난점들이 제거된다). (PU §133)

알쏭달쏭한 첫 번째 문장은, 그것이 무슨 뜻이건, 그 앞 단락에서 언급된바 '우리가 얻고자 애쓰는 […] **완전한** 명료성'이라는 것과 관계가 있

한 작업. (그리고 그것들로부터 요구되는 것에 대한 작업.)"

다. 왜냐하면 이것은 '철학적 문제들이 **완전히** 사라져야 한다는 뜻'이라고 이야기되고 있기 때문이다. 그러나 이 '완전한 명료성'이란 어떤 것인가? 이에 대한 설명으로 볼 수 있는 것이 《탐구》의 이 단락과 거의 같은 내용이 들어 있는 유고의 단락 그 다음 단락에서, 그러나 놀랍게도 철학적 작업의 종료 불가능성을 인정하는 말과 함께 나타난다.

> 철학에서의 불안은 철학자들이 철학을 요컨대 (유한한) 가로 줄무늬 대신에 (무한한) 세로 줄무늬로 나뉘어 있다고 잘못 간주하기 때문에, 잘못 보기 때문에 온다. 이렇게 도치된 파악이 가장 어려운 난점을 만든다. 그들은 그러니까 말하자면 무한한 줄무늬를 파악하려 하고, 이 일이 토막토막 가능하지 않다고 불평한다. 하나의 토막으로 무한한 세로 줄무늬를 이해한다면, 물론 가능하지 않다. 그러나 가로 줄무늬를 온전한, 명확한 토막으로서 이해한다면, 가능하다.—그러나 그 경우 실로 우리는 다시 우리의 작업을 결코 끝내지 못한다!—물론 못한다, 왜냐하면 그 일은 실로 끝이 없기 때문이다. (P 90-91쪽; Z §447 참조)

그러니까 비트겐슈타인이 뜻하는 완전한 명료성은, 비유하자면, 철학적 작업이라는 줄무늬 띠가 무한한 세로 줄무늬들이 아니라 유한한 가로 줄무늬들로 나뉘어져 있다고 파악하여 접근함으로써 얻을 수 있는 그런 것이라는 것이다. 가로 줄무늬 하나하나는 유한하면서 온전한 토막이므로, 완전한 명료성을 가지고 파악 가능하다. 그러나 그러한 토막들의 열은 어쨌든 다시 무한하므로, 그 전체를 파악하려는 철학의 일은 끝이 날 수 없다.

그러나 이 상황은 보기보다 비관적이지 않다. 왜냐하면 한편으로, 비트겐슈타인에 의하면, 철학의 방법들이 —흡사 다양한 치료법들처럼— 존재하기 때문이다(PU §133). 토막들 전체에 한꺼번에 적용되는 하나의 유일한 명료화 방법은 없지만, 그것들 각각에 (또는 그것들의 일정한 부분 집단들에) 맞게 적용될 수 있는 명료화 방법들은 존재한다면, 임의의 토막이 주어졌을 때 그 주어진 토막의 파악 작업은 아주 기계적으로 가능하지는 않더라도 어쨌든 언제나 가능하며, 그런 뜻에서 우리는 그 토막들 전체를 파악할 수 있는 방법을 발견했다고 할 수 있다.[34] 그리고 그 발견이 바로 "내가 원할 때 나로 하여금 철학하는 것을 그만둘 수 있게 만들어 주는" '본래적 발견'이라고 할 수 있는 것이다.

그러나 물론 철학하는 것을 실제로 그렇게 그만두기는 쉽지 않을 것이다. 왜냐하면 이미 앞에서 인용했다시피, 이제 비트겐슈타인에 의하면 "철학적 문제들이란 질병은 한 개인에 의해 발명된 약에 의해서가 아니라, 변화된 사고방식과 삶의 방식에 의해서만 치유될 수 있"다고 인식되기 때문이다. 즉 그가 추구하는 명료화와 이에 따르는 변화는 이제 (전기의 유아주의적 관점에서와는 달리) 철학적 자아의 문제가 아니라 실제의 우리 모두와 관계되는 문제가 되는 것이다. 그러나 바로 이 때문에 철학의 종언은 설사 불가능하지는 않더라도 그 실현을 장담할 수 없는 일이

---

34 Kenny(1982, pp.10-11)는—그리고 Glock(1996a, p.244)도 비슷하게—비트겐슈타인의 이야기를 비-기초주의적 철학관과 연결시켜 설명한다. 즉 철학은 어떤 것의 기초를 제공하는 학문이 아니며, 따라서 기초 제공을 완수한 후에야 비로소 철학을 그만두고 어떤 것을 할 수 있는 것이 아니라, '원할 때' 철학을 (무책임하지 않게) 그만둘 수 있다는 것이다. 그러나 비트겐슈타인이 비-기초주의적 철학관을 가지고 있다는 것은 맞지만, 그것이 여기서 논의되고 있는 대목과 특별히 관계되는지는 의문이다. 무엇보다도, 케니의 해석은 철학 작업이 '실로 끝이 없다'는 비트겐슈타인의 말을 기초주의적 철학의 경우에 한정되는 것으로 만드는 오류를 범하고 있는 것으로 보인다.

된다. 왜냐하면 이제 우리에게는 니체가 이른바 '모든 폭력 가운데서 가장 큰 폭력'[35]이라고 불렀던 것, 즉 우리의 언어 사용과 연관된 평균적이고 공동적인 체험과 같은 것에 대한 저항이 요구되기 때문이다. 비트겐슈타인은 우리가 처한 문제 상황을 다음과 같이 기술하고 있다.

> 사람들은 철학적인, 즉 문법적인 혼란들 속에 깊이 파묻혀 있다. 그리고 그것들로부터 그들을 해방하는 것은, 그들이 붙잡혀 있는 엄청나게 잡다한 연결들로부터 그들을 벗어나게 하는 것을 전제한다. 말하자면 그들의 언어 전체가 재편성되어야 한다.―그러나 이 언어는 실로 사람들이 **그렇게** 생각하는 경향을 가졌기―그리고 가지고 있기―때문에 그렇게 된 것이다. 그런 까닭에 그러한 벗어남은 그 언어에 대한 본능적 불만 속에 사는 사람들에게서만 가능하다. 이 언어를 자신들의 본래적 표현으로서 창조한 **그** 무리들 속에서 전적인 본능에 따라 살고 있는 사람들에게서는 가능하지 않다. (P 83쪽)

비트겐슈타인 자신은 여기서 언급된 해방의 실제적 전망에 대해 대체로 비관적이었다. 그러나 그것은 그의 깨달음 자체에 대한 확신의 결여가 아니라, 소승적이라고도 할 수 있었던 그의 전기의 관점으로부터 대승적이라고 할 수 있는 후기의 관점으로의 전환 결과 얻게 된 현실 인식의 자연스러운 표출일 것이다. 즉 해방은 가능하지만, 단지 자아의 변화 의지에 머물지 않고 궁극적으로 우리 모두의 삶의 변화와 관계되는 (문화적 차원의) 실천을 통해서만 가능하다. 그러나 이 실천적 작업의 방대

---

35 니체(2002a)《선악의 저편》§268

함과 더불어 끝없이 요구될 노력과 인내심의 정도를 생각하면, 그 누구도 결코 철학의 종언을 경솔하게 운위(云謂)할 수 없을 것이다. 다시 말해서, 설사 '내가 원할 때 나로 하여금 철학하기를 그만두도록 할 수 있게 만들어' 줄 만큼의 완전한 명료성 또는 치료 방법들이 발견되었다 해도, 그 방법들의 실제 적용, 또는 '우리의 언어 수단에 의해 우리의 지성에 걸린 마법에 맞서는 하나의 투쟁'(PU §109)은 결코 단번에 또는 저절로 끝날 수 있는 일이 아닌 것이다.[36] 마치, 세상의 온갖 질병들에 대한 치료법들이 개발되었다고 바로 그 질병들이 저절로 다 없어지지는 않는 것과 마찬가지로 말이다.

---

[36] 이 점에서 비트겐슈타인은 하이데거나 로티처럼 단호히 철학의 종언을 외치는 사상가들과는 미묘하게 구별될 수 있을 것이다. Heidegger(1969)와 Rorty(1979) 참조.

3
—

언어의 한계와
그 너머

《논리-철학 논고》의
중심 사상에 대한 하나의 독해

나의 설법이 뗏목의 비유와 같음을 아는 자들은,

법이라는 것조차 오히려 마땅히 버려야 하거늘,

하물며 법이 아닌 것이야 어떠하겠느냐!

(知我說法如筏喩者, 法尙應捨, 何況非法!)

— 금강경(金剛經)

1.《논리-철학 논고》 독해의 문제

《논고》의 중심 사상은 그 책의 머리말에서 저자 자신이 요약하고 있다시피, "무릇 말해질 수 있는 것은 명료하게 말해질 수 있다; 그리고 이야기할 수 없는 것에 관해서는 우리들은 침묵해야 한다"는 것이다. 즉《논고》는 말해질 수 있는 것과 없는 것의 구분, 그러니까 언어의 한계에 관한 사상을 핵심으로 포함한다. 그런데 (《논고》에 따르면) 말해질 수 있는 것은 사유 가능하고 사유 불가능한 것은 말해질 수 없기 때문에(5.61 참조[1]), 언어의 한계에 관한《논고》의 사상은 사유의 표현의 한계에 관한 사상이자 그렇게 표현되는 사유의 한계에 관한 사상이기도 하다. 다만 우리는 사유 불가능한 것을 사유할 수는 없으므로, 우리는 사유 가능한 것의 한계를 사유 불가능한 것과 대조해서 그을 수 없다. 우리는 단지 사유의 표현을 그렇지 않은 표현과 대조해서 언어에서 한계를 그을 수 있을 뿐이다. 후자의 표현은 사유의 표현의 한계 너머에 있는 것으로서 아무런 사유를 담지 못하는 표현이기 때문에, 단순히 '무의미'가 된다.

《논고》에서 언어의 한계를 긋는 일은 사유의 표현으로서의 언어의 본질을 해명하는 방식으로 진행된다. 잘 알려져 있다시피,《논고》에서 언어를 이루는 모든 명제의 본질은 '사정이 이러저러하다'는 형식을 지닌

---

1 이하에서《논고》의 경우는 따로 문헌 표기 없이 단락 번호만을 표시한다.

'그림들'이라고 이야기된다. 그리고 이러한 그림의 본성을 지닌 언어는 결국 자연 과학의 언어라고 이야기된다. 그러므로 오직 자연 과학적 명제들만이 우리가 유의미하게 말할 수 있는 전부이며, 그것을 넘어선다고 보이는 것들, 그러니까 윤리, 미학, 종교 및 철학의 주제들에 대한 모든 말들은 무의미하기 때문에, 우리는 이것들에 대해 침묵해야 한다는 것이다.

언어와 사유의 한계에 관한 《논고》의 사상은 인식의 한계 문제에 관한 칸트의 사상과 유사해 보이는 구도에도 불구하고, 그 결과는 극히 대조적으로 보인다. 칸트는 경험적 자연 세계가 우리에게 인식 가능한 유일한 영역이라고 보았지만, 윤리, 예술, 종교와 같이 그 영역 밖에 있는 것들에 대해 우리가 (인식은 할 수 없지만) 사유는 할 수 있으며 또 의미 있게 말할 수도 있다고 보았다. 그러나 《논고》의 비트겐슈타인이 주장하는—또는 어쨌든 그렇게 보이는—것은, 경험적 자연 세계가 우리가 사유할 수 있고 언표할 수 있는 유일한 영역이고, 가치문제와 같이 그 영역 밖에 있는 것들에 대해서는 우리는 (인식할 수 없을 뿐 아니라) 말할 수도 사유할 수도 없다는 것이다.

이러한 《논고》의 사상은 충격적인 만큼이나 당장 의문을 불러일으킬 수 있다. 아니, 자연 과학의 명제들만이 유의미하게 말할 수 있는 전부라고? 어떻게 윤리, 예술, 종교와 같이 가치 있고 중요한 것들에 대해서는 우리가 말을 할 수 없고 또 해서도 안 된단 말인가? 그러한 결과를 낳은 《논고》의 언어관에 오히려 어떤 문제가 있는 것은 아닐까? 가치 있는 것들에 대해 정말 아무것도 말할 수 없다면, 그것들이 가치 있다거나 중요하다는 것조차도 이미 할 수 없는 말이지 않은가? 도대체, 언어의 한계에 대한 《논고》의 이야기 자체는 뭐란 말인가(가능한가)? 사람들을 당혹스럽게 하는 것에는 그러므로 언어와 사유의 한계와 그 한계 너머의 가치에 대한《논고》의 철학적인 말들 자체도 포함된다.

물론 비트겐슈타인 스스로도 이 점을 충분히 자각하고 있었다. 그는《논고》의 언어관을 통해 도달되는 자신의 철학적 명제들은 결국 '무의미한' 것으로 인식되고 극복되어야 한다고 말한다(6.54 참조). 그러나 다른 한편으로, 그 책의 머리말에서 그는 자신의 작업의 가치에 관해 언급하면서, 자신의 작업 속에서 표현되어 전달된 사고들의 진리성은 불가침적이며 결정적이라고 말한다. 여기서 언급된 '표현'과 '사고들'은 그림으로서의 자연 과학적 표현이나 사고들이 분명 아니다. 그렇다면《논고》의 관점에서는 무의미하다고 해야 할 표현과 사고에 대해 어떻게 '가치'니 심지어 '진리'를 운운할 수 있을까? 그것들을 가리켜 '표현되어 전달된 사고들'이라고 하는 것 자체가 어불성설이 아닌가?《논고》가 마지막에 자신의 몸뚱아리조차 무의미한 것으로 불사르는—일종의 분신자살내지는 소신공양 같은—장면은 충격적이고 전율스럽게 와 닿지만, 여전히 모순적이고 수수께끼처럼 느껴질 수 있다.

그러나 이 모순적 수수께끼는 비트겐슈타인의 생각에 어떤 혼란이나 비일관성이 있어서 생긴 것, 그래서 가령《논고》머리말의 저 골치 아픈 주장을 삭제했더라면 해소될 수 있었을 그런 것[2]이 아니다. 내가 보기에, 그 주장은《논고》의 진정한 메시지와 본질적으로 관계가 있다. (이 점은 이 글의 끝에 가서 분명해질 것이다.) 그러므로《논고》의 수수께끼는 오히려《논고》의 중심 사상을 올바로 이해하면 해소될 수 있는 것이다.

---

2 von Wright(2006, p.101) 참조. 그는《논고》머리말의 문제의 발언은 어떤 종류의 혼란이나 비일관성의 산물로서, 그 책의 메시지에 손실을 입힘이 없이 삭제될 수 있었을 것이라고 본다.

그러나《논고》의 중심 사상을 이해한다는 것은 사실상《논고》전체에 대한 올바른 독해를 요하는 것이기도 하다. 내가 목표하는 것은,《논고》의 중심 사상을 그 전체 맥락 속에서 읽어 내는 가운데, 저 모순적 수수께끼처럼 보이는 면이 어떤 혼란이나 모순의 표출이 아니라 오히려 그것이 바로 그 책이 궁극적으로 전하고자 하는 바의 본질적 측면을 이룬다는 점을 보여 줄 수 있는 어떤 내적 독해를 제시하는 것이다.[3]

이러한 작업에서 나는 기본적으로─그림 이론의 의의를 부당하게 축소하려는 일부 경향에 반대하여─그림 이론을 논리의 자율성에 대한 비트겐슈타인의 근본적 생각과 결부되어 있으면서 언어의 한계를 보여 주는 핵심적인 위치에 있는 것으로서 설명할 것이다. 그리고《논고》는 사태와의 대응이라는 그림의 우연적 진리성과는 다른 초월적이고 절대적인, 가치 연관을 지닌 진리성이, 언어의 한계를 넘어서는 데에, 그러나 어떤 고차적인 다른 세계가 아니라 바로 이 현실 세계와 관련해서 존재한다는 것을 이른바 '사이비 명제들'의 본성에 대한 통찰을 통해 우리에게 일깨우려 했음을 보일 것이다.

---

3 물론 지금까지《논고》에 대한 다양한 검토와 해석이 있어 왔다. 그러나《논고》를 어떻게 이해해야 옳은가는 여전히 까다로운 문제로서, 오늘날 이러한 문제를 둘러싸고 '《논고》전쟁'(R. Read & M. A. Lavery(eds.)(2011)의 표현)이라 일컬을 수 있을 정도로 첨예한 논쟁과 대립이 존재한다. 이 맥락에서 보자면 나의 독해 결과는 대체로 이른바 '표준적 해석'─그러나 과도한 형이상학적 의미 부여는 배제한─에 근접한다고 말할 수 있을 것이지만, 저 전쟁의 와중에 직접 뛰어들어 어느 한 편을 위한 전투를 벌이는 일은 나의 주목적이 아니다.

2. 논리의 자율성과 언어 그림 이론

주지하다시피,《논고》는 세계에 관한 존재론적인 이야기들(1-2.063)로부터 시작한다. 이에 따르면, 세계는 사실들의 총체이며, 사실은 사태들의 존립이고, 사태는 대상들의 결합이다. 대상은 다른 대상들과의 모든 결합 가능성 및 이 결합이 이루는 모든 사태의 가능성을 자신의 본성속에 지니고 있다. 대상은 오직 사태 연관 속에서 나타날 수 있다는 점에서 비자립적이지만, 모든 가능한 상황들 속에서 나타날 수 있다는 점에서는 자립적이다. 대상들이 모두 주어지면, 그와 더불어 모든 가능한 사태들도 주어진다. 그러므로 대상들은 현실 세계와 아무리 다르게 생각된 세계조차도 현실 세계와 공유해야 하는 확고한 것, 일어나는 것으로부터 독립적으로 존속하는 것, 즉 세계의 실체이다. (그것은 '형식이며 내용'이라고 이야기된다.) 실체로서 대상들은 단순하고 확고한 것으로서 존속한다. 그리고 이러한 대상들의 결합을 유일한 내용으로 하는 사태들—말하자면 원자 사실 또는 요소 사실들—은 서로 독립되어 있다. 즉 한 사태의 존립 또는 비존립으로부터 다른 한 사태의 존립 또는 비존립이 추론될 수는 없다.

《논고》가 존재론적인 이야기로 시작하고 있지만, 그 근거에는 언어의 논리와 본성에 대한 비트겐슈타인의 사유가 있다.《논고》의 준비를 위한 사유들의 기록에서 비트겐슈타인 스스로 언급하고 있다시피, 그의 사유 과정은 "논리의 기초들로부터 세계의 본질로 확장되었다"(NB p.79).《논고》에서는 그 과정이 역순으로 제시되어 있는 것이다.

논리와 관련해서 비트겐슈타인이 무엇보다 강조한 것은 "논리학은 스스로를 돌보아야 한다"(NB p.2 및 TLP 5.473)는 것이었다. 즉 논리는 말하자면 자율적이어야 하고, 다른 더 근본적인 어떤 것에 의해 돌봄을 받아서는 안 된다는 것이다. 이러한 논리의 자율성[4] 내지는 근본성과 관련해서 그가 언급한 것은 두 가지이다(같은 곳). 첫째, 가능한 기호는 또한 지칭할 수도 있어야 한다는 것이다. 둘째, 어떤 뜻에서 우리는 논리에서 오류를 범할 수 없다는 것이다. 첫 번째 점은 기호의 가능성과 그 기호의 지시 가능성이 동일해야 한다는 것이고, 두 번째 점은 그 동일성이 선천적이고 필연적이어야 한다는 것이다. 그런데 기호의 지시 가능성은 그 기호에 의해 지시되는 것의 가능성과 같은 것이므로, 그 두 가지 점을 요구하는 논리의 자율성은 결국 "기호와 그 기호에 의해 지칭된 것의 논리적 (내용에서의) 동일성"(NB p.3 및 p.4)이 존립해야 한다는 것이 된다. 또는 "기호에서 재인되는 것이 그 기호에 의해 지칭된 것에서 재인되는 것보다 더해도 덜해도 안 된다"(NB pp.3-4)는 것과 같은 것이 된다.

그러므로 논리의 자율성은 단지 논리적 명제들과 관계되는 제한된 점이 아니라 언어와 사고 일반의 본성과 관계되는 근본적인 점을 이야기하고 있다. 즉 그것은 "언어 자체가 모든 논리적 결함들을 방지"하고 또 "비논리적으로는 생각이 될 **수** 없다"(5.4731 및 NB p.4 참조)는 점, 다시 말해서 언어 및 사유의 자율성[5]이라고 할 수 있는 점과 연관되어 있다. 이에 따르면, 만일 논리적-구문론적으로 가능한 기호에 지시체가 대응하지 않는 경우가 있다면, 그때 그 기호는 가능한 기호 자체가 아닌 것으로서 내용이 없는 것이 되고, 따라서 그것이 오류를 범했는지는 따질 수조차 없게 된다. 가능한 어떤 기호가 오류를 범했느냐 여부의 문제는 그 기

---

4   내가 알기로 '논리의 자율성'이란 표현은 M. Black(1964, p.272)이 처음 사용하였다.
5   NB p.43 참조: "우리는 **어떻게** 언어가 스스로를 돌보는지를 인식해야 할 것이다."

호가 일단 내용을 지니는 기호가 되어야 따질 수 있는 문제이기 때문이다. 그러므로 어떤 기호가 기호로서 가능하다면 그 기호는 이미 논리-구문론적 규칙에 맞게 내용(의미)을 가질 수 있어야 하고, 이러한 기호를 사용하는 언어와 사유는 참이거나 거짓일 수는 있지만 이미 비논리적일 수는 없다. 즉 논리적 결함이 언어와 사유 자체에 의해 방지되는 것이다.

비트겐슈타인이 언어의 그림 이론에 대해 이야기하는 것은 바로 이런 맥락에서이다. 그에 의하면, 기호와 지시된 것 간의 논리적 동일성이 무엇에 있는가 하는 것이 철학의 주요 과제("전체 철학적 문제의 주된 측면" (NB p.3))이다. 그러나 그 동일성이 무엇에 있든, 그러한 동일성이 성립해야 한다면, 명제가 사태의 논리적 모사 또는 그림이라는 점은 '자명'하다고 할 수 있다(NB pp.5-8 참조). 왜냐하면 그러한 동일성으로 인해 기호들은 대상들을 '대신'할 수 있게 되는데, 명제는 바로 이렇게 "기호들이 대상들을 대신한다는 원리"(4.0312 및 NB p.37)에 의거해 가능하고, 또 그렇게 대상들을 대신하는 요소들이 특정한 방식으로 결합해 있는 것이 바로 그림(2.13-2.14 참조)이기 때문이다. 요컨대, 그에 의하면, "명제의 일반적 개념은 명제와 사태와의 짝짓기라는 일반적 개념을 지니고 있다"(NB p.7). 또는, 기호와 그 지시체 간의 논리적 동일성을 통해 자율적이어야 하는 "논리는 명제들이 현실의 **그림들**인 한에서만 명제들에 관심이 있다"(NB p.9). 그러므로 명제가 그림이라는 생각은 비트겐슈타인에서 논리의 자율성과 관련하여 처음부터 자명한 것으로 받아들여지고 있는 것이지, 논리의 자율성과 별도의 것으로 나중에야 비로소 도입되는 것이 아니다.[6]

---

6 나의 견해와 반대로, 강진호(2009)는 그림 이론이 그가 보기에 논리의 자율성에서 비롯되는

논리의 자율성과 결부되어 등장하는 언어의 이른바 '그림 이론' 또는 '모사 이론'[7]에 따르면, "명제는 사태를 논리적으로 모사한다. 오직 그래서 **명제**는 참이거나 거짓일 수 있다; 명제가 사태의 **그림**이라는 점에 의해서만 명제는 현실과 일치 또는 불일치할 수 있다. [⋯] 명제는 그것이 **하나의 그림인 한에서만 어떤 것을 진술한다!**"(NB p.8) 명제가 논리적으로 모사하는 사태가 명제의 뜻으로서, 그것은 (논리의 자율성에 따라) 명제의 참, 거짓과 독립적으로 명제에 부여될 수 있어야 한다. 이러한 그림 이론은 전기 비트겐슈타인의 철학에서 중심적인 자리를 차지한다.[8] 실체로서의 대상의 존재에 대한 앞선 이야기의 근거도 명제가 그림이라는 점에 있다.

만일 세계가 아무런 실체를 갖지 않는다면, 한 명제가 뜻을 지니느냐는 다른 한 명제가 참이냐에 달려 있게 될 것이다.
그렇게 되면 세계의 그림—참이거나 거짓인—을 그리는 것은 불가능할 것이다. (2.0211-2.0212)

만일 실체인 단순한 대상들이 존재하지 않는다면, 오직 복합체들만이 존재하게 된다. 그런데 (러셀의 기술 이론에 따르면) "복합체들에 관한 모든 진술은 그것들의 구성 요소들에 관한 한 진술과, 그 복합체들을 완전

어떤 문제, 즉 그가 '요소 문장 문제'라고 부르는 문제를 해결하고자 나중에 도입되었다고 주장한다.
7 이들 표현은 NB(p.15, p.17, p.55)에서 비트겐슈타인 자신에 의해 사용되고 있다.《논고》에 나오는 좀 더 자세한 그림 이론은 다음 절에서 이야기될 것이다.
8 NB p.39의 다음 말 참조: "나의 전 과제는 명제의 본질을 해명하는 것에 있다. 즉 모든 사실들—이것들의 그림이 명제이다—의 본질을 진술하는 것. 모든 존재의 본질을 진술하는 것."

히 기술하는 명제들로 분해된다"(2.0201). 여기서 '복합체를 완전히 기술하는 명제'는 "그 복합체가 존재한다고 말하는 것과 동등한 명제"(NB p.93)이다.[9] 이 명제가 참이 아니더라도, 즉 그 복합체가 존재하지 않더라도, 그 복합체에 관한 원래의 명제는 단순히 거짓일 뿐 무의미하지는 않다(3.24 참조). 그러나 이는 그 복합체가 더 단순한, 그리고 결국은 존재하는 요소들로 분석될 수 있기 때문이다. 만일 (오직 복합체들만이 존재한다는 가정 하에서) 그 요소들조차도 계속 복합적이면서 존재하지 않는다면, 원래의 명제는 결국 지칭할 수 없는 기호를 포함하는 게 되어, 논리의 자율성의 요구를 위반하게 된다. 그러므로 원래의 명제가 뜻을 지니려면, 원래의 복합체를 구성하는 (여전히 복합적인) 요소들이 존재한다는 진술이 분석의 어느 단계에선가는 참이어야 한다. 그러나 명제가 그렇게 자신을 구성하는 명제의 참에 의존해 뜻을 가진다면, 이는 명제가 자신의 참, 거짓 여부와 독립적으로 뜻을 가지는 논리적 그림이라는 것에 어긋나게 된다. 결국, 만일 복합체만 있다면, 논리의 자율성과 결합되어 있는 명제의 그림 성격을 보존할 수 없다. 그러나 단순한 대상들이 존재할 경우에는 사정이 다르다. 그것들을 지시하는 표현들을 포함한 명제에 도달했을 때, 그 대상들이 존재한다는 명제의 참은 더 이상 따로 필요하지 않다. 왜냐하면 그 대상들이 존재하지 않으면 그 표현들은 논리의 자율성이 요구하는 바를 위반하여 의미가 없게 되기 때문에, 그런 존재 주장을 따로 할 필요가 없기 때문이다. 실은 그런 주장은 할 수가 없는데, 왜냐하면 그런 주장은 그 반대 주장과 마찬가지로 무의미한 사이비 명제일

---

9 즉 이 명제가 2.0211에서 말하는 '다른 한 명제'이다. 이런 일반적인 해석과 달리 Morris(2008, 1D 및 부록 참조)는 이 '다른 한 명제'를 원래 주어진 명제의 완전한 일반화 아니면 같은 형식의 다른 명제로 보는 해석을 선보이고 있으나, 내 눈에는 설득력이 없어 보인다.

뿐이기 때문이다(4.1272 참조). 그러므로 논리의 자율성의 요구와 함께 세계에 대한 그림의 가능성을 받아들인다면, 세계에는 단순한 대상으로서의 실체가 존재한다고 하지 않으면 안 된다는 것이다.

비트겐슈타인은 실체로서의 단순한 대상이 어떤 것인지 예를 들어 보이지 않았고, 그래서 이와 관련해서 해석자들 간에 상충되는 여러 해석이 존재한다. 그러나 어쨌든 여기서 분명한 것은, 단순 실체의 존재(및 이와 직접적으로 연관된 점들)는 논리의 자율성과 함께 언어 그림 이론이 전제되면 따라 나와야 하는 것으로 이야기되고 있다는 사실이다. 실로, 《논고》의 많은 부분은 그러한 전제를 자명한 것으로 받아들일 때 따라 나오거나 따라 나와야 하는 것들에 대한 이야기들로 이루어져 있다.

3. 그림과 사용, 그리고 의미

그림 이론(2.1-2.225)에 따르면, 우선 그림이란 사태들의 존립과 비존립을 표상하는 모형이다. 이 모형은 사태를 이루는 대상들에 대응하면서 대상들을 대신하는 어떤 요소들이 특정한 방식으로 서로 관계를 맺고 있는 하나의 사실이라는 데 있다. 그림의 요소들이 대상들과 짝지어진 관계가 그림의 모사 관계이고, 대상들이 그림의 요소들처럼 서로 관계 맺고 있을 가능성이 그림의 모사 형식이다. 그림이 현실을 (옳게건 그르게건) 모사할 수 있는 것은 그림이 현실과 이 모사 형식을 공유하기 때문이다. (그림은 현실과 공유된 모사 형식을 모사할 수는 없다.) 그림의 모사 형식은 공간적이거나 색채적이거나 등등 다양할 수 있지만, 모든 그림이 현실과 공유해야 하는 모사 형식, 즉 현실의 형식은 논리적 형식이다. 모사 형식이 논리적 형식인 그림을 논리적 그림이라고 하며, 모든 그림은 또한 논리적 그림이기도 하다. 그래서 모든 그림은 논리적 공간 속에 들어 있는 가능한 하나의 상황, 즉 사태들의 존립과 비존립의 가능성을 묘사한다. 그림이 묘사하는 것이 그림의 뜻인데, 이 뜻은 그림의 참 또는 거짓과는 상관없이 모사 형식을 통해 묘사된다. 그림의 진위는 현실과의 일치 또는 불일치에 있고, 이는 오로지 그림만으로는 알 수 없고 현실과 비교해 보아야 알 수 있다.

《논고》는 바로 이러한 그림의 성격이 사고와 언어의 본성을 이룬다고 본다. 이에 따르면, 사고는 사실들의 논리적 그림(3)이다. 즉 하나의 사태를 생각한다는 것은 그 사태에 관해 논리적 그림을 그린다는 것이다. 그런데 논리적 그림으로서의 사고는 논리적 형식에 따른 모사이기 때문에, 사고는 본성상 논리적이어야 한다. 즉 "우리는 비논리적인 것은 아무 것도 생각할 수 없다"(3.03). 그리고 이러한 사고는 명제에서 감각적으로 지각될 수 있게 표현되는데, 명제 역시 (논리적) 그림이 된다. 왜냐하면 명제는 가능한 상황의 투영으로서 이용된 명제 기호이고, 그 투영 방법은 명제의 뜻, 즉 그 명제가 참이라면 가능한 상황을 생각하는 것이기 때문이다(3.1-3.12 및 4.022 참조). 명제는 사유의 투영 작용을 통해 "우리가 생각하는 바와 같은 현실의 모형"(4.01)이 된다.[10] 그 투영 작용이 사유에 본래적이라 할 수 있는 한, 사유는 말하자면 본래적 그림이라고 할 수 있다. 그러나 이러한 사고는 원리상 언제나 명제로 표현될 수 있는바, 그 자신 일종의 언어—비감각적인 정신어—이기도 하다.[11] 그래서 사고는

---

10 NB p.7의 표현에 따르면, 명제에서 하나의 세계가 시험적으로 조립된다. (법정에서 자동차 사고가 인형들 따위를 가지고 묘사되듯이.)

11 이 책 8장 2절 참조.

"적용된, 생각된 명제 기호", 또는 "뜻이 있는 명제"(3.5-4)라고 일컬어지기도 한다.

　여기서 유의해야 할 것은 명제 기호의 쓰임 또는 사용(이용 또는 적용)에 관한 이야기이다. 명제 기호가 뜻을 지닌 상징 또는 표현으로서 명제가 되는 것은 오직 그 기호가 가능한 상황의 투영으로서 이용되기 때문이고, 그 투영은 명제가 참이라면 가능한 상황을 생각함으로써 이루어진다. 즉 명제 기호가 사용된다는 것은 사유에 의한 투영이 이루어진다는 것이다. 그런데 사유는 본래 논리적이어야 하므로, 사유에 의한 투영은 논리(적 구문론)에 맞는 투영이어야 한다. 그것은 명제 기호의 기호들과 그 지시체들을 그것들의 논리적 형식에서 동일한 결합이 되게 짝짓는 것이어야 한다. 그러므로 사유에 의한 투영, 즉 사용이 이루어지면 두 가지가 확정된다. 하나는 명제 기호와 가능한 상황의 연결이고, 다른 하나는 논리적 형식의 확정이다. 이로써 비로소 명제 기호는 뜻을 지닌 상징(표현)으로서의 명제가 된다. 명제 기호를 이루는 기호들도 오직 이 맥락에서 의미를 얻는다. 그러므로《논고》는 다음과 같이 말한다:

　　기호에서 상징을 인식하려면, 우리들은 뜻이 있는 쓰임에 유의해야 한다.
　　기호는 기호의 논리적-구문론적 사용과 더불어 비로소 논리적 형식을 확정한다.
　　어떤 기호가 **쓰이지 않는다면**, 그 기호는 의미가 없다. (3.326-3.328)

　사용이 기호에 의미를 준다고 보는 점에서《논고》의 입장은 후기 입장과 다르지 않다. 흔히 후기 비트겐슈타인은 의미를 사용으로 본 데 반해 전기 비트겐슈타인은 의미를 (사용이 아닌) 지시되는 대상으로 보았으므로 두 입장은 다르다고들 본다. 분명, 《논고》에서 의미와 사용은 동일한 것으로 간주되지 않았다. 사용(투영)은 의미(지시체)를 논리적 형식과 함께 확정할 뿐이다. 그러나 일반적인 생각과는 달리, 후기 비트겐슈타인도 사용을 의미의 결정 기준으로 보았을 뿐 의미 자체와 동일시하지는 않았다. (내 생각에, 그에게서 의미는 오히려 일종의 '상' 즉 '관상'으로 간주되었다.[12]) 사용이 곧 의미는 아니지만, 사용은 의미를 결정한다. 사용과 의미의 관계 자체에 대한 비트겐슈타인의 전후기 생각은 흔히 생각하는 만큼 차이가 있지 않다.

   그러나 후기의 사용이 다양한 구체적 실천들인데 반해, 전기의 사용은 오직 논리적 구문론에 따르는 사유에 의한 투영이다.[13] 이러한 투영에는 투영된 것의 가능성(3.13), 즉 어떤 대상들이 어떤 형식으로 결합되어 있는 사태의 가능성이 포함된다. 그러므로 투영은 명제 기호에게 뜻을 표현할 가능성을 준다(3.13 참조). 그리고 이와 함께 투영은 명제를 구성하는 기호들의 의미 및 명제의 논리적 형식을 확정한다. 그 기호들의 의미와 논리적 형식은 동시에 확정된다. 그러나 이것이 그 어느 한 쪽이 다른 쪽을 결정할 수 있다는 것을 뜻하지는 않는다. 왜냐하면 동일하게 짝지어진 기호들과 그것들의 지시체들이 상이한 형식으로 결합될 수 있고,

---

12 PU §568 및 이 책 6장 참조. 이때 의미로서의 관상은 사용의 관상이다.
13 이 투영적 사용에는 이른바 '뜻풀이'(3.263)로서의 사용도 포함된다. 뜻풀이—또는 해례(解例)—들은 원초 기호들을 (논리적 구문론에 맞게 투영하는 가운데) 지시적으로 이미 사용하면서 그것들의 의미를 설명할 수 있는 것으로 간주된다. (후일 비트겐슈타인은 이러한 생각에 혼동이 있었다고 보고, 주해에 부여된 두 용법을 구분한다. 이에 따르면, 우리는 언어 밖으로 나가기 위해 언어를 사용할 수는 없다. 이름과 같은 원초 기호들의 의미를 설명하는 것은 그것들을 정식으로 사용하기 위한 예비 단계로 간주되어야 한다. WWK pp.209-210과 PB §6, 그리고 PU §§ 28-31 참조.)

또 동일한 형식의 결합에 기호들과 그것들의 지시체들 사이의 상이한 짝짓기도 가능하기 때문이다. (즉 동일한 대상들로 이루어진 상이한 구조의 서로 다른 사태들을 그리는 서로 다른 그림들이 가능하고, 또 상이한 대상들로 이루어진 동일한 구조의 서로 다른 사태들을 그리는 서로 다른 그림들이 가능하다.) 투영(사용)을 통해 명제의 뜻과 논리적 형식이 동시에 확정되지만, 그 중 어느 한 쪽이 그 자체로 다른 쪽을 결정하거나 심지어 그 둘이 같은 것은 아니다.

어떤 이들은 일반화된 명제들에 대한 비트겐슈타인의 다음과 같은 언급을 주된 근거로 하여, 그의 진정한 입장은 명제의 논리적 형식(및 여기에 기초하는 추론 관계)만으로 뜻과 의미가 결정된다는 것이었다는 견해를 피력한다.[14] 그리고 심지어 그것이 이른바 그림 이론의 핵심이고, 명제의 논리적 형식 외에 이름들과 그 의미들인 대상들과의 일대일의 짝짓기가 따로 필요하다는 이른바 표준적 해석의 그림 이론은 '공허'하다고 한다.[15]

세계는 완전히 일반화된 명제들에 의해서, 즉 그러니까 처음부터 그 어떤 이름을 특정한 대상과 짝짓지 않고서, 완전히 기술될 수 있다.
그러고 나서 통상적인 표현 방식에 이르려면, 우리들은 단순히 "……한 하나의 그리고 오직 하나의 x가 있다"라는 표현 다음에 이렇게 말하면 된다: 그리고 이 x는 a이다. (5.526 & NB p.14 참조)

그러나 이 인용문이 말하고자 하는 것은, 완전히 일반화된 명제들은

---

14 Ishiguro(1969) p.45; Ishiguro(2001) p.35ff; McGuiness(2002) p.92; 강진호(2009) 등이 비슷한 생각을 공유한다.
15 강진호(2009) 4절 및 5절 참조.

지시적 이름들을 포함하는 '통상적인 표현 방식들'과는 달리, '처음부터 그 어떤 이름을 특정한 대상과 짝짓지 않고서'도 하나의 기술(그림)이 된다는 것이다. 그리고 이러한 기술로부터 일정한 방식을 통해 통상적인 표현 방식으로 갈 수 있다는 것이다. 이는 완전히 일반화된 명제가 이름들을 포함하는 통상의 명제들—즉 보다 직접적인 그림들—과 세계를 기술하는 방식이 다르다는 것을 말할 뿐, 통상의 기술 방식이 필요 없다는 말은 아니다. 그러므로 일반성 명제가 통상적 명제와 다른 종류의 그림이면서 일정한 방식으로 연관된다는 것이 어떻게 그림 이론의 '공허'함을 보이는 근거로 쓰일 수 있을지 이해하기 어렵다. 일반화된 명제들에 대한 비트겐슈타인의 언급들은 오히려 그것들과 통상의 명제들과의 차이가 그림 이론에 어떤 문제를 제기하지 않음을 보이는 것으로서, 그림 이론을 정당화하기 위한 시도의 일환이다.

완전히 일반화된 명제들은 어떤 뜻에서 세계의 구조적 속성들을 묘사(NB p.20)할 뿐이지만, 그 나름대로 세계의 그림들이다. 그것들은 "무엇이 무엇을 묘사하는지 말함이 없는"(NB p.14) "비인칭적인"(NB p.20) 그림들이다. 그것들은 형식만 다룬다는 점에서 불충분할 수 있지만, 완전한 그림들이다(5.156 참조). 그것들은 참이거나 거짓일 수 있으며, 뜻을 갖는다. 그것들은 바로 요소 명제들의 **총체**에 의해서 세계의 구조에 주어지는 놀이 공간과 같은 놀이 공간을 한계 짓는다(5.5262 및 NB p.20 참조). 그러나 이는 일반화된 명제가 요소 명제들에 의해 이루어진 동일한 세계 기술을 다른 방식으로 할 수 있다는 것이지, 그 요소 명제들의 이름들에 의한 세계 기술이 없어도 된다는 이야기가 아니다.[16] 비트겐슈타인

---

16 5.501에 언급된 세 종류의 기술 방식 참조. 직접적 열거와 일반적 기술 모두 정당하다. Ishig-

은 다음과 같이 말한다.

이름들에 의한 세계 기술로 행할 수 있는 것은 일반적인 세계 기술로 할 수 있는 것보다 많지 않다!!!

그러니까 이름들 없이 지낼 수 있을까? 분명 아니다.

이름들은 **이** 사물은 **저** 속성을 지닌다와 같은 진술을 위해 필요하다.

그것들은 명제 형식을 완전히 확정된 대상들과 결합한다.

그리고 일반적인 세계 기술이 세계의 형지(型紙, Schablone)와 같다면, 이름들은 세계가 어디에서나 그것으로 덮이도록 그것을 세계에다 못 박아 고정시킨다. (NB p.53)

형지는 원그림 또는 원형(Urbild)과 같은 틀이 되는 것으로서, 그것을 사용해 나오는 통상적인 채색 그림들에 동일한 형식을 부여한다. 그 그림들에서 형지의 형식과 채색된 내용은 결합되지만, 그 내용은 형지로부터 저절로 나오는 것이 아니라 그 위에다 어떤 색깔들을 그때마다 따로 칠해 주어야 그림에 들어가는 것이다. 마찬가지로, 완전히 일반화된 명제가 드러내는 논리적 형식은 이름들을 사용하는 통상적인 명제들에 공통적일 수 있지만, 일반화된 명제 단독으로부터는 거기에 포함된 변항들에 어떤 이름들이 대입될 수 있는지 따로 못을 박지 않고서는 어떤 통상적인 명제들에도 이를 수 없다. 그림 또는 명제의 논리적 형식은 그 요소들이 대신하는 것들(의미)과 동시에 투영되어 그림에서 결합되지만, 논

---

uro와 McGuiness 식의 해석은 《논고》의 '이름'을 말하자면 '가명(假名)'으로 간주해야 한다는 데로 이르는데, 이런 해석에 대한 표준적 해석 측의 비판에 대해서는 Pears(1987) pp.99-114 참조.

리적 형식은 요소들의 의미와 독립적으로 이야기될 수 있어야 한다. "논리적 구문론에서 기호의 의미는 어떤 역할도 해서는 안 된다; 논리적 구문론은 기호의 의미에 관해 이야기하지 않고서도 수립될 수 있어야 한다"라는 《논고》 3.33의 이야기는 이러한 맥락에서 이해되어야 할 것이다.

결론적으로, 논리적-구문론 자체와 그것에 따른 사용은 구별되어야 한다. 전자는 논리적 형식(및 그것에 기초한 추론)에만 관여한다. 만일 논리적 형식에 의해서 명제의 뜻이 결정되거나 심지어 논리적 형식이 명제의 뜻이 된다면, 명제의 뜻(즉 진리 조건)은 명제의 논리적 형식과 마찬가지로 명제에 내포되어 있는 것이 된다. 그러나 그렇다면 명제는 단지 그것이 묘사하는 상황의 가능성이 아니라 그 상황 자체를 포함하는 그림, 그러니까 자신의 진리 조건이 자신 속에 포함되어 그 자체로 언제나 참인 그림이 된다. 이는 그림이 자기 자신의 그림일 수 있다는 것으로, 그림에 대한 비트겐슈타인의 이해와 정면으로 배치된다.[17]

4. 명제의 일반적 형식

명제가 그림이라는 것은 논리의 자율성이 기호가 대상을 그 논리적 내용에서 동일한 것이 되게 지칭할 수 있어야 함을 요구하고 또 이것은 기

---

[17] 3.13에 의하면, 명제 속에는 그 뜻의 형식(명제의 뜻을 표현할 가능성)은 포함되어 있지만, 그 뜻의 내용(명제의 뜻, 즉 진리 조건)은 포함되어 있지 않다. 만일 명제가 자신의 진리 조건을 포함한다면 명제는 말하자면 자기 자신의 그림과 같은 것으로서 그 자체로 언제나 참이 되겠으나, 이는 2.225의 "선천적으로 참인 그림은 없다"와 모순된다. 이와 관련된 점들에 대해선 van der Does(2011) p.48 이하 참조.

호에 대상을 대신하는 자격을 주는 데서 성립한다. 명제는 대상들을 대신하는 기호들의 특정한 결합으로서, 그렇게 대신되는 대상들이 같은 형식으로 결합되어 있을 가능성을 표상한다. 이 표상(그림)은 참이거나 거짓이지만, 명제는 그 참, 거짓에 상관없이 그러한 표상 자체로 뜻을 지닌다. 그러므로 언어 역시 논리와 마찬가지로 자율성을 지닌다('언어는 스스로를 돌본다').

그러나 이런 본성을 지니는 언어의 한계는 무엇인가? 그리고 그 한계는 어떻게 그어질 수 있는가? 물론 그림의 본성을 지닌 명제들 전체를 제시할 수 있으면 될 것이다. 그러나 어떻게? 그 일은 명제의 내용 면에서는 불가능하다. 명제들의 내용은 무한히 다양하기 때문이다. 그러나 비트겐슈타인에 의하면, 모든 명제는 형식 면에서는 어떤 식으로 예견(구성)될 수 있는 공통적 형식을 지닌다. 즉 "일반적 명제 형식"이 존재한다. 그것은 모든 가능한 명제를 값으로 가지는 하나의 변항(4.53)이자, 모든 명제들이 그 본성상 서로 공유하는 하나의 유일한 논리적 상항, 즉 명제의 본질(5.47-5.471)이다. 이러한 명제의 일반적 형식을 제시할 수 있다면, 언어가 어떻게 유한한 방식으로 무한히 다양한 내용을 표현할 수 있는지 설명 가능하므로, 이른바 '언어의 창조성'도 설명될 수 있다.

명제가 그림인 한, 명제의 일반적 형식이 "사정이 이러저러하다"와 같은 것이 될 것임은 예견할 수 있다(4.5). 그러나 비트겐슈타인의 결론을 미리 말하자면, "모든 명제는 요소 명제들의 진리함수"(5)라는 것, 엄밀하게는 "[$\bar{p}$, $\bar{\xi}$, $N(\bar{\xi})$]", 즉 모든 명제는 요소 명제들에 "$N(\bar{\xi})$"라는, 명제 변항 ξ의 값 전부를 부정하는 연산을 계속적으로 적용한 결과(6-6.001)라는 것이 명제의 일반적 형식이다. 그리고 언어의 한계는 바로 이러한 형식에 의해 정해진다. 왜냐하면, 모든 요소 명제들이 주어졌을 때,

이 일반 형식의 연산에 따라 모든 명제들이, 즉 명제들의 총체가 주어지기 때문이다(4.51-4.52 참조). 그렇게 주어지지 않는 어떤 것도 (그림으로서의) 명제일 수 없다.

요소 명제는 단순한 대상들을 가리키는 표현들, 즉 '이름들'만으로 결합된 단순한 명제이다. 그리고 비트겐슈타인에 의하면, 그런 이름들의 가능성은 명제의 뜻이 확정적이어야 한다는 (프레게에서 비롯된) 요구로부터 나온다(3.23). 단순한 대상들이 앞(2절)에서 논한 이유에 의해 존재해야 한다 해도, 그것들을 가리키는 표현들(이름들)이 존재하지 않는다면, 존재하는 표현들은 언제나 복합체 즉 더 분석 가능한 것을 가리키는 게 되고, 그렇게 되는 한 그 표현을 포함한 명제는 뜻이 확정되지 않는다. 비트겐슈타인은 이것이 불합리하다고 보았거니와, 그렇다면 단순 대상들을 대신하는 이름들 역시 존재한다고 해야 한다. 그리고 이러한 이름들만의 결합인 요소 명제는 그 이름들의 배열에 대응하는 대상들의 결합 사태를 직접적이고 확정적으로 표상한다. 요소 명제가 아닌 나머지 복합 명제들이 어떤 뜻에서 그림이 되느냐는 그것들이 이 직접적 그림인 요소 명제들을 결합하는 방식의 본성에 달려 있다.

그런데 사태의 존립을 주장하는 참된 요소 명제들이 모두 주어지면, 사실들의 총체로서의 세계는 완전히 기술된다(4.26). 그리고 이 동일한 세계는 참된 명제들의 총체에 의해 역시 기술될 수 있다. 왜냐하면 명제들의 총체는 바로 요소 명제들의 총체로부터 따라 나오는 모든 것(4.51-4.52)이기 때문이다. 전체 명제가 기술할 수 있는 것은 요소 명제들의 총체가 기술할 수 있는 것과 다르지 않다. (그러므로 명제들의 총체는 어떤 뜻에서 요소 명제들의 일반화라고 말할 수 있다(4.52).) 그러나 그렇다면, 요소 명제들을 결합하여 명제로 만드는 논리적 상황들은, 요소 명제를 구성하는 이름들과는 달리, 아무것도 대신하는 것이 없어야 한다. 왜냐하면, 그렇지 않을 경우 그것들이 대신하는 것들은 (이름들이 대신하는 것들과는 다르므로) 오직 이름들만으로 구성되는 요소 명제들의 총체에 포함되지 않고, 따라서 요소 명제들의 총체가 기술하는 세계와 논리적 상항을 포함하는 복합 명제들의 총체가 기술하는 세계는 동일할 수 없게 되기 때문이다.[18] 그러므로 비트겐슈타인은 '기호들이 대상들을 대신한다'는 것을 명제의 가능성이 의거하는 원리로서 내세우는 동일한 자리에서, 논리적 상항들은 대신하는 게 없다는 것을 자신의 '근본 사상'으로 천명한다.

> 명제의 가능성은 기호들이 대상들을 대신한다는 원리에 의거한다.
> 나의 근본 사상은, "논리적 상항들"은 대신하지 않는다는 것이다. 즉 사실들의 **논리**를 대신할 수 있는 것은 없다는 것이다. (4.0312)

그러니까 비트겐슈타인의 생각은, 논리적 상항들은 보기와는 달리 진정한 기호가 아니라는 것이다. 그것들은 요소 명제들을 어떤 식으로 관계시키는 원초적 기호처럼 보이지만, 실은 "사이비 관계 기호"에 불과하다(5.461 참조). 그것들을 이용해 행해지는 모든 논리적 연산이 실은 이미 요소 명제들에 포함되어 있다(5.47). 만일 그것들이 실제의 관계들을 대신하는 진정한 관계 기호들이라면, 그의 근본 사상은 기호가 대상을 대신한다는 원리를 낳은 논리의 자율성에 대해 예외적인 지위를 갖는 것

---

[18] 논리적 상항들이 대신하는 게 없음에 대한 통상적 설명으로는 이 책 4장 2.2에 정리된 설명 참조.

에 불과하고, 따라서 '근본 사상'일 수 없을 것이다. 그러나 그의 근본 사상은 논리의 자율성에 어긋나는 예외적인 것이 아니라, 그것과 함께 명제 일반의 그림의 성격을 가능케 하는 근본적인 것이다. 명제가 논리의 자율성에 따르는 그림이려면, "명제에서는 그것이 묘사하는 상황에서 구별될 수 있는 바로 그만큼이 구별될 수 있어야 한다"(4.04). 그러나 오직 논리적 상황들이 대신하지 않기 때문에만, 그것들을 사용해 요소 명제들로부터 형성된 복합 명제들은 그 요소 명제들이 묘사하는 상황과 여전히 동일한 논리적(수학적) 다수성을 보유하는 그림일 수 있는 것이다.[19] 즉 복합 명제들에 의해 묘사되는 것은 이른바 논리적 대상들을 포함하는 '복합 사실들'—'연언 사실', '선언 사실' 등으로 불릴 수 있을 터인 것들—이 아니다. 논리적 상황들이 지시하는 '논리적 대상들'이나, 이것들을 포함한 것으로서의 '복합 사실들'이라고 하는 것은 없다.

비트겐슈타인에 의하면, 진리 함수들과 동일성, 그리고 보편성이 '세 가지 근본적 논리 상항'(NB p.117)이다. 명제들이 요소 명제들로부터 논리적 구문론에 따라 형성되어야 하고, 그 논리가 기본적으로 표준적 논리와 같은 것이라면, 거기서 형성될 수 있는 모든 명제는 그 세 가지 논리적 상항들을 사용하여 형성될 수 있다. 그러므로 일반적 명제 형식을 통해 언어의 한계를 보이려는 비트겐슈타인의 기획은 그 세 가지 종류의 논리적 상항들을 이용해 형성되는 모든 명제들이 그가 말한 일반적 형식을 지닌다는 점을 보이는 작업으로 나아간다. 이 작업은 우선 요소 명제

---

19 그러므로 이하에서 더 자세히 보게 되듯이, 요소 명제들만 그림이라는 일부 견해들은 잘못이다. 그리고 논리적 다수성은 명제와 상황이 공유하는 것 즉 '사실들의 논리'에 속하는 형식으로서, 비트겐슈타인의 그림 이론에 따르면 명제에서 반영되고 보일 뿐(4.121), 명제에 의해 다시 모사될 수는 없는 것(4.041)이기 때문에 명제는 자기 자신의 그림일 수 없다.

들의 진리 함수적 결합으로 나오는 명제들은 모두 N-연산이라는 동일한 하나의 방식으로 구성될 수 있다는 것을 보이고, 또 일반성 명제와 동일성 명제 역시 같은 연산을 통해서 설명될 수 있다는 것을 보이는 작업으로 이루어진다.

잘 알려져 있다시피, 모든 진리 함수가 N-연산을 요소명제들에다 계속적으로 적용한 결과(5.5)라는 점은 본질적으로 이미 셰퍼(Sheffer)에 의해 입증된 것이다. 비트겐슈타인은 N-연산자가, 셰퍼의 논리적 연결사와 달리, 주어진 두 명제가 아니라 임의의 수의 명제에 대해 적용될 수 있도록 일반화하였을 뿐이다. 그런데 주어진 요소 명제들 전체의 동시적 부정으로서의 N-연산은 그 요소 명제들의 그림의 성격을 보존한다. 왜냐하면 한 명제의 부정은 부정된 명제와 "대립된 뜻을 지니지만, 그것들에는 하나의 동일한 현실이 대응"(4.0621)하므로, 부정은 (명제의 뜻을 거꾸로 바꿀 뿐(5.2341)) 부정된 명제의 그림 성격 자체는 바꾸지 않고, 또 자명하게도 연언은 연언된 명제 각각을 그것의 그림 성격과 함께 긍정하기 때문이다.[20]

일반성의 경우 비트겐슈타인은 그 개념을 진리 함수(논리적 곱이나 합) 개념과 분리시킨다(5.521). 일반성 명제—가령 '$(x)fx$'와 '$(\exists x)fx$'[21]—는 그 두 개념을 모두 포함하는데, 그에 의하면, 여기서 일반성을 표시하는 것은 양화사가 아니라 'x'라는 '논항'으로서 등장한다(5.523). 이 일반성 표시는 'f'라는 상항을 부각시키면서 하나의 논리적 원형(가령 'φx'로 표시할 수 있는)을 지시한다(5.522 참조). 함수 'fx'는 x의 모든 값 각각에 대

---

20 Hintikka(1986) p.107 이하 및 Hintikka(1996) pp.82-83 참조.
21 혼합 다중 양화 명제 등과 같이 비트겐슈타인이 다루지 않은 좀 더 복잡한 구조의 일반성 명제들의 경우는 Frascolla(2000) p.117 이하 참조.

해 f의 속성을 부여하는 명제들을 값으로 가지는데, 그렇게 제시되는 모든 명제 값들을 동시에 부정한 것이 '(x)~fx', 즉 '~(∃x)fx'이고(5.52), 이것을 다시 부정한 것이 '(∃x)fx'이다. '(x)fx'는 그러한 연산이 적용될 토대가 함수 '~fx'로부터 얻어질 수 있는 모든 명제 값들—그것들은 각각 요소 명제의 부정으로, 그 자신 요소 명제에 대한 진리 연산의 결과이다—일 때, 그것들 전체를 동시에 부정한 결과이다. 그러므로 일반성 명제는 부정될 명제들의 전체가 직접적으로 열거되는 대신 함수적으로 제시된다는 것만 다를 뿐, 요소 명제들에 N-연산을 계속적으로 적용한 결과[22]라는 점에서 일반적 명제 형식을 지닌다. 이 일반성 명제도 역시 요소 명제들의 진리 함수라는 점에서, 특정한 진리 조건을 지니는 그림이된다. 다만 이 그림은 요소 명제들을 직접 제시하는 것이 아니라 단지 주어질 수 있는 요소 명제들의 형식만을 제시하는 원형, 즉 원그림이다. 그것은 앞(3절)에서 인용한 비트겐슈타인의 표현에 따르면 '형지'와 같은 것이다.

동일성은 흔히 대상들 사이의 관계로 간주되고, 그 관계를 표현하는 것으로 간주되는 "a=a", "(x).x=x", "(∃x).x=a" 등과 같은 동일성 진술들은 요소 명제들의 진리 함수라고 보이지 않는다. 그렇다면 동일성 진술들은 명제의 일반 형식에 반례가 되지 않을까? 그러나 비트겐슈타인은 동일성이 대상들 사이의 관계가 아니며(5.5301), 동일성 진술들은 사이비 명제들(5.534)라고 본다. 왜냐하면 **"두 개의** 사물에 관하여 그 둘이 동일하다고 말하는 것은 무의미"하고 **"하나의** 사물에 관하여 그것이 그 자체

---

22 즉 '(x)~fx'는 $N(\overline{fx})$, '(∃x)fx'는 $N(N(\overline{fx}))$, '(x)fx'는 '$N(\overline{N(N(\overline{fx}))})$', '(∃x)~fx'는 '$N(N(\overline{N(\overline{fx})}))$' 와 같이 된다.

와 동일하다고 말하는 것은 전혀 아무것도 말하는 바가 없"기 때문이다
(5.5303). 명제가 아니라 사이비 명제들이므로, 동일성 진술들은 명제의
일반적 형식에 대한 반례가 되지 않는다. 그것들은 "올바른 개념 표기법
에서는 아예 적힐 수조차 없다"(5.534). 비트겐슈타인은 등호(等號) 대신
에, 대상의 같음은 기호의 같음에 의해 표현하고, 대상들의 다름은 기호
들의 다름에 의해 표현한다(5.53).[23] 이렇게 표현된 명제들은 명제의 일
반적 형식을 지니고 그림의 성격을 보존한다.

　이로써, 요소 명제들로부터 논리적 구문론에 따라 형성되는 모든 명제
가 하나의 일반적 형식을 지니며 그림의 성격을 보존한다는 것이 보여
졌다고 할 수 있다. 그러나 《논고》는 명제의 일반 형식을 최종적으로 확
인하기 전에 한 가지 명제 형식을 더 고찰한다. 그리고 이는 언어의 한계
문제와 관련해서 새로운 차원의 이야기로 우리를 이끌고 간다.

5. 언어의 한계와 형이상학적 주체

　명제의 일반적 형식이 확립되면, 언어의 한계는 바로 그러한 형식을
지닌 명제들의 총체에 의해서 그어질 수 있다. 잘 알려져 있다시피, 《논
고》의 비트겐슈타인은 그림으로서의 언어의 한계를 경험적 실재를 다루
는 과학 언어의 한계와 일치시켰다. 그에 의하면, "참된 명제들의 총체는
전체 자연 과학(또는 자연 과학들의 총체)"(4.11)이고, 말해질 수 있는 모

23　가령 "f(a,b).a=b" 대신에 "f(a,a)"나 "f(b,b)", "f(a,b).~a=b" 대신에는 "f(a,b)", 그리고 유사하
게 "(∃x,y).f(x,y).x=y" 대신 "(∃x).f(x,x)", "(∃x,y).f(x,y).~x=y" 대신에는 "(∃x,y).f(x,y)"와 같은
식으로 쓴다(5.531-5.5321 참조).

든 것은 곧 자연 과학의 명제들이다(6.53).

그런데 명제의 일반적 형식에 따르면, 명제는 오직 진리 연산들의 토대로서만 나타난다(5.54). 그러나 우리가 심리학의 어떤 명제 형식들을 생각할 때, 이는 의심스러워질 수 있다. 왜냐하면 가령 "A는 p가 사실이라고 믿는다", "A는 p라고 생각한다" 등과 같은 형식의 (이른바 '내포적') 명제들은 거기 포함된 명제 p의 어떤 진리 연산에 의해 설명될 수 없다고 보이기 때문이다. 이러한 형식의 명제들은 심리학적으로나 일상적으로나 기본적인 것들이므로, 이것들이 명제의 일반 형식에 반례가 되는지 여부는 중요한 문제이다.[24]

그러나 비트겐슈타인에 의하면, 여기서 난점은 문제의 명제들이 명제 p와 대상(사람) A 사이에 있는 모종의 관계를 진술하고 있다고 피상적으로 파악하는 데서 온다. 그는 이 명제들의 올바른 형식에 관해서 다음과 같이 말한다.

"A는 p라고 믿는다", "A는 p라고 생각한다", "A는 p라고 말한다"가 "'p'는 p를 말한다"의 형식이라는 것은 분명하다. 그리고 여기서 중요한 것은 어떤 한 사실과 어떤 한 대상 사이의 짝짓기가 아니라, 사실들의 대상들 사이의 짝짓기를 통한 사실들 간의 짝짓기이다. (5.542)

비트겐슈타인의 뜻은, 문제의 명제들은 표면상으로 A라는 대상(사람 또는 영혼)이 p라는 사태와 어떤 관계에 있다고 말하는 듯하지만, 실은

---

24 명령문, 의문문, 감탄문과 같은 비서술문들의 경우도 문제가 될 터인데, 이에 대해서는 《논고》에 아무런 언급이 없다. 그러나 그 이유는 아마도 나중에 《탐구》 24절에서 언급된 생각, 즉 비서술문들은 여기서 다루어지는 형식의 문장들로 전환 가능하다는 생각 때문이었을 것이다.

그 요소들 사이에 투영적 대응 관계가 성립함으로써 사태 p의 표상(그림)이 되는 어떤 정신적 사태(믿음, 사유 등)의 발생을 말하고 있다는 것이다. 여기서 p는 앞에서 이미 해명된 일반적 명제 형식을 지니는 임의의 명제일 수 있다. 그러므로 그것(또는 그것이 나타내는 사태)과 구조적으로 동형을 이루는 그 정신적 사태들도 역시 명제의 일반적 형식을 지닌다. 비트겐슈타인은 그것들을 말하자면 일종의 언어 — 아마도 '정신적 언어' — 로 간주하였으며, 정신적이라는 점에서 다를 뿐, 그것들은 언어적으로 표현된 명제들과 마찬가지로 그림 — 아마도 본래적인 그림 — 의 성격을 지닌다고 보는 것이다.[25]

이러한 비트겐슈타인의 생각이 옳다면, A에 해당한다고 보였던 대상으로서의 주체 또는 영혼은 실제로는 존재하지 않고, 오직 사태를 표상하는 어떤 정신적 요소들의 결합 사실만이 있다(5.5421 참조). 그 결합은 합성된 것이기 때문에, 그리고 (실체적) 영혼은 단순해야 할 것이기 때문에, 그 결합은 더 이상 '영혼'이 아닐 것이다(같은 곳 참조). 즉 생각과 표상은 일어나지만, 그것들을 생각하고 표상하는 어떤 주체가 세계 속에서 발견될 수는 없다. "생각하고 표상하는 주체는 존재하지 않는다"(5.631).

그러나 다른 한편으로, 생각과 표상은 어떤 뜻에서는 여전히 어떤 (형식적) 주체에 귀속시킬 수 있다. 왜냐하면, 가령 흄처럼, 심리학적 자아의 대상성을 부정하면서도 일어나는 생각과 표상들의 형식적 다발로서의 자아는 인정할 수도 있기 때문이다. 그러나 초월적 통각에 대한 칸트의 논의를 통해 이미 친숙한 점이지만, 자아는 경험 심리학적 차원의 단순한 다발을 넘어서, 가능한 모든 사유가 필연적으로 하나의 근원적 동

---

25 이 책 8장 1절 참조

일자에서 통일되는 차원에서도 이야기될 수 있다. 왜냐하면 어떤 생각을 표현하는 명제이건, 그것은 언제나 그 앞에 '나는 생각한다'라는 표현을 결합시킨 형태의 명제로—그러니까 말하자면 '나'의 내적 삶의 기술들로—변환될 수 있기 때문이다.[26] (그렇지 않을 경우 전혀 그 누구—하나의 '나'가 되는—의 생각일 수 없는 생각, 말하자면 생각 아닌 생각이 있게 되는 셈인데, 그러나 이는 불합리하다. 우리는 생각될 수 없는 것은 생각할 수 없다.) 이렇게 등장하는[27] 그 형식적이며 보편적인 '나'는 물론 더 이상 심리학적 자아가 아니라 (칸트의 초월적 자아와 비슷하게?) '철학적 자아', '형이상학적 주체'(5.641)이다. 그것은 "인간이 아니며, 인간 신체가 아니며, 또는 심리학이 다루는 인간 영혼도 아니다"(같은 곳). 그것은 '세계영혼'(NB p.49) 또는 "세계 전체에 공통적인 **하나의** 정신"(NB p.85)[28]이라 할 수 있는 것으로서, 비트겐슈타인에 의하면 실제로는 그것만이 특히 '나의 영혼'이라 불릴 수 있는 것으로서 존재한다.

세계영혼으로서의 자아는 모든 가능한 사유들을 포함한다. 그것들은 세계영혼으로서의 나의 사유이다. 그리고 그것들은 세계 속에서 일어날 수 있는 모든 가능한 사태에 대한 논리적 그림이다. 그러므로 세계영혼과 세계 전체 사이에는 엄격한 대응 관계—일종의 '심물 병행 관계'(NB p.85)—가 성립한다. 그리고 물론 그것들과 그림으로서의 언어 전체 사

---

26 PU §24 참조. 거기서 비트겐슈타인은 이러한 이유가 《논고》의 (비-심리학적 자아의) 유아주의로 이르는 데 관계되었음을 내비친다.

27 이 등장 방식은 추론적이 아니라 직접적이고 내적인 것이다. 이렇게 등장하는 자아와 사유들의 관계는 5.633에서 눈과 시야의 관계에 비교된다.

28 그것은 인간뿐 아니라 세상 만물에 공통적인 정신으로 간주된다. 이에 따르면, 하나의 정신이 세상 만물—인간, 뱀, 사자, 코끼리, 파리, 말벌 같은 생명체뿐 아니라 무생물도 포함하여—에 공통적이라고 볼 수 있다(NB p.85 참조).

이에도 같은 관계가 성립한다. 그러므로 지극히 형이상학적이며 유아주의적이게도, 사유와 언어와 세계는 모두 세계영혼으로서의 나의 사유, 나의 언어, 그리고 나의 세계라고 할 수 있다. 그리고 따라서 사유와 언어의 한계들은 곧 나의 사유와 언어의 한계들이고, 또 이것은 세계의 한계들 곧 나의 세계의 한계들을 의미한다(5.6 참조).

그런데 세계의 한계들은 또한 논리의 한계들이기도 하다(5.61). 왜냐하면 세계 속에서 일어나는 모든 것은 논리에 의해 정해진 골격에 따라서만 일어날 수 있기 때문이다. 나의 사유, 나의 언어, 나의 세계의 한계들은 그것들이 공유하는 논리의 한계들과 서로 일치하며, 유아주의적인 자아는 바로 그 일치하는 지점에서 '연장 없는 점'으로 수축한다(5.64). 즉 사실들의 총체로서의 세계 속 어디에서도 그러한 자아는 발견될 수 없고, 남는 것은 그러한 자아와 '동격화된 실재'뿐이다. (여기서 사정은 눈과 시야의 관계와 전적으로 같다. 5.633 참조.) 그러므로 비트겐슈타인은 "유아주의가 엄격히 관철되면 그것은 순수한 실재주의와 합치된다" (5.64)라고 말한다. 그러나 또한 그렇기 때문에 우리는 유아주의적인 형이상학적 주체에 대해서는 유의미하게 말할 수 없다. 그것과 관련된 진실은 단지, 말할 수 있는 모든 것이 따라야 하는 명제의 일반 형식에 의해 우리가 언어의 한계들에 이르렀을 때 '드러날' 뿐이다(5.62). 그리고 이것이 바로《논고》에서 명제의 일반 형식의 최종적 표현이 심리학적 명제 형식들에 대한 검토를 거쳐 (기이해 보이게도) 유아주의에 대한 고찰이 끝난 직후에 제시되고 있는 이유이다. 그러나 언어의 한계에 대한 고찰은 여기서 끝나는 것이 아니라, 이번에는 실재주의적 관점에서 다시 이어진다.

6. 사이비 명제들

명제의 일반적 형식은 현실의 논리적 그림인 모든 명제들이 이룰 수 있는 언어의 한계를 확정한다. 그러나 모든 명제는 명제의 일반 형식을 지니지만, 역으로 요소 명제들의 진리 함수가 모두 그림으로서의 명제인 것은 아니다. 요소 명제들의 진리 함수 중에는 아무것도 말하지 않는 극단적인 것들, 즉 논리적 명제들도 존재한다. 비트겐슈타인은 이러한 것들을 포함해 아무것도 말하지 않는 특정한 종류의 명제들을 '사이비 명제들'이라고 일컫는다. 그것들은 "오직 보일 수만 있는 어떤 것을 외견상 말하고 있는 기호 결합들"(NB p.9), 또는 "분석되었을 때, 그것들이 **말하는** 걸로 추정되는 것을 단지 다시 **보여 주는** 명제들"(NB p.16)이다. 가령, "자기 자신의 뜻에 관해 무엇인가를 진술하는 것으로 보이는 모든 기호 결합은 (논리학의 모든 명제들처럼) 사이비 명제이다"(NB p.12).《논고》의 마지막 부분의 이야기들은 이런 종류의 사이비 명제들에 대한 고찰에 기초하고 있다.

사이비 명제들에는 언어의 한계에 관계하는 논리적인 성격의 것들과 그러한 한계를 넘어서는 것들의 두 종류가 있다. 첫 번째 종류의 사이비 명제들은 논리학의 명제들이나 수학의 명제들, 그리고 '인과 법칙'과 같은 자연과학의 근본 원리들이다. 그것들은 각각 어떤 필연적 법칙성을 진술한다. 그러나 비트겐슈타인에 의하면, 그 필연성과 법칙성은 모두 논리적 성격의 것이다. ("논리의 연구는 **모든 법칙성**의 연구를 의미한다." (6.3) 그리고 "필연성은 오직 **논리적** 필연성만이 존재한다."(6.375)) 그 진술들은 모두 선천적이고 논리적 본성을 지니고 언어와 세계의 한계에만 관계된다. 그것들은 뜻이 없거나 무의미하며, 세계 내에 일어나는 것들에 대해서는 아무것도 말하지 않는다.

우선, 논리적 명제들은 요소 명제들의 진리함수로부터 얻어질 수 있는 극단적 경우들이다. 즉 그것들은 요소 명제들의 모든 진리 가능성들에 대해서 참인 동어반복들로서, 필연적이지만 아무것도 말하지 않는 분석 명제들이다(6.1-6.11). 그것들은 그 구성 명제들의 모사적 성격이 서로 상쇄되게 결합함으로써 스스로 그림의 성격을 상실한다는 점에서 '뜻이 없다'(4.461-4.462). 그것들은 "기호 결합의 한계 경우, 즉 기호 결합의 해체"(4.466)라고 일컬어진다. 그것들은 ("0"이 산수의 상징체계에 속하는 것처럼) 우리의 상징체계에 속하기는 하지만, 적절한 표기법에서는 없어도 될 것들이기 때문에 사이비 명제들이다(4.4611 및 6.122 참조). 즉 그것들이 없어도, 그것들이 진술하려는 것은 적절한 표기법에서는 "자연 필연적인 기호들의 본성 스스로가 진술을 한다"(6.124).

수학의 명제들은 수들 사이의 동일성을 진술한다. 그런데 비트겐슈타인에 의하면, 수는 명제의 일반 형식과 함께 주어지는 한 연산, 즉 한 명제로부터 다른 한 명제로의 이행을 일반적으로 가능하게 하는 연산의 지수이다(6.002, 6.021). 그러므로 수학은 논리학의 한 방법(6.234)이다. 즉 "논리학의 명제들이 동어반복들 속에서 보여 주는 세계의 논리를 수학은 등식들 속에서 보여 준다"(6.22). 그러나 그 등식이 등호를 사용해 나타내려는 두 표현 간의 대체 가능성은 그 두 표현의 논리적 형식을 특징짓는 것으로서, 올바른 표기법에서는 그 두 표현 자체에서 드러나야 하는 것이다(6.23 참조). 즉 등식이 나타내려는 "두 표현의 의미 동일성은 **주장**될 수 없다"(6.2322). 그러한 주장은 무의미할 것이다. 왜냐하면, 비트겐슈타인에 의하면, "명제에 형식적 속성을 부여하는 것은 명제에서 그것을 박탈하는 것과 마찬가지로 무의미할 것"(4.124)인데, 수학의 등식은 한 표현에 그것과 다른 표현과의 대체 가능성 내지 의미 동일성이라는, 그 표현의 논리적 형식을 특징짓는 것을 부여하고자 하기 때문이다.[29] ("2+5=7", 즉 '2+5'가 '7'로 대체될 수 있다거나 의미가 같다거나 하는 뜻의 말은 '1은 수이다'가 무의미(4.1272)한 것처럼 무의미할 것이다.) 그러므로 수학의 등식들은 사이비 명제들(6.2)이며, "아무런 사고도 표현하지 않는다"(6.21).

마지막으로, 《논고》에 의하면, 인과 법칙(근거율), 연속성의 법칙, 최소 작용의 법칙과 같은 자연과학의 근본 원리들은 이른바 귀납의 법칙과 같이 내용 있는 법칙이 아니라[30] 필연성을 지닌 '법칙의 형식'이다(6.31-6.321 참조). 가령 구체적인 인과적 진술들은 논리적 필연성을 지니지 않는다(6.37 참조). 그러나 모든 명제들을 그렇게 인과 형식으로 연관시키는 이론 체계(가령 뉴턴 역학)에 의해 세계가 완전히 기술될 수 있다는 것은 세계에 관해 무엇인가 선천적인 통찰을 준다(6.342 참조). 즉 이른바 인과 법칙과 같은 근본 원칙들은 "과학의 명제들에 주어질 수 있는 가능한 형식에 관한 선천적 통찰들"(6.34)이다. 그것들은 말하자면 과학이 세

---

29 수학 명제들이 뜻이 없는지 무의미한지에 대해서는 의견이 갈린다. 여기서 나의 생각은 아마도 Glock(1996a, p.232 이하)이나 Frascolla(2007, pp.156-159 및 p.190)의 견해와 가장 가까울 것이다. (다만 후자는 논리 명제, 즉 동어반복을 사이비 명제에 포함시키지 않는 실수를 범하고 있다.) Schroeder(2006) 같은 이는 어느 곳(p.105)에서는 동어반복만 뜻이 없고 나머지 모든 비-우연적 주장은 '무의미'로 분류된다고 하면서도, 어느 곳(p.110 n.50)에서는 등식들이 뜻이 없는지 무의미한지 분명하지 않다고 말함으로써 일관성을 결여하고 있다. 어떤 이들은 수학 명제들이 논리적 성격을 지닌다는 이유만으로, 또 어떤 이들은 수학 명제들이 중요한 쓰임을 지닌다는 이유만으로, 그 명제들이 무의미할 리 없다는 쪽을 택하지만, 이는 (그 이유들 자체는 올바름에도 불구하고) 《논고》의 실제에 부합하지 않는 것으로 보인다.
30 6.31에 의하면, 귀납의 법칙은 뜻이 있는 명제이며, 어떤 경우에도 논리적 법칙일 수 없다. Black은 인과 법칙을 귀납 법칙과 혼동하고, 그것들이 논리적 성격의 법칙이 아니라고 오독하였다.

계의 대상들에 관해 일반적인 방식으로 이야기하기 위한 '논리적 장치'에 속한다(6.3431-6.3432 참조). 그러므로 인과 법칙에 어긋나는 것은 기술될 수 없고, 또 일어날 수도 없다(6.362 참조). 그러나 '순수하게 논리적인 어떤 것'으로서 그러한 법칙은 세계 기술을 위한 형식('그물')만을 제공하고, 세계(그물이 포착하는 것)에 관해서는 아무것도 진술하지 않는다(6.341-6.342 및 6.35 참조). 인과 법칙이 말하고자 하는 것은 그러니까 그런 형식의 "자연 법칙들이 존재한다"는 것이 되는데, 그러나 이는 무의미한 사이비 명제[31]로서, 그것이 말하고자 하는 것은 인과 형식의 법칙들에 의해 세계가 완전히 기술될 수 있는 가능성을 통해 드러나는 것이지, 말할 수 있는 것이 아니다(6.36 및 6.342 참조).

논리학의 명제들뿐만 아니라 수학의 명제들과 자연과학의 근본 법칙들까지 논리적인 것에 속하는 것으로 간주된다는 점은 논리의 한계가 구체적으로 어떤 모습이 되는지, 그리고 따라서 그것과 일치하는 것으로서의 언어와 세계의 한계가 구체적으로 어떠한지를 (실재주의적 관점에서) 보여 준다. 언어의 한계는 물론 명제의 일반적 형식이 보여 주는 대로의 명제들의 총체에 의해서, 즉 요소 명제들로부터 그 모사적 성격을 보존하는 모든 진리 함수적 연산의 결과에 의해 주어진다. 그런데 그 연산은 진리 함수적 논리를 따를 뿐 아니라 수학적 연산을 그 방법으로서 내포하고 있다. 그리고 그 연산 결과들은 인과 법칙과 같은 형식으로 연결되어 이론 체계를 형성한다. 바로 이런 이유로 비트겐슈타인은 논리가 모든 법칙성의 탐구이며, 필연성은 다 논리적 필연성이라 하는 것이다. 그

---

31 그것은 "대상들이 존재한다"와 같은 진술이 '무의미한 사이비 명제'(4.1272 참조)가 되는 것과 같은 이유(사이비 개념어를 고유한 개념어로 사용함)로 무의미한 사이비 명제가 될 것이다.

리고 같은 이유로《논고》에서 논리의 한계는 곧 자연과학적으로 말할 수 있는 것의 한계이고, 또 그렇게 자연과학적 언어로 기술할 수 있는 세계의 한계이기도 하다는 것이다. 세계 속에서 일어날 수 있는 모든 것, 그리고 그것을 유의미하게 기술하려는 모든 것(명제들)은 궁극적으로 논리학 및 수학의 명제들과 자연과학의 원리들이 표현하고자 하는 선천적인 논리적 규제를 받음으로써만 가능하다. 그리고 바로 이런 뜻에서 비트겐슈타인은 "논리는 초월적(transcendental)"(6.13)이라고 하는 것이다.

그러므로 비트겐슈타인이 논리학과 수학의 명제들, 그리고 자연과학의 원리적 법칙들을 '사이비 명제'라고 하는 것은 그것들에 대해 아무런 폄하하는 뜻을 지니고 있지 않다. 그것들은 명제처럼 보이지만 뭔가 말(묘사)하는 게 없고 그래서 '사이비 명제들'이라 불리지만, 그것들의 역할—그것은 궁극적으로 이런저런 방식으로 드러난다—은 단순한 그림인 명제보다 오히려 더 중요하다고 할 수 있을 것이다.[32]

까다로운 것은, 그것들에 대한《논고》의 생각이 기존 입장들에 대해 갖는 함축이다. 수학의 명제들은 논리적인 것들이긴 하지만 진리 함수적 명제들의 한계인 논리학의 동어반복들로 환원되지 않는다. 그러므로 비트겐슈타인의 생각은 수학이 논리학으로 환원될 수 있기 때문에 논리적이라고 본 프레게와 러셀의 논리주의와는 다르다. 물론 그럼에도 불구하고 수학을 논리적인 것으로 보는 점에서 논리주의와 일맥상통하는 바가 없지는 않다. 그러나 논리주의가 논리를 기본으로 보고 거기에 수학을 기초하려 했던 데 비해,《논고》는 명제의 일반 형식에 따라 논리학의 명

---

32 그것들은 결국 후기에는 '사이비 명제'가 아니라 문법 규칙으로서 역할을 하는 '문법적 명제'로 불리게 된다.

제들을 산출하는 연산에 이미 본질적으로 수학적 연산이 내재되어 있다고 보는 셈이 된다. 이 점에서《논고》는 순수하게 논리주의라기보다는, 수학의 본성을 기호 조작 활동으로 보는 '형식주의의 울림' 내지 '준-형식주의'라고 할 수 있는 면을 지니고 있다고 하겠다.[33]

또한《논고》에서 수학의 명제들이 분석적인 것으로 간주되었는지 여부도 논란이 된다. 많은 사람들이《논고》에서 그것들은 논리적인 것으로 간주되었으므로 분석적이며, 이 점에서 비트겐슈타인은 그것들을 종합적이라 한 칸트와 대조된다고 여겨 왔다.[34] 그러나 여기서도 문제는 간단하지 않다. 물론, 수학 명제가 (무의미하게도) 진술하려는 두 표현 간의 의미 동일성은 (적절한 표기법에서는) 그 두 표현의 의미를 이해하면 저절로 알 수 있는 것—왜냐하면 그렇지 않으면 그 두 표현을 이해한다고 할 수 없으니까—이라고 이야기된다(4.243 참조). 이것은 수학 명제를 분석적이라 보아야 할 것 같은 인상을 불러일으킨다. 그러나 등식이 두 표현의 의미 자체를 진술하는 것은 아니기 때문에, 등식의 올바름을 이해하기 위해 우리는 두 표현의 의미를 알아야 한다. 이 점에서 수학 등식은 구성 표현의 의미를 몰라도 그 옳음을 알 수 있는 논리학의 명제와 대조된다. 그것은 필연적이긴 하지만, 논리학의 명제들처럼 아무것도 말하지 않는 동어반복이 아니다. 그렇기 때문에 비트겐슈타인은 후일《논고》를 회상하면서, 이러한 대조적인 점이 "칸트가 5+7=12는 분석적 명제가 아니라 선천적 종합 명제라고 주장할 때 그가 뜻한 것을 설명해 준다"

---

33 Frascolla(1994) p.40 및 Stokhof(2002) p.98 참조.
34 가령 박정일(2012, 262쪽)은《논고》에서 수학 명제들이 분석적이고 뜻이 없다고 별 논거 없이 단정한다.

(PB p.129)라고 말한다. 그의 이러한 생각[35]이《논고》에는 해당되지 않는다는 근거는 없어 보인다.

《논고》에서 논리적 성격의 (사이비) 명제들이 논리학의 명제들처럼 다 분석적이지 않다는 점[36]은 자연과학의 선천적 원리들의 경우에 분명하다. 이것들도 논리적인 것으로 취급되지만, 논리학과 수학의 명제들과는 그 종류에서 구별된다. 그것들은 단순히 동어반복으로도 또 수학의 명제로도 환원되지 않는 것으로서, 확실히 종합적인 쪽이다. 다만,《논고》에서 수학의 명제들과 자연과학의 원리들에 포함된 표현들은 고유한 개념이 아니라 사이비 개념의 표현들로 간주된다. 그러므로 그것들과 관련해 종합성을 말한다 해도, 거기에는 무의미성이 내포되어 있으며, 따라서 그 이야기가 칸트와 정확히 일치하지는 않는다. (칸트에서는 선천적 종합 명제들은 유의미하며 인식적으로 뭔가를 말해준다.) 그러나 그 차이는, 그리고 그것의 결과는, 통념만큼 크지는 않다. 비록 수학의 명제들과 자연과학의 원리들의 명제 성격에 대해 양자의 생각에 부분적으로 차이가 있다 해도, 양자 모두는 논리적이라 할 수 있는 것들의 범위를 넓게 잡으면서 그것들에 근본적인 지위, 즉 세계에 대한 초월적인 지위를 부여한다. 그리고 그것들이 초월적인 한, 양자 모두에게서 우리의 사실적 인식의 한계는 바로 참된 명제들의 총체로서의 전체 자연과학(의 세계)일 수밖에 없다.

---

35 수학 명제가 선천적 종합이라는 이 생각은 그의 후기에 일관적으로 견지된다고 보인다. PG p.404 및 BGM 224-225쪽과 p.388 참조.

36 논리적인 것이 분석적이지 않을 수 있다는 생각은 기이해 보이지만, 나중에 비트겐슈타인은 오히려 이러한 생각을 보다 구체화하여 논리-문법 개념을 확대하는 방향으로 나아간다.《확실성에 관하여》§401의 다음과 같은 언급 참조: "단지 논리학의 명제들만이 아니라 경험 명제의 형식으로 된 명제들이, 사고를(언어를) 다루는 모든 작업의 근본 토대에 속한다."

7. 언어의 한계 너머, 영원의 관점에서

사이비 명제들의 둘째 부류는 첫 번째 종류의 사이비 명제들에 의해 드러나는 논리적 한계들을 벗어나는 것들이다. 이것들 역시 사이비 개념들을 사용함으로써 무의미한 것들이 되지만, 첫 번째 종류의 사이비 명제들에서 무의미한 것들과는 달리, 그리고 물론 처음부터, 일상적 기준에서조차 완전한 비문(非文)들의 순전한 무의미와도 달리,[37] 이것들은 논리에 의해 한계 지어진 사실적 언어와 세계를 '영원의 관점에서' 초월하는 것을 지향한다. 여기에는 선악, 미추, 신이나 영원성과 같은 가치 관련 사이비 개념을 사용하는 윤리, 미학, 종교의 언사들뿐 아니라 세계, 사태, 대상, 논리적 형식, 명제의 본질 등과 같이 형이상학적인 사이비 개념들을 사용한《논고》자신의 명제들도 포함된다.

앞 절에서 다루었던 논리적 사이비 명제들의 경우에는, 그것들이 외견상 말하고자 하는 것은 모든 진정한 명제들을 말하면 그 속에서 드러난다. 그러나《논고》의 이 마지막 부분에서 다루어지는 가치 관련 사이비 명제들이 외견상 말하고자 하는 것들은 단순히 그런 식으로는 드러나지 않는다. 가치는 사실들보다 높은 것, 즉 명제들이 기술하는 우연적 사실 세계의 밖에 놓여 있어야 하는 것으로 간주된다(6.41 참조). 그러므로 가

---

37 일상적 기준에서조차 완전한 비문들은 무의미하기는 하지만, 뭔가 말하는 걸로 추정되는 것도 없고 또 분석되었을 때 뭔가를 다시 보여 주는 것도 없다는 점에서 사이비 명제와 구별된다. 이 점에서, 사이비 명제에 대한 비트겐슈타인의 설명(앞 절 참조)에 주의하지 않고, 그것들의 무의미성을 완전한 비문들의 무의미성과 똑같이 취급하려는 이른바 '단호한 해석'은 기본적으로 문제가 있다. 비트겐슈타인이 관심 가지는 사이비 명제들은 아직 언어(명제)에 들지조차 못한 비문과 같은 것이 아니라, 언어로부터 그 한계를 어떤 식으로 넘어 보려는 뿌리 깊은 욕망에서 생기는 것들이다.

치의 문제는 자연과학의 문제들을 다 해결해도 여전히 대답되지 않고 남는 그런 종류의 문제일 수밖에 없다(6.52 참조). 더 정확히 말하면, 그것은 실은 문제일 수 없고 따라서 대답될 수도 없다. 왜냐하면 그것이 문제라면 그것은 대답될 수 있어야 하는데, 그것은 뜻이 있는 말인 명제로 대답될 수 없는 그런 종류의 것이기 때문이다(6.5 참조).

가치문제에 관계된 사이비 명제들이 외견상 말하고자 하는 것은 명제적 언어에 의해서가 아니라 선하거나 악한 윤리적 의지-행위[38]를 통해 드러난다. 비트겐슈타인에 의하면, 사유의 경우에 그 진정한 주체로서 세계영혼인 형이상학적 나에 대해 이야기할 수 있는 것과 같은 뜻에서, 윤리적 의지-행위의 경우에는 그 진정한 주체로서 "전체 세계에 공통적인 의지"인 "세계의지"에 대해 이야기할 수 있다(NB p.85 참조). 이러한 의지는 "보다 높은 뜻에서의 나의 의지"(같은 곳), 즉 전체로서의 "세계에 대한 주체의 태도"(NB p.87)이다. 이러한 보다 높은 의지는 심리학의 관심사인 현상으로서의 의지가 아니며, 형이상학적 사유 주체에 대해서와 마찬가지로 우리가 말할 수 없는 것이다(6.423). 그러나 이 의지는 말하자면 세계의 한계를 바꿈으로써 세계를 선하거나 악한 것으로, 또는 행복하거나 불행한 것이 되게 할 수 있다. 《논고》(6.43)는 이 점을 다음과 같이 비유를 통해 설명한다.

선하거나 악한 의지가 세계를 바꾼다면, 그것은 단지 세계의 한계들을 바꿀 수 있을 뿐이지, 사실들을 바꿀 수는 없다. 즉, 언어에 의해서 표현

---

38 비트겐슈타인에 의하면 의지는 행위와 본질적으로 분리될 수 없다. NB p.87의 다음 말 참조: "의지하는 것은 이미 의지 작용을 수행함이 없이는 불가능하다. 의지 작용은 행위의 원인이 아니라 행위 자체이다. 행함이 없이 의지할 수는 없다."

될 수 있는 것을 바꿀 수는 없다.

　간단히 말해서, 그렇다면 세계는 선악의 의지를 통해 전혀 다른 세계가 되어야 한다. 말하자면 세계는 전체로서 이지러지거나 차야[39] 한다.

　행복한 자의 세계는 불행한 자의 세계와는 다른 세계이다.

　여기서 '이지러지다'와 '차다'는 보통 '감소하다'와 '증가하다'를 의미하는 독일어 'abnehmen'과 'zunehmen'의 번역인데, 이것들은 달의 이지러짐과 차오름을 나타내는 말이기도 하다. 그러므로 사실들의 총체로서의 세계가 바뀌지 않으면서 그 한계들이 바뀔 수 있다는 것은 여기서, 말하자면 달의 이지러짐과 차오름이 달의 실제 변화 없이 이루어지는 것에 비유된 것이다. 이 세계가 사실적 차원에서 변하지 않아도, 이 세계는 선악의 차원에서는 달처럼 이지러지거나 차오를 수 있다. 주목해야 할 것은, 여기서 전체로서 세계의 이지러짐은 선과 행복과, 차오름은 악과 불행과 짝이 맞춰져 있다는 점이다.[40] 그리고 이것이 암시하는 바는,[41] 선과 행복은 전체로서의 세계가 이지러지도록 의지하는 쪽에 있고, 악과 불행은 그 반대를 의지하는 쪽에 있다는 것이다. 왜냐하면 의지에 의해 세계가 이지러지거나 차오른다는 것은 의지 주체인 내가 세계에서 일어

39　'이지러지거나 차야'라는 표현은 원래 '감소하거나 증가해야'로 번역되어 있었던 이 부분을 《논고》 번역의 8쇄 이후에 수정한 것에 따라 수정한 것이다. 이에 따라 이하에서도 해당 표현들을 수정하고 약간의 문구 조정을 하였다.

40　NB에서는 인용문에서 '이지러지다'와 '차다'란 낱말의 위치가 반대로 되어 있다. Prototractatus에서부터 그 위치가 《논고》처럼 바뀌고 있는데, 일상적으로 자연스럽다고 할 수 있는 어순인 '차거나 이지러짐'('증감')을 부자연스러움을 감수하면서 이렇게 역으로 바꾼 데에는 나름 중요한 뜻이 있는 것으로 받아들여져야 한다.

41　여기서 나는 부분적으로 Mulhall(2007, 특히 7절)의 통찰력 있는 분석에 힘입었다.

나는 일에 의해 좌우되는 정도를 말하는데, 그 좌우되는 바가 감소할수록 나는 윤리적으로 독립적인 존재로서 선하며 행복해진다고 할 수 있기 때문이다. 그리하여 마침내 그 극한에서는, 마치 죽음의 경우에 세계가 끝나듯이(6.431), 나는 이 세계에서 일어나는 어떤 일에 의해서도 선악의 관점에서 흔들리지 않게 된다. 또는 내가 윤리적으로 선악을 분별해야 할 어떤 일도 더 이상 세계 속에서 일어나지 않는다.[42] 비트겐슈타인이 윤리적 모범으로 보는 이 '선악의 저편'의 관점 내지 경지는 내가 단순히 세상일에 무관심해지는 것이라기보다는 오히려 아마 신적인 의지에 의해서만 가능한 어떤 적극적이고 고차적인 차원이다.[43] 그렇기 때문에, 그가 철학에 복귀한 직후, 아직 《논고》의 핵심적 정신을 간직하고 있던 때, 그는 자신의 윤리학의 요점을 다음과 같이 요약하였던 것이다: "어떤 것이 선(善)하다면, 그것은 또한 신적이다"(CV 31쪽).

그러나 '신적'이라는 것은 무엇인가? 《논고》에서 신적인 관점 내지 경지는 "세계를 영원의 관점에서 직관하는 것"(6.45)과 통한다. 그것은 절대적[44]이고 신비스러운 것이지만, 비트겐슈타인에 의하면, 그것은 윤리, 미학, 종교만이 지향하는 것이 아니라, 철학 역시 올바른 사유를 통해 도달할 수 있는 것이다.[45]

---

42 이것은 세상사를 다 좋게 보는 것과는 다르다. 그러므로 이 윤리적 선의 반대 극한은 세상사를 다 나쁘게 보는 것이 아니라, 내가 매사를 선악의 관점에서 분별하고 거기에 매여 일회일비하는 것이 될 것이다.

43 그것은 시간적 삶이 아니라 영원의 삶—무한한 시간 지속이 아니라 무시간성과 통하는 순전한 현재에서의 삶—에서 가능한 것으로 이해된다(6.4311 참조).

44 이 점은 LE에서 좀 더 명확히 다루어지고 있다.

45 1930년에 작성된 비트겐슈타인의 다음 글 참조: "세계를 영원의 관점에서(sub specie aeterni) 포착하는 데에는 예술가의 작업 외에도 또 다른 것이 있다. 내가 믿는 바로는, 그것은 사유(思惟)의 길이다. 그것은 말하자면 세계 위로 날아가, 세계를 있는 그대로 있게 한다—세계를 위

비트겐슈타인에 의하면, "철학적인 것들에 관해 씌어 있는 대부분의 명제들과 물음들은 거짓이 아니라 무의미하다"(4.003). 전통 철학은 물론,《논고》자체도 그러하다.《논고》는 그 첫 명제부터 '세계'라는 사이비 개념을 포함함으로써 무의미하다. 그러나《논고》는 결국 이 점을—그 첫 명제뿐 아니라 철학적 사이비 명제 전체에 대해—깨달음으로써, 그러한 깨달음이 없는 전통철학과 구별된다.《논고》의 명제들이 무의미하다는 그 깨달음은 물론《논고》자신의 작업의 결과로 도달되는 것이다. 그리고 그 과정에서 핵심적인 것은 명제의 본질을 올바로 해명하는 것이었다. 명제가 그림이라는 그 본질에 비추어 보았을 때,《논고》의 명제들이 진정한 명제들이 아니라 무의미한 사이비 명제들임이 드러나기 때문이다. 그러므로《논고》는 명제의 본질에 대한 자신의 해명 작업이 옳다면 자신이 했던 말들이—명제의 본질에 대한 (사이비) 명제까지도 포함해서—본질적으로 무의미함을 보아야 한다는 역설을 포함하고 있는 셈이 된다. 그러나 이 역설적 본질직관은 이미 언어를—그리고 그와 대응해서 세계를—그 한계와 함께 보는 것, 즉 '한계 지어진 전체'로서 볼 수 있을 때만 가능한 것이다. 비트겐슈타인에 의하면, 그러한 봄이 바로 영원의 관점에서 보는 것이다(6.45).《논고》의 명제들이 무의미하다는 것은 바로 이 영원의 관점에서 보았을 때의 깨달음이다.

그러나 이 영원의 관점에서 본 것은 명제의 본질을 지니는 모든 것(즉 언어)이 주어지면 스스로 드러나는 것을 본 것일 뿐이다. 그러므로《논고》의 철학적 사이비 명제들이 무의미하게도 나타내고자 하는 것들은, 후일 비트겐슈타인이 강의에서 쓴 표현을 빌리자면, 언어**에 의해** 표현

에서부터 비행(飛行) **중에** 바라보면서 말이다."(CV 34쪽)

되는 것이 아니라 언어의 **존재에 의해** 표현되는 것(LE 35쪽 참조)이라고 할 수 있다. 언어의 존재에 의해 표현되는 것은, 우리가 언어에 의해 사태들에 관해 (참이거나 거짓인) 말들을 할 때 그 배경적 지평을 이루고 있을 뿐, 결코 언어로 표현될 수 있게끔 드러나지 않는다.[46] 그것은 오직《논고》의 명제들과 같은 사이비 명제들을 통해, 그것들을 사다리처럼 딛고서 넘어 올라갈 때에 비로소 볼 수 있는 것이다.

> 나를 이해하는 사람은, 만일 그가 나의 명제들을 통해―나의 명제들을 딛고서―나의 명제들을 넘어 올라간다면, 그는 결국 나의 명제들을 무의미한 것으로 인식한다. (그는 말하자면 사다리를 딛고 올라간 후에는 그 사다리를 던져 버려야 한다.)
> 그는 이 명제들을 극복해야 한다. 그러면 그는 세계를 올바로 본다. (6.54)

일찍이 자신의 설법을 뗏목에 비유하며, 자신이 설한 것은 아무것도 없음을 뜻한 부처의 말을 연상시키는 이 대목에서 비트겐슈타인은 '인식'이란 말을 사용하였거니와, 이는 그가《논고》의 사다리를 딛고 우리가 올라설 때 보게 되는 것이 어떤 진리성을 지닌다고 보았음을 뜻하는 것이다.[47] 그러나 거기서 드러나는 진리성은 이 세계 너머에 존재하는

---

46 여기서 우리는 존재의 초월성과 그러한 존재의 비은폐성으로서의 진리에 대한 하이데거의 이야기를 떠올릴 수도 있을 것이다.

47 부처는 이 장의 제사(題詞)로 쓰인 금강경 구절에서 보듯이, "법이라는 것조차 오히려 마땅히 버려야 하거늘, 하물며 법이 아닌 것이야 어떠하겠느냐!"라고 함으로써 비트겐슈타인과 다른 길을 갔다고 생각될 수도 있다. 후자에게는 여기서 부처가 말한 법에 해당될 그 자신의 철학적 사이비 명제들은 무의미한 것으로서 버려야 하는 것이지만, 비-철학적인 보통의 명제들은 그렇

언표 불가능한 어떤 다른 (초험적) 세계에 관한 것이 아니다.[48] 그것은 언표 불가능하지만, 어디까지나 언표 가능한 진리들에 의해 한계 지어지는 이 현실 세계에 관한 또 다른 관점에서의 진리성이다. 그것은 자연과학적 그림 명제들이 지닐 수 있는 우연적 진리성이 아니라, 영원의 관점과 결부되는 초월적이고 절대적인 진리성인 것이다. 이렇게 이해할 때, 그리고 오직 이렇게 이해할 때만, 우리는 비로소 《논고》의 명제들의 사이비성(무의미성)에 대한 언급과 (그럼에도 불구하고) "여기서 표현되어 전달된 사고들의 **진리성**은 불가침적이며 결정적"이라는 《논고》의 머리말을 함께 이해할 수 있게 된다.

그러므로 그러한 진리성을 지닌 것으로 간주된 '사고들' 또한 논리적 그림으로서의 사고가 아니라, 그가 "세계 위로 날아가, 세계를 있는 그대로 있게 한다"(앞의 각주 45 참조)라고 한 그러한 사유이다. 이러한 (철학적) 사유는 세계를 영원의 관점에서 보는 것으로서 이미 신비적이며, 또한 동시에 예술적 고찰이기도 하며, 따라서 윤리적 관점에서도 가치를 지닌다.[49] 이것이 《논고》가 마지막 결론으로서 그 책 전체에서 유일하게

게 버릴 필요가 없기 때문이다. 그러나 철학적 사이비 명제 자체가 무의미할 뿐 아니라, 그것을 사이비라 하는 것도 비-사이비라 하는 것도 무의미하며, 또 사이비하지 않은 보통의 비-철학적인 명제들을 사이비하지 않은, 의미 있는 명제라고 하는 것도 무의미하다는 것이 비트겐슈타인의 뜻인 한에서는, 그와 부처의 생각은 중요한 점에서 별반 다르지 않다고 할 수 있을 것이다. 또한 양자는, 결국은 버려져야 할 자신의 설법이나 자신의 명제들이, 사이비한 점에서는 똑같을 다른 설법이나 명제들—가령 《논고》 명제들의 부정—과는 달리, 뗏목이나 사다리로써 올바른 역할을 하였고 그 점에서 어떤 진리성을 갖는다고 여긴 것으로 보인다는 점에서도 통한다.

48 그러므로 가령 Atkinson(2009, 9장)이 Anscombe과 Hacker의 형이상학적 《논고》 해석을 비판하며 (아마도 잘못) 부여한 '두 세계 해석'과 같은 것은 거부되어야 한다.

49 영원의 관점에서의 사유와 예술 및 윤리와의 연관에 대해서는 NB p.83 참조: "예술 작품은 영원의 관점에서 본 대상이다; 그리고 좋은 삶은 영원의 관점에서 본 세계이다. 이것이 예술과 윤리의 연관이다. 통상적 고찰 방식은 대상들을 말하자면 그것들의 한가운데에서 보고, 세계를

윤리적 의의를 지닐 수 있는 명령문—"말할 수 없는 것에 관해서는 침묵해야 한다"—으로 끝맺음되는 이유이며, 비트겐슈타인이 그 머리말에서 자신의 작업을 두고 '가치'를 언급할 수 있었던 이유이다. 그가 믿기에, 진정한 철학적 사유는 언어와 사고의 명료화 작업을 통해 언어와 세계의 한계를 깨달음으로써 세계를 (영원의 관점에서) 올바로 볼 수 있게 하고, 이것이 우리 자신의 삶을 바꾸는 데 기여함으로써 가치를 갖는다.[50]

영원의 관점에서 보는 것은 바깥에서, 대상들이 전체 세계를 배경으로 가지도록 본다".
50 비트겐슈타인의 철학관에 대해서는 이 책 2장 참조.

4
—
문법으로서의 논리

비트겐슈타인의 논리관

1. 비트겐슈타인의 철학에서 논리와 문법

비트겐슈타인이 변치 않고 유지했던 근본 신념 중 하나는, 철학적 문제들의 발생은 언어의 논리에 대한 오해에서 기인한다는 것이었다(TLP 머리말, PU §§93, 109 참조). 그리고 따라서, 철학적 문제들을 풀기 위해서는 언어의 논리에 대한 탐구가 필수적이라는 것이었다. 이러한 신념에 따라 그의 철학적 탐구는 언제나 언어의 논리 문제를 중심으로 진행되었다. 그의 철학적 작업은 실로 논리적 탐구였다고 할 수 있다.

그러나 그가 생각한 언어의 논리란 무엇인가? 주지하다시피, 이 문제에 대한 그의 생각은 전후기에 중요한 변화가 있었다. 그의 전기 사상에서 언어의 논리는 이상적 표기법에서 실현되는 진리 함수적 구문론으로 이해되는데 반해, 후기 사상에서는 언어의 논리가 언어의 다양한 실제 사용 규칙들로서의 문법과 같은 것으로 이해된다. 그의 저 불변적인 철학관의 배후에는 이와 같은 변화를 내포하는 논리관이 자리 잡고 있는 것이다.

그러므로 그의 논리관에 대한 올바른 이해는 그의 철학을 이해하기 위해 필수적이다. 그의 논리관은 그 자체가 그의 철학의 핵심적 일부이기도 하다. 우리는 그의 전후기 논리관을 그 변화와 함께 이해해야 할 필요가 있다.

그러나 한편으로 우리가 유의해야 할 것은, 《논고》에서 진리함수적인 논리적 구문론은 '논리적 문법'(3.325)과 같은 것으로 이해되었다는 점이다. 즉 비트겐슈타인은 처음부터 이미 언어의 논리를 일종의 문법으로서 간주했던 것이지, 후기에 가서야 비로소 논리를 문법의 범주에 포함시켜 이해하게 된 것은 아니라고 할 수 있다. 철학적 문제를 일으키는 오해, 즉 언어의 논리에 대한 오해는, 그의 전기에서나 후기에서나, 우리 언어의 겉보기 문법에 오도되어 일어나는 문법적 성격의 오해들이었다. 그렇기 때문에 그는 이미 처음부터 "문법의 불신이 철학함을 위한 첫 번째 필수조건"(NB p.103)이라고 확신했던 것이고, 이것은 우리 문법의 '일목요연성의 결여'(PU §122)와 그로부터 비롯되는 문법적 착각들을 언급한 후기의 생각과 별로 다르지 않다.

결국 비트겐슈타인의 논리관의 변화는 동시에 그의 문법관의 변화이기도 하다. 그것은 논리를 모든 가능성이 미리 규정되어 있는 매우 엄격하고 이상적인 하나의 보편적 문법 체계로서 보는 데서부터 논리를 미리 생각되지 않은 가능성에 열려 있는 매우 다양하고 일상적인 언어 사용 규칙들을 포괄하는 문법 체계들로서 보게 되는 변화이다. 내가 여기서 다루려는 것은, 언어의 문법으로서 이해되는 그의 이러한 논리관의 상이한 핵심과 그 변화 이유가 될 것이다. 이 문제에 비트겐슈타인 철학의 핵심적인 면들이 연관되어 있다.

2.《논리-철학 논고》의 논리관

2.1. 논리의 자율성: 논리학은 스스로를 돌본다

《논고》에서 논리가 이미 문법으로서 생각되었다고 하였지만, 그 문법은 일상 언어 차원에서 드러나 있는 것이 아니라 논리적 분석을 통해서야 비로소 드러날 수 있는, 배후에 숨어 있는 어떤 것으로 간주되었다. 이 숨어 있는 논리의 본성을 이해하려면, 우리는 먼저《논고》에서 '논리'라는 표현과 관련해서 '언어의 논리'(머리말, 4.002-3)뿐 아니라 '세계의 논리'(6.22)나 '사실들의 논리'(4.0312)와 같은 표현이 사용되고 있다는 점에 유의해야 한다. 즉 논리가 언어와 관련해서만이 아니라 세계 즉 '사실들의 총체'와 관련해서도 이야기된다는 것이다. 그러나《논고》에서 그 두 종류의 논리 사이에는 불가분의—결국 합치하는—관계가 있으며, 사실《논고》의 논리관 이해의 요체는 그 관계를 올바로 파악하는 데 있다고 할 수 있을 것이다.

이를 위한 출발점은, 전기 비트겐슈타인이 논리의 본성과 관련해서 '대단히 깊고 중요한 인식'(NB p.2)이라며 강조했던 다음의 말을 이해하는 것이다: "논리학은 스스로를 돌보지 않으면 안 된다". (그리고 NB p.11에 의하면, "논리학은 스스로를 돌본다".) 이 말은《노트북》의 첫머리에 기록되어 있고,《논고》에서는 5.473에서 등장한다. 왜 이 말이 그렇게 대단히 깊고 중요한 인식을 담고 있는가? 논리학이 스스로를 돌보아야 한다는 말은 무엇을 뜻하는가?

논리학이 스스로를 돌보아야 한다는 말은 곧 논리가 자율적이어야 한다는 말이다. 비트겐슈타인이 후기에 문법의 자율성을 강조한다는 것은 잘 알려져 있는 사실이지만, 그의 문법 개념이 전기의 논리 개념의 계승자라는 점을 놓고 보면, 문법의 자율성이라는 생각의 뿌리는 그러므로 논리의 자율성을 강조한 초기의 입장에 이미 놓여 있는 셈이다. 그러나 '논리의 자율성'이라 할 때, 그 내용은 무엇인가?《노트북》과《논고》의 언급된 곳에서 비트겐슈타인은 자신이 뜻하는 바를 암시하는 상호 연관된 두 가지 점을 지적하고 있다: 1. **가능한** 기호는 또한 지칭할 수도 있어야 한다. 따라서 (기호와 함께 구문론적 규칙들이 주어지면,) 논리학에서 사물, 속성 등에 대한 모든 이론은 불필요하다. 2. 어떤 뜻에서 우리는 논리학에서 오류를 범할 수 없다.

이것들은 다시, "우리는 기호에 부당한 뜻을 줄 수 없다"(5.4732)라는 생각, 따라서 "모든 가능한 명제는 정당하게 형성되어 있다"(5.4733)라는 생각[1]과 함께, "무릇 모든 명제들의 형식에 관해 **처음부터** 말해질 수 있는 것은 **단번에** 말해질 수 있어야 한다"라는 《논고》 5.47의 주장과 연관되어 있다. 즉 일단 기호들이 그 구문론적 규칙들과 함께 주어지면, 논리학은 그것들 이외의 실재에 대한 어떤 이론에도 의존하지 않고 그 자체로 성립할 수 있어야 한다는 것이다. 만일 그렇지 않고, 주어진 상징체계 이외의 다른 어떤 이론, 세계에 대한 어떤 이론에 의존해야 결정될 수 있는 것이 있다면, 그것은 결코 논리적인 것이 될 수 없으며, 따라서 "논리는 선천적"(5.4731)이라는 것이다. 이러한 생각들은 《논고》에서 5.551과 6.113에 가서 더 분명하게 표현된다.

우리의 근본 원칙은, 무릇 논리에 의해서 결정될 수 있는 물음은 어떤 것이든 곧바로 결정될 수 있어야 한다는 것이다.

(그리고 우리가 그런 문제에 대해 대답하기 위해 세계를 주시하지 않으면 안 되는 처지에 이르게 된다면, 이는 우리가 근본적으로 잘못된 길로 들어서 있음을 보여 준다.) (5.551)

---

1 비트겐슈타인에 의하면, 이 생각은 "정당하게 형성된 모든 명제는 뜻을 가져야 한다"라는 프레게의 생각과 대비된다(TLP 5.4733).

그 상징만으로도 그것들이 참이라는 것이 인식될 수 있다는 것, 이것이 논리 명제들의 특별한 표지이다. 그리고 이 사실 속에 논리 철학 전체가 포함되어 있다. (6.113)

논리의 본성은 오랫동안 철학자들에게 골칫거리였다. 논리적 명제들은 경험적 명제들과 달리 필연적이고 확실하게 참이라고 이야기된다. 이러한 성격은 무엇에 기인하는가? 논리적 명제들은 무엇에 대해 말하고 있는가? 비트겐슈타인이 이러한 문제를 고찰하기 시작했을 무렵, 여기에는 대충 세 가지의 주요 입장이 있었다고 할 수 있다.[2] 첫째는 부울, 밀, 후설에서 나타나는 심리학주의로, 논리적 진리들은 심리학적 방법에 의해 발견될 수 있는 인간의 사유 법칙들에 내재한다고 보는 입장이다. 이들에게 논리학은 말하자면 인간이 어떻게 사유하는가를 기술하는 심리학의 한 분과인 셈이다. 둘째는 프레게가 취한 플라톤주의로, 논리적 진리들은 우리가 올바른 추론을 하기 위해서는 따라야 하는 사유 규범들인 동시에 경험적 세계를 넘어선 영역에 있는 논리적 대상들에 대해 성립하는 '객관적' 진리들이라고 보는 입장이다. 이들 진리들은 마치 물리 법칙이 물리적 대상들에 대해 성립하듯 논리적 대상들에 대해 성립한다. 세 번째 입장은 러셀이 취하는 입장으로, 적어도 부분적으로는 경험주의와 통하는 입장이다. 이에 의하면, 논리적 진리들의 필연성은 경험적 실재의 가장 일반적인 특징들을 경험적 증거에 의지하지 않고 포착하는 데 있다. 논리학은 완전히 일반적인 명제들, 즉 '모든 사물과 모든 속성에 적

---

2   이하 Brockhaus(1991) 3장과 4장 및 Glock(1996a) pp.198-199 참조.

용되는' '자명한' 명제들로 이루어지며,[3] 논리학은 주로 이 일반성의 정도 차이에 의해 나머지 과학과 구별된다.

그러나 논리의 자율성에 대한 비트겐슈타인의 생각이 옳다면, 이들 입장에는 근본적인 문제가 있다. 이들은 공통적으로, 논리학을 실재하는 어떤 사물이나 현상에 대한 과학으로 간주한다. 그러므로 논리학은 이것들의 실재성에 대한 이론에 의존하는 셈이 된다. 그러나 논리학이 자율적이라면, 논리학은 언어의 논리적 구문론 이외의 어떤 실재—외적이거나 내적인 경험적 실재, 또는 초험적인 실재—에 대한 일체의 이론에 의존하지 않을 것을 요구한다. 논리는 어떤 실재하는 대상이나 현상에 대한 과학이 될 수 없다.

그러나 그렇다면 논리학은 어떻게 자율적일 수 있는가? 논리학은 어떻게 스스로를 돌볼 수 있는가? 어떻게 논리학의 모든 명제들이, 따라서 논리적 신리들이, 언어의 논리적 구문론만으로 주어질 수 있는가? 도대체 논리학은 무엇인가? 이러한 물음들에 대한 비트겐슈타인의 대답을 알기 위해서는, 우리는 그가 자신의 '근본 사상'이라고 부른 것을 이해해야 한다. 그리고 그것은 결국 명제에 대한 비트겐슈타인의 생각을 살펴볼 것을 요구한다.

2.2. '근본 사상': 논리적 상항들은 대신하지 않는다

명제는 그 구조에 따라 단순한 것도 있고, 복합적인 것도 있다. 비트겐슈타인에 의하면, 논리적인 관점에서 최종적으로 단순한 명제(요소 명

---

3 Russell(1926) p.66. 그리고 Russell(2010) p.11 참조.

제)는 단지 지시 가능한 어떤 단순한 대상들을 나타내는 이름들의 결합으로 구성되며, 그 대상들이 그 이름들의 결합 방식과 같은 방식으로 결합하여 이룰 수 있는 사태를 모사(기술)한다. 복합 명제는 요소명제들의 어떤 결합인데, 그 결합은 이른바 '논리적 상항들'에 의해 행해진다. 논리적 상항이란 논리적으로 그 의미가 변하지 않는 표현들로서, 연언, 선언, 부정, 함축, 동치와 같은 진리 함수적 연결사, 양화사, 등호 등을 나타내는 것들이다. 기호적으로는 '&', '∨', '∼', '⊃', '≡', '(x)', '(∃x)', '=' 등과 같이 표시된다.

비트겐슈타인의 '근본 사상'이란, 논리 상항들은 (이름들과는 달리) 무엇인가를 대신하지 않는다는 것이다.

> 나의 근본 사상은, "논리적 상항들"은 대신하지 않는다는 것이다. 즉 사실들의 **논리**를 대신할 수 있는 것은 없다는 것이다. (4.0312)

비트겐슈타인의 생각은 역사적으로는 러셀의 생각과 대조하여 이해되어야 한다. 러셀(1903)은 원래 '논리적 상항들'이란 말로, 우리가 그 말로써 언급한 표현들이 아니라 그 표현들에 의해 지시되는 존재자들(관계적 대상들)을 뜻하였다. 즉 그는 그 표현들—비트겐슈타인이 말하는 '논리적 상항들'—이 어떤 것들을 대신 즉 지시한다고 보았으며, 그렇게 함으로써 그 표현들은 의미를 지닌다고 보았던 것이다. 그리고 더 나아가, 러셀은 논리적 상항들을 빌어 표시되는 명제의 논리적 형식조차도 일종의 대상들로 보았다.[4] 그러나 비트겐슈타인의 생각에 의하면, 논리적 상

---

4 러셀은 비트겐슈타인의 비판을 받고 생전에 출판을 포기한 저서(*Theory of Knowledge: The*

항들이 가리키는 것은 아무것도 없다. 그리고 논리적 형식도 결코 어떤 대상이 아니다. 논리적 상항들은 이름들과는 다르다. 그것들은 이름들처럼 어떤 대상을 가리킴으로서 의미를 지니는 것이 아니라, 단지 명제들을 어떤 식으로 결합하는 역할에 의해서만 의미를 지닌다.

비트겐슈타인이 이렇게 생각하는 근거는 다음과 같다[5]: (1) 논리적 상항들이 제각기 다른 (관계적) 대상들을 가리킨다면, 상이한 논리적 상항들을 포함하는 명제들은 상이한 대상들에 대한 것이 되고, 따라서 결코 같은 것을 말할 수 없어야 한다. 그러나 이는 진실이 아니다. 왜냐하면 가령 $p\&q$와 $\sim(p\vee\sim q)$, 그리고 $p \supset q$와 $\sim p \vee q$처럼, 상이한 논리적 상항들을 포함하면서도 같은 뜻(진리 조건)을 지닐 수 있기 때문이다. 또한 (x) fx나 $(\exists x)fx$ 같은 일반 명제들은, 《논고》의 생각에 의하면, 그 명제 함수(fx)의 값들의 논리적 곱$(fa\&fb\&fc\&\cdots)$ 또는 합$(fa\vee fb\vee fc\vee\cdots)$과 같다. (2) 논리적 상항들이 어떤 대상들을 가리킨다면, 가령 "p"와 "$\sim\sim p$" 처럼 논리적으로 같은 말도 서로 다른 말―왜냐하면 후자는 전자에 없는 대상을 다루는 것이 될 테니까―이어야 한다는 불합리가 발생할 것이다(5.44). 또 논리적 상항들이 실제적 관계와 같은 어떤 것을 가리킨다면, 그것들의 범위를 표시하는 데 필요한 괄호들도 어떤 것을 지칭해야 할 것이다. 그러나 "아마 누구도, 괄호들이 자립적 의미를 가진다고는 아마 믿지 않을 것이다"(5.461). (3) 더 나아가, 예를 들어 'p'와 '$((p\&\sim p)\equiv p)\supset(p\vee p)$'는 논리적으로 같은데, 이는 논리적 상항들이 사라져 버릴 수도 있고, 따라서 논리적 상항들이 무엇을 가리키느냐 하는 물음 자체를

1913 Manuscript―이 책은 1984년에 뒤늦게 출판되었다)에서, 논리적 형식을 '논리적 경험' 또는 '직접 경험'의 대상('논리적 대상')이라고 말하였다. Hintikka(1986) 2장 6절과 3장 7절 참조.
5 Peterson(1990) 4장 참조.

무색하게 만들 수 있음을 보여 준다. 이 점은 논리적 상항들을 포함한 러셀 식 표기법들이 비트겐슈타인이 개발한 진리표나 진리 조건적 표기법에서 사라진다는 점으로부터도 알 수 있다. 가령 'p⊃q'의 진리표(TLP 4.442 참조)는 그 명제가 p가 참(T)이고 q가 거짓(F)일 경우에만 거짓이고 나머지 경우에는 참이 됨을 일목요연하게 보여 주면서도 '⊃' 기호를 포함하지 않는다. 같은 명제의 진리 조건적 표기법―이것은 구성 명제들의 진리치 부여 방식에서 진리표에서와 같은 일정한 순열을 가정함으로써 얻어진다―'(TTFT)(p,q)'도 마찬가지이다. (여기서 기호 "T"와 "F"에는 아무런 대상이 대응하지 않는데, 이는 괄호들에 아무런 대상도 대응하지 않는 것과 마찬가지이다(TLP 4.441 참조).)

비트겐슈타인의 생각은 결국, 논리적 상항들이 이름들과 다를 뿐 아니라, 적합한 표기법에서는 그것들이 아예 사라질, 불필요한 것이라는 것이다. (그러므로 그것들이 이름들과 다른 방식으로 의미를 얻는다는 말조차도 아주 정확한 말은 아니었다.) 그리고 이것이 뜻하는 바는, 논리적 상항들을 포함하는 복합 명제들은 그 구성 요소 명제들이 묘사하는 사태들 외에 따로 또 어떤 대상에 대해 말하지 않는다는 것이다. 복합 명제들은 이른바 논리적 대상들을 포함하는 '복합 사실들'―'연언 사실', '선언 사실' 등으로 불릴 수 있을 터인 것들―을 따로 모사하지 않는다. '논리적 대상들'이니, '복합 사실들'이니 하는 것은 없다. 존재하는 것은 오직 요소 명제들에 의해 모사될 수 있는, 그리고 논리적 대상들이 아닌 대상들로 구성된, 사태들뿐이다. 그리고 논리적 상항들이 어떤 새로운 종류의 대상들을 가리키는 것이 아니라면, 복합 명제로 나타낼 수 있는 가능한 상황들은 사태들이 모두 주어지면 이미 다 주어져 있어야 한다. 또 요소 명제들이 모두 주어지면, 가능한 복합 명제들 역시 이미 다 주어져 있어야 한다. 그러므로 비트겐슈타인은 말하기를, 요소 명제에는 이미 모든 논리적 상항들이 포함되어 있다―더 정확히 말하면, 그것들이 행하는 모든 논리적 연산들이 포함되어 있다―고 한다(NB p.27 및 p.29와 TLP 5.47 참조). 복합 명제의 논리적 형식이 그것을 구성하는 요소 명제들의 형식들에 의해 진리 함수적으로 결정되는 것이라는 점이 구성 요소 명제들 자체 속에 이미 포함되어 있다는 것이다.

복합 명제가 이러한 방식으로 요소 명제들의 진리 함수인고로 그것은 그림의 성격을 보존할 수 있다.[6] (그리고 결국 모든 명제는 그림이 된다.) 그러나 논리적 상항들이 어떤 것을 대신하지 않는 만큼, 명제의 논리적 형식은 사태(들)에 대상적인 것으로서 속하지 않는다. 《논고》에 따르면, 명제의 논리적 형식은 명제가 실재의 (논리적) 그림이 되기 위해서 실재와 내적으로 공유해야 하는 것이다. 그러나 명제는 자신에게 내적으로 속한 것을 대상화하여 그림 그릴 수는 없다. 즉 명제는 자신의 논리적 형식에 대해서는 말할 수 없다. 비트겐슈타인의 독특하지만 중요한 구별에 따르면, 그것은 명제가 말할 수 있는 어떤 것이 아니고 단지 '보여 주는' 어떤 것이다.

---

6 이 점은 다음과 같이 좀 더 명확히 할 수 있다: 우선, 셰퍼가 증명한 바이지만, 모든 복합 명제는 요소 명제들에 대한 연속적 부정의 연언이다(5.5). 그런데 부정은 부정된 명제의 그림 성격을 바꾸지 않는다. 왜냐하면 한 명제의 부정은 부정된 명제와 "대립된 뜻을 가지지만, 그것들에는 하나의 동일한 현실이 대응"(4.0621)하기 때문이다. 그리고 자명하게도, 연언은 연언된 명제 각각의 그림 성격을 합친다. 따라서 모든 복합 명제는 요소 명제들의 그림 성격을 보존한다. Hintikka(1986) p.107ff 및 (1996) pp.82-83 참조.

2.3. 논리의 본성: 논리적 명제들은 아무것도 말하지 않는다

논리적 명제들은 요소 명제들의 진리함수 중 극단적인 경우들로서 존재한다. 그러므로 그것들은 일단 복합 명제의 형식을 지닌다. (요소 명제들은 논리적 명제일 수 없다.) 그러나 논리적 명제는 요소 명제들이 어떤 진리치를 가지건 언제나 참이 되는 진리함수들, 즉 비트겐슈타인이 '동어반복'이라고 부르는 경우들이다. 동어반복은 무조건 참이기 때문에, 아무런 진리 조건을 갖지 않는다(4.461). 동어반복은 요소 명제들이 어떤 진리치를 갖건 거짓이 되는 '모순'과 함께 요소명제들의 진리 함수의 양극단을 이룬다. 나머지 경우들은 진리 조건을 가지는 것들로서, 요소 명제들의 진리치에 따라 참이 되기도 하고 거짓이 된다. 그런데《논고》에서 명제들이 명제인 것은 그것들이 진리 조건을 지니고서 세계 속에서 일어나는 어떤 것을 말하기(그림 그리기) 때문이다. 무조건 참이거나 무조건 거짓인 동어반복과 모순은 진리 조건이 없고, 세계에 대해 아무 것도 말하는 바가 없다. 그러므로 그것들은 비록 명제의 형식은 지녔으되, 실제로는 명제가 아니라고 할 수 있다.[7] 이 점에서 그것들은 이른바 '사이비 명제'들과 비슷하다.[8] 사이비 명제들은 명제의 탈을 쓰고 있지만,

---

7   이승종(2002)(25-61쪽)은 이 점을 두고,《논고》는 논리적 명제들이 '형식적 명제론'에서는 명제가 되고 '의미론적 명제론'에서는 명제가 안 된다고 하는 모순을 안고 있다고 말한다.《논고》 5.3에 "요소 명제들의 진리 함수, 즉 명제"라는 표현이 있는 한, 이러한 지적은 일견 정당하다. 그러나 여기서 '명제'는 논리적인 '이른바 명제'(NB p.108)까지 포함하는 것으로 이해될 수 있지 않을까? 그렇다면 5.3의 그 표현 및 "명제는 요소 명제들의 진리 함수"라는《논고》 5의 말은 요소 명제들의 모든 진리 함수가 (그림으로서의) 명제는 아니라는 생각과 양립될 수 있다. 비트겐슈타인의 말이 혹시 부정확할지는 몰라도, 모순이 있다고까지 할 수는 없을 것이다.
8   비트겐슈타인은 실제로 그것들을 사이비 명제들이라 일컬은 적도 있다. (NB 10.6.15 참조)

뭔가 말하는 바가 있는 진정한 명제가 아니다. 그러나 이 사이비 명제들이 적합한 표기법에서는 물론 이미 진리 조건적 표기에서조차 표기될 수 없는 데 반해, 동어반복과 모순은 적어도 진리 조건적 표기법에서는 한계 경우로서 정당하게—마치 "0"이 산수의 상징체계에 속하는 것과 비슷하게(4.461)—표기 가능하다. 비트겐슈타인은 사이비 명제들을 '무의미하다'고 부르는 데 반해, 동어반복과 모순은 '뜻이 없다'(4.461)고 구별하여 부른다.[9]

아무튼 중요한 것은, 논리적 명제들이 무조건 참이고 진리 조건을 갖지 않는다는 것, 그러니까 그것들의 진리성이 어떤 가능한 상황에도 의존하지 않는다는 것이다. 여기서, 논리적 상항들이 아무것도 대신하지 않는다는 비트겐슈타인의 근본 사상은 결정적이다. 논리적 명제의 연결사들이 대신하는 것이 없는 한, 논리적 명제들은 현실의 그림이 아니며, 아무것도 말하지 않는다. 논리적 명제들에서 구성 명제들은 "세계와의 일치 조건들—묘사하는 관계들—이 서로 상쇄"(4.462)되게끔 결합되기 때문이다. 그러니까 논리적 명제들은 "기호 결합의 한계 경우, 즉 기호 결합의 해체"(4.466)인 것이다. 그러나 바로 이 점에서 논리학은 자율적이다. 즉 스스로를 돌본다. 왜냐하면 논리적 명제들의 진리성은 어떤 가능한 상황에도 의존하지 않고, 그것들이 바로 그렇게 결합되었다는 단지 그 구문론적 구조에 기인하는 것이 되기 때문이다.

---

9 강진호(2007)는 무의미한 진술이건 뜻 없는 진술이건 "논리적으로 일목요연한 표기법에서 사라질 수 있다는 속성"(144쪽)을 공유하기 때문에, 그 두 진술 간에는 별다른 차이가 없다고 주장한다. 그러나 이는 뜻 없는(논리적) 명제들과 달리 무의미한 사이비 진술들은 이른바 이상적인 표기법 이전에 이미 진리 조건적 표기법에서조차 정당하게 표기될 수 없다는 중요한 차이를 간과하는 것이다.

논리학의 자율성은 논리학의 명제들이 실재에 대해 아무것도 말하지 않는 가운데 성립한다. 그러나 그것들은 비록 아무것도 말하지 않지만, "자신들이 아무것도 말하지 않음"(4.461)을 보여 준다. (이에 반해 명제는, 말하는 가운데, 자기가 무엇을 말하는지를 보여 준다.) 이 점은 중요한데, 왜냐하면 그것은 동시에 자신들의 논리적 속성, 즉 자신들은 그렇게 아무것도 말하지 않게끔 결합되어 있다는 것을 보여 주는 것이기 때문이다. 다시 말해서, 논리학의 명제들은 자신들이 동어반복임을, 그러니까 논리적 명제임을, 스스로 보여 준다(6.127)는 말이다. 그리고 이것은 "논리학의 모든 명제들은 같은 자격을 지닌다"는 것, "그것들 중에 근본 법칙들과 파생 법칙들은 본질적으로 존재하지 않는다"(같은 곳)는 것을 뜻한다. 따라서 논리학이 자명하고 원초적인 공리들과 그로부터 도출되는 정리들의 체계로 이루어져 있다는 생각은 거부된다. 비트겐슈타인에 의하면, "논리학에서의 증명은 동어반복이 복잡한 경우 그 동어반복을 보다 쉽게 인식하기 위한 기계적 보조 수단일 뿐"(6.1262)이다.

한편, 논리학의 명제들이 자신들이 동어반복임을 스스로 보여 준다는 것은 그 구성 명제들의 논리적 속성도 보여 준다. 즉 이 "명제들이 **이렇게** 연결되면 동어반복을 낳는다는 것은 그것들이 이러한 구조적 속성들을 소유하고 있음을 보여 준다"(6.12). 그런데 (《논고》에 따르면) 구성 명제들의 논리적 속성은 적절한 표기법에서는 그 명제들 스스로가 보여 주는 것이다. 그러므로 비트겐슈타인은 다음과 같이 말한다.

이로부터 우리는 논리 명제들 없이도 지낼 수 있다는 것이 밝혀진다. 왜냐하면 적절한 표기법 속에서는 실로 우리는 명제들을 단지 바라보기만 해도 명제들의 형식적 속성들을 인식할 수 있기 때문이다. (6.122)

적절한 표기법에서는 논리적 명제들 "없이도 지낼 수 있다"는 것이, 그것들이 '없어져야 한다'는 것인지는 분명하지 않다. 그것은 진리 조건적 표기법의 적절성을 어느 정도로 볼 것이냐에 달렸다. 앞에서 보았듯이, 그 표기법에서는 논리적 명제들이 없어져야 하는 것은 아니다. 그러므로 그것은 아직 이상적으로 적절한 표기법이 아니다. 그러나《논고》에서 비트겐슈타인은 그 이상으로 절절한 표기법을 제시하지도 못했다.

분명한 것은, 논리적 명제들이 보여 주건, 혹은 그것들을 구성하는 명제들이 스스로 보여 주건, 그것들이 보여 주는바 구성 명제들의 논리적 형식은 그 구성 명제들이 현실을 묘사할 수 있기 위해서 현실과 공유해야 하는 것(4.12)이라는 점이다.[10] 따라서 그것들의 논리적 속성들을 보여 준다는 것은 동시에 세계의 형식적-논리적 속성들을 보여 준다는 말이기도 하다(6.12). 즉 논리적 명제들이 보여 주는바 언어의 논리는 곧 '세계의 논리'(6.22)이기도 한 것이다.[11] "논리는 세계를 가득 채우고 있다; 세계의 한계들은 또한 논리의 한계들이기도 하다"(5.61)라는 말은 그래서 가능하다.《논고》에서 논리학은 '초월적'(6.13)인 것으로서, "모든 것을 포괄하고 세계를 반영하는"(5.511) "세계의 거울상"(6.13)으로서 이

---

10 1929년의 논문에 따르면, "명제가 실재에까지 다다른다"라는《논고》 2.1511의 말도 이미 같은 취지였다. 그 말로 그가 뜻한 것은 "존재물들의 형식들이 이 존재물들에 관한 명제의 형식 속에 포함되어 있다는 것"이었다(RLF 20쪽 참조).

11 Peterson(1990)(p.75과 p.100)은 비트겐슈타인의 '근본 사상'으로부터 모든 사실들은 논리적으로 서로 독립적이라는 점이 나오고, 따라서 세계는 '논리적으로 공허'하기 때문에, '세계의 논리'니 '세계의 거울상'이니 하는 말은 어울리지 않는다고 본다. 그러나 그의 생각은 문제가 있는데, 왜냐하면 요소 명제 'p', 'q', 'r'이 나타내는 사태 p, q, r이 논리적으로 서로 독립적이라도, p가 성립하거나 성립하지 않는다는 점, p와 q가 함께 성립하면 p와 q가 각각 성립한다는 점 등과 같은 논리적 관계들은 성립하며, 이런 점에서 '사실들의 논리'나 '세계의 논리'는 여전히 이야기될 수 있을 것이기 때문이다.

해된다. 그리고 이러한 것으로서 논리는 자의적이지 않다. 왜냐하면 논리는 언어와 실재가 공유하는 본질적인 구조적 특징들을 보여 주면서, 어떤 언어라도 그것이 하나의 언어로서 실재를 묘사하려면 충족시켜야 하는 보편적인 선-조건이 되기 때문이다.

아마도 논리학의 본성에 관한《논고》의 언급들 중 지금까지 논의된 바를 전체적으로 가장 잘 나타내 주는 것은 6.124의 다음 말일 것이다.

논리 명제들은 세계의 골격을 기술한다; 또는 차라리, 세계의 골격을 묘사한다. 그것들은 아무것도 "**다루지**" 않는다. 그것들은 이름들이 의미를 가지며 요소 명제들이 뜻을 가진다는 것을 전제한다: 그리고 이것이 그것들이 세계와 이루는 결합이다. 상징들의 어떤 결합들 — 본질적으로 특정한 성격을 가지는 결합들 — 은 동어반복들이라는 점이 세계에 관해 무엇인가를 지적하고 있음이 틀림없다는 것은 분명하다. 여기에 결정적인 것이 놓여 있다. 우리는 말하기를, 우리가 쓰는 상징들에서 어떤 것은 자의적이고 어떤 것은 그렇지 않다고 하였다. 논리학에서는 오직 후자만이 표현을 한다: 그러나 이것이 뜻하는 바는, 논리학에서는 우리가 표현하고자 하는 것을 **우리가** 기호들의 도움으로 표현한다는 것이 아니라, 논리학에서는 자연 필연적인 기호들의 본성 스스로가 진술을 한다는 것이다: 우리가 그 어떤 기호 언어의 논리적 구문론을 알고 있다면, 논리학의 모든 명제들은 이미 주어져 있다.

3. 후기 비트겐슈타인의 논리관

3.1. 전환의 시작과 과정

《논고》에서 논리의 자율성과 필연성은 논리적 명제들이 진리 함수적으로 동어반복을 이룬다는 논리적 구문론의 사실로부터 나왔다. 동어반복은 그 구성 명제들이 어떤 진리치를 가지건 참이고, 따라서 세계 내에서 어떤 일이 일어나건 참이 되게끔 기호 결합되어 있다. 이로써 동어반복들은 아무것도 말하지 않지만, 세계의 형식적-논리적 속성들, 즉 모든 가능 세계가 공유하는 본질로서 '세계의 골격'을 보여 주는 것─'세계의 거울상'─으로 간주되었다. 언어의 한계를 이루면서, 언표 불가능한 세계의 한계를 보여 주는 것. 따라서 (진리 함수적) 논리학은 모든 언어가 그 표면적 차이에도 불구하고 하나의 언어로서 성립하려면 따라야 하는 유일하고 보편적인─그러므로 자의적일 수 없는─문법으로 간주되었다.

그러나 후기로 넘어가면서 비트겐슈타인의 논리관은 변화한다. 그의 후기 관점을 미리 개괄하여 말하자면, 우선 전기에서와 같은 유일하고 비자의적인 보편 문법으로서의 논리 개념은 상이한 언어놀이들에 다양하게 적용되는 '자의적인' 문법 개념으로 대체된다. 문법은 여전히 자율성과 필연성을 지닌 것으로서 이야기되지만, 그 이유는 문법적 명제들이 실재의 불변적 질서 또는 한계들을 반영하기 때문이 아니라 언어놀이에서 뜻의 한계를 구성하는 표현 규범들로서, 경험 명제들과 구별되는 역할을 하기 때문인 것으로 바뀐다.

비트겐슈타인은 철학에 복귀한 후 처음에는《논고》의 논리관을 몇 가지 문제에도 불구하고 수정하여 유지하려고 하였다. 대표적인 것이 이른바 '색깔 배제'의 문제였다. 예컨대 시야 속의 한 점이 동시에 상이한 두 색깔을 가질 수는 없다. 《논고》(6.3751)에 의하면, 이 불가능성은 색의 논리적 구조에 의해 배제되는 것, 즉 논리적 불가능성이다. 가령 시공 속의 한 점이 붉다는 것을 'RPT'라 하고, 파랗다는 것을 'BPT'라 하면, "RPT&BPT"는 모순이라는 것이다. 그러나 그렇다면 그 두 명제는 요소 명제가 아니다. 왜냐하면 《논고》에서 요소 명제들은 상호 독립적인 것으로 간주되고, 따라서 진리 함수적으로 서로 모순될 수 없기 때문이다. 그러므로 그 두 명제는 각각 더 분석될 수 있어야 한다. 어떻게? 비트겐슈타인 자신의 고백(RLF 18-19쪽 참조)에 따르면, 《논고》에서 그는 어떤 간격의 길이, 어떤 음의 높이, 어떤 색조의 밝기나 붉기 등과 같은 "질의 정도를 표현하는 진술"은 "양에 대한 개개의 진술들의 논리적 곱과 완전하게 마무리하는 하나의 보충적 진술로 분석될 수 있다"고 생각했다. 그러나 1929년도에 비트겐슈타인은 이런 생각을 포기한다.[12] 이제 그의 생각은, 질의 정도를 표현하는 진술들은 어떻게 분석해도 제거할 수 없다는 것, 즉 더 이상 분석될 수 없다는 것이다(RLF 19-20쪽 참조). 이제 그러한 진술들은 요소 명제로 간주된다. 뿐만 아니라 이 요소 명제들의 형식에는 다음과 같은 이유로 수가 포함된다. (《논고》에서 수는 명제 연산의 지수일 뿐이었고, 명제 형식의 요소로 포함되지 않았었다.)

정도 차이의 관계는 내적 관계이고, 따라서 그것은 상이한 정도들을 부여하는 진술들 사이의 내적 관계에 의해 묘사된다[…]. 즉, 원자적 진술

---

12 그 과정에 대한 더 상세한 설명에 대해서는 이승종(2002) 3장을 참조할 것.

은 그것이 부여하는 정도와 같은 다수성을 가지고 있어야 하고, 그런 까닭에 원자적 명제들의 구조에는 수가 들어가야 한다.(RLF 19쪽)

비록 비트겐슈타인은 이러한 생각들이 담긴 글 RLF을 '빈약'하다고 했지만, 여기에는 그 이후의 변화를 위한 싹이 들어 있었다. 먼저, 'RPT'나 'BPT' 같은 진술들이 요소 명제로 간주됨으로써,《논고》의 순전히 진리 함수적인 논리관은 수정되지 않으면 안 된다는 점이 드러났다. 왜냐하면 《논고》의 논리에서는 두 요소 명제의 논리적 곱이 그 두 요소 명제가 참이면 참이 되는 유의미한 명제로서 정당하게 존재할 수 있었으나, 이제 'RPT'와 'BPT'는 요소 명제들이면서도 그 논리적 곱은 정당하게 존재할 수 없기 때문이다. 그 둘은 모순은 아니지만, 오직 한 사람만 앉을 수 있는 의자처럼 함수 "( )PT"의 빈자리를 놓고 상호 배제한다(RLF 20쪽 및 22쪽). 만일 그 둘의 논리적 곱을 모순으로 취급한다면, 그것은 "실제 가능성들의 다수성보다 더 큰 논리적 다수성을 그 명제에 주기 때문에 무의미하다"(같은 곳). 그러므로 필요한 것은―RLF에서 비트겐슈타인은 이렇게 생각했다―그러한 무의미한 구문들의 형성을 방지할 수 있는 구문론적 규칙들을 지닌 표기법이다.

둘째로, 요소 명제들이 수적 형식을 지닌다는 것은 그러한 표기법이 어떤 방향에서 찾아져야 할지를 암시한다. 비록 RLF에서는 명시적으로 이야기되지 않았지만, 그 무렵 비트겐슈타인은 진리 함수적 논리를 대신할 논리는 산수 계산의 형식을 지닌 연산 논리―"등식의 논리"―가 될 것으로 믿고 있었다.[13]

---

13 Hintikka(1996)의 네 번째 논문 "Die Wende der Philosophie: Wittgenstein's New Logic of

셋째로, 'RPT'나 'BPT' 같은 진술들이 상호 배제적이라는 것은 이제 요소 명제들이 《논고》에서처럼 상호 독립적이 아니라, 모종의 (진리 함수적이 아닌) 논리적 관계가 있다는 것이 된다. 그러나 그렇다면 이제 요소 명제와 다른 명제 사이의 구별은 약화 내지 무의미해진다.[14] 그리고 따라서 개별 명제들이 직접적으로 그림이라는 생각도 약화될 수밖에 없다. 왜냐하면 이제 명제들은 개별적으로 직접 실재와 비교되는 것이 아니라, 논리적으로 상호 연관된 상태로 비교되어야 하기 때문이다. 실제로 비트겐슈타인은 곧(1929년 말), 언어와 실재의 접촉을 자의 개별적 눈금이 아니라 눈금 전체가 측정 대상에 대어지는 것으로 비유한다(PB pp.109-110과 제2부록 "자와 명제 체계"; WWK pp.63-64 참조). 즉 실재와 직접 비교되는 것은 개별 명제들이 아니라 '명제들의 체계'라는 것이다.

그리하여 1930년대 초반의 한동안, 비트겐슈타인은 언어를 수적 연산 규칙들에 의해 지배되는 상호 연관된 명제들의 체계로서 실재와 관계를 맺는 것으로 간주한다. 그러나 이 무렵 그의 생각은 빠르게 변화하고 있었다. 언어를 일종의 계산 체계로 보는 관점을 유지하면서도, 그의 후기에 특징적이 될 몇 가지 생각들을 도입한다. 여기에는 언어를 지배하는 규칙들의 체계로서의 문법의 자의성과 비자의성, 상이한 문법 체계들의 가능성, 문법의 사용 또는 적용의 중요성에 관한 생각 등이 포함된다. 1931년의 강의(LWL p.49)에서 비트겐슈타인은 다음과 같이 말한다.

1928" 참조. "등식의 논리"라는 표현은 힌티카가 인용한 비트겐슈타인의 유고 MS105(1929년 2월에 작성됨)에 나오는 표현이다.

14 RLF에서 비트겐슈타인은 그 구별은 유지하려고 했다. 그러나 PB(p.111)에서 그는 "이제 '요소 명제'의 개념은 이전의 의미를 완전히 상실한다"고 말한다.

문법은 자의적인가? 그것이 정당화될 수 없다는 뜻에서는 그렇다. 그러나 내가 어떤 문법 규칙들을 이용할 수 있느냐가 자의적이지 않은 한은, 문법은 자의적이지 않다. 그 자체로 기술된 문법은 자의적이다; 그것을 자의적이지 않게 만드는 것은 그것의 사용이다. 하나의 낱말은 한 문법 체계에서는 한 뜻으로, 다른 문법 체계에서는 다른 뜻으로 사용될 수 있다.

비트겐슈타인은 명제들의 체계를 자와 비교했거니와, 이제 자의 눈금 체계가 인치로도 센티미터로도 가능하듯이, 언어와 문법 체계 역시 다양할 수 있다. (자의 눈금 체계와 마찬가지로) 문법은 사실들에 의해 결정되지 않으며, 다른 문법으로 변경해도 실재와 충돌하지 않는다(LWL p.95 참조). 문법 규칙들이 실재의 본성으로부터 연역되지 않는다는 뜻에서, 문법은 정당화되지 않으며 자의적이다(LWL p.86과 p.104 참조). 그러나 언어와 문법이 실재에 의해 지지되지 않는다는 것은, 그에 의하면, 지구가 무엇에 의해 지지되지 않는 것과 비슷하다(LWL, 같은 곳). 그러므로 언어와 문법이 정당화되지 않는다거나 지지되지 않는다는 말도 실은 그리 정확하지는 않은데, 왜냐하면 그것은 문법의 정당화가 필요한데 안 된다는 말이 아니기 때문이다. 사실은, 문법의 정당화 문제 자체가 없다(같은 곳). 따라서 그가 말하는 문법의 자의성이란 문법의 자족성 또는 자율성과 통하는 것이기도 하다.

그러나 이 자의적 문법은 적용되면서 다른 면을 지니게 된다. 비트겐슈타인에 의하면, 문법 자체에는 그것이 어떻게 사용되어야 하는지 하는 것은 포함되어 있지 않다(LWL p.12 & WN 108 p.168 참조). 그러나 문법은 실재와 동일한 다수성을 지님으로써 실재에 적용될 수 있고, 실재에 적용됨으로써 문법은 실재와 연결된다(LWL p.8과 p.12 참조). 그리고 이렇게 실재와 연결된 문법은 더 이상 자의적인 것이 아니다. 그것은 우리 마음대로 바꿀 수 없는 어떤 구속력을 지니는 것으로서, 우리에게 필연적인 것으로서 나타난다. 그러므로 중요한 것은 단지 문법 규칙들 자체라기보다 그것들의 사용 또는 적용의 문제라고 할 수 있다. 실로 이제 비트겐슈타인은, 선들이 그어진 막대를 하나의 **자**로 만드는 것이 적용인 것처럼, 소리 결합이나 선들을 하나의 언어로 만드는 것은 적용이라고 말한다(PB §54 참조).

그렇지만 아직도 비트겐슈타인의 생각은 충분히 발전하지 않았다. 문법이 실재에 적용되기 위해서는 실재와 동일한 다수성을 지녀야 한다고 생각한다는 점에서, 그의 문법과 언어 개념은 아직 《논고》의 잔재를 지니고 있다. 그러한 생각에 따르면 여전히 "문법은 실재의 거울"(LWL p.9)이고 "언어는 실재를 그림으로써 실재와 연결된다"(LWL p.12). 여기서 실재에의 적용이란 개념은 단지 '실재를 그림' 또는 "언어를 실재에 댐"(PB p.85)과 같은 것으로 국한되어 있다. 이런 점 때문에, 비록 그가 문법을 '언어의 기술'로 이해하지만, 그 내용은 결국 실재를 그리기 위한 기호들의 조합 규칙들을 주는 것(LWL pp.46-47과 p.115 참조)으로, 즉 구문론적으로 이해되고 있고, 문법 체계의 다양성 역시 그러한 언어적 기술 체계의 다양성으로 이해되고 있을 뿐이다.

3.2. 전환의 완성과 그 요점

후기 비트겐슈타인의 성숙한 생각으로의 전환은, 언어를 일종의 (숨겨진) 계산으로 보는 데에서 그 '계산'을 인간의 실천적 활동으로, 그것도 여러 실천적 활동의 하나로서 보기 시작하면서 이루어진다고 할 수 있을 것이다. 이러한 관점 전환은 결국 언어란 하나의 단일한 계산 체계라기 보다는 다양하면서도 가족 유사성을 지닌 실천적 활동들로서의 언어놀 이들로 이루어진다는 생각으로 이어진다. 이제 언어는 다양한 언어놀이 들로 이루어진 자연언어로서의 일상 언어가 유일한 언어라고 간주되고, 언어의 기술로서의 문법은 그러한 언어놀이들에서의 언어 사용의 기술 로서 이해되기 시작한다. 이러한 전환은 부분적으로는 그의 이른바 중기 시대의 문헌들에서도 나타나지만[15], 전체적으로는 (일반적으로 이야기되 듯이) 1930년대 중반 이후에 확립된다고 해야 할 것이다.

그러면 문법으로서의 논리에 대한 비트겐슈타인의 최종적인 생각이 라고 할 수 있는 것은 무엇인가? 이하에서 문법으로서의 논리 일반에 대 한 후기 비트겐슈타인의 생각의 요점이라고 여겨지는 것만을 정리해 보 고자 한다.

3.2.1. 문법의 다양성과 비은폐성(일상성)

언어가 단일한 본질을 지니는 것이 아니라 이질적인 다양한 언어놀이 들의 가족 유사적 모임인 것으로 간주됨에 따라, 문법 역시 그러한 언어 놀이들에 특수하면서 다양한 것으로 이해된다. 문법은 논리학자들이 생

---

15 가령 다음과 같은 언급들 참조: "전에 나는 우리 모두가 통상적으로 말하는 일상 언어가 있 고, 우리가 실제로 아는 것 즉 현상들을 표현하는 일차 언어가 있다고 믿었다. […] 나는 우리에 게는 본질적으로 하나의 언어만이 있으며 그것은 일상 언어라고 믿는다"(WWK p.45). "상이한 언어놀이들을 비교하라: 사태의 기술, 이야기를 지어내기, 등등"(PG p.43). "나에게 '언어'는 집 합 명사이며, 나는 그것으로 독일어, 영어 등을, 그리고 이들 언어와 다소간 근친성을 지닌 상이 한 기호 체계들을 이해한다"(PG p.190). "우리는 완전한 논리적 분석이 한 낱말의 완전한 문법을 줄 것이라고 느낄지 모른다. 그러나 완성된 문법 같은 그런 것은 없다"(AWL p.21). "철학적 문법 과 일상적 […] 문법이 있어서, 전자가 더 완전한 것은 아니다"(AWL p.31).

각하는 논리처럼 단순하지가 않다. 문법은 상이한 언어놀이들에 고유하므로, 모든 언어놀이에 적용되는 보편적 문법 규칙 같은 것은 이야기될 수 없다. 또 문법 규칙들은 다양한 언어놀이들로 구성된 일상 언어에서의 언어 사용 규칙들로서, 이것들은 언어 사용의 배후에 숨겨져 있으면서 이른바 '논리적 분석'에 의해 비로소 드러낼 수 있는 어떤 것이 아니다. 문법은 오히려 일상적 언어 사용들 속에서 "이미 명백하게 드러나 있는 것과 정리 정돈을 통해 **일목요연하게** 되는 것"(PU §92)이다. 이제 문법은 언어 사용에 대한 순수한 기술(記述)로 이루어진다. 그리고 "언어놀이를 기술하는 것은 모두 논리에 속한다"(ÜG §§56, 628).

이 관점에서 보면, 아리스토텔레스의 논리학은 우리 언어의 논리(즉 문법)의 아주 작은 영역만을 다룬다(LS1 §525). 그리고 (《논고》가 의지하고 있었던) 프레게-러셀 식의 논리학은 수학의 기초가 될 만큼 근본적이지 않다. 비록 진리 함수적 논리 공식들과 수학의 진술들을 연결시킬 수 있는 것은 사실이지만, 이것이 수학이 그러한 논리에 기초한다는 것을 보여 주는 것은 아니다(LFM p.260). 왜냐하면 우리가 어떤 수들 사이의 함축 관계를 동어반복으로 간주하는 것은 그 함축 관계 양편의 수가 같다는 것을 확인하는 우리의 보통의 세는 방법에 의존하며, 만일 우리가 다른 방식으로 센다면 우리는 러셀의 논리로부터 아주 다른 산수를 얻을 것이기 때문이다(같은 곳 참조). 우리가 우리의 산수 계산을 택하는 것은 그것이 러셀의 계산에 일치하기 때문이 아니다; 오히려 러셀의 계산이 우리의 보통의 산수 계산 방식과 일치하기 때문에 우리는 러셀을 택하는 것이다(LFM p.286 참조). 러셀의 계산은 '단지 보조적인 계산'이며, 수학을 하는 다른 방법들과 마찬가지로 '단지 하나의 방법'일 뿐이다(LFM pp.261-262). 그리고 이것이, 논리에 산수 계산의 요소를 도입하려

모색한 비트겐슈타인의 새로운 논리의 도달점이다. 즉 다양한 방법으로 이루어질 수 있는 계산이라는 활동은 하나의 언어놀이이고 따라서 그 놀이의 문법이 되는 규칙들은 후기 비트겐슈타인이 생각하는 문법으로서의 논리의 일부이다. 그러나 여기서 산수 계산은 프레게-러셀 식 논리에 기초하지 않는다. 그 둘은 어떤 뜻에서 동일(LFM p.268 참조)하기 때문이다. 산수가 무엇에 기초한다면, 그 무엇은 오히려 "어린아이가 수들을 적용할 줄 알 때" 도달하는 것(LFM p.271)이다. 그것은 자연사적 삶의 형태 차원에서의 "온갖 종류의 것들의 일치"(LFM p.262)로서, 가령 우리가 사물을 셀 때 우리는 일반적으로 실수를 기억한다거나, 사물을 세는 여러 가지 다른 방식들이 보통의 상황에서는 일치한다거나 하는 것들이다. 비트겐슈타인에 의하면, 우리는 이러한 "거의 눈에 띄지 않는, 극히 일반적인 사실들"에서의 행동 일치 때문에 산수의 규칙들을 만든다(LFM p.291).

비트겐슈타인의 새로운 관점에서 탐구되는 언어놀이 문법(논리)은 학교에서 배우는 보통의 문법과 같다고는 할 수 없지만, 그렇다고 완전히 다르다고도 할 수 없다. 학교 문법에서와 달리 비트겐슈타인의 새로운 문법 개념에서 규칙들은 지시적 정의, 예시, 견본 사용 등에 의한 의미 설명들도 포함한다. 그러나 이것들 중 일부는 학교 문법으로 제도화될 수 있다. 그 두 문법이 언어 사용 규칙들과 관계하는 한, 차이는 단지 그것들의 명료화 정도, 즉 그것들이 다루는 규칙들이 철학적 문제를 일으키느냐 여부와 이에 대한 관심의 유무에 있을 뿐이다. (비트겐슈타인의 문법적 탐구는 언어 사용에 관한 언어학적 일반 이론을 세우려는 것이라기보다는, 철학적인 문제를 일으키는 표현들의 문법을 해명하여 문제를 해소하기 위한 것이다.) 이 점은 비트겐슈타인 자신이 구별한 '표층 문법'과 '심층 문법'

(PU §664)의 경우도 마찬가지이다. 표층 문법에서는 가령 '본다'나 '간다'나 모두 동사이고, 어떤 행위를 나타내는 것으로 보인다. 그러나 심층 문법에 따르면 "본다는 것은 행위가 아니라, 상태이다"(Z §208). 또 "나는 내가 고통스럽다는 것을 안다"는 표층 문법적으로는 문제가 없는 듯이 보이지만, 심층 문법적으로는 무의미하다(PU §246). 그러나 표층 문법이 간과하는 차이들은 언어 사용의 배후에 숨겨진 어떤 것들이 아니다. 심층 문법이 철학 문제를 해소하려는 관심에서 표층 문법과 차이를 지니고서 드러내는 것은 바로, 우리에게 이미 명백히 드러나 있으나 일목요연하게 정돈되어 있지 않아 볼 수 없었던 언어 사용의 문제일 뿐이다. 실로, 비트겐슈타인에 의하면, 문법 문제에서 숨겨져 있는 것은 아무것도 없다(PU §§90-92, 126, 129, 435, 599 참조).

3.2.2. 문법의 자의성(자율성)과 비자의성

문법 체계는 자의적인 면과 비자의적인 면을 지니고 있다(Z §358). 자의적이라는 것은, 이미 앞에서 언급되었다시피, 언어 사용 규칙들로서의 문법 규칙들이 언어놀이에 외적인 어떤 것에 의해 정당화될 수 없으며 또 실은 그렇게 정당화될 필요도 없다는 점에서 자족적이고 자율적이라는 것이다.《논고》의 논리적 명제들과 달리, 언어놀이의 규칙들은 실재의 불변적인 질서 또는 한계들을 반영함으로써 문법 규칙이 되는 것이 아니다. 또한 문법 규칙들은 그것들이 속한 언어놀이의 목적이나 기능 이외의 목적이나 기능에 의해 정당화되지도 않는다. 비트겐슈타인에 의하면, 의사소통, 기술(記述), 사변, 추측, 요청, 농담, 이야기하기 등은 언어 내부적 목적이며 문법 규칙들은 이러한 내부적 목적이 아닌 외부적 목적에 의해 정의되지 않는다(PU §§491-496; Z §§320-322) 그러나 언어 내부적 목적들에 의해 문법 규칙을 정당화하려는 시도는 이미 문법을 전제하는 것이다.[16] 그러니까, "문법의 목적은 단지 언어의 목적"(PU §497)인 셈이며, 그런 뜻에서 문법 규칙은 자의적(자율적)이다. 그리고 이 점에서 문법 규칙들은 전략적 규칙이나 기술(技術)적 규칙과 다르다. 가령 요리 규칙의 경우, 우리가 그것을 따라야 하는 이유는 그것의 목적이자 그것과 독립적으로 명시될 수 있는 결과물(맛있는 음식)에 의해 정당화될 수 있다. 그 규칙을 따르지 않으면 요리가 잘못되기 때문이다(Z 320). 그러나 "다른 문법적 규칙들에 따르는 사람은 그 때문에 잘못된 어떤 것을 말하지 않고, 다른 어떤 것에 관해 이야기한다"(같은 곳).

그러나 이것이 우리가 다른 문법 규칙들을 마음대로 따를 수 있다는 말은 아니다. 오히려, 우리는 문법 규칙들을 자의적으로 선택하거나 바꿀 수 없다. 우리의 문법 규칙들은 우리가 훈련을 통해 배운 언어 사용의 규칙들로서, 그것들을 따르지 않으면 우리의 언어 사용은 그것과 결합되어 이루어지는 많은 실천적 활동의 질서를 어지럽힌다. 그렇기 때문에 문법 규칙들은, 우리의 삶 속에서 실천적으로 적용되어 확립되면, 다른 규칙들의 채택을 막는다. 그리고 이런 뜻에서 문법 규칙들은 비자의적인 면을 지닌다. 언어 사용 학습을 통한 명백한 실천적 적용이 (본성상으로는 자의적인) 문법 규칙들에 우리가 자의적으로 대할 수 없는 힘을 부여하는 것이다. 그리고 이 점에서 우리의 문법 체계는 순수한 게임과 구별된다. 비트겐슈타인은 다음과 같이 말한다(LFM p.150): "수학은 **명백한** 적용을 가지고 있다는 오직 그런 뜻에서 자의적이지 않다. 반면에 체스는 그런 식으로 명백한 적용을 가지고 있지 않다. 그 때문에 그것은 게임

---

16 Glock(1996a) p.47 및 PU §491과 §497에 대한 Hacker(2000)의 주석 참조.

이다."

문법의 자의성과 비자의성에 대한 이러한 생각에 따르면, "하나의 사물은 동시에 초록색이면서 붉은색일 수 없다"와 같이 일찍이 비트겐슈타인을 괴롭혔던 색깔 배제의 문장을 부정한다고 잘못되는 것은 아무것도 없다(LFM p.235 참조). (그 길도 문법적으로는 하나의 가능한 길이다.) 다만 그 길은 우리의 체계를 전복시키고, 우리를 뒤흔들 것이다(같은 곳). 그 문장의 부정을 받아들이는 것에 대해 반대하는 온갖 실천적 이유가 존재한다. 그것은 결정적으로 비실용적인(실천 불가능한) 체계를 수립하는 것이 될 것이다(같은 곳). 비슷하게,[17] 우리의 논리나 수학과 다른 논리나 수학이 성립한다는 가정이 그 자체로 잘못인 것은 아니다(LFM p.236 및 23강의). 우리의 것과 다른 논리나 수학을 잘못으로 만드는 경험은 없으며, 따라서 그러한 가정은 어떤 경험과도 상충되지 않는다. (마찬가지로, 우리의 논리 법칙들 역시 경험에 의해 확증되기 때문에 채택된 것 아니다.) 그러므로 가령 모순을 허용하는 것도 그 자체로는 잘못이 아니다(LFM p.138, pp.189-190 등 참조). 모순율 역시 그 자체로는 자의적인 하나의 문법 규칙일 뿐이다. 그러나 우리는 모순율을 논리 규칙으로 적용하는 실천적 삶을 살아 왔다. 우리의 모든 언어 사용은 모순을 배제하고 모순에 의미를 주지 않는 방식으로 되어 있다(LFM p.179). 만일 모순율을 단순히 부정하는 것을 넘어 모순으로부터 임의의 명제들을 이끌어 내는 식으로 **적용**한다면, 그러한 놀이는 우리에게는 극도로 불편하고 쓸데없는 놀이, 우리가 이해할 수 없을 정도로 아무런 요점이 없는 놀이에 불

---

17 비트겐슈타인(BB 101쪽)에 의하면, "녹색과 청색은 동시에 같은 곳에 있을 수 없다"와 같은 문장은 "3×18인치는 3피트가 되지 않을 것이다"라고 말하는 것과 얼마간 유사하다. 그에 의하면, 이것은 하나의 문법적 규칙이며, 논리적 불가능성을 진술하고 있다.

과할 것이다(LFM 23강의 참조). 말하자면 "모순의 시민적 지위, 또는 시민 세계에서의 모순의 지위"(PU §125)가 문제인 것이다.

3.2.3. 문법의 규범성과 필연성

문법 규칙들은 언어 사용의 규범이다. 그것들은 실재에 관한 진술이 아니고[18], 언어가 접근해 가야할 것으로 존재하는 이상적 질서의 묘사도 아니다. 그것들은 오히려 실재의 묘사 수단 또는 형식(PU §50, 104, 122 참조)이며, 기술(記述) 또는 묘사의 규범(ÜG §§167, 321)이다. 그것들은 올바른 언어 사용의 기준으로서, 낱말들의 사용을 설명하고 정당화하고 비판하는 데 쓰인다. 그리고 이렇게 쓰이는 명제는 문법적 명제가 된다. 즉 문법적 명제는 그 역할의 차이에서 구분되는 것이지, 단지 명제 형식에서 구분되는 것은 아니다.[19] 논리-수학과 같은 문법적 명제들은 '언어 장치의 일부'(LFM p.250)로서 작용한다. 그것들은 아직 언어를 실제로 적용한 것이 아니고, "언어의 사용을 위한 준비들"(LFM p.249)이다. 이 점에서 그것들은 거의 정의(定義)들과 같다(같은 곳).

문법적 명제들의 쓰임은 실재에 대해 뭔가를 진술하는 데 있지 않기 때문에, 그것들은 '참'이라거나 '실재에 대응한다'고 할 수 없다. 또는 어

---

18 가령 "2+2=4", "파랑은 노랑보다 자주와 비슷하다", "소파는 의자보다 길다"와 같은 문법적 명제는 각각 2, 파랑, 소파에 관한 것이 아니다(LFM pp.250-251 참조). 또 가령 "p⊃p"는 (경험적 대상에 관한 것이 아님은 물론) 함축이라는 '논리적 상황'에 관한 것이 아니다(LFM p.279).
19 그러므로 경험 명제의 형식을 지닌 것이 문법적 명제의 역할을 할 수도 있다(ÜG §308 참조). 이로부터 비트겐슈타인은 "논리의 명제들과 경험 명제들 사이에는 명확한 경계선이 존재하지 않는다"(ÜG §319)고 말한다. 그러나 경계선이 불명확하다는 것이 그 둘 사이의 구별 자체가 어렵다거나, 그 둘의 차이가 단지 정도 차이라는 것은 아니다. 글록(1996b)도 지적하고 있다시피, 이런 점에서 비트겐슈타인은 콰인 같은 사람의 생각과 다르다.

쨌든 그것들은 경험적 명제들의 경우와 같은 의미에서 '참' 또는 '실재에 대응'한다고 할 수 없다. 문법적 명제들의 '참'은 "전적으로 언어 내에서 정의되고, 어떤 외부적 사실에도 의존하지 않는다"(LFM 249). 또한 문법적 명제들에서 이야기될 수 있을 '실재와의 대응'은 '문법의 대응'(LFM 248)이라고 할 수 있을 것인데, 이것은 낱말들에 의미를 주는 일에 다름 아니다. 문법적 명제에 대응하는 어떤 실재가 있다면, 그것은 가령 내가 그 문법에 어긋난 어떤 것을 말한다면 "다른 사람들은 무슨 말을 해야 할지 모를 것"이라는 현실이 될 것이다(LFM p.244 참조).

이른바 논리-수학적 법칙들과 같은 문법 명제들의 필연성도 이러한 현실에 다름 아니다. 다른 문법의 가능성, 주어진 규칙과 다른 방식으로 나아갈 가능성은 언제나 있다. 그러나 이 점이 우리의 문법의 필연적 성격을 앗아가는 것은 아니다. 비트겐슈타인은 문법의 필연성을 두 가지 면에서 나누어 이야기하는데, 하나는 체계 내에서의 필연성이고 다른 하나는 체계 전체의 필연성이다(LFM p.241 참조). 전자는 (한 체계 내에서) 어떤 원칙들과 규칙들이 주어지면, 어떤 것들을 말할 수 있고 또 말할 수 없느냐와 관계된다. 이것은 결국 무엇을 필연적이라고 '부르는'가의 문제가 되며, 여기서 무엇이 필연적인가는 주어진 규칙들에 의해 결정된다(같은 곳 참조). 그러나 우리는 어떤 규칙들을 가져야 하는가? 이것은 체계 전체의 필연성과 관계되는 문제이다. 이에 대해 비트겐슈타인은 이렇게 대답한다. 즉 "만일 우리가 어떤 규칙을 그저 재미로 만든다면 그 규칙은 자의적이고, 만일 이 특정한 규칙을 가지는 것이 생사의 문제라면 그 규칙은 필연적이다"(같은 곳). 그리고 이것이 뜻하는 바는, 우리의 문법 규칙의 필연성은 (그것의 비자의성과 마찬가지로) 그 규칙의 적용이 우리 삶의 중요한 일부를 이룬다는 점과 관계된다는 것이다(자연사적 사실). 우리는 어떤 규칙들을 따르도록 엄정하게 강제된다. 그리고 이는 제 값을 한다. 논리-수학적 법칙들의 '진리성'도, 만일 그런 것이 이야기될 수 있다면, 오직 이런 뜻에서이다. 다음의 언급들은 그의 이러한 생각을 보여 주고 있다.

추론 법칙들은 우리를 강제한다고 말할 수 있다; 다시 말해 인간 사회의 다른 법칙들과 동일한 의미에서. […] 달리 추론한다면 그는 처벌받을 것이다. 달리 추론하는 사람은 예컨대 아무튼 사회와 충돌하게 될 것이고, 또한 다른 실천적 결과와도 충돌하게 될 것이다. (BGM 85-86쪽)

수학의 그 특이한 엄정성은 무엇에서 성립하는가? […] 셈하기와 계산하기는—예를 들어—단순히 소일거리가 아니다. 셈하기는 우리의 삶의 매우 다양한 실행 속에서 일상적으로 사용되는 기술이다. 그리고 이 때문에 우리는 끝없는 연습으로, 그리고 혹독한 정확성을 지니고 우리가 배우는 대로 셈하는 법을 배우는 것이며, 그리하여 "하나" 뒤에 "둘"을, "둘" 뒤에 "셋"을 우리 모두가 말하도록 엄정하게 강제되는 것이다. […] 여기서 **진리**란 셈이 제값을 한다는 것이 입증된다는 것이다.—"그렇다면 당신은 '참이다'가 쓸모 있다(또는 유용하다)는 것을 뜻한다고 말하고자 하는 것인가?"—아니다. 오히려 자연수의 수열에 대해서—우리들의 언어에 대해서와 마찬가지로—그것이 참이라고 말할 수 없으며, 오히려 그것이 사용 가능하고 또 무엇보다도 **그것이 사용되고 있다**는 것이다. (BGM 36-37쪽; 번역 일부 수정)

4. 논리의 선천성과 엄격성 그리고 자율성에 관한 새로운 시각

비트겐슈타인의 논리관은 논리가 세계의 본질을 거울처럼 보여 주는 이상적 구문론이라는 생각으로부터, 논리는 언어놀이들에서의 표현들의 의미를 결정하는 사용 규범들의 체계이며 명료화된 일상적 문법과 본성상 다르지 않다는 생각으로 나아갔다. 후기의 관점에서 볼 때, 전기의 논리관은 "우리의 언어의 논리를 승화(昇華)하는 […] 한 경향"(PU §38)에 사로잡힌 것이었다. 이 경향에 따르면, "논리는 하나의 질서를, 더구나 세계의 선천적(a priori) 질서, 즉 세계와 사유에 공통적이어야 하는 **가능성들**의 질서를 묘사한다"(PU §97). 그 질서는 "극히 단순해야" 하고 "그것 자체에는 어떠한 경험적 혼탁함이나 불확실함도 달라붙어 있어서는 안 된다"(같은 곳). 그러나 후기 비트겐슈타인은 말한다: "논리학의 수정 같은 순수성은 실로 나에게 탐구의 **결과로서 주어진** 것이 아니었다; 그것은 하나의 요구였다"(PU §107).

후기 비트겐슈타인에서 논리학의 예전과 같은 '순수성'은 사라진다. 그러나 이는 "그 조건이 이상적인, 그러나 바로 그 때문에 또한 걸어갈 수도 없는 빙판"(같은 곳)으로부터, 마찰이 있지만 바로 그 덕분에 우리가 걸어갈 수 있는 거친 대지로 되돌아가는 것과 같은 것이다. 논리학은 순수하지도 숭고하지도 않은 시공간적 현상, 즉 일상 언어의 낮은 사용에 관여한다.

그러나 이로써 논리학을 특징짓는 엄격성이 사라지는 것은 아니다. 다만 논리학의 엄격성의 성격에 변화가 초래된다(PU §108 참조). 즉 "엄격성의 이념이 하나의 다른 자리를 얻는 재편성"(WN 157b p.2v)이 일어나는 것이다. 이제 논리학의 엄격성은 이상적 (초-)질서와 같은 것이 아니라 "묘사 방식의 일부로서"(같은 곳) 인식된다. 언어놀이에서 특정한 문법 규칙들이 "우리에게 매우 지당한 묘사 형식"(PU §158) 또는 '고찰 형식'이 되었다는 것, 그것이 논리의 선천성이다. 그리고 언어놀이를 위해 우리가 어릴 때부터 받아온 규칙 따르기 훈련 결과, 우리가 더 이상 규칙 따르기나 규칙 적용에서 어떻게 해야 할지를 고민하지 않고 '맹목적으로' 한다는 것, 그것이 논리적 필연의 강제성이다(PU §219 참조). 논리적 엄격성의 문제는 말하자면 (모순의 경우와 마찬가지로) 문법적 규칙의 '시민 세계에서의 지위' 문제인 것이다. 그리고 그렇기 때문에 그 엄격성은 그것을 낳은 시민 세계와 관련된 자연사적, 제도적 사실들이 광범위하게 변화하면 바뀔 수 있다. 즉 우리에게 지당한 문법과는 다른 문법의 가능성은 열려 있다.

논리의 엄격성과 함께 논리의 자율성 문제에서도 비슷한 전환이 이루어진다. 《논고》에서 논리의 자율성은 논리가 실재에 대해 아무것도 '말하지' 않으면서도 실재의 본질(논리적 형식)을 거울상처럼 '보여 주는' 데 있었다. 그 본질은 세계가 어떻게 변하더라도 불변적이고, 따라서 이러한 본질을 반영해야 하는 논리의 자율성은 실은 초-자율성이라고 할 수 있다. 또는 그 본질이 논리에 거울상처럼 반영된다는 점에서 그 본질은 언어 외적인 면을 지닌다 할 수 있고, 이러한 언어 외적인 실재의 본성에 근거하는 논리의 자율성은 결국 진정한 자율성이 아니라고까지 할 수 있다. 이에 반해서 후기의 관점에서 논리 즉 문법의 자율성은, 다양하고 변화 가능한 언어놀이들에서 올바른 언어 사용의 표준이 된다는 문법의 역할 또는 기능에서 주어진다. 문법은 순전히 언어 내적 역할 이외의 어떤 것에 의해서도 정당화되지 않는다. 그렇다고 이 문법이 사물의 본질 문제와 무관한 것도 아니다. 오히려 비트겐슈타인은, "본질은 문법에서 언표된다"(PU §371)고 말한다. 즉 문법은 "어떤 것이 어떤 종류의 대상인가"를 말한다(PU§373). 가령 신(神)이 어떤 존재인가는 신에 관해 무엇을 의미 있게 말할 수 있는지가 말해 준다. 일반적으로, x가 무엇인가는 언어놀이에서 무엇이 'x'라고 일컬어지며 무엇이 x에 관해 의미 있게 말해질 수 있는지의 문법 문제이다. 그러나 여기서 말해지는 본질은《논고》가 말할 수 없었던―단순히 '보여 줄' 수 있었던―것이 이제 단순히 언표되는 것이 아니다. 그 본질은 더 이상 세계나 사물의 숨겨진 공통적 속성으로서의 본질이 아니다. 이제 본질은 언어 사용의 문제(문법)를 넘어서지 않으며, 가족 유사적 특징을 지닌다. 그것을 넘어서서 그것을 배후에서 가능하게 하는 어떤 것으로서 이야기된 본질은 말하자면 '문법의 그림자'로서의 초-본질이었을 뿐이다.

후기 비트겐슈타인에서 논리는 포괄적이면서 적실(適實)한 것이 되었다. 그것은 언어놀이의 다양한 문법들로 이루어지면서 가족 유사적 본질들을 말한다. 그것은 경험적인 것과는 구별되지만, 그것이 적용되는 시공간적 상황의 변화에 따라서 변할 수 있다.[20] 이러한 논리관은 플라톤주의, 경험주의, 심리학주의, 직관주의, 실용주의, 규약주의 등 기존의 거의 모든 관점들과 다르다고 할 수 있다.[21] 그것은 매우 혁신적인 관점이며, 그런 만큼 앞으로 더 깊이 음미되어야 할 것이다.

---

20 Wang(1993. p.12)은 이러한 점들에서 후기 비트겐슈타인과 헤겔의 논리관에는 공통점이 있다고 지적한다. 물론 그는 그 둘 사이의 차이점도 언급한다. 즉 헤겔은 논리적 개념들의 체계를 세우고 언어 사용과 독립적으로 문제를 고찰했다는 점, 또 논리와 철학에서 우리가 아는 것 이상을 말해선 안 된다고 요구하지 않았다는 점.
21 이에 대한 보다 자세한 논의는 Glock(1996b), Pradhan(2001), Vossenkuhl (1995) 4장과 8장 등을 보라.

규칙 따르기와
사적 언어

여호와 하나님이 아담에게서 취하신 갈빗대로 여자
를 만드시고 그를 아담에게로 이끌어 오시니
아담이 이르되……

—《성경》, 창세기 2장

1. '규칙 따르기 논의'

규칙은 법이나 법칙, 또는 원칙 같은 것들과 더불어 우리의 삶에서 근본적으로 중요하고, 따라서 철학적으로 중요한 개념이다. 규칙은 그중에서도 기본적이라 할 수 있지만 동시에 그만큼 더 명료화가 필요한 개념이다. 잘 알려져 있다시피, 비트겐슈타인은 철학의 과제를 언어 사용의 규칙 즉 문법을 일목요연하게 명료화함으로써 철학적 오해들을 제거하는 것으로 보면서, 그의 이른바 '규칙 따르기 논의'를 통해 규칙 개념에 대해, 그리고 또 이를 통해 언어의 본성에 대해, 중요한 통찰들을 보여 주었다. 나는 그 논의의 요점들을 살펴보고, 그것과 특히 (이른바) '사적 언어'의 가능성 여부 문제와의 관계에 대해 고찰하고자 한다. 그 관계의 한 측면은 분명하고 잘 알려져 있지만, 다른 한 측면은 그렇지 않다고 할 수 있다.

규칙 따르기 논의는 비트겐슈타인이 후기에 그의 철학적 고찰 방식을 언어놀이들의 고찰을 중심으로 하는 방향으로 전환함으로써 중요하게 부각된다. 그에 의하면, 언어는 다양한 언어놀이들의 가족 유사적 집합이다. 그리고 언어놀이는 어린아이들이 모국어를 배울 때 하는 놀이나 어떤 원초적 언어, 또는 언어와 그 언어가 뒤얽혀 있는 활동들의 전체를 가리킨다. 언어놀이란 이 개념은 언어를 말한다는 것이 삶의 형태의 일부를 이루는 어떤 실천적 활동의 맥락에서 파악되어야 함을 강조하고자 의도된 것이다.

언어놀이는, 다른 놀이들과 마찬가지로, 그 놀이 규칙들에 의해서 정의된다. 그러나 이제 이 규칙들은《논고》의 비트겐슈타인이 생각했던 언어 규칙들과 같은 방식으로 이해되어서는 안 된다. 우선, 언어놀이에 적용되는 규칙들의 종류나 역할은 언어놀이들의 다양성만큼이나 다양하며, 획일적이지 않다. 그 규칙들은 모든 가능한 언어를 엄격하게 지배하는 논리적 구문론의 (진리 함수적으로 계산 가능한) 규칙 체계를 이루지 않는다. 그것들은 반드시 엄밀하게 확정된 계산 규칙과 같은 그런 것들이 아니며, 따라서 그것들은 낱말 사용을 언제 어디서나 명확히 규정하지도 않는다. 게다가 그것들은 보통 그 놀이를 하는 사람들에게 숨겨져 있고 분석―그 끝은 있으나 아마도 그것을 확인할 길은 없는―을 통해서만 드러날 수 있는 그런 것도 아니다.

그러나 무엇보다도, 언어놀이의 규칙들은 그것들을 따르는 우리의 실천적 활동과 독립적으로 존립할 수 없다. 언어놀이는 규칙들에 의해서 정의되지만, 그 규칙들은 그것들을 따르는 실천적 활동 없이는 언어놀이의 규칙들이 되지 않는다.[1] 언어놀이는 어디까지나 놀이 규칙들을 따르는 실천적 활동을 바탕으로 하기 때문이다. ("우리의 언어놀이의 **근저**에는 규칙 따르기가 있다."(BGM p.330)) 비트겐슈타인에 의하면, 바로 이 실천적 활동이 언어놀이에서 사용되는 언어 표현들에 의미를 주는 것이며,

---

1 《논고》에서 언어 규칙에 대한 논의는 핵심적이었으나, 규칙 따르기 논의를 포함하지 않음으로써, 거기서 규칙은 규칙 따르기와 분리 가능한 것으로 (암암리에) 취급되었으며, 나아가 규칙의 이해가 규칙의 모든 실천적 적용(즉 규칙 따르기)을 결정한다고 보는, 이른바 '의미체' 관념과 연관되어 있는 관점이 포함되어 있었다고 할 수 있다. 후기 비트겐슈타인의 규칙 따르기 논의의 핵심에는 그러한 생각들에 대한 비판이 들어 있다.

따라서 그것들의 의미를 알려면 우리는 그것들을 가지고 행해지는 언어 놀이에서의 실천적 활동, 즉 그것들이 언어놀이에서 실천적으로 어떻게 사용되고 있는지를 보아야 한다.

이처럼, 언어놀이에 초점을 맞추면, 규칙 따르기 문제가 부각될 수밖에 없다. 이 문제와 관련된 논의는 여러 가지를 포함하고 있지만, 결국은 규칙과 규칙 따르기의 본성과 관계되는 '문법적 고찰들'이 그 핵심을 이룬다고 할 수 있다. 즉, 규칙을 따른다는 것은 무엇인가? 우리들은 어떻게 규칙을 따를 수 있는가? 규칙을 올바로 따를 줄 안다는 것은 무엇에 있는가? 규칙 따르기에서 규칙 또는 규칙의 표현은 어떤 역할을 하는가? 규칙 따르기에서 규칙과 행위의 정상적 결합은 어떻게 이루어지는가? 규칙 따르기의 한계적 경우는 어디까지인가? 규칙은 '사적으로' 혹은 '오직 한 사람이' 따를 수 있는가? 규칙 따르기는 어느 정도까지 공적 혹은 사회적인가? 대충 이런 문제들이 이른바 규칙 따르기 논의의 중심에 있다고 할 수 있다.[2] 나는 그 중에서도 특히 후반부의 문제들에, 그리고 그것들이 언어의 본성에 대해 갖는 귀결들과 함축들에 초점을 맞추면서 그 논의를 살펴보고자 한다.

나의 고찰은 사실상, 언어놀이에 대한 고찰을 중심으로 방향 전환한

---

2 나와는 좀 다르게, Puhl(1998, p.5)은 규칙 따르기 논의와 관련하여 《탐구》에서 논의되는 문제들에 다음과 같은 것들이 속한다고 정리하고 있다: 규칙이란 무엇인가? 행동들을 이끌고 정당화하기 위해서는, 그리고 주체의 의해 학습되고 이해될 수 있기 위해서는, 규칙들은 어떤 구조적 성질을 지녀야 하는가? 규칙에 대한 앎은 무엇에 있는가? 규칙은 내가 새로운 상황에서 무엇을 해야 하는지를 어떻게 가르칠 수 있는가? 규칙 개념은 규칙 따르기 개념과는 독립적으로 설명될 수 있는가? 즉 규칙들은 그것들의 적용 이전에 존재하고 이 적용들을 독립적으로 규제하는가? 규칙을 따르기 위해서 나는 내가 어느 규칙을 따르는지를 언제나 진술할 수 있어야, 그러니까 규칙의 표현을 이용할 수 있어야 하는가? 규칙 따르기는 어느 정도까지 사회적 현상인가?

비트겐슈타인이 규칙 따르기와 언어의 가능한 한계 문제와 관련하여 지니게 된 생각을 다루는 게 될 것이다. 특히,《탐구》199절과 204절에서 그가 제기했지만 명확히 대답하지 않았다고 보일 수 있는 문제에 대한 그의 생각을 규명하는 일에 비중이 주어질 것이다. 그 문제에 대한 그의 생각은《탐구》243절 이하에서의 이른바 사적 언어 논변과는 다른, 그러나 또 하나의 사적 언어 논변을 이루는 것이 된다고 말할 수 있을 것이다. 그러나 이런 한계적이거나 초한계적 경우들에 대한 논의를 고찰하기 전에, 먼저 규칙 따르기와 언어놀이의 통상적인 경우들에 대한 그의 생각을 살펴 볼 필요가 있다.

2. 규칙 따르기와 언어놀이의 통상적인 특징들

일반적으로 우리는 어릴 때부터 집이나 학교 등에서 다른 사람들을 통해 직간접적으로 우리의 여러 가지 규칙 따르기 행동을 배운다. 비트겐슈타인은《탐구》초반부에서, 단순한 규칙을 따르는 언어놀이들에서부터 점점 복잡한 언어놀이들로 나아가면서, 우리가 배우거나 배울 수 있는 여러 종류의 언어놀이들을 고찰한다. 그런데 81절에서 그는 자신도 한때 미혹되었던 생각, 즉 이러한 언어놀이들을 하는 사람은 확정된 규칙들을 따라 계산을 하고 있음에 틀림없다는 생각을 언급하며 비판한다. 그에 의하면, 우리는 철학에서 종종 "낱말들의 사용을 고정된 규칙들에 따르는 놀이들 및 계산법들과 **비교**"하기는 하지만, "언어를 사용하는 사람이 그러한 놀이를 **해야 한다**고 말할 수는 없다". 즉 "문장을 발화하고 그것을 **뜻**하거나 **이해**하는 사람은 확정된 규칙들에 따라서 계산을 행하고 있다"고 하는 생각은 잘못이라는 것이다.

비트겐슈타인에 의하면, 우리가 따르는 규칙은 이정표처럼 있다(§85). "그것은 어떤 때는 의심을 열어 놓고 있고 어떤 때는 열어 놓고 있지 않다." 그 의심의 가능성 자체는 이정표(규칙)를 어떤 식으로 따라야 할지를 설명하는 또 다른 규칙을 첨부한다고 해도 여전히 열려 있다. 원래의 규칙의 적용을 규제하는 이 새로운 규칙 역시 그 적용에서 의심을 허용할 수 있기 때문이다(§§84-86 참조). (이것은 결국 규칙 따르기, 즉 규칙의 실천적 적용은 규칙 자신에 의해 결정되지 않는다는 점을 보여 준다.) 그러나 그렇다고 이정표가 이상이 있어 이해될 수 없거나 쓸모가 없는 것은 아니다. 왜냐하면 "이해는 우리가 우선 의심이 **가능한** 모든 곳에서 의심을 하고 나서, 이 모든 의심들을 제거할 경우에만 가능한"(§87) 그런 것이 아니기 때문이다. 그에 의하면, "하나의 설명이 주어진 다른 하나의 설명에 의존할 수 있기는 하지만, 그러나 어떤 설명도 다른 하나의 설명을 필요로 하지 않는다―어떤 오해를 피하기 위하여 **우리가** 그것을 필요로 하는 경우를 제외하면."(같은 곳) 그러므로 이정표(규칙)는, 그것에 대해 어떤 의심이나 오해가 발생할 여지가 없는 정상적인 상황에서는, 그것을 어떻게 따라야 할지를 설명하는 또 다른 규제가 없다고 불완전한 것이 아니다. 즉 "이정표는 이상 없다,―그것이 정상적인 상황에서 그것의 목적을 달성한다면 말이다."(§87).

규칙(의 표현)은 정상적인 상황에서 사람들이 그것을 별다른 의심 없이 믿고 따르면 그 목적이 달성된다고 할 수 있다. 우리의 일상적 언어놀이는 이러한 다양한 규칙 따르기들―명령하기, 기술하기, 보고하기, 농담하기, 등등(PU §23 참조)―을 근간으로 하여 이루어진다. 비트겐슈타인은 이러한 통상적인 규칙 따르기와 언어놀이의 몇 가지 기본 특징들을 지적하고 있는데, 그것들은 대충 다음과 같이 정리될 수 있을 것이다.

우선, 규칙 따르기와 언어놀이는 사물들의 상태가 실제의 경우들과 크게 벗어나지 않는 한에서 그 요점을 지닌다. 즉 오직 정상적인 경우들에서만, 규칙 따르기 및 그것에 따른 말의 사용은 우리에게 명료하게—우리 머릿속에 떠오르는 그림과 충돌하지 않고서(§141 참조)—규정된다. 가령 "한 조각의 치즈를 저울 위에 놓고서 저울의 기울기에 따라 가격을 정하는 절차는, 만일 그러한 치즈 조각들이 명백한 원인 없이 갑자기 팽창하거나 수축하는 일이 비교적 자주 일어난다면, 그 요점을 상실할 것이다."(§142) 규칙 따르기와 언어놀이의 가능성은 말하자면 사물들의 정상적인 상태에 의존한다.

둘째로, 규칙 따르기와 언어놀이는 그 학습자나 참여자들의 정상적 반응(§143) 혹은 판단에서의 일치(§242)를 필요로 한다. (이러한 일치는 말하자면 의견들의 일치가 아니라 '삶의 형태의 일치'이다.) 가령 우리의 언어놀이에 참여하기 위한 학습자는 우리가 가르치는 규칙 따르기에 대해 우리가 하는 것과 같은 방식의 (이른바 정상적인) 반응을 자립적으로 보일 수 있는 단계에까지 이르러야 한다. 물론 여기서 정상적인 반응과 그렇지 않은 비정상적 반응 사이에 명확한 경계가 있는 것은 아니다. 산발적인 실수, 체계적인 실수, 완전히 불규칙적인 반응과 같은 (서로 반드시 명확히 구별되지 않을 수 있는) 단계가 있을 수 있다(§143 참조). 주어진 규칙을 어떻게 따라야 하는지를 이해했다고 말할 수 있으려면 얼마만큼 올바로 반응을 보여야 하는가에 대해 어떤 제한을 제시할 수는 없다(§145 참조). 그러나 어쨌든 규칙 따르기에서 학습자의 반응이 정상적이 아니라면, 그에게는 규칙 따르기를 가르치려는 어떤 설명도 효과가 없다(같은 곳). 그리고 그렇게 되면 학습자는 우리의 언어놀이를 올바로 배울 수 없고, 결국 그와 우리의 의사소통의 가능성은 성립하지 않는다.

셋째로, 규칙 따르기와 언어놀이에는 통상 규칙의 표현과 그것을 따르는 행위 사이에 강력한 결합이 존재한다. 그리고 그 결합은 다름 아니라 언어놀이에서의 규칙들을 따르는 훈련과 언어놀이의 나날의 실천 속에서 이루어지는 결합, 즉 "항구적인 관례, 관습이 존재하는 한에서만" 있을 수 있는, 제도적이고 규범적인 성격의 결합이다(§197-198 참조). 그것은 단지 인과적 연관이 아니며(§198), 어떤 내적인 소리를 따르는 일종의 영감에 의한 결합도 아니다(PU §232). 그리고 그런 것으로서, 규칙 따르기는 단순히 '규칙과 일치하는 과정'으로서의 행위가 아니라 '규칙을 포함하는 과정'으로서의 행위이다(BB 33쪽 이하 참조). (단순히 규칙과 일치하는 행위라면, 규칙 따르기는 그것이 따르는 규칙뿐 아니라 다른 수많은, 그것과 무관한 규칙들과도 일치할 수 있다.) 즉 말하자면 규칙 따르기에서 "규칙은 멀리서 작용하지 않는다"(BB 35쪽). 거기서 규칙은 규칙을 따르는 행위를 만족스럽게 기술하는 가설과 같은 것이 아니다(PU §82 참조). 규칙은 그 행위에 대한 내적인 이유로서 작용하며, 규칙 따르기는 정당화가 가능한 지향적이며 규범적인 실천이다.

넷째로, 규칙을 따르는 자로서 나는 언어놀이에서 "규칙을 **맹목적으로 따른다**"(§219). 내가 규칙을 따를 때, 나는 어떻게 해 나가야 할지를 모든 지점에서 매번 사유(뜻함)(§186)나 직관(§§213-214)이나 영감(§232) 따위에 의해 선택하지 않는다. 모든 지점에서 새로운 '결단'이 필요하다고 말하는 것이 더 낫지만(§186), 그것도 아주 옳은 말은 아니다. 왜냐하면 규칙 따르기의 그 모든 지점에서 내가 매번 결단 작용과 같은 어떤 것을 해야 하는 것은 아니기 때문이다(BB 237쪽).[142] 나에게는 "규칙이 마치 그것의 모든 귀결들을 미리 산출한 것처럼", 마치 규칙 따르기의 각 이행 단계들이 "실제로는 이미 모두 취해져 있다"고 보일 만큼 자명(§219 & §238)하다. 그래서 나는 "오직 규칙의 입만 바라보고 **행하며**, 더 이상의 안내를 간청하지 않"는다(§228). 즉 규칙은 "내가 어떻게 가야 하는지에 대한 나의 **최종** 심급"(§230)이 된다.[4] 이것은 물론 나의 규칙 따르기가 기계적으로 결정되어 있다는 것이 아니다. 언어놀이의 규칙을 따르는 행위에 대해서는 그 근거를 대는 일 즉 정당화는 어디선가 끝이 나며, 그 지점에서 나는 말하자면 근거들 없이 행위하는 게 될 것이라는 말이다(§211 참조). 거기서 "나는 그저 그렇게 행위하고 있다"고 말하는 경향이 있다(§217).

이러한 특징들은 통상적인 규칙 따르기와 언어놀이의 본성을 이해하는 데 중요하다. 그러나 규칙 따르기와 언어놀이의 본성은 그러한 특징들 가운데 어떤 것이 상실될 수도 있는지를 고찰해 본다면 어떤 면에서 더 분명하게 드러날 수 있다. 왜냐하면 이러한 고찰은 규칙 따르기와 언어놀이의 통상적인 조건들과 함께, 그것들을 충족시키는 한계적인 경우 및 그 한계를 넘어가는 경우들에 대한 논의를 불가피하게 포함할 것이기 때문이다. 이른바 사적인 규칙 따르기나 사적 언어의 가능성 여부 문제에 대한 비트겐슈타인의 고찰은 바로 이런 맥락에서 이루어지는 것이

---

3 그러므로 가령 Chauviré(1989, p.151)의 다음과 같은 말은 지나치고 오해를 불러일으키기 쉬워 보인다: "규칙의 적용 문제에 대한 비트겐슈타인의 태도는 극단적으로 창조주의적이다: 이른바 규칙에의 복종은 우리의 창조(규범적 결단)이다."

4 이러한 것으로서 언어놀이의 규칙은 문법 규범으로서 작용한다. 그러므로 규칙(의 표현)과 그것의 적용(따르기 행동) 사이의 결합에도 불구하고 문법으로서의 논리는 폐지되지 않는다(§242). (종래의 관점에서 보자면, 이러한 논리는 경험적 혼탁함이나 불확실함이 달라붙어 그 순수 수정체 같은 본성을 상실한 것으로 보일 것이다.) 그 결합은 통상적인 규칙 따르기를 위해 필요한 반응 또는 판단들의 일치만큼의 강력하고 항구적인 힘을 지니고서 언어놀이를 규제한다. 이와 관련된 더 자세한 논의는 이 책 4장 3절 참조.

라고 할 수 있다.

3. 사적 규칙 따르기와 사적 언어의 문제

우리의 일상적인 언어놀이에서 이루어지는 규칙 따르기는 의사소통을 위해 배워 익히고 행하는 하나의 실천적 기술(技術)이다. 그것은 언어놀이라는 관습적 제도(문화)가 존재하는 가운데, 통상 가르침과 배움이라는 사회적 관계를 통해 숙달된다. 그러나 만일 우리의 규칙 따르기에 통상적인 점들이 상실된다면 어떻게 될까? 그 경우 규칙 따르기나 언어놀이는 어디까지, 어떤 식으로 존재할 수 있을까? 물론 그 한계는 모호할 수 있다. 그리고 이는 일상적으로는 그리 문제가 되지 않는다. 그러나 그 모호함이 개념적으로 혼란을 일으킨다면, 철학적 명료화가 필요하다. 이런 관점에서 비트겐슈타인은 규칙 따르기와 언어놀이의 한계적 경우 내지 그 한계를 넘어서는 경우로 간주될 수 있는 경우들을 다루었다. 잘 알려져 있다시피, 그는 《탐구》 243절에서 315절까지의 논의에서 이른바 '사적' 언어를 언어(놀이)로서 존재할 수 없는 것으로서 비판하였다. 그러나 그 이전에 그는 같은 문제 맥락에서 《탐구》 §199에서 다음과 같은 물음을 제기하고 또 대답하였다.

우리가 "규칙을 따른다"라고 부르는 것은 오직 **한** 사람이, 일생에 오직 **한 번** 할 수 있을 그런 어떤 것인가? ─이것은 물론 "하나의 규칙을 따른다"고 하는 표현의 **문법**에 관한 하나의 주석이다.

오직 한 사람이 단 한 번 하나의 규칙을 따랐다는 것은 불가능하다. 단

하나의 보고가 단 한 번 행해졌다는 것, 단 하나의 명령이 단 한 번 주어졌거나 이해되었다는 것 따위는 불가능하다. ─하나의 규칙을 따른다는 것, 하나의 보고를 한다는 것, 하나의 명령을 내린다는 것, 하나의 장기놀이를 한다는 것은 **관습들**(관례들, 제도들)이다.

비트겐슈타인의 물음은, 규칙을 따른다는 것은 어떤 한 사람이 최소한 또 한 사람(과의 사회적 관계) 없이도 할 수 있는 어떤 것인가라는 물음과, 규칙을 따른다는 것은 (규칙의 적용에서) 여러 번의 한결같은 행위 없이 단 한 번의 행위만으로도 성립할 수 있는 어떤 것인가라는 물음이 결합된 것이다. 이에 대한 그의 대답은 짤막하고 단호하지만, 그것은 많은 해석적 논란을 불러일으켰다. "오직 한 사람이 오직 한 번 하나의 규칙을 따랐다는 것은 불가능하다." 그러니까 규칙 따르기는 오직 한 사람만으로는 불가능하고, 최소한 또 한 사람을 더 필요로 하는 사회적 관계 속에서만 가능한 것인가? 아니면 오직 한 사람의 규칙 따르기는 오직 한 번의 행위로는 불가능하지만, 어쨌든─어떤 식의 한결같음(규칙성)을 지닌 일련의 행위를 하면─가능하기는 한 것인가? 이른바 사회적 또는 공동체주의적 해석을 취하는 많은 이들[5]은 비트겐슈타인이 규칙 따르기를

---

5 Winch(1958, 1장 §§8-9); Fogelin(1976, 12-13장 및 1987 수정판 12장의 각주 10 참조); Kripke(1982, 3장); Malcolm(1986, 9장) 및 (1989); Savigny(1991) 및 (1994, 4장); Bloor(1997, 8장); Williams(1999, 특히 6장) 및 (2010, 5장과 6장) 등. 국내에서는 이영철(1995)과 이상룡 (2012)을 들 수 있다. 크립키는 자신의 공동체주의적 해석으로부터 로빈슨 크루소처럼 고립된 개인의 규칙 따르기의 불가능성이 결론으로 나오지는 않는다고 주장하는 점에서 예외적인 것처럼 보이지만, 그의 뜻은 "**만일** 우리가 크루소를 규칙을 따르는 것으로 생각**한다면**, 우리는 그를 우리의 공동체 안으로 데려오면서 규칙 따르기를 위한 우리의 기준을 그에게 적용하고 있다는 것"이다(크립키(2008) 178-179쪽). 따라서 "공동체의 어느 구성원에든 적용되는 규칙 따르기 테스트를 통과한다면, 우리의 공동체는 그가 누구든 규칙을 따른다고 주장할 수 있다"는 것이다.

"**관습들**(관례들, 제도들)"이라고 표현했다는 점 등을 들어 그가 전자의 입장을 취했다고 본다. 이들에 의하면, 규칙 따르기나 언어놀이는 오직 공동체적으로만 확립될 수 있는 어떤 규범적 평가 기준을 요구하며, 따라서 그러한 공동체(적 기준)를 실제 경험한 일이 없이 고립된 한 개인이 규칙 따르기나 언어놀이를 할 수는 없다. 그러나 이른바 개인주의적 해석을 취하는 이들[6]에 의하면, 비트겐슈타인의 그 표현은 단순히 한 개인의 규칙적 습관에도 적용될 수 있는 것이며, 따라서 그는 규칙 따르기와 언어놀이를 공동체와 아무 연관이 없는 한 개인에게도 가능한 어떤 것으로 간주하였다고 본다. 이들에 의하면, 규칙 따르기와 언어놀이에 필요한 것은 그것이 다른 사람(들)에게 이해될 수 있는 가능성이지, 그것을 이해할 수 있는 다른 사람(들)의 실제 존재가 아니다. 즉 필요한 것은 단지 가능한 사회성이지, 현실적 사회성이 아니라는 것이다.

나의 생각으로는, 두 해석은 일면 옳고 일면 그르다. (이것은 그러한 논쟁 자체가 방향이 잘못되었다는 것은 아니다.[7]) 우리의 규칙 따르기와 언어

그러나 그는 어디서도, 그런 테스트를 통과하는 고립적 개인이 있을 수 있는 가능성은 말하지 않는다.

6 McGinn(1984, 2장); Baker & Hacker(1984, pp.19-21)과 (1985, 4장), (2009(2판)) 5장); Hacker(1986, 9장); Pears(1988, 14장), Peuker(1998) 등. 국내에서는 남기창(1995)이 대체로 이들 입장에 동감을 표한다.

7 Diamond(1989), Minar(1991, p.203) 및 (1995), Gustafsson(2004) 등은 그 두 해석 간의 논쟁이 비트겐슈타인이 확정적으로 긍정적이거나 부정적인 대답을 기대할 수 있는 것으로 의도하지 않은 문제에 대해 어떤 특정한 철학적 견해로 대답하려 시도하고 있다는 점에서 기본 방향이 잘못되었다고 본다. 이들의 입장을 제3의 입장으로 볼 수도 있겠으나, 여기서는 다루지 않는다. 내가 보기에, 이 입장은 그 문제에 대한 대답이 '규칙 따르기'의 문법에 대한 해명이 된다고 비트겐슈타인이 언급했을 뿐 아니라 그 자신이 스스로 그러한 문법적 해명이 될 수 있는 대답을—어떤 하나의 철학적 논제를 수립하는 것으로 생각하지 않으면서—주고 있다는 사실을 경시하거나 간과하고 있다.

놀이는 현실적으로 그리고 본질적으로 사회성을 지니는 관습, 제도이다. 이 점에서 공동체주의적 해석은 옳다. 하지만 그 점이, 고립된 오직 한 사람의 규칙 따르기와 언어놀이의 가능성을 비트겐슈타인에게서 배제하지는 않는다. 이 점에서 공동체주의적 해석은 잘못이고, 개인주의적 해석이 옳다. 그러나 그 가능성은 (비트겐슈타인에 의하면) 그 고립자의 규칙 따르기와 언어놀이가 어디까지나 우리의 규칙 따르기와 언어놀이와 유사한 한에서만 부여될 수 있다. 그리고 이 유사성의 기준은 고립된 오직 한 사람의 규칙 따르기와 언어놀이를 순수하게 비사회적인 것으로 만들지 않는다. 그 한 사람의 규칙 따르기와 언어놀이의 가능성조차도 결국 우리의 (사회적) 규칙 따르기와 언어놀이의 문법에 속하는 것이다. 개인주의적 해석은 이 점을 놓치고 있는 점에서 문제를 지닌다.

그러나 뭔가 모순적으로 보일 수도 있는 이러한 생각을 구체화하기 전에, 해석상의 불일치가 없다고 할 수 있는 점을 먼저 살펴보는 것이 좋을 듯하다. 우선, 우리의 일상적인 규칙 따르기와 언어놀이가 사회적 연관 속에서 이루어지고 있다(그리고 비트겐슈타인이 그렇게 본다)는 점은 논의의 여지없이 전제된다. 그리고 규칙 따르기는 무엇보다도 실천이므로, 한 번도 실천되지 않는 규칙 따르기, 실천과 아무런 상관없는 규칙 따르기는 있을 수 없다(고 비트겐슈타인이 본다)는 점도 분명하다. 이 마지막 점은 규칙 따르기 논의에서 중요한 자리를 차지하는 《탐구》 §202절에서 비트겐슈타인에 의해 다음과 같이 진술되고 있다.

그렇기 때문에, '규칙을 따른다'는 것은 하나의 실천이다. 그리고 규칙을 따른다고 **믿는** 것은 규칙을 따르는 것이 아니다. 그리고 그렇기 때문에 우리들은 규칙을 '사적으로' 따를 수 없다. 왜냐하면, 그렇지 않다면,

규칙을 따른다고 믿는 것은 규칙을 따르는 것과 동일한 것일 터이기 때문이다.

규칙 따르기는 규칙을 따른다고 믿는 것과는 동일할 수 없으며, 따라서 규칙 따르기는 우리들이 규칙을 따른다고 단순히 믿음으로써 '사적으로' 할 수 있는 것이 아니라, 어디까지나 규칙을 실제로 행동적으로 따름으로써만 할 수 있는 실천 활동이다. 만일 규칙 따르기가 단순히 믿음에 의해 '사적으로' 가능한 해석과 같은 것이라면, 이 인용문의 바로 앞 절인 §201에서 비트겐슈타인이 지적하고 있다시피, 그러한 해석적 믿음에 의해 어떤 행위 방식도 하나의 규칙과 일치하는 것으로 만들어질 수 있고 또 모순되게도 만들어질 수 있다. 그러면 여기에는 결국 일치도 모순도 존재하지 않게 되고, 하나의 규칙은 어떤 행위 방식도 확정할 수 없게 될 것이다. 즉 이른바 '규칙 따르기의 역설'이 발생하게 된다. 그러나 그에 의하면, 이것은 오해에서 비롯된 것으로서, 우리가 보아야 하는 것은 요컨대, "**해석**이 **아닌** 규칙 파악, 오히려 적용의 경우에 따라, 우리가 '규칙을 따른다'라고 부르는 것과 '규칙을 위반한다'라고 부르는 것에서 표출되는 규칙 파악이 존재한다는 것"(§201)이다.

그런데 규칙을 '사적으로' 따를 수 없다면, 우리는 물론 언어 규칙도 '사적으로' 따를 수 없다. 그리고 이는, 언어놀이가 언어 규칙들을 따르는 실천적 활동인 한, 우리는 '사적인' 언어놀이를 할 수 없다, 즉 '사적' 언어는 불가능하다는 말이다. 실제로《탐구》§243에서 시작되는 이른바 사적 언어 논변은 이러한 점을 더 구체적으로 다루고 있다. 이에 따르면, 이른바 '사적인' 규칙 따르기가 그것을 불가능하게 만드는 역설에 부딪치는 것과 마찬가지로 이른바 '사적' 언어는 다음의《탐구》§258에서 지적되듯이 결국 역설적인 결과에 빠지게 된다.

그러나 우리의 경우에 나는 실은 올바름의 기준을 갖고 있지 않다. 여기서는, 나에게 옳게 보이는 것은 무엇이든 옳다고 말해도 될 것이다. 그리고 이것이 뜻하는 바는 단지, 여기서는 '올바름'에 관해 이야기할 수가 없다는 것이다.

이른바 '사적' 언어, 즉 비트겐슈타인에 의해 '언어'로서의 가능성이 배제된 것은—《탐구》§243에 따르면—그 낱말들이 오직 말하는 사람만이 알 수 있는 '그의 직접적인, 사적인 감각들'과 관련되어 있어야 하고 따라서 다른 사람은 이 언어를 이해할 수 없는 그런 것으로 규정된다. 이런 것으로서 '사적 언어'는《탐구》§269에서 "다른 사람은 아무도 이해 못하지만 나는 **이해하는 듯 보이는**' 소리들이라고 일컬어질 수 있을 것"이라고도 말해진다. 사적인 감각들과 관련해서만이 아니라 느낌, 기분, 믿음, 의도 등과 관련해서도, 그것들이 당사자만이 내적으로 직접 체험할 수 있는 것이어서 타인은 알 수 없다는 뜻으로 '사적인' 것이라 한다면, 우리는 마찬가지로 그런 '사적' 언어의 불가능성을 이야기할 수 있을 것이다.

비트겐슈타인이 불가능하다고 한 '사적' 언어는 공적 실천과의 연관 이전에도, 실천과 무관하게, 낱말과 관련된 올바른 규칙 따르기가 영혼의 내밀한 방식으로 선취될 수 있다는 잘못된 생각(PU §§187-188 참조)을 깔고 있다. 여기서 '사적'이란, 어떤 개인에게 내밀하게 숨겨져 있어 타인은 알 수 없고 오직 그 자신만이 확실하게 알 수 있다는 것으로서, 아마도 '사밀(私密)하다'는 말로 바꾸는 것이 더 적절할 수도 있을 것이다. 그러나 '사적'이란 말에는 다른, 일상적인 뜻이 있다. 즉 타인도 어떤 식으로 알 수 있고 접근 가능하지만, 어떤 개인(또는 소수의 집단)에게만 고유하게 귀속되는 것으로서 간주되는 것이라는 뜻이 그것이다. 가령 '사적 소유'란 말의 경우에서 보듯, 어떤 것이 한 개인에게 공적으로, 즉 타인들에 의해 인지되고 인정받을 수 있는 방식으로 귀속될 수 있다.[8] 또 우리는 어떤 사람이 자기 자신에게 하는 혼잣말을 '사적 대화'의 한계적 경우(자기 자신과의 대화)로 볼 수 있을 것이다. 그 말은 보통 들리지 않을 정도로 나직하게 말해지지만, 그것에 귀를 기울이는 타인은 그 말을— 그것이 그가 아는, 이해할 수 있는 말인 한—알아들을 수 있다.[9]

흔히 비트겐슈타인의 '사적 언어 논변'은 첫 번째 의미의 '사적인'(즉 사밀한) 언어의 가능성 여부에 관한 논의로만 이해된다. 그리고 그가 그런 언어의 가능성을 부정했다는 것은 그가 일체의 사적 언어를 부정한 것과 동일시된다. 그러나 그는 두 번째 의미로 사적인 언어에 대해서도 논의하고 있으며, 바로 이 문제가《탐구》199절의 논의와 관계되는 것이다. (나중에 보겠지만, 그는 실제로 자신의 유고에서 두 번째 종류의 말을 가리켜 '사적 언어'라고 했다.[10]) 그가 첫 번째 의미의 '사적' 언어의 불가능성

---

8 NPL 291쪽에서 비트겐슈타인은 내가 재봉틀을 사적으로 소유할 수 있다는 점을 언급하면서 다음과 같이 말한다: "[…] 사유 재봉틀이기 위해서는, 그것은 그것의 사밀성에 의해서가 아니라 그것과 재봉틀들—그것이 사유물이건 아니건—과의 유사점에 의해서 '재봉틀'이라는 이름이 주어질 만한 대상이어야 한다."

9 이런 뜻에서 '사적 언어'란 표현이 일상적 적용을 지닌다는 점은 일찍이 Ayer(1954)에 의해서도 지적되었다. 그러나 그는 그것을 비트겐슈타인의 사적(사밀) 언어 비판을 반박할 수 있는 근거로 생각함으로써 혼돈을 보였다.

10 이 점은 Baker & Hacker(1984, 4장/2009(2판), 5장)나 Hacker(1986, p.253)에 의해 주목되고 강조되었다. 그러나 이상하게도, 그 이후의 논의들에서 그 점은 충분히 주목받지 못하고 있다고 보인다.

을 보인 것은 유아주의와 관련된 그 자신의 사상적 편력에서 볼 때 물론 중요한 의미를 지닌다. 그것은 행동적 차원의 공적 실천성과 타자와의 관계에서 성립하는 사회성 양자가 모두 결여되면 결코 규칙 따르기와 언어라고 할 만한 것을 산출하지 못한다는 것을 보여준다. 본질적으로 형이상학적 자아의 투영적 사유 작용에 의해 성립한다고 간주된 《논고》의 유아주의적인 '나의 언어'는 실천적 규칙 따르기를 통해 놀이 가능한 언어가 아니라고 할 수 있다. 그러나 사회성은 어떤 식으로 결여되어 있지만 실천에서 어떤 식의 규칙성이 존재할 경우는 어떻게 되는가? 여기서 《탐구》199절과 같은 논의가 필요하고, 이른바 공동체주의적 해석과 개인주의적 해석이 충돌하는 것이다.

4. '실천'과 '관습': 공동체주의적 해석과 개인주의적 해석

비트겐슈타인은 "오직 한 사람이 단 한 번 하나의 규칙을 따랐다는 것은 불가능하다"고 말했다. 그런 것은 '규칙 따르기'의 문법에 속하지 않는다는 것이다. 그러나 그 이유는 그것이 '오직 한 사람'에 의한 것이어서인가, 아니면 '단 한 번'이어서인가? 아니면 그 둘 다여서인가? 《탐구》 199절에서 그는 저 말에 곧이어서 이렇게 말했다: "단 하나의 보고가 단한 번 행해졌다는 것, 단 하나의 명령이 단 한 번 주어졌거나 이해되었다는 것 따위는 불가능하다." 즉 하나의 규칙 따르기는 언어놀이에서 단지한 번 행해지고 말 수 있는 그런 것이 아니라는 것이다. 이것은, 어떤 행위가 언어놀이의 규칙을 따르는 것이 되려면 규칙성이 결여되어서는 안된다(§207 참조)는 점은 분명히 하고 있으나, 그 행위가 오직 한 사람의 것일 수 있느냐에 대해서는 아무런 대답도 주지 않는 것처럼 보인다. 그리고 이러한 침묵은, 개인주의적 해석자들의 눈에는, 자신들과 같은 해석의 여지를 열어 놓고 있는 것으로 보인다.

그러나 비트겐슈타인은 다시 곧이어서, "하나의 규칙을 따른다는 것은 […] **관습들**(관례들, 제도들)이다"라고 말했다. 관습, 관례, 제도라는 것은 사회적인 것이겠고, 따라서 사회로부터 고립된 오직 한 사람과 관련해서는 이야기될 수 없는 것으로 보인다. 그리고 그렇다면 비트겐슈타인은 규칙 따르기가 비-일회적인 반복적 규칙성뿐 아니라 두 사람 이상을 요하는 사회성을 지니는 실천으로 본 것이며, 여기서 개인주의적 해석이 아니라 공동체주의적 해석이 옳은 것처럼 보인다.

그러나 여기서 개인주의적 해석은 반발한다. 이에 따르면, '관습'의 원말 'Gepflogenheiten'은 꼭 사회적인 관습만이 아니라 개인의 습관을 가리킬 수도 있다. 그러므로 그 말 앞에 '사회적'이라는 한정어가 명시적으로 있지 않은 한, 그것을 사회적 관습으로 한정해서 보는 것은 온당하지 않다. 그리고 이 점은, 개인주의적 해석자들에 따르면, '관습'뿐 아니라 '실천'이라는 표현에 대해서도 마찬가지이다.[11] 즉 비트겐슈타인이 규칙 따르기는 '실천'이라 했을 때 그것은 규칙 따르기가 단순히 한 개인의 사밀한 내적 활동과 대비되는, 그의 공(개)적인 행동으로 드러나는 활동임을 강조하는 데 주안점이 있었다. 그리고 그러한 것으로서 '실천'은 단 한

---

11 McGinn(1984, p.78)은 다음과 같이 말한다: "그리고 '사회적 관습/실천'이란 말은 **군더더기**가 아니다. 규칙 따르기가 사회적이라는 생각을 주장할 뜻이 정말 있었다면, 분명 비트겐슈타인은 이러한 한정하는 형용사들을 삽입했을 것이다. […] 비트겐슈타인은 '관습'과 '실천'을 다수성의 관념을 암시하기 위해 사용하지만, 그것은 규칙들을 따르는 **사람들**의 다수성이 아니라 규칙 따르기의 **예들**의 다수성이다." Baker & Hacker(2009, pp.141-143과 p.158)도 비슷한 생각을 피력한다.

사람에게도 가능할 터인 것이고, 반드시 두 사람 이상의 사회적 관계를 요하는 것으로 간주되어야 할 필요는 없다는 것이다.

내 생각으로는,《탐구》202절에서 비트겐슈타인이 규칙 따르기는 "사적으로'" 할 수 없는 실천이라고 했을 때, 그가 사밀한 내적 작용과 대비되는 행동적 차원의 공적 활동을 염두에 두었다는 것은 옳다. 거기서 "사적으로"라는 말은, 일부 공동체주의적 해석자들[12]의 생각과는 달리, 고립적으로 고찰된 한 개인의 경우를 가리키는 것이 아니다. (고립적으로라도 고찰할 수 있다면 그 경우는 이미 사밀하지 않다.) 만일 이들처럼 볼 수 있다면, 우리는 오직 한 사람이 규칙을 따를 수 있느냐는 물음에 대한 비트겐슈타인의 명시적인 대답(거부)을 거기서 발견한 게 될 것이다. 그러나 규칙 따르기라는 실천의 비-사밀성을 강조한 것 자체는 규칙 따르기가 (반복적 규칙성을 지닌 것으로서) 행동적이고 공(개)적인 활동임을 지적한 것일 뿐, 그것이 순전히 한 개인만으로도 가능한 것인지 아니면 사회적 관계를 요하는 것인지에 대해서 어떤 분명한 입장을 보인 것이 아니다. 그러므로 이 점에서는 개인주의적 해석자들이 202절을 자신들과 같은 해석을 열어 주는 근거로 끌어들이는 것도 잘못이다. 그것은 두 해석에 중립적이며 따라서 199절에서 제기된 문제는 여전히 숙고를 요하는 문제로 남아 있다고 볼 수 있다.

'관습'이란 말의 경우도 일은 그리 단순하지 않다. 그 원말이 개인의 습관을 가리키기도 한다는 것은 사실이다. 그러나 단지 그것으로 개인주의적 해석이 힘을 얻게 되는 것은 아니다.《탐구》199절에서 비트겐슈타인은 규칙 따르기가 '관습'이라고 한 다음 괄호를 치고 '(관례들, 제도들)'이

---

12 Kripke(1982) p.79와 p.89(번역본은 132-133쪽과 147-148쪽); Malcolm(1986) p.156 참조.

라고 함으로써, 그 원말이 괄호 속의 말들과 같은 뜻으로, 그러니까 개인의 단순한 습관 이상의 것으로 이해되어야 함을 명확히 했다고 보인다. 그리고 괄호 속의 표현들(특히 '제도들')은 일반적으로 사회적 연관 속에서만 적용된다고 할 수 있는 표현들이다.[13] 게다가 문제의 절 바로 앞 절에서 그는 규칙 따르기가 가능하기 위해 존재해야 하는 '관례, 관습'을 이미 언급한 바 있는데, 그것은 규칙 따르기, 즉 규칙의 표현과 그것을 (정상적으로) 따르는 행위 사이의 결합이 수업과 훈련을 통해서, 그리고 나날의 실천 속에서 이루어지는 것임을 지적하는 맥락에서 이루어진 것이었다. 그런 만큼 거기서 '관례, 관습'은, 언어놀이에서의 통상적인 수업과 훈련, 그리고 이를 통해 익힌 것의 나날의 실천이 가르침과 배움이라는 사회적 관계 속에서 이루어지는 것만큼이나 사회 공동체적인 것으로 이해되고 있다고 보아야 할 것이다.[14] 그리고 이 점은 바로 이어진 199절에서의 같은 표현들에 대해서도 다를 바 없는 것이다.

그렇다면 199절에서 비트겐슈타인은 '오직 한 사람'에 의해서는 규칙 따르기가 불가능하다고 한 것인가? 즉 개인주의적 해석은 결국 잘못이고 공동체주의적 해석이 옳은 것인가?[15] 그러나 그렇게 말하기에는 아직 이르다. 왜냐하면 그는 규칙 따르기가 (사회적인 것으로 이해되어야 할) 관습, 제도라고 말하면서도, 다음에 보게 되듯이, 오직 한 사람에 의한 규칙 따르기가 가능하다고도 말하기 때문이다. 그러나 어떻게 그 둘이 양

---

13 Savigny(1994) pp.242-243 참조. 그에 따르면, 독일어에서 'Gepflogenheiten'이 개인적 습관을 뜻하려면, 그 개인이 명확히 명명되거나 맥락상 분명해야 한다고 한다.

14 실로 199절에서 문제가 제기되기 전까지 《탐구》에서 언급된 언어놀이들은 사회적 학습 관계에서 이루어지는 것들이라고 할 수 있다.

15 나의 1995년도 논문을 포함해 상당수가 그렇게 성급히 단정하는 잘못을 범하였다.

립 가능한가? 규칙 따르기가 관습, 제도라면 그것은 최소한 두 사람 이상의 공동체적 관계를 요하고, 따라서 오직 한 사람에 의해서는 가능하지 않다고 보인다. 그리고 오직 한 사람에 의해서도 가능하다면, 그것은 반드시 사회 제도적 관습, 관례라고까지는 할 수 없다고 보인다. 우리의 문제는 이러한 모순적으로 보이는 상황을 포함하고 있다. 그리고 기존의 개인주의적 해석과 공동체주의적 해석은 여기서 비트겐슈타인에게 모순을 부여하지 않기 위해 그가 그 모순항의 한 쪽을 택한 것으로 해석해 온 셈이다. 그러나 모순적으로 보이는 많은 경우들이 그렇듯이, 여기서도 좀 더 신중하고 면밀한 고찰이 요구된다. 모순적으로 보이는 두 점이 실제로는 반드시 모순적이지 않을 수도 있기 때문이다. 그러나 우리의 경우가 실제로 그러한 경우에 해당되는지, 그리고 어떤 의미에서 그러한지는, 문제를 더 구체적으로 살펴보지 않으면 답할 수 없다.

5. 근본적 고립자의 언어 (사적 언어로서의 혼잣말)

비트겐슈타인은《탐구》199절에서 '규칙 따르기'라고 일컬어지는 것이 오직 한 사람이, 일생에 오직 한 번 할 수 있을 그런 어떤 것인가를 물었다. 그리고 그는 거기서 규칙 따르기가 관습(관례, 제도)으로서 '오직 한 번' 가능할 수 없는 것이라는 점은 분명히 했지만, '오직 한 사람'이 할 수 있는 것인지 여부는 명확히 하지 않았고―어쨌든 그렇게 보일 수 있고―그래서 해석의 여지를 남겼다. 그러나 만일 오직 한 사람이 '규칙을 따른다'고 말해질 수 있다면, 그 규칙 따르기는 그 사람 혼자만이 하는 것이 된다. 그리고 따라서 오직 한 사람이 언어놀이 규칙을 따른다고 말해질 수 있다면, 그 언어놀이는 그 사람 혼자만의 것이 된다. 그러나 이런 혼자만의 규칙 따르기, 혼자만의 언어놀이는 바로 '사적'이란 말의 일상적인 뜻에서 사적인 규칙 따르기, 사적인 언어(놀이)라고 말해질 수 있는 것에 다름 아니다. (이런 뜻에서는 그러므로 '사적 언어 논변'의 시작은 흔히 이 논의의 시작으로 이야기되는 243절이 아니라, 199절인 것이다.) 이런 종류의 사적 언어에 대한 비트겐슈타인의 생각은 그의 이른바 규칙 따르기 논의의 마지막 부분과 이른바 사적 언어 논변이 시작된다고 흔히 이야기되는 부분에서 그 중요한 실마리가 나타나 있다.

잘 알려져 있다시피, 그는 《탐구》 §242에서 "언어에 의한 의사소통을 위해서는 정의들에서의 일치뿐 아니라, […] 판단들에서의 일치도 필요하다"고 말했다. 가령 수학자들 간에는, "규칙에 따라 수행되었는지 아닌지에 관해서는 […] 아무런 논쟁이 벌어지지 않는다. 그것에 관해서는 예컨대 치고받는 일들이 벌어지지 않는다."(§240) 이러한 일치는 "의견들의 일치가 아니라, 삶의 형태의 일치"(§241)이며, 그러한 것으로서 그것은 "우리의 언어가 작용하는 (예컨대 어떤 기술을 하는) 발판에 속한다"(§240). 그러나 만일 여기서 이야기된 '판단들에서의 일치'가 없다면 어떻게 되는가? 그것은 사람들 사이의 의사소통을 위해 필요한 것이므로, 만일 그러한 일치가 없다면 의사소통은 불가능해질 것이다. 그러나 언어 자체가 성립할 수 없게 되는가? 비트겐슈타인에 따르면, 사람들의 삶의 형태 차원에서 보이는 판단들의 일치 — 그러므로 사람들의 거의 본능적이라 할 수 있는 반응들이 공동체적 차원에서 보이는 일치 — 를 발판으로 하는 '우리의 언어'는 더 이상 성립할 수 없다. 그러나 이 말은 그러니까 어떠한 언어도 성립할 수 없게 된다는 것인가? 아니면 그 경우에도 여전히 어떤 종류의 언어는 가능하지만, 다만 그것은 더 이상 의사소통을 위한 언어가 아니라는 것인가? 이 후자의 경우 그 언어는 오직 혼자만의 언어로서, 말하자면 '사적 언어'가 될 것이다.

이런 맥락에서 비트겐슈타인은 243절 시작 부분에서 다음과 같이 독백적으로, 오직 자기 자신에게만 말하는 사람들의 가능성을 언급한다.

　사람은 자기 자신을 격려하고, 꾸짖고, 벌주고, 자기 자신에게 명령하고, 복종하고, 물음을 제기하고 그것에 대해 대답할 수 있다. 그러므로 우리들은 또한 오직 독백적으로만 말하는 사람들을 생각할 수 있을 것이다. 즉 그들의 활동에 혼잣말들을 덧붙이는 사람들을.—그들을 관찰하고 그들의 이야기를 귀 기울여 듣는 조사자는 그들의 언어를 우리의 언어에로 번역하는 데 성공할 수 있을 것이다.

여기서 오직 혼잣말을 하는 사람들은 '언어'를 사용하지만 자기 자신에게 말할 뿐, 남들과 의사소통하지 않는다. 이 언어는 곧 이어서 규정되는 사밀한 사적 언어, 즉 '자기의 직접적인, 사적인 감각들과 관련되어 있어 다른 사람은 이해할 수 없는 언어'로 생각되는 것과는 구별된다. 이러한 사밀 언어는 이른바 유아주의적 언어로서 오직 혼자만의 언어의 한 한계적 경우로 상정될 수는 있지만, 이런 종류의 이른바 언어는 이미 '사적' 규칙 따르기의 불가능성을 언급한 202절에서 그 불가능성이 암시되었고, 243절의 저 인용문 다음 단락부터 이어지는 이른바 '사적 언어 논변'에서는 그 불가능성이 구체적으로 입증된다. 그것은 다른 누구도, 아니 심지어 자기 자신도 (이해하는 듯 보일 뿐) 이해할 수 없고 그래서 실은 언어가 아닌 것으로 판명난다. 따라서 그것은 '사적 언어'도 아닌 것이다. 이에 반해서, 여기서 의사소통 없이 오직 혼잣말만 하며 활동하는 사람들은 언어를 사용하지 않는 것이 아니다. 그들의 혼잣말은 우리의 언어로 번역할 수 있는 '언어'이다. 그것은 그것을 말하는 사람의 활동과 어떤 식으로 규칙적으로 결합되어 있으며, 따라서 그것을 말하는 사람은 그런 식으로 규칙을 따르는 언어놀이를 하고 있는 게 된다.

그러나 여기서 언급된 사람들은 (예를 들면) 어떤 사람들일 수 있는가? 가끔이 아니라 항상 혼잣말만 하는 사람들은 우리 사회 내에도 있을 수 있지만, 그런 경우는 뭔가 예외적이고 특수한 (비정상적인) 상황에 해당된다고 할 수 있을 것이다. 게다가 그 경우 그들의 혼잣말은 우리의 언어와 다를 바 없다. 그것은 우리의 공적 언어가 사적으로 사용된 경우일 뿐이다. 그러나 비트겐슈타인이 여기서 염두에 둔 경우는 좀 더 근본적이라고 보인다. 왜냐하면 여기서의 혼잣말은 번역을 필요로 할 정도로 우리의 언어와는 고유하게 다른 언어라고 이야기되기 때문이다. 유고에 따르면, 그 언어는 혼잣말하는 사람들 각자에게 고유할 수도 있다.[16] 따라서 여기서 언급된 가능성은 자연스럽게 '오직 한 사람의' 언어나 규칙 따르기의 가능성 문제와 연결된다. 왜냐하면 각자 자신의 고유한 언어로서 혼잣말을 하는 사람들의 가능성은, 언어 공동체와 처음부터 떨어져 있어 (만일 말을 할 수 있다면) 오직 자기 자신에게밖에 말할 수 없는 사람들의 경우에 가장 단적으로 논의될 수 있기 때문이다. 가령, 처음부터 무인도나 정글에 버려진 로빈슨 크루소나 타잔 같은 사람, 또는 고립된 동굴에

---

[16] 《탐구》 241–243절에 대응시킬 수 있는 MS124 p.212ff에서 비트겐슈타인은 오직 혼잣말만 하는 사람들의 존재 가능성과 함께, 그들이 각자 고유하게 다른 언어를 지닐 가능성을 생각한다: "그러나 그렇다면 각 사람이 오직 자기 자신을 위해 생각하고, 오직 자기 자신에게 이야기하는 것이 생각될 수 있지 않을까? (이 경우에 그렇다면 또한 각자는 자신의 고유한 언어를 가질 수 있을 것이다.)"

홀로 거주하는 원시인이나 심지어 아담과 같은 사람의 경우가 그것이다.

실제로 비트겐슈타인은 지금 논의되는《탐구》의 대목과 연관되는 점들을 논의하고 있는 유고들에서, 혼자 고립되어 있는 크루소 같은 사람이나 동굴인의 경우에 대해 언급하고 있다. 그는 우선 MS 165의 101-102쪽에서는 "어떤 사람이 자신의 사적 체험들에 관해 오직 자기 자신에게만, 오직 자기 자신을 위해서만 이해되게 이야기하는 언어"라는 뜻에서의 '사적 언어'는 언어처럼 보이지만 아무런 언어도 되지 않는다는 점을 지적한다. 그러나 그 다음에 그는 MS 165의 103-105쪽에서, 그러한 사적(사밀) 언어와는 다른 뜻에서 사적 언어를 말하는 사람들이 존재할 수 있음에 대해 이야기한다.

다른 뜻에서는 물론 사적 언어가 존재한다. 가령 자기 자신에게 말하는 로빈슨 크루소와 같은 사람의 언어. 우선 이 언급[을 해두어야 하겠다]: 자기 자신에게 말한다는 것은 혼자 있으면서 말한다는 것을 뜻하지 않는다.

그러니까, 행동하기 위해 자기 자신을 말로 격려하고, 자기 자신에게 물음을 던지고 대답하며, 자기 자신을 비난하는 사람이 생각될 수 있다. 이제 우리는 그와 같은 현상들을, 이 사람의 행동방식이 인간의 행동방식 일반과 비슷하고, 우리가 특히 그의 몸짓들을 — 그리고 슬픔의, 불쾌의, 기쁨의 표정을 — 이미 이해했을 경우에만 언어라고 부를 것이다.

그것은 하나의 언어 또는 언어 비슷한 현상이라고 일컬어질 수 있을 것이다.

혼자 살면서 자기 주위에 있는 대상들의 그림을 (가령 자신의 동굴 벽에) 그리는 어떤 한 사람이 어쨌든 상상될 수 있다. 그리고 그의 그림 언어는 쉽게 이해될 수 있을 것이다.

여기서 '로빈슨 크루소와 같은 사람'은 데포의 소설에서 묘사된 크루소와 같은 사람이 아니다. 후자는 외딴 섬에 혼자 있으면서 말하지만, 그의 말은 반드시 여기서의 뜻으로 자기 자신에게 하는, 혼자만의 말이 아니다. 그는 그가 속했던 사회에서 이미 배운 언어를 말한다. 즉 그의 언어는 그 혼자만의 고유한 것이 아니다. 만일 그가 다른 영국인을 만난다면 그는 곧 그 다른 사람과 의사소통을 할 수 있을 것이다. 그러나 자기자신에게 말하는 '로빈슨 크루소와 같은 사람'과 관련해 비트겐슈타인은 저 인용문에 이어 이렇게 말한다.

그러나 자기 자신을 격려하는 사람은 그럼에도 불구하고 아직 다른 사람을 격려하는 언어놀이를 숙달한 게 아니다. 자기 자신에게 말할 수 있는 사람은 그로써 아직 다른 사람에게 말할 수 없다.
어떤 사람이 파시앙스[혼자하는 카드 점치기 놀이]를 할 수 있다면, 그는 그로써 아직 다른 사람들과 카드놀이를 할 수 있는 것이 아니다.(MS 165 pp.105-106)

즉 비트겐슈타인이 염두에 둔 '크루소와 같은 사람'은, 혼자 사는 동굴인과 마찬가지로, 처음부터 공동체와 떨어져 혼자 살면서 "오직 자기 자신에게만 이야기하는 언어, […] 가령 행동방식들을 궁리할 때 쓰는 언어"(같은 곳)—또는 언어 비슷한 현상—를 사용하는 사람이다. 문제는 결국 이러한 고립자들의 언어 창조 가능성 여부에 관한 것이다.[17] 그렇

---

17 이 점은 Malcolm(1989, p.159)에 의해서도 지적된 바 있다: "단 혼자서 규칙을 따르는 자들'에 대한 **철학적** 문제는 다른 인간들로부터 완전히 고립되어 자란 어떤 사람이 그 자신의 사용을 위해 언어를 창조할 수 있을까 하는 물음이어야 할 것이다. (데포의 크루소와는 달리) 결코 인간

지 않다면, 오직 한 사람의 규칙 따르기 가능성을 묻는 《탐구》 199절의 물음은 너무 답이 뻔한, 싱거운 물음이 될 것이다. 왜냐하면 이미 언어놀이들을 배운 상황에서 '오직 한 사람'이 그만의 독특한 규칙 따르기, 그만의 독특한 언어 사용(가령 그만이 해독할 수 있는 암호의 사용)을 할 수 있다는 것은 너무나 분명하기 때문이다. 그러므로 《탐구》 §204에서 비트겐슈타인이 다음과 같은 식으로 문제를 바꿔 제기할 때, 그것은 199절의 문제 상황을 보다 선명하게 하는 의미가 있다고 할 수 있다.

> 나는 가령, 현 상황에서, 어떤 사람도 해 본 적이 없는 놀이 하나를 발명할 수 있다. ―그러나 다음과 같은 일도 가능할 것인가? 즉: 인류는 놀이라고는 전혀 해 본 적이 없다; 그러나 언젠가 어떤 사람이 놀이 하나를 발명한다,―그러고 나서 그 놀이는 전혀 행해지지 않았다.

비트겐슈타인의 대답은, 199절에서와 마찬가지로, 불가능하다는 것이 될 것이다. 그러나 역시 199절에서와 마찬가지로, 문제는 그 한 사람이 행한 것이 한 번으로 끝나지 않고 어떤 식으로 한결같음을 유지한다면 어떻게 되느냐이다. 그럴 경우 그것은 오직 한 사람에 의한 규칙 따르기이자 놀이가 되는가? 여기서의 문제 상황은, 처음부터 사회-고립적인 크루소나 동굴인과 같은 사람이 언어를 말할 수 있는가 하는 문제와 통한다. 그리고 문제를 더 첨예화하자면 ―비트겐슈타인은 이렇게까지 나아가지는 않았지만― 우리는 여기서 그 크루소나 동굴인을, 어디엔가 이미

사회의 구성원이지 않았지만, 그럼에도 불구하고 자신의 나날의 활동들에서 사용하는 언어를 창안한 크루소가 존재할 수 있을까?" 그러나 그는 공동체주의적 해석자로서 그 가능성을 부인한다.

존재하는 사회로부터 어쩌다 거의 처음부터 고립되어 산 사람이 아니라 이브의 등장 이전의 아담처럼 아직 다른 어떤 인간(또는 호모사피엔스)도 존재 않는 상태에서 홀로 있는 사람으로 상정할 수도 있을 것이다. 이브의 탄생을 본 아담은 과연 성경 창세기에서 했다는 말과 같은 어떤 말을 할 수 있었을까? 크루소와 동굴인이 그 자신에게 하는 말(또는 '언어 비슷한 현상')로서의 사적 언어의 가능성을 인정한 비트겐슈타인에게 그 가능성이 부인될 이유는 없다고 보인다.

6. '규칙 따르기'와 '언어'의 기준의 사회성

오직 한 사람에 의한 (사적인) 언어놀이의 가능성이 《탐구》에서는 다소 애매하지만 유고에서 분명하게 인정되고 있다는 점[18]은 개인주의적 해석자들의 입장에 힘을 실어 주는 듯 보인다. 실제로 그들은[19] 그 점을 자신들의 해석을 옹호해 주는 강력한 증거로 간주한다. 그러나 여기서도 우리는 다시 한 번 주의해야 한다.

비트겐슈타인은 오직 한 사람의 고립자가 그 혼자만의 (사적인) 규칙 따르기나 언어놀이를 할 수 있다고 보았지만, 그것은 첫째로, 그 고립자가 어떤 한결같은 방식으로 행동하고, 둘째로, 그 행동이 우리의 규칙 따르기나 언어놀이들과 유사성을 지니는 한에서이다. 첫 번째 점은 분명하다. 그는 이 점을 다음과 같이 표현하였다.

---

18 그 변화에는 미묘한 점이 있지만, 그것이 유고와《탐구》사이의 근본적인 입장 변화 때문은 아닐 것이다.
19 특히 Baker와 Hacker.

실로 우리는 자기 자신을 위해 어떤 언어를 사용하는 로빈슨 [크루소] 같은 사람을 상상할 수 있다. 그러나 그 경우 그는 어떤 방식으로 **행동**해야 한다. 그렇지 않으면 우리는 그가 자기 자신과 언어놀이들을 하고 있다고 말하지 않을 것이다. (LPE 149쪽)

어떤 사람이 자기 자신에게 말하고 있음에 대한 우리의 기준은, 그가 우리에게 하는 말과 그의 나머지 행동이다; 그리고 우리는 일상적인 뜻에서 **말할 수 있는** 사람에 대해서만, 그는 자기 자신에게 말을 한다고 말한다. 우리는 앵무새에 대해서는 그렇게 말하지 않는다; 축음기에 대해서도 마찬가지이다. (PU §344)

즉 우리는 소리 내어 말하기나 쓰기를 하는 사람에게만 그는 자기 자신에게 말한다고 말할 수 있다(MS 165 p.193 & p.210 참조). 어떤 사람이 "귀로 들을 수 있는 언어는 결코 말하지 않지만, 어떤 언어를 내부에서, 상상 속에서, 자기 자신에게 말하고 있다는 생각"(PU §344)은 가능하지 않다. 규칙 따르기나 언어놀이는 어떤 방식의 실천이어야 하며, 그렇다면 가령 내적으로 사밀한 것들과만 연관되는 것으로 간주되는 이른바 '사적인' 규칙 따르기나 '사적인' 언어놀이는 성립 불가능하다. 그것은 자신의 사밀한 영역을 들여다볼 수 있는 당사자만이 이해할 수 있을 그런 어떤 것이 아니다. 비트겐슈타인에 의하면, 그것은 그의 내밀한 영혼을 들여다볼 수 있을 신조차도 (그것만으로는) 이해할 수 없는 어떤 것이다: "만일 신(神)이 우리의 영혼을 들여다보았다면, 거기서 그는 우리가 누구에 관해 말하고 있는지를 볼 수 없었을 것이다"(PU 2부 [284]).

그러나 규칙 따르기나 언어놀이를 하고 있다고 일컬어질 수 있으려면,

오직 한 사람인 고립자는 어떤 방식으로 행동해야 하는가? 두 번째 점이 말하는 것은, 그가 우리의 규칙 따르기와 언어놀이 행동 방식과 유사하게 행동해야 한다는 것이다. 개인주의적 해석자들이 충분히 주의하지 않은 것은 이 두 번째 점이라고 할 수 있다. 왜냐하면 비트겐슈타인은 여기서 우리의 행동 방식이란 이미 우리의 일상적 삶의 형태가 그러하듯 사회-공동체적이라는 것을 당연한 것으로 전제하고 있기 때문이다.

나는 이렇게 말하고 싶다: 우리가 "언어"라고 부르는 것은 **무엇보다도 먼저** 우리의 일상 언어의 장치, 우리의 낱말 언어의 장치이다; 그리고 나서 다른 것들은 그것과의 유사성 또는 비교 가능성에 따른다. (PU §494)

언어: 그것은 무엇보다도 지상의 민족들이 말하는 언어들이다. 그리고 그렇다면 우리는 그러한 언어들과 유사성을 지닌 현상들을 언어라고 부른다. (MS 165 pp.105-107)

한 민족의 언어를 기술하는 사람은 그들 행동의 한결같음을 기술한다. 그리고 오직 자기 자신에게만 말하는 사람의 언어를 기술하는 사람은 그의 행동의 한결같음을 기술하고, 오직 한 번 일어날 수 있는 것을 기술하지 않는다.

그러나 나는 행동을, 그것이 우리가 우리의 언어를 말할 때의 우리의 행동과 유사할 경우에만 '어떤 한 언어를 말하기'라고 부를 것이다. (MS 165 124f)

즉 고립자가 어떤 방식으로 한결같이 (규칙적으로) 행동한다고 해도,

그것만으로는 그가 '오직 자기 자신에게만 말하는 사람'이 되지 않는다. 그의 그 한결같은 행동 방식이 '오직 자기 자신에게만 말하는' (사적) 언어놀이로서 일컬어질 수 있으려면, 그것은 우리가 일상적으로 규칙 따르기나 언어놀이라고 부르는 한결같은 행동 방식을 통해 사회-공동체를 이루고 있는 사람들의 그것과 유사성을 지니는 어떤 것이어야 한다. 그렇지 않다면, 우리는 그의 단순히 한결같은 행동을 '언어'로서 이해할 수 없다. 그 경우 그의 행동은 우리에게는 이를테면 우리와 삶의 형태가 다른 사자가 (소리 내어 말한다는 일상적인 뜻에서) 말하는 것과 별반 다를 바 없을 것이기 때문이다. 잘 알려져 있다시피, 비트겐슈타인은 그러한 사자에 대해 다음과 같이 말한 바 있다: "만일 사자가 말할 수 있다면, 우리는 그를 이해할 수 없을 것이다"(PU 2부 [327]).

요컨대, 지상의 민족들의 일상 언어들과의 유사성은 어떤 사람의 행동 방식이 '언어적'일 수 있는 기준이다. 그리고 어떤 것이 어떤 것의 기준이라면, 전자는 후자의 개념의 일부를 이룬다. (기준은 그것이 기준이 되는 것의 개념 규정과 논리적으로 결합되어 있다(PU §242 참조).) 그러므로 만일 지상의 민족들의 언어들이 없다면, 그것들(중의 어떤 것들)과의 유사성 기준에 비추어 볼 때 '언어놀이'라고 불릴 터인 오직 한 사람의 똑같은 어떤 행동에 대해, 그것이 '언어놀이' 행동이니 아니니 규정하는 것은 불가능하다. 그것을 '언어'라 하는 것도 '언어'가 아니라 하는 것도 무의미하다. 그러므로 오직 한 사람의 규칙 따르기와 언어놀이의 가능성을 말할 수 있다면, 그렇게 규정할 수 있게 해 주는 기준이 되는 우리 지상의 민족들의 규칙 따르기와 언어놀이는 단순히 가능적인 것이 아니라 이미 (실제가 그러하듯이) 현실적으로 있는 것이어야 한다.

그리고 고립자의 사적인 규칙 따르기나 언어놀이의 가능성을 말하는 기준이 우리의 규칙 따르기나 언어놀이와의 유사성이라면, 기준이 되는 우리의 일상 언어와 규칙 따르기는 (이미 그렇게 전제되었다시피) 사회-공동체적이지 않을 수 없다. 왜냐하면 그렇지 않고 그것이 오직 한 사람에 의해서도 가능하다면, 왜 처음에 문제된 그 오직 한 사람의 고립자도 역시 여기서 기준으로 가정된 이 두 번째의 고립자와 유사한 방식의 행동을 할 수 없는지, 그리고 따라서 전자가 후자처럼 규칙 따르기나 언어놀이를 하는지 여부에 대한 기준이 될 수 없는지, 다시 말해서 왜 그 문제를 그 스스로가 아닌 후자의 행동 방식과의 유사성 여부를 가지고 판단해야 하는지 이해할 수 없게 될 것이기 때문이다.[20]

결국 규칙 따르기나 언어놀이는 두 가지 점에서 사회성을 지닌다고 할 수 있다. 우선, 오직 한 사람의 규칙 따르기나 언어놀이를 포함해 모든 규칙 따르기나 언어놀이는 오직 그것이 우리의 규칙 따르기와 언어놀이와 유사성을 지님으로써 그렇게 규정된다, 즉 우리의 사회적 기준이 적용되어 그렇게 규정된다는 점이다. 여기서 그 유사성의 기준을 충족시키는 사람은 반드시 우리와 함께 있어 실제로 의사소통할 수 있는 관계에 있지 않고 단지 의사소통할 수 있는 가능성을 지니는 데 머물 수 있다. (즉 오직 자기 자신과만 말하는 크루소나 아담 같은 사람의 경우는 가능은 하더라도 현실적이지 않을 수 있다.) 이런 면에서는―개인주의적 해석이 주장해 왔듯이―그 유사성으로 인해 인정될 수 있는 사회성은 현실적 사회

---

20 기준이 되는 언어 공동체의 수립을 가능하게 할 것으로 이해될 수 있는 몇 가지 방식이 있다: (가) 최소한 두 사람 이상이 처음부터 함께 생활하며 의사소통하게 되면서, (나) 오직 자기 자신에게만 말하던 각각의 고립자가 최소한 둘 이상 만나 의사소통하게 되면서, (다) 오직 자기 자신에게만 말하는 어떤 한 사람이 아직 말을 할 줄 모르는 최소한 1인 이상의 다른 사람(가령 자식)을 훈련시켜 의사소통하게 되면서.

성이 아니라 가능적 사회성이라고 할 수 있다. 그러나 둘째로, 그 가능한 사회성을 허용하는 그 유사성은 그것이 성립하려면 본질적으로 우리의 규칙 따르기와 언어놀이의 현실성과 사회성을 요구한다는 점이다. 이 두 가지 점은 규칙 따르기와 언어놀이의 문법과 관련해서 똑같이 중요하다고 할 수 있다.

7. 규칙 따르기와 언어놀이의 문법

처음부터 사회와 떨어져 혼자인 크루소 같은 사람이, 제한적이지만 우리의 규칙 따르기 및 언어놀이와 유사한 어떤 것(자기 자신에게 말함)을 할 수 있다는 것은 우리의 규칙 따르기나 언어놀이의 문법에 관련된 사항이다.[21] 여기서 허용되는 문법적 가능성은 그런 행위를 할 수 있다고 인정된 사람이 그런 능력을 어떻게, 어떤 과정을 거쳐 획득할 수 있느냐 하는 문제와는 무관하다. 그러나 그러한 능력이 과연 공동체의 도움 없이 혼자서 획득할 수 있을지는 경험적으로—가령 늑대소년의 사례 같은 경우를 생각해 보면—의심스럽기 때문에, 여기서 혹자는 오직 한 사람의 고립자에게 그러한 능력을 부여할 수 있다는 것을 비현실적인 것으로 치부할 수 있다. 확실히, 우리의 규칙 따르기와 언어놀이는 아마도 처음부터 사회-공동체적으로 발생했을 것이다. 그러나 이것이 자연사적

---

21 같은 문법적 기준에 비추어 보면, 인간과의 유사성이 현저하게 떨어지는 존재에게는 그런 언어 능력이 부여될 수 없다. 축음기 같은 무생물은 말할 것 없고, 개, 사자, 앵무새 같은 생물이 인간의 말과 같은 소리를 낸다고 해도, 그것들은 말을 하는 게 아니다. 침팬지는 2-3세 유아 수준의 언어를 구사할 수 있다고 알려져 있다.

사실이라 해도, 이는 비트겐슈타인의 문법적 탐구에서 관심사가 아니다 (PU 2부 [365] 참조[22]). (이런 점에서 그에게 철학은 자연사나 과학과 엄격히 구별된다.) 그러므로 오직 한 사람의 고립자도 규칙 따르기나 언어놀이를 하는 것이 생각될 수 있다는 그의 말은, 인류 역사의 어느 단계에선가 실제로 그런 일이 일어났다거나 일어났어야 한다는 가설적 주장이 아니다. 단지, 우리의 규칙 따르기와 언어놀이의 문법에서는, 누군가가 오직 혼자만의 (사적) 규칙 따르기와 언어놀이라고 불리는 우리의 행동과 유사한 행동을 한다면, 그는 그러한 행동을 한다고 말해질 수 있으며, 이는 그가 처음부터 고립자일 경우에는 유일하게 허용되는 가능성이라는 것이다. 즉 그런 특수한 경우의 제한적 가능성을 우리의 규칙 따르기와 언어놀이 개념은 허용한다는 것이다.[23]

규칙 따르기와 언어놀이의 개념과 관계된 문법은, 그 개념이 적용되는 존재가 오직 한 사람의 고립자일 경우에는 그의 (사적인) 규칙 따르기나 언어놀이에 오직 가능적 사회성(그의 행동이 다른 사람에 의해 이해될 수 있는 가능성)만을 허용하지만, 한편으로 그것은 기준이 되는 우리의 규칙 따르기와 언어놀이의 현실성과 사회성을 요구한다. 즉 고립자의 사적인

---

22 또한 MS178b p.5 참조: "언어는 사람들이 서로 (혹은 자기 자신에게) 말한다는 현상이며, 이런 뜻에서 각각 사람들이 자신의 시대에서 말하고 쓰고 읽은 (등등) 문장들과 낱말들에 있다. […] 우리는 이 모든 현상들에 관해서 자연사의 일부로서, 그러나 또한 과학적 설명들에서 이야기할 수 있다. 그러나 그 모든 것이 **우리**에게는 아무런 흥미도 없다." MS179 2r에서는 "전혀 훈련 없이 갑자기 말할 수 있게 되는 가능성"이 언급된다.
23 이는 마치 일상적으로 우리가 지구 표면을 따라 동서남북 등의 여러 방향으로 갈 수 있지만, 북극점이나 남극점에서는 각각 남쪽과 북쪽의 오직 한 방향으로밖에 갈 수 없는 것과 비슷하다. 두 극점에서의 그 제한된 가능성은 그러나 방향과 관련된 우리의 규칙 따르기와 언어놀이의 문법의 본질적 일부를 이룬다. 그 가능성은 누군가가 다른 사람들과, 또는 오직 혼자서 실현할 수 있지만, 그것이 실제 몇 사람에 의해 언제 어떻게 실현될 수 있(었)느냐는 별도의 문제이다.

규칙 따르기와 언어놀이 여부는 그의 행동 자체만으로 말해질 수 있는 게 아니라, 이미 사회적이고 현실적인 우리의 규칙 따르기와 언어놀이와의 유사성의 정도에 따라 말해질 수 있는 것이다. 그리고 이는 그가 어떤 시공간적 주위 상황에 놓이는가에 따라 달라질 수 있다. 가령 그가 순전히 고립자로 머물지 않고 이를테면 어떤 민족이나 심지어 인류의 최초의 사람이 되는 경우[24]에는, 그의 규칙 따르기와 언어놀이는 단지 가능적 사회성을 지닌 것으로 머물지 않는다. 왜냐하면 그는 오직 혼자서 어떤 종류의 규칙 따르기와 언어놀이로 일컬어질 수 있는 방식의 행동을 처음으로 한 사람이지만, 그러나 이는 오직 그 행동 방식이 그렇게 일컬어질 수 있는 기준, 즉 후대의 사람들이 그렇게 일컫는 것과의 유사성을 그들과의 현실적 연관(전승) 속에서 충족한다고 간주되는 한에서 말해질 수 있는 것이기 때문이다. 그가 최초의 오직 한 사람인 한, 그는 다른 누구를 통해 문제의 행동 방식을 전수받지 않는다. 이런 점에서는 그의 행동 방식은 아직 어떤 역사공동체에 포함될 수 있는 것이 아니다. 그러나 그가 '최초의' 사람인 것은 그의 그 행동 방식이 그 이후의 사람들, 즉 그의 후손들에게 어떤 식으로 전수되는 한에서이다.[25] 즉 어떤 관습, 제도로 확립되는 한에서이다. 그리고 이런 점에서, 민족이나 인류 최초로 규칙 따

---

24 물론 이런 경우를 말하는 데는, "⋯⋯⋯⋯⋯⋯"에서 좁은 간격의 앞쪽 열은 언어 사용 이전의 행동들이고 넓은 간격의 뒤쪽 열은 언어적 행동들이라고 할 때, 뒤쪽 열에서의 첫 번째 점은 어느 것인가 하는 문제(BB 202쪽 참조)와 유사한 난점이 있을 것이다.

25 그러므로 최초의 오직 한 사람의 어떤 행동 방식을 일종의 규칙 따르기와 언어놀이로 부를 수 있게 하는 기준이 되는 유사성은 사실상 그와 그의 후손들이 자신(들)의 후손들을 낳아 기르고 가르치는 가운데 이루어지는 의사소통적 전승 관계 속에서 형성되는 것이 될 수밖에 없다. (그는 이러한 전승 관계 속에서 그 후손들의 언어 공동체의 이른바 '시조'가 된다.) 다시 말해서, 그의 행동을 규정하는 기준이 되는 그 유사성은 또한 그의 행동에 의해 일정 정도 형성되기도 하는 것이다.

르기나 언어놀이를 한 것일 수 있는 그의 (오직 한 사람으로서의) 행동 방식은 그의 행동 방식을 따라 형성되는 사회적 차원의 관습, 제도에 비추어서만 그런 것이 될 수 있는 것이다.

결국, 우리의 규칙 따르기와 언어놀이의 문법은 '오직 한 사람'의 규칙 따르기와 언어놀이의 가능성을 (통상적인 경우뿐 아니라) 크루소 같은 사람이나 동굴인, 그리고 한 민족이나 심지어 인류의 최후의 일인이거나 최초의 일인일 수 있는 특수한 경우에도 허용한다. 그는 규칙을 따른다고 단순히 믿는 것과 구별되게, 어느 정도 옳고 그름의 사리분별을 가지고서, 규칙 따르기와 언어놀이를 실천할 수 있다.[26] 그러나 그에게 허용 가능한 규칙 따르기나 언어놀이는 그 혼자만의 사적인 것으로서 제한적이며, 그것도 그와 우리(지상의 민족들) 사이에 실천상의 유사성이 있는 한에서, 그리고 따라서 우리가 그를 이해할 수 있게 하는 만큼의 일치가 있는 한에서 가능하다. 이러한 일치는 단지 그의 행위에서의 일치가 아니라 이미 현실적으로 그리고 본질적으로 공동체적 일치의 토대 위에서 의사소통을 하고 있는 우리와의 사이에 제한적이나마 소통 가능한 연관을 만들어 줄 수 있는 일치이다. 이 점이, 규칙 따르기와 언어놀이는 '관습(관례, 제도)'이라고 한 비트겐슈타인의 말이 오직 한 사람의 규칙 따르

---

26 이 점에서 비트겐슈타인의 생각은 Davidson(2001)의 삼각측량 이야기와 대비된다. 후자에 따르면 언어는 필연적으로 사회적인 것으로서, "둘 또는 그 이상의 사람이 멀리 있는 공통적인 자극에 대해 상호적으로 그리고 동시적으로 하는 반응과 그 두 사람 사이의 상호 반응"이라는 3자간의 관계로 이루어진 '삼각측량'에 의존해서만 가능하다(서론, xv). (그는 비트겐슈타인도 같은 생각일 것으로 간주한다.) 그는 자유로이 이동할 수 있는 한 사람에게도 일정 정도의 (대상들의 거리와 위치를 재는) 삼각측량 가능성을 인정하지만, 이 경우는 단순한 믿음과 대조되는, 그리고 두 사람 이상의 의사소통을 필요로 하는, 객관적 진리 개념을 확보하지 못한다고 본다(p.105 참조).

기와 언어놀이라는 한계적 경우와 관련해서도 의미를 지닐 수 있게 한다. 그것은 또한 언어에 의한 의사소통을 위해서는 '판단들의 일치'가 필요하다는 비트겐슈타인의 말 역시, 우리의 통상적인 의사소통에만 해당되는 것이 아니라 오직 한 사람의 독백적인 말의 경우에도 해당되는 것임을 드러낸다. 왜냐하면 그의 혼잣말은 우리가 속하는 '지상의 민족들'이 귀 기울여 듣는다면 결국은 이해될 수 있을 만큼 유사성을 지니게 되었을 경우에만 그 혼자만의 '언어(놀이)'로 자리매김될 수 있기 때문이다.

의미의 기준으로서의 사용과 관상으로서의 의미

후기 비트겐슈타인의 의미관에 대하여 I

1. 후기 비트겐슈타인의 의미 개념 문제: 사용 대 관상

잘 알려진 바와 같이, 후기 비트겐슈타인은 의미를 사용의 문제로 보았다. 이것은 의미를 어떤 물리적이거나 심리적인 대상으로 보는 뿌리 깊은 관점에 대한 일대 전환이었다. 그러나 의미와 사용, 그 둘의 관계가 정확히 어떠한 것인지는 실은 그리 명료하게 해명되었다고 할 수 없다. 의미는 사용인가? 즉 그 둘은 같은가? 또는 의미와 사용이 밀접하기는 하지만, 둘이 같지는 않은 관계인가? 이 경우 그 관계는 어떻게 이해되어야 하는가?

후기 비트겐슈타인은 종종 '의미는 사용'이라고 말하였다. 그리고 이 것은 그가 의미와 사용이 동일하다는 견해를 내세웠거나 전제한 것으로 간주되곤 한다. 그러나 한편으로, 그는 사용을 의미의 '기준'이라고도 이 야기한다. 왜냐하면 그는 의미가 사용에 의해 결정된다고 보기 때문이다. 그러나 의미가 사용이라는 말이 의미와 사용의 단적인 동일성을 뜻 한다면, 의미가 사용이라는 것과 사용이 의미의 기준이라는 것은 서로 맞지가 않는다. 왜냐하면, 일반적으로, 어떤 것 X가 어떤 것 Y의 기준이라는 말은 그 둘이 동일하지 않다는 것을 함축하기 때문이다. 예를 들어 신음과 같은 고통 행위는 고통의 기준이지만, 고통 행위가 곧 고통은 아니다. 사용과 의미의 경우는 달라야 하는가?

더욱이 비트겐슈타인은《탐구》§568에서 "의미[는] 하나의 관상(觀

相)"이라고 수수께끼 같은 말을 하기도 한다. 이 말과 '의미는 사용'이라는 말은 어떤 관계에 있는가? 이런 의문들이 해명되기 전까지는, 후기 비트겐슈타인의 의미관은 아직 분명하지 않다. 그의 의미관은 의미와 사용과 관상에 대한 그의 언급들을 좀 더 면밀히 고찰할 것을 요한다.

나는 의미, 사용, 관상에 대한 비트겐슈타인의 언급들을 분석하고 음미함으로써 그의 후기 의미관을 좀 더 깊이 이해해 보고자 한다. 기본적으로 나는 의미가 사용에 의해 결정되기는 하지만, 의미는 사용 자체가 아니라 사용과 관련된 하나의 관상이며, 사용은 이러한 의미의 기준이라는 것이 비트겐슈타인의 생각이라고—또는 생각이어야 한다고—볼 것이다. 이렇게 볼 때, '의미는 사용'이라는 그의 말을 올바로 이해할 수 있는 길도 열릴 것이다.

2. 의미와 사용의 관계에 대한《탐구》이전의 관점들

의미를 사용의 관점에서 보는 것은 오늘날 거의 당연한 일로 간주되고 있다. 그러나 그런 만큼, 비트겐슈타인이 의미를 사용의 문제로 보는 관점으로 우리를 이끈 것은 의미 문제에 대한 고찰에서 일대 혁명이었다고 할 수 있다. 왜냐하면 플라톤, 아리스토텔레스 이래 전통적으로 대부분의 철학자들은 낱말의 의미를 지시된 사물, 또는 관념과 같은 어떤 것으로 보았기 때문이다. 현대에 들어와서도 이러한 사정은 프레게와 러셀, 그리고 비트겐슈타인 자신의《논고》에 이르기까지 크게 변하지 않았었다.

후기 비트겐슈타인은 이러한 전통적 관점에 대해 신랄한 비판을 가하였다. 낱말의 의미를 지시된 대상으로 보는 관점은 이름을 낱말 종류의 전부인 양 착각하고 낱말의 다양성을 보지 못하는 것일 뿐 아니라, 이름의 의미를 그 소지자와 혼동하는 잘못을 저지르는 것이다. 지시 대상이 사라진다 해도, 낱말이 의미 없어지지는 않는다. 한편, 낱말의 의미를 우리가 말을 이해할 때 머릿속에 떠오르는 그림(관념 또는 이미지)으로 보아도 잘못은 피할 수 없다. 그림은 이런저런 사용을 암시할 수 있고 또 충돌도 할 수 있지만, 스스로 적용 방식을 갖고 있지 않다. 따라서 그런 그림을 지니고 있어도 낱말을 사용할 줄 모를 수도 있다. 그러나 낱말을 사용할 줄 모르면서 낱말을 이해한다고 할 수는 없으며, 또 낱말을 이해하지 못하는데 그 의미를 안다고도 할 수 없다. 의미는 관념 또는 이미지와 같은 그림이 아니며, 이해는 그런 그림을 소유하고 있는 심리학적이거나 생리학적인 내적 상태나 성향, 과정, 또는 체험에 있지 않다. 의미와 이해를 결정하는 것은 어디까지나 사용이다.

그런데 물론 '사용'('적용', '쓰임')은 이미 《논고》에서도 의미 문제와 관련하여 중요하게 언급된 바가 있기는 하다. 대표적으로, "기호에서 상징을 알아내려면, 우리들은 뜻이 있는 쓰임에 유의해야 한다"(3.326)거나 "어떤 기호가 **쓰이지 않는다면**, 그 기호는 의미가 없다"(3.328)고 하는 말들이 그러하다. 그러나 이 두 언급 사이에서 비트겐슈타인은 또한, "기호는 기호의 논리적·구문론적 사용과 더불어서만 비로소 논리적 형식을 확정한다"(3.327)고 말한다. 이 말에서 드러나듯이, 《논고》에서 그가 기호의 사용으로 염두에 둔 것은 기호의 논리적 구문론의 규칙들에 따르는 사용이었다.[1] 그러나 이것은 기호의 논리적 형식을 확정할 뿐, 《논고》

---

1   이 점은 비트겐슈타인이 《논고》 3.326의 영어 번역 문제와 관련하여 옥덴(Ogden)에게 보낸

에서 기호의 의미는 사유가 그러한 형식에 따라 기호를 어떤 대상을 지시하도록 투영함으로써 비로소 주어진다.[2] 그러므로 기호의 논리적 구문론적 사용은 그 지시 대상들('의미체')의 조합 가능성에 합치해야 하고, 결국《논고》에서는 기호의 구문론적 사용이 그 자체로 의미를 결정하는 것이 아니라 오히려 기호가 지시하는 대상들의 본질에 의해 사용이 결정되는 셈이 된다. 이것은 후기 비트겐슈타인의 생각과는 거리가 있다. 후기 비트겐슈타인에 의하면, 하나의 기호는 대상의 본질을 반영하거나 대상과의 지시적 결합에 의해서 의미 있게 되는 것이 아니라 관행적 언어 규칙들에 의해 지배되는 사용에 의해 의미 있게 된다.

후기에 접어들면서 비트겐슈타인은 우선 요소 명제들의 독립성 주장을 포기하고, 나아가 언어 표현이 실재의 본질을 반영한다는 언어 그림 이론을 포기한다. 이제 그는 언어를 (자의 눈금들과 비슷하게) 상호 연관된 명제들의 자율적 체계로 보게 된다. 그러나 그는 철학에 복귀한 1929부터 대략 1933년까지의 한동안, 이 체계를 계산 체계와 같은 어떤 것으로 보았다. 이에 따르면, 언어 표현의 의미는 실재를 반영함으로써가 아니라 이러한 체계 내에서의 표현의 자리 또는 역할에 의해서 결정된다. "의미는 낱말이 계산에서 행하는 역할이다."(PG p.63) 이 계산 체계는 《논고》의 논리적 구문론보다는 복잡하겠지만 어쨌든 여전히 정확하고 엄격한 논리적 구문론의 숨은 규칙들에 의해 지배된다고 간주된다. 즉 언어는, 그것을 사용하는 사람들이 알건 모르건, 엄격하고 정확한 형성

편지에서 좀 더 분명해진다. 이에 따르면, 기호가 명제에서 어떻게 뜻이 있게 사용되는지를 보아야 한다는 것은 곧 "기호가 논리적 구문론의 법칙들에 맞게 어떻게 쓰이는지를 관찰해야 한다"는 것이고, "따라서 여기서 '뜻이 있는'은 '구문론적으로 옳은'과 같은 의미이다."(LO p.59)
2 이 책 3장 3절 참조.

규칙들과 변형 규칙들의 체계에 의해 지배된다는 것이다. 이런 몇 가지 점에서, 이 시기의 비트겐슈타인의 생각은 언어(랑그)를 구체적인 상황에서의 화언(파롤)이 따라야 하지만 화언과는 독립적인 추상적 규칙 체계이며 언어 표현의 의미는 이 체계 내에서의 그것의 변별적 지위에 의해 결정된다고 본 소쉬르의 생각과 유사하다고 할 수 있을 것이다.[3]

3. 의미와 사용의 관계에 대한 《탐구》의 관점

그러나 이런 생각은 비트겐슈타인이 한 때 지녔을 뿐, 그대로 유지되지는 않았다. 《탐구》로 대표되는 단계로 넘어가면서, 그는 일상 언어를 정확하고 엄격한 숨은 규칙들에 의해 지배되는 체계로 보는 생각에 문제가 있음을 깨달았다. 의미는 자율적 규칙들에 의해 지배되는 사용에 의해 결정되기는 하나, 그 규칙들은 일반적으로 계산 규칙들과 같이 정확하고 엄격하게 모든 유의미한 사용을 미리 확정하는 그런 것이 아니다. 비트겐슈타인은 언어의 규칙들을 계산 규칙들보다는 놀이 규칙들과 비교하는 쪽으로, 그리고 실로 언어를 언어놀이의 관점에서 고찰하는 쪽으로 나아간다. 이에 따르면, 우리가 행하는 놀이들처럼, 실제의 언어는 "어디에서나 규칙들에 의해 제한되어 있지는 않다"(PU §68).

예컨대 테니스에서 얼마나 높게 또는 강하게 공을 던져도 되는가에 대한 정확한 규칙이 없어도 테니스는 하나의 놀이인 것처럼, 언어놀이를

---

3 비슷한 관점이 Harris(1988)에 피력되어 있다. 그러나 그는 그 유사성이 후기 비트겐슈타인의 한 시기에 한정된다는 것은 보지 못한다.

포함하여 놀이는 '테두리가 희미한 개념'이라고 말할 수 있다(PU §68 & §71). 기존 규칙이 애매한 경우 외에, 규칙 자체가 마련되어 있지 않은 경우들도 존재한다. 예를 들어, 의자가 내 눈 앞에 보이다가 몇 초 만에 사라지기를 여러 번 반복하는(또는 그렇게 보이는) 경우에 그런 어떤 것을 여전히 "의자"라고 불러야 하는지 여부를 말해 주는 규칙들이 없지만, 그렇다고 해서 우리의 언어놀이에서 우리가 실제로 그 낱말에 아무런 의미도 결합시키지 않고 있다고 말할 수는 없다(PU §80). 또한 우리가 놀이를 '해 나가면서 규칙을 만들어 나가는 경우'도 존재하며, 그뿐 아니라 '우리가—놀이를 해 나가면서—규칙들을 바꾸는 경우'도 존재한다(PU §83).

낱말들의 유의미한 사용이 언제 어디서나 규칙들에 의해서 경계 지어져 있기를 요구하는 것은 마치 "그 규칙들이 어떠한 의심도 침입하기를 허용하지 않는 놀이, 의심이 들어올 만한 모든 구멍이 막힌 놀이"(PU §84)를 요구하는 것과 같은 것이다. 그러나 비트겐슈타인에 의하면, 그러한 규칙들을 지닌 놀이는 실제로는 "마찰이 없는, 그러니까 어떤 뜻에서는 그 조건이 이상적인, 그러나 바로 그 때문에 또한 걸어갈 수도 없는 빙판"(PU §107)과 같은 것이다.

많은 철학자들이 아무 의심도 허용하지 않는 규칙을 이상적인 것으로 생각해 왔다. 그러나 비트겐슈타인에 의하면, "규칙은 이정표처럼 있다"(PU §85). 이정표는 내가 그것을 어떻게 따라야 할지 의심을 하려 들면 여러 가지로 의심할 수 있다. 그러나 특별한 이유 없이 정상적인 상황에서 그렇게 의심하는 것은 공허하고 무의미하다. 이정표는 정상적인 상황에서 그 목적을 달성한다면 아무 이상이 없다(PU §87). 철학자들이 이상적으로 생각한 언제나 정확하고 예외 없는 규칙이란 우리의 언어가 거기에 맞아야 할 본보기 즉 이상이 아니라, 우리의 언어 상태를 이해하는

데 빛을 던질 수 있는 '비교 대상'들로서 간주되어야 한다(PU §130-131 참조).

그러므로 이상적인 어떤 규칙들이 우리의 언어 사용의 배후에서, 실제 언어 사용과 거리를 두고 작용하고 있다고 생각해서도 안 된다. 비트겐슈타인은 "규칙과 일치하는 과정"과 "규칙을 포함하는 과정"을 구별(BB 34쪽)하면서, 우리가 관심을 가져야 할 언어 사용은 후자와 같은 것임을 분명히 한다. 그는 이렇게 말한다: "배운 바 있고 그 이후에 적용되는 규칙은, 그것이 적용 속에 포함되어 있는 한에서만 우리의 관심사가 된다. 우리의 관심사가 되는 한, 규칙은 멀리서 작용하지 않는다"(BB 35쪽). 즉 우리에게 문제가 되는 규칙은 화자의 언어 행위에 대한 실제 이유가 되고 올바름의 표준으로서 사용될 수 있음으로써만 의미를 가진다(같은 곳 참조). 규칙이 그것을 적용하는 화자의 실천적 행위와 독립하여 존재하지 않는다고 보는 점에서, 이제 비트겐슈타인의 입장은 소쉬르와 유사한 계산 모델[4]이 아니라 후에 가다머에서 구체화되는 해석학적 모델과 비슷한 것으로 되었다고 할 수 있을 것이다. 후자에 따르면, 언어는 추상적인 규칙 체계가 아니라 끊임없이 변화하며 개념들의 사용은 확고하게 미리 주어진 엄밀한 규칙의 지배를 받지 않는다. 그리고 이해의 참된 핵심은 적용에 있다.[5]

덧붙여 말하자면, 소쉬르와의 차이는 '차이'에 대한 태도에서도 존재

---

4 소쉬르에 따르면, 규칙 체계로서의 언어(랑그)는 규칙을 따르는 구체적 언어 행위인 화언(파롤)과 역사적으로 관계있지만 원칙적으로는 독립적으로 존재할 수 있다. 소쉬르(1990)의 서론 3-4장 참조.

5 Gadamer(1960) p.307: "[…] 적용은 이해 현상의 그때그때의 추가적 부분이 아니라 처음부터 전체적으로 함께 규정되어 있다. 또한 여기서 적용은 미리 주어져 있는 어떤 일반자가 특수한 상황에 관계되는 것이 아니었다."

한다고 할 수 있을 것이다. 잘 알려져 있다시피, 소쉬르는 기호의 의미가 다른 기호들과의 구조적 차이에서 나온다고 한다. 비트겐슈타인도 물론 차이를 강조한다. (한때 그는 "내 너에게 차이들을 가르쳐 주마"라는 셰익스피어의《리어왕》의 한 대사를《탐구》의 모토로 사용하려고 했었다고 한다.) 그러나 그것은 철학적 문제들을 야기한 혼란을 해소하기 위해 언어 사용의 미세한 차이에 주목해야 한다는 것이지, 한 기호의 의미가 다른 기호들과의 구조적 차이 자체에 의해 결정된다고 보는 것은 아니다. 비트겐슈타인 식의 관점에서는, 기호는 다른 기호들과의 그 모든 구조적 차이에도 불구하고, 사용되지 않으면 의미가 없다.[6] 즉 의미를 낳는 것은 차이를 만들어 내는 사용이지, 사용되지 않을 수도 있는 차이 자체가 아니다.[7] 차이는 물론 중요하지만, 그것은 말 자체의 차이가 아니라, '말이 삶의 다양한 장소에서 만들어 내는 차이(CV 175쪽)인 것이다.[8]

---

6 가령 "사과 20 + 사과 30 = 사과 50". 비트겐슈타인(LFM pp.113-114)에 따르면, 이 똑같은 구조의 명제가 수에 관한 것일 수도 사과에 관한 것일 수도 있다. 어느 쪽이냐는 사용에 달려 있다는 말이다.

7 그리고 언어의 차이들을 산출하는 시간화와 공간화로서의 Derrida(1982, pp.1-27 참조)의 이른바 '차연(différance)'도, 만일 그것이 사용을 내포하고 있지 않다면, 마찬가지의 문제를 지닐 것이다. 그러나 차연과 사용의 관계는 불분명하다. 구조주의 계열에 있는 사람으로서 들뢰즈(1999)는 특이하게도 비트겐슈타인의 의미관에 대해 언급을 하고 있다: "비트겐슈타인과 그의 제자들은 정당하게도 의미를 사용에 의해 정의한다"(256쪽). 그러나 비트겐슈타인에 대한 긍정적인 언급에도 불구하고, 들뢰즈가 이해하는 사용 개념은 불분명하다. (그는 마치 그것이 표상 기능 또는 표상성에 의해 정의되어야 한다고 보는 듯한데, 이는 다시 과거의 문제 있는 관점으로 회귀하는 게 될 것이다.) 그리고 나중에 보게 되겠지만, 비트겐슈타인이 의미를 사용에 의해 '정의'하는 것은 아니다.

8 그러므로 문제의 '차이'를 (소쉬르와는 다르게) '사용의 차이'로 보면 갈등은 좁혀질 수 있을 것이다. 사용의 차이는 의미의 차이를 낳고, 의미의 차이는 사용의 차이를 동반한다. 그리고 어떤 것이 사용된다면, 거기에는 다른 어떤 것이 아닌 바로 그것의 사용이라는 차이가 이미 내포되어 있다. 그러나 비트겐슈타인의 관점에서 보면, 여기서 '차이'라는 말 자체도 ('동일성'과 마찬가지로) 어디까지나 언어놀이에서 그것이 사용되는 방식에 의해 그 의미가 결정된다. 그러므로 소

4. 의미의 기준으로서의 사용

이제 한 언어 표현의 의미를 결정한다고 비트겐슈타인이 생각하는 사용은 단순히 그 언어 표현과 다른 언어 표현들과의 형식적 조합 가능성이 아니라, 그 표현을 가지고 한 공동체의 언어놀이들에서 유효한 놀이 동작 또는 수(手)들을 이루어 낼 수 있는 것, 다시 말해 그 표현이 한 공동체의 관행으로 확립된 일상적 언어놀이 규칙들에 따라 행하는 실천적 기능 또는 역할이다. 기호는 이러한 사용을 통해 그것의 생명 즉 의미를 얻는다.

> 모든 기호는 **혼자서는** 죽어 있는 것으로 보인다. **무엇이** 기호에 생명을
> 주는가? — 쓰임에서 그것은 **산다**. (PU §432)

그런데 이것은 기호의 사용과 기호의 의미의 관계에 대한 하나의 중요하지만 불충분한 단서일 뿐이다. 그 관계는 더 명확해져야 한다. (비트겐슈타인 자신도 저 말 다음에 이렇게 묻는다: "그것은 거기에서 자신 속에 생명의 숨을 받아들이는가? — 또는 **사용**이 그것의 숨인가?") 그러나 이 문제와 관련해서 비트겐슈타인은 여러 가지 방식으로 말을 한다.

우선, 의미(또는 뜻)는 사용에 의해 '주어진다', '특징지어진다', '제시된다', '확정된다', '규정된다'는 식으로 이야기된다: "한 낱말에 그것의 의미를 주는 것은 그 낱말의 특정한 사용일 뿐이다"(BB 122쪽); "우리에게

쉬르의 생각을 잇는 후기 구조주의자들의 이른바 '차이의 철학'에서처럼 '차이' 또는 '차이 자체'에 일상적 언어놀이를 벗어나 형이상학적으로 승화된 의미(초-의미)를 부여하는 것은 ('동일성'에 그러한 의미를 부여하는 것과 마찬가지로) 정당화될 수 없을 것이다.

어떤 한 어구의 의미는 우리가 그것을 사용하는 법에 의해 특징지어진다."(BB 116쪽) "의미가 상징의 사용에 의해 제시된다면[…]"(LFM p.81); "[…] 의미는 사용에 의해 주어진다"(LFM p.192); "기호들의 쓰임이 [명제의 뜻]을 확정해야 한다"(BGM p.367/282쪽); "그러나 다른 한편으로 그 낱말의 의미는 이 사용에 의해서도 규정되지 않는가?"(PU §139) 등등.

또 의미는 사용에 '달려 있다', 사용'에 (놓여) 있다'고도 이야기된다: "그들이 그 명제로 무엇을 뜻하느냐는 그들이 그 명제를 어떻게 사용하느냐에 달려 있다"(LFM pp.40-41); "그러나 문장들의 같은 뜻이란 그것들의 같은 **사용**에 있지 않은가?"(PU §20); "다른 한편으로 그것[낱말]의 의미는 그것의 사용에 있기 때문이다"(PU §197).

그러나 이상의 다양한 언급들은 결국, 사용이 의미의 (그리고 이해의) '기준'이라는 것으로 귀착된다. 비트겐슈타인은 의미와 사용의 관계를 이런 식으로도 나타내었다.

그들이 무엇을 뜻하는가에 대한 한 가지 기준은, […] 이 낱말이 그 부족의 삶에서 행하는 것으로 관찰되는 역할이라고 우리는 말할 수 있을 것이다. (BB 159쪽)

이 상징들의 **사용**은 그 의미의 기준이다. (LFM p.81 & p.182 참조)

적용은 이해의 한 기준으로 남아 있다. (PU §146)

[…] 공식이 어떻게 뜻해졌느냐에 대한 기준은 무엇인가? 가령 우리가 그것들을 항구적으로 사용하는 방식, 우리가 그것들을 사용하는 법을 배운 방식이다. (PU §190)

그런데 비트겐슈타인은 더 나아가, 사용이 바로 의미라고 정의하듯이 말하거나, 또는 어쨌든 그 둘을 동일시한다고 보이는 말들도 한다.

　　실천에서의 낱말의 사용이 그것의 의미이다. (BB 122쪽)

　　의미의 설명은 낱말의 쓰임을 설명한다. 언어에서의 낱말의 쓰임이 낱말의 의미이다. (PG pp.59-60)

　　내가 어린아이에게 '치통'이라는 낱말의 사용(의미)을 가르친다면, […] (LPE 220쪽)

　　이 명제의 사용 방식은, 그리고 따라서 그것의 뜻은 […] (BGM 206쪽 (번역 일부 수정))

　　상이한 사용은 상이한 의미**이다**. (LFM p.192)

　　[…] 낱말의 쓰임 ─ 의미 ─ 을 […] (PU §30)

　　문장을 도구로 간주하라, 그리고 문장의 뜻은 그 사용이라고 간주하라! (PU §421)

　　[…] 문장의 뜻, 즉 그 문장의 가능한 사용은 […] (BF III, §331)

　　낱말의 의미는 그것의 사용 방식이다. 왜냐하면 그것이 낱말이 우리의 언어에 최초로 통합될 때 우리가 배워 익히는 것이기 때문이다. (ÜG §61)

　　적지 않은 사람들이 비트겐슈타인은 의미와 사용을 동일시했다, 또는 의미를 사용으로 정의했다고 보았다.[9] 그러나 사용이 의미를 낳고 또 의미를 지닐 수 있지만, 사용이 곧 의미인지는 별문제이다. 서두에서 지적했다시피, 사용이 의미의 기준이라면, 의미와 사용이 단적으로 동일하다고 말하기는 곤란하다. 예를 들어 신음과 같은 고통 행위는 고통의 기준

9　예를 들면 Hallet(1967)과 Garver(1994, 12장).

이지만, 고통 행위가 곧 고통은 아니다. 일반적으로, X가 Y의 기준이라면 그 둘은 달라야 한다.[10] 물론, 가령 '세 변이 직선인 닫힌 도형'과 '삼각형'의 경우나 'H2O'와 '물'의 경우처럼 X가 Y의 정의적 기준이거나 이론적 기준일 경우에는, X와 Y가 동일할 수 있을 것이다. 그러나 사용과 의미의 관계를 그처럼 엄밀하게 동일한 관계로 보기는 어려운데, 왜냐하면 다음과 같은 문제들이 제기될 수 있기 때문이다.[11] 첫째, 쓰임이 있는 낱말들이 모두 의미가 있는 것은 아니다. 예컨대 '아브라카다브라'와 같은 주문들이나 '유비발레라'와 같은 노래의 후렴들이 그러하다. 그렇다면 사용 개념은 의미 개념보다 더 넓은 외연을 지닌다. 둘째, 낱말의 의미와 달리 사용은 몸짓을 동반할 수 있고, 화자에 대해 뭔가를 말해 주는 등을 할 수 있다. 즉 의미와 사용에는 범주적 차이가 있다. 셋째, 같은 의미를 지닌 두 표현이 같은 쓰임을 지니지 않을 수 있다. (예컨대 영어의 'cop'과 'policeman') 그러므로 사용의 모든 측면이 의미와 관계가 있는 것은 아니다.

5. 의미 개념의 일부로서의 사용과 《탐구》 43절의 통상적 해석

물론, 비트겐슈타인이 이러한 문제들을 전혀 몰랐을 리는 없다. (그는 기준을 필요충분조건 관계와 같은 것으로 보지 않았다.) 그는 1932-1935년의 강의에서 "한 낱말의 의미"에 "한 낱말의 사용"을 대입할 것을 제안하

---

10 수터(1998) 240쪽 참조.
11 이하의 지적은 Glock(1996a) p.378과 Rundle(1990) 1장 참조.

면서, 그 이유로 "한 낱말의 사용이 '한 낱말의 의미'로 뜻해진 것의 커다란 일부를 이룬다"(AWL p.48)는 점을 들고 있는데, 이는 한 낱말의 사용과 의미가 온전히 동일한 것은 아니라는 셈이기도 하다. 가령 모순의 경우, 그것이 쓰임이 없다는 것은 분명하지만, 그것이 의미가 있는지 없는지는 어떻게 결정해야 할지 모르겠다고 그는 말한다(LFM p.223 참조). 다른 곳에서 그는, 두 부정 기호가 이중 부정 이외의 경우에는 사용상의 차이가 없다면 그 두 기호는 다른 의미를 가진다고 할 수도 있고 같은 의미를 가진다고 할 수도 있다고 한다(PU §556). 이는 그가 낱말의 모든 쓰임이 의미 문제와 관련 있는 것은 아닐 수 있다는 것을 인정하고 있음을 보여 주는 것이다.

《탐구》의 논란 많은 43절도 비슷한 관점에서 읽을 수 있을 것이다.

> "의미"란 낱말을 이용하는 경우들 중 **많은** 부류에 대해서 — 비록 그 **모든** 경우에 대해서는 아닐지라도 — 이 낱말은 이렇게 설명될 수 있다. 즉:
> 한 낱말의 의미는 언어에서의 그것의 쓰임이다.
> 그리고 때때로 한 낱말의 **의미**는 그 **소지자**를 가리킴으로써 설명된다.

상당수의 사람들[12]이 여기서 비트겐슈타인은 '의미'란 낱말을 이용하는 모든 경우에 낱말 의미뿐 아니라 '이 구름들은 비를 의미한다'와 같은 비언어적 의미들의 경우를 포함하는 것으로 본다. 그리고 콜론 이하의 의미 설명은 그 중 언어적 의미의 경우에 해당되고, 비언어적 의미들의 경우는 그 설명이 적용되지 않는 예외적인 경우에 해당된다고 본다. 이

---

12 예를 들면, Hacker(1980) p.250; Garver(1994) 12장; Glock(1996a) p.377.

해석에 따르면, 언어적 의미의 경우에는 비트겐슈타인이 자신의 설명으로부터 특별히 어떤 종류의 언어적 표현을 배제하지 않았다.

그러나 비트겐슈타인이 여기서 '의미'란 낱말을 이용하는 모든 경우로 언어적인 경우와 비언어적 경우 모두를 생각했다면, 언어적 의미는 그 모든 경우의 많은 부류일 수 없다. 비트겐슈타인의 (특정 시기의) 생각을 정리한 것으로 알려진 F. 바이스만의 책[13]에는, '이 구름들은 비를 의미한다'나 '그의 표정은 의미로 충만했다'와 같이 '의미'란 낱말이 적용되는 여러 경우들이 열거되어 있는데, 그 중 낱말 의미의 경우는 한 경우를 이루고 있을 뿐이다. 더욱이 비트겐슈타인은 바로 이 한 경우만이 그가 관심을 가지고 있는 경우라고 말한다.

위 인용문의 첫 단락에서 비트겐슈타인이 제시하는 설명에 낱말 의미의 경우 이외의 경우에 대해서 전혀 언급이 없는 한, 그의 설명은 처음부터 낱말의 의미라는 언어적 의미의 경우만을 염두에 두고 있다고 보아야 할 것이다.[14] 즉 그의 주장은, 낱말의 의미가 문제되는 많은 부류에 대해서 그의 설명이 유효하다는 것이다. 이에 따르면, 이미 앞에서 지적했듯이, 비트겐슈타인은 자신의 설명이 낱말 의미의 모든 경우에 반드시 적용된다고 본 것은 아닌 셈이 된다.

물론 비트겐슈타인은 여기서 어떤 경우들이 예외적인 경우가 될지에 대해서는 직접적으로 언급하고 있지 않다. 43절의 둘째 단락은, 얼핏 보기와는 달리, 이름의 경우가 그의 설명에 예외적인 경우라는 것이 아니다. 오히려 이름과 같은 낱말도 그 의미는 그 소지자를 가리키는 방식으

---

13 Waismann(1965) pp.155-156.
14 Savigny(1994) p.88과 Savigny(1996) pp.70-71 참조.

로 그 사용을 보임으로써 설명될 수 있다는 것이고, 따라서 첫째 단락에서 말하는 '많은 부류'에 포함된다는 것이다.[15]

비록 43절이 자신의 설명이 낱말 의미의 모든 경우에 대해 유효하지 않을 수 있는 가능성을 배제하지 않고 있지만, 이것이 비트겐슈타인의 설명의 가치를 떨어뜨리는 것은 아니다. 그가 추구한 것은 의미의 엄밀한 정의나 일반 이론이 아니었다. 그렇다고 어떤 자의적 정의를 추구한 것도 아니었다. 물론, 그에 의하면, ('놀이' 개념과 마찬가지로) "뜻과 의미는 막연한 개념들"(Z §154)이므로, 원한다면 우리는 어떤 특별한 목적을 위해 그 개념에 한계를 그어 정의 내릴 수는 있다. 그러나 이것은 "1보(步)=75cm라는 정의를 내린 사람이 '1보'라는 척도를 사용 가능하게 만드는 것은 아닌 것과 마찬가지이다"(PU §69). 우리는 43절을 이와 같은 자의적 성격의 정의로 보아서는 안 된다.

6. '의미[는] 하나의 관상'

그렇다면 의미와 사용의 관계에 대한 비트겐슈타인의 언급들은 어떻게 이해되어야 할까? 여기서 우리는 뜻과 의미가 막연한 개념이라는 비트겐슈타인의 말에 유의하면서, '의미는 하나의 관상'이라는 그의 수수께끼 같은 말을 음미해 볼 필요가 있다고 생각된다.

《탐구》 568절에서 "의미[는] 하나의 관상"이라는 말은 이중 괄호 안에 놓여 있고, 따라서 그 자체로는 비트겐슈타인이 의도하는 바가 그리 분

---

15 Savigny(1996) pp.71-72와 Hacker(1980) p.250 참조.

명하지 않다. 그것은 비트겐슈타인 자신이 주장하려는 것인가, 아니면 그의 글에서 이중 괄호 속의 표현들이 종종 그러하듯이, 비판적으로 음미해 볼 필요가 있는, 문제 있는 어떤 생각인가? 그러나 그 앞에서 비트겐슈타인은, '의미'가 무엇인가는 '의미의 설명'이 무엇인가라는, 사용의 고찰을 요하는 문제에 달려 있다는 점을 상기시키면서도(§560), 사용에 관한 사항이 명확해도 의미에 관한 문제는 여전히 남을 수 있음을 지적하고(§556 참조), 의미의 설명 문제는 '요점'이 없거나 이해되지 않는 비본질적인 사용 규칙(또는 규정)들이 아니라 본질적인 사용 규칙들과 연관이 있다고 해야 할 것임을 암시하고 있다(§§562–567 참조). 의미가 관상이라는 말은 분명 이런 맥락 속에서 고찰되어야 할 것이다. 즉 그 말이 함축하는바 한 낱말의 의미로서의 관상, 또는 관상으로서의 의미는, 한 낱말의 모든 사용이 아니라 한 낱말이 언어놀이에서 행하는 본질적인 또는 요점적인 역할로 간주되는 어떤 것과 관계시켜 보아야 할 것이라는 말이다.[16]

사실 비트겐슈타인은 관상과 통할 수 있는 개념들로, 사물이 지니는 얼굴, 얼굴 표정, 상(相) 따위에 대해 종종 이야기해 왔다. 그에 의하면 언어 표현 역시 우리에게 어떤 얼굴, 관상을 지니고 있다.

이를테면 "읽다"라고 적힌 낱말을 바라보라,—"그것은 그저 낙서가 아니다, 그것은 '읽다'이다", 즉 "그것은 하나의 명확한 관상을 가지고 있다"라고 나는 말했으면 한다. 그러나 […] (BB 279쪽)

"하나의 수열은 우리에게는 **하나의** 얼굴을 지니고 있다!"—물론이다;

---

16 이 책 7장 각주 23 참조.

그러나 […] (PU §228)

모든 낱말은―우리들은 이렇게 말했으면 한다―비록 상이한 맥락에서 상이한 성격을 지닐 수 있지만, 그럼에도 불구하고 그것은 언제나 **하나의** 성격―하나의 얼굴―을 지니고 있다. 아무튼 그것은 우리를 바라본다.――그러나 […] (PU 2부 [38])

한 낱말이 지니는 낯익은 얼굴,[17] 그것이 그것의 의미를 자신 속에 흡수했다는, 그것의 의미와 꼭 닮았다는 감정, […] (PU 2부 [294])

그리고 당신은 이 모든 낱말 사용에서 어쨌든 **하나의** 얼굴, 통일된 하나의 진정한 개념을 보았노라고 말하려는 것 아닌가?―그러나 […] (BPP2 §221)

이들 인용문에서 비트겐슈타인은 우리가 이해하는 낱말이 우리에게 어떤 명확한 관상을 지닌 얼굴로서 나타난다는 점을 그 자신이 직접 주장하지 않고, 우리가 그렇게 '말했으면 하는' 어떤 것으로서 다룬다. 마치 우리가 그렇게 말하고는 싶겠지만 그렇게 말하면 문제가 있다는 듯이 말이다. 그러나 한편으로, 그는 우리가 말했으면 하는 것 자체를 문제 삼지는 않는 것으로 보인다. 다시 말해서, 그는 우리가 이해하는 낱말의 의미가 그 사용의 다양성에도 불구하고 낯익은 '하나의 얼굴', 하나의 관상으로 나타난다는 것 자체를 부인하지는 않는다. "물론" 낱말은 그런 어떤 관상을 지니고 있다. 그가 우려하는 것은 오히려, 우리가 그 관상의 본성에 대해 오해하기 쉽다는 것이다.

---

17 이 인용문과 관련된 유고에서 '낯익은 얼굴'은 '관상의 낯익음'으로 대체될 수 있는 것으로 되어 있다. WN 130 p.89 참조.

그에 의하면, 우리가 낱말의 의미로서의 관상과 관련해 현혹되지 않기 위해서는 우리는 낱말의 사용을 물어야 한다. 낱말의 관상에서 우리가 보아야 할 것은 어떤 실체적 대상(의미체)이 아니라, 낱말과 더불어 일어나는 일, 낱말로 행해지는 것, 우리가 낱말을 가지고 행하는 것, 즉 낱말의 이러저러한 사용이다. 관상으로서의 의미는 낱말들이 "그것들 속에 가지고 있는, 우리가 그것들을 어떻게 사용하는가와 관계없이 그것들에 고착된, 어떤 것이 아니다"(BB 281쪽). 그럼에도 불구하고 '원시적인 철학'은 한 낱말의 모든 사용을 낱말과 대상의 관계라는 **하나의** 관계 속에 압축하고, 결과적으로 그 관계를 신비화한다(BB 284쪽 참조). 그리고 이러한 신비화는 낱말의 관상(의미)을 본다는 것을 낱말의 어떤 내밀한 영혼을 보는 것으로 생각할 때도 일어난다. 그러나 "낱말을 내밀한, 영혼 가득한 어떤 것으로 간주하는 경향이 언제나 있지는 않거나 같은 정도로 있지 않다는 것은 분명"하며, 이런 의미에서는 "우리의 언어를 이해하는 모든 사람이, 모든 낱말은 **얼굴**을 가지고 있다고 말할 용의가 있을 것"인지는 확실하지 않다(BPP2 §§323-324 참조). 낱말의 관상을 본다는 것은 배후에 숨겨진 어떤 정신적인 것의 지각에 있는 것이 아니라, 오히려 어떤 능력, 즉 낱말을 가지고 특정한 방식으로 사용할 수 있음을 보는 데 있는 것이다.

앞의 인용문에서 알 수 있다시피, 낱말의 관상을 본다는 것은 우리가 가령 '읽다'란 낱말을 (우리말을 모르는 사람의 경우처럼) 이상하게 꼬부라진 선들의 모음이나 낙서로 보는 것이 아니라, 우리가 이해하는바 '읽다'라는 낱말로서 보는 것―또는 단순히 어떤 소음으로 듣는 것이 아니라, 우리가 이해하는바 '읽다'라는 낱말로 듣는 것―이다.[18] 그것은 단순히 그 낱말을 '읽다'로 읽을(발음할) 수 있는 것을 말하는 것이 아니라, 그 낱말을 우리가 어릴 때부터 훈련을 통해 사용해 온 특정한 방식으로—
아마도 우리 언어에서 '읽다'란 낱말의 '본질적' 사용 또는 '대표적' 적용
(LFM p.20 참조)에 해당되는 방식으로—사용할 수 있는 낱말로서 보는
것이다. 즉 '읽다'란 낱말을 '읽다'로 이해하는 사람은 그것을 '읽다'로 사
용할 줄 아는 사람이다. 이러한 의미에서의 낱말의 관상 즉 의미는 한 낱
말의 전체 사용 양식이 요약되어 있는[19] 문법적 얼굴이라고 할 수 있으
며, 한 언어를 이해하고 사용할 줄 아는 누구나 낱말에서 볼 수 있는 것
이다. 그것은 사람마다 차이 있을 수 있는 단순한 주관적 인상이나 표상
들과는 다르다. 낱말의 의미로서의 관상은 한 언어 공동체 내에서 공적
이고 공통적으로—그리고 그런 뜻에서 객관적으로—보고 느낄 수 있는
것이다.[20]

우리는 낱말의 쓰임에서 문법적으로 특징적인 하나의 얼굴을 본다는
뜻에서 낱말의 관상(의미)을 본다. (물론 한 낱말이 둘 이상의 다른 방식으
로 쓰인다면, 우리는 한 낱말에서 둘 이상의 관상도 볼 수 있다.) 우리가 낱말
에서 이러한 관상을 보게 되는 것은 특정한 사용 훈련과 실천의 자연스
러운 결과이다. 또 그런 한에서 우리는 낱말의 관상에서 특정한 사용의
가능성을 보거나 기대할 수 있다. 즉 관상은 어떤 사용을 시사한다. 그러
나 관상이 모든 사용을 결정하지는 않는다. 관상은 사용의 특징적 얼굴
일 뿐이다. 그럼에도 불구하고— 여기에 관상과 관련된 또 하나의 착각

---

18 문장의 경우도 마찬가지이다. 즉 여기서 '읽다' 대신, 가령 '지구는 둥글다'를 대입할 수 있다.
19 Waismann(1965) p.157 참조; "우리는 '의미'라는 낱말에 기호의 전체 사용 양식—종종 매우
복잡한—을 요약한다."
20 낱말 의미의 체험은 상을 봄과 연관되어 있다(PU 2부 [234] 및 [261] 참조). 아마도, 의미를
봄은 상을 봄의 일종이라고 할 수 있을 것이다.

이 있는데―관상이라는 것은 마치 우리가 그것만 보면 그 관상의 보유자에게 일어난 것과 일어날 모든 것을 알아낼 수 있을 어떤 것처럼 생각될 수도 있다(BPP1 §654와 WN 133 p.38v 참조). 한순간에 파악 가능한 관상 안에 시공간 속에서 전개될 수 있는 모든 사용이 신비하게도 이미 다 들어 있는 듯이 여겨질 수도 있다. 그러나 낱말의 실제 사용이 낱말의 관상과 다를 가능성이 전적으로 배제될 수는 없다. 마치 입방체의 그림이 우리에게 모종의 사용을 시사하지만, 우리는 그것을 다르게도 사용할 수 있듯이 말이다(PU §139 참조).

7. 관상으로서의 의미와 '본질적' 사용:《탐구》43절의 새로운 해석

비트겐슈타인은 언어를 도구로 간주하라고 하였다(PU §§360, 421, 569 참조). 낱말들은 도구 상자에 있는 도구들과 비교된다(PU §11). 망치, 집게, 톱 등이 특정한 쓰임을 위한 것이듯, 낱말들은 각각 특정한 쓰임을 위한 도구이다. 가령 '읽다'란 낱말은 읽는 일을 나타내기 위해 쓰일 수 있는 하나의 도구이며, '생각하다'란 낱말은 생각하는 일을 나타내는 데 쓰일 수 있는 하나의 도구이고, 등등. 낱말의 관상을 본다는 것은 바로 이렇게 낱말을 어떤 특정한 용도―정상적인 상황에서 '본질적' 기능이 되는 그런 용도―를 지닌 것, 즉 도구로서 보는 것이다. 이것은 가령 망치를 망치질을 위한 도구(즉 망치)로서 보고, 톱을 톱질을 위한 도구(톱)로서 보는 것과 본성상 다르지 않다.[21]

비트겐슈타인은 의미가 관상으로서 나타난다는 것을 인정하면서도,

그것이 '의미체'로 신화화되는 것을 경계한 것으로 보인다. 낱말의 관상으로서의 의미는 낱말 사용의 그림자 비슷한 것이다. 그것은 다소 막연한 것이며, 그것의 정체를 알려면 결국 우리는 낱말의 사용을 보아야 한다. 다시 말해서, 의미가 문제될 때 "전적인 중요성은 우리가 […] 행하는 특정한 사용에 놓여 있다"(BB 284쪽)는 것, 이것을 우리는 잊지 말아야 하는 것이다. 그가 '의미는 사용'이라는 식으로 말했던 이유의 하나는 여기에 있다. 즉 그것은 치료적 목적을 가진 하나의 슬로건과 같은 것으로 이해될 수 있다.

그러나 그림자를 그것의 주인과 독립된 어떤 것으로 보아서는 안 되겠지만, 그림자를 그것의 주인과 혼동해서도 안 된다. 그림자는 그림자이지, 그것의 주인과 같지 않다. 우리는 그림자로부터 그 주인을 알아보거나 짐작할 수도 있지만, 그림자의 주인은 예기치 않은 것일 수도 있다. 가령 망치, 즉 우리가 통상 '망치'라고 부르는 것은, 경우에 따라서는 통상적 용도와는 다르게, 음악을 연주하는 도구나 살인의 도구 따위로 쓰일 수도 있는 것이다. 마찬가지로, 어떤 의미–관상을 지닌 낱말이 통상적인 방식과는 다르게 쓰일 수 있다. 낱말의 의미로서의 관상과 낱말의 '본질적인'(또는 '대표적인') 사용이 일치하는 경우는 오직 통상적인 상황에서일 뿐이라고 할 수 있다. 이 상황에서는, 그리고 오직 이 상황에서만, 언어놀이는 우리가 낱말의 관상에서 보는 낱말의 사용법에 의거해 문제없

---

21 그런데 망치를 망치로서 보는 것은 이른바 '해석학적 로서'의 구조를 지닌다고 하거니와, 그렇다면 이러한 관점의 연장선상에서 우리는 낱말의 관상을 보는 것 역시 그러한 구조를 지닌다고 말할 수 있을 것이다. 주지하다시피, 하이데거(1998, §33)는 '해석학적 로서'를 선술어적인 것으로서, 언어(진술) 차원의 '명제적 로서'와 근본적으로 구별되는 것으로 보았다. 그러나 우리의 생각이 옳다면, 이러한 구별은 그렇게까지 근본적인 것은 될 수 없을 것이다.

이 행해질 수 있다.

그리고 여기서 우리는 한 낱말의 의미를 관상으로 보는 것이, 한 낱말의 의미는 (대부분의 경우) 언어에서의 그것의 사용이라고 한《탐구》43절과 상충되지 않는다고 할 수 있는 한 가지 길을 볼 수 있다. (이 길은 비트겐슈타인 자신이 아주 분명히 했다고는 할 수 없는 길이다.) 즉, 의미가 낱말 사용법의 관상이라면, 그것은 모든 경우에는 아니더라도 대부분의 경우에 — 다시 말해 통상적인 경우에 — 실제 사용과 일치해야 하며, 또 실제로 일치한다고 할 수 있다는 것이다. 왜냐하면 그렇게 일치하지 않으면, 나중에 D. 데이빗슨에 이르러 '자비의 원리'로 불리게 된 원리[22]와 통한다고 할 수 있는 다음과 같은 이유 때문에, 우리의 언어놀이는 성립할 수 없을 것이기 때문이다.

이미 말한 대로, 낱말의 의미가 낱말의 사용에 의해 결정되는 관상이라고 해 보자. 낱말의 의미가 사용에 의해 결정되는 한, 사용은 의미의 기준이다. 그리고 한 낱말의 의미로서의 관상에는 그 낱말이 어떻게 사용되는가 하는 점이 포함되어 있다. (왜냐하면 어떤 것이 어떤 것의 기준이면, 전자는 후자의 개념의 일부를 이루기 때문이다.) 그러므로 우리가 어떤 낱말을 어떤 사용을 지닌 것으로서 그 관상(의미)을 볼 수 있을 때, 우리는 통상 그 낱말을 특정한 방식으로 사용할 수 있다. 그러나 우리가 보는 관상은 경우에 따라서는 틀릴 수도 있다. 관상에서 보이는 사용 방식이 실제와 부합하는지는 어디까지나 언어놀이에서의 실제 사용에 비추어 보아야 한다. 그런데 만일 낱말의 사용에 대한 관상이 실제와 다르면 다를수록, 그 관상은 그러한 관상으로서의 의의를 상실할 것이다. 우리는 그

---

22 이에 대해서는 이영철(1991) 4장 참조.

런 관상에 의지하여 언어놀이를 정상적으로 행할 수 없다. 그러므로 언어놀이가 제대로 돌아가기 위해서는, 낱말 사용의 관상으로서의 의미는 대부분의 경우에 낱말의 실제 사용과 일치해야 한다.

그리고 이 점은, 때때로 한 낱말의 의미가 그 소지자를 가리킴으로써 설명된다고 하는 경우에도 마찬가지이다. 즉 그 경우 그 낱말의 의미는 그 소지자를 가리키는 그 낱말의 그러한 사용의 관상으로서, 대부분의 경우에 그 낱말의 그러한 사용과 일치해야 한다. 왜냐하면 그렇지 않으면 우리는 그러한 관상-의미로 그 낱말을 사용하여 그 소지자를 가리킬 수 없게 될 것이기 때문이다.

의미를 관상으로 보는 관점에서는 그러므로《탐구》43절은 결국, 언어놀이가 가능하려면 대부분의 경우에 있어서 낱말의 관상-의미는 그것의 사용과 일치해야 하고 또 실제로 일치한다는 말로 자연스럽게 읽을 수 있을 것이다. 이 경우 그 절에서 말해진 것은 의미에 대한 어떤 정의가 아니라, '의미'란 낱말과 관련된 하나의 문법적 기술이라는 점이 분명해진다.

8. 의미의 가장 좋은 그림으로서의 사용과 관상으로서의 의미

낱말의 사용과 그것의 관상으로서의 의미의 관계는 이른바 '외면적인 것'과 '내면적인 것'의 관계에 대한 비트겐슈타인의 고찰과 연계하여 보면 좋을 것이다.[23] 사용이 외면적인 것인데 비하면 의미는 흔히 내면적인 것이라고 여겨져 왔다. 그러나 그에 의하면, 이른바 '내면적인 것'은 외면적인 기준들을 필요로 한다(PU §580 참조). 외면적인 것은 내면적인 것과 같은 것이 아니지만, "내면적인 것은 외면적인 것과 단지 경험적으로가 아니라 논리적으로 결합되어 있다"(LS2 p.64). 그렇기 때문에 일반적으로 우리는 외면적인 것을 액면 그대로, 즉 그것을 내면적인 것의 단적인 표출로서 받아들인다. (우리는 예외적이거나 특별한 상황―가령 연극과 같은―에서만 외면적인 것과 내면적인 것을 분리시켜 본다.) 이것은 우리가 신중하지 못함을 보여 주는 것이 아니라, 그렇지 않으면 우리의 언어놀이가 더 이상 정상적으로 영위될 수 없다는 문법적 사실일 뿐이다. 정상적인 상황에서, 즉 우리의 언어놀이가 잘 돌아가는 상황에서, 외면적인 것과 내면적인 것의 일반적 괴리는 생각할 수 없다. 그 둘은 대체로 일치해야 하고, 또 일치한다.

비트겐슈타인은 "인간 신체는 인간 영혼의 가장 좋은 그림이다"(PU 2부 [25])라고 말한 바 있다. 비슷하게, "낱말의 사용은 낱말의 의미의 가장 좋은 그림이다"라고 말할 수 있지 않나 싶다. 그리고 그렇기 때문에, 낱말의 의미는 바로 낱말의 사용에서 그 얼굴이 그려진다고 할 수 있는 어떤 상, 즉 관상이 된다는 것이다.

얼굴을 포함한 신체의 모습과 움직임은 영혼 그 자체는 아니지만, 그

---

23 Finch(1977, 11장)에 의하면, 그러한 연관은 더 나아가 "관상학적 현상주의"라고 부를 수 있는 비트겐슈타인의 입장과 관계된다. 이 입장에 따르면, 일상적 현상들은 '관상학적'이라고 부를 수 있는 표현(또는 표정)들을 지니고 있는데, 이 "표현적" 현상들은 다른 현상들보다 덜 기본적―혹은 덜 원초적―이지 않다. 그러나 핀치는 관찰된 바로서의 의미 내용이 표현적 현상에 포함된다고 보면서도, 관상으로서의 의미가 사용으로서의 의미와 더불어 의미 개념의 일부를 이룬다는 식으로 보는 점에서 문제를 보인다. 나의 생각으로는, 사용은 의미의 기준으로서 의미 개념의 일부를 이루지만, 의미는 사용이라는 의미 부분과 관상이라는 의미 부분으로 나뉘어 구성되어 있는 것이 아니다.

것을 떠나서 영혼을 볼 수 있는 길은 없다. (그렇기 때문에 내면의 움직임을 포착하기 위해 우리는 가령 바로 그 인물을 사진 찍는 것이다. 그러나 이것은 미개인들 생각처럼 영혼을 '빼앗지'는 않는데, 왜냐하면 신체와 영혼이 같지는 않기 때문이다.) 신체라는 외면적인 것은 영혼이라는 내면적인 것의 기준이 된다. 물론 인간 신체가 바로 영혼의 그림이 되지 않는 경우도 있다. (거짓 꾸밈, 위장 등등의 경우.) 그러나 이것이 인간 신체보다 영혼에 대한 더 좋은 기준이 있다는 것은 아니다. 통상적인 경우, 우리는 신체의 움직임을 내면의 단적인 표출로서, 액면 그대로 받아들인다. 그리고 이와 마찬가지의 문법적 관계가 언어 사용과 의미 사이에도 성립하는 것이다. 관상으로서의 의미 개념은 바로 이러한 점을 우리가 놓치지 않게 해 준다고 할 수 있다. 왜냐하면 의미가 관상이라면, 낱말의 의미 문제와 관련하여 우리가 보아야 할 것은 필연적으로, 낱말의 운명에 해당된다고 할 수 있는 것, 즉 한 언어 공동체 내에서 낱말의 관상을 결정하는 과거, 현재, 미래적 쓰임이 될 것이기 때문이다.

7
—
사용·관상·의미

후기 비트겐슈타인의
의미관에 대하여 II

1. 비트겐슈타인 의미관의 변화와 의미 개념의 문제: 의미, 사용, 관상

철학의 언어적 전환과 함께 의미의 문제는 철학적 탐구의 한 중심을 차지하게 되었다. 철학적 문제가 비트겐슈타인의 주장과 같이 언어의 논리 또는 문법에 대한 오해에 기인한다면, 이러한 오해를 해소하기 위한 작업은 논리와 문법의 본성을 다루지 않을 수 없다. 또 논리와 문법의 본성 해명은 의미와 무의미의 경계, 즉 의미의 한계를 드러내 보이게 되고, 이는 의미의 본성에 대해서도 일정한 해명을 주게 된다. 역으로, 의미의 본성에 대한 어떤 (암암리의) 견해 또는 관점이 논리와 문법의 본성에 대한 해명에 영향을 끼치기도 한다. 그러므로 철학적 작업은 의미의 본성에 대한 어떤 관점을 전제하거나 동반한다고 할 수 있다.

일반적으로, 비트겐슈타인의 의미관은 전기의 이른바 '그림 이론'으로부터 후기의 이른바 '사용 의미론'으로 전환되는 것으로 이야기된다. 대충 말해서, 전자의 관점은 현대 논리의 발전에 힘입어 의미의 문제를 낱말 차원에서 문장 내지 전체 언어의 차원으로 끌어올렸지만, 언어 표현에 의해 지시되는 대상과 묘사되는 사태를 의미와 뜻으로 본 점에서, 언어란 본래 뭔가를 표상하는 것이라고 보던 서양 언어관의 오랜 전통에 속한다고 할 수 있다. 이 전통은 의미를 경험적이거나 초험적인 대상과, 아니면 내적 관념 따위와 동일시하지만, 언어의 의미를 언어 외적인 것에서 찾는다는 점에서는 서로 일치한다.

그러나 비트겐슈타인의 《논고》는 전통적 의미관의 현대적 정점을 이루고 있으면서, 한편으로는 새로운 의미관을 위한 단초도 동시에 내포하고 있었다. 왜냐하면 거기서 전통적으로 이해된 기호의 의미와 뜻은 한편으로 기호의 논리적-구문론적 쓰임(사용, 적용)이 있어야만 있을 수 있는 것으로 이야기되기 때문이다(TLP 3.262, 3.326-3.327 참조). 비트겐슈타인 후기의 이른바 사용 의미론은 《논고》의 이러한 측면을 새로운 지평에서 발전시킨 것으로 볼 수 있다.

언어의 의미를 언어 사용의 문제에서 찾으려는 입장은―언어 사용이 언어적인 것인 한―의미를 기본적으로 언어적 활동에서 찾으려는 시도에 속한다고 할 수 있다. 언어의 의미는 결코 언어를 떠나 바깥에서 찾을 수 없다. 이러한 내부적 관점은 소쉬르와 그를 따르는 사람들에 의해서 지대한 영향력을 획득하게 되었다. 그러나 이들이 주로 언어 요소들의 형식적-구조적 차이를 의미에 결정적인 것으로 보는 의미관을 지니는데 반해서, 후기 비트겐슈타인의 의미관은 그도 한때(이른바 그의 중기) 지녔다고 할 수 있는 그러한 구조주의적 의미관의 한계를 극복하면서 나온 것이다. 언어의 의미가 단순한 구조적 차이에 의해 결정되지 않고 본질적으로 언어의 실천적 사용의 문제에 있다는 것, 이 점을 설득력 있게 보임으로써 후기 비트겐슈타인은 의미 문제에 대한 탐구에서 근본적인 전환과 아울러 진전을 이룩하였다.

그렇기는 하지만, 후기 비트겐슈타인의 의미관에서 사용과 의미의 정확한 관계가 무엇이냐는 분명하지 않은 점이 있다. 의미가 사용에 있다는 것은 분명하다. 사용'에 있다'는 것은 사용이 의미를 결정하는 기준이라는 것이다. 그리고 어떤 것이 어떤 것의 기준이라면, 전자는 후자의 개념의 일부를 이룬다. 그러므로 사용이 의미의 기준이라면, 사용은 의미 개념을 구성한다. 그러나 사용이 의미 개념을 온전히 설명해 주는가? 사용이 곧 의미인가? 비트겐슈타인의 어떤 표현들은 독자가 그런 식으로 생각할 수 있도록 만든다. 그러나 그는 사용과 의미의 관계에 대해 달리 생각할 수 있는 여지를 주는 표현들도 남겼다. "의미[는] 하나의 관상"(PU §568)이라는 표현이 그 단적인 예이다.

이 표현은 의미가 비트겐슈타인이《탐구》2부 xi에서 고찰한 상(相)의 문제와 관련되어 있음을 암시하고는 있지만, 그 구체적인 연결 관계는 어둠 속에 잠겨 있다. 어떤 사람들은 이 표현에도 불구하고, 후기 비트겐슈타인의 의미관을 상 또는 관상의 문제와 연결시키는 것은 무리라고 본다. 그러나 나는 후기 비트겐슈타인의 의미관을 다룬 첫 번째 글(6장)에서, 문제의 표현을 진지하게 받아들일 필요가 있다고 보면서 그 연결 관계를 탐색한 바 있다. 나는 그 연장선상에서 후기 비트겐슈타인의 의미관을 다시 한 번 고찰해 보고자 한다.

먼저 비트겐슈타인이 사용에서 의미를 찾게 되는 과정을 살펴보면서, 의미가 사용이라는 말은 의미의 본성에 대한 그의 최종적인 생각이 아니라는 점을 지적하고 나서, 의미를 관상으로 보는 그의 관점이 구체적으로 어떤 방식으로 나타나는지, 그리고 이 관점은 의미를 사용으로(만) 보는 관점에 대해 어떤 연관을 지니며 또 어떤 진전을 가져오는 것인지를 규명하고자 한다. 나의 소견으로는, 의미는 그것의 기준인 사용을 떠나 이야기될 수 없다. 그러나 의미는 단순히 사용이 아니고, 사용 이상의 것을 포함한다. 후기 비트겐슈타인의 의미관은 사용뿐 아니라 관상 개념을 도입함으로써 비로소 완성된다고 보아야 한다.

2. 사용 개념의 변화와 '의미는 사용'이라는 슬로건

앞에서 말했다시피, 기호의 의미가 사용에서 드러난다고 하는 생각은 《논고》에 이미 나타나 있었다. 이 점은 후기 사상과 관련하여 주목할 만하나, 그렇다고 《논고》의 입장을 사용 의미론이라고까지 할 수는 없을 것이다. 왜냐하면 《논고》에서 명제를 사태의 그림으로 만드는 논리적 형식은 기호의 논리적-구문론적 사용과 더불어서만 확정된다(3.328)고 이야기되지만, 그 논리적 형식은 명제들이 현실을 묘사할 수 있기 위해 현실과 공유해야 하는 것(4.12), 다시 말해서 대상들의 결합 형식을 반영해야 하는 것으로 되어 있기 때문이다. 기호의 논리적-구문론적 조합 가능성을 보이는 것으로서의 기호의 사용이 기호가 지시하는 대상의 조합 가능성에 따라야 하는 것으로 되어 있는 한, 《논고》에서 기호의 사용은 대상들과 사태들의 본질을 반영하지 않으면 안 된다. 즉 《논고》에서 언어의 논리는 결국 '세계의 논리'(6.22)이자 '세계의 거울상'(6.13)이고, 이러한 논리에 따라야 하는 기호의 사용은 대상들과 사태들의 정해진 본성에 따라야 한다. 그러므로 《논고》에서 비록 사용이 의미를 드러낸다고는 하지만, 그 의미는 어디까지나 지시적이고 모사적인 본성을 지니는 것이다. 이것은 후기의 사용 의미론과는 거리가 멀다.

후기로 가면서 비트겐슈타인은 언어 사용 개념과 관련하여 두 가지 중요한 변화를 보인다. 첫째, 언어 사용이 따라야 하는 규칙들은 존재 세계의 정해진, 그러나 숨겨진 질서의 반영으로서의 엄격한 논리적 구문론이라는 생각이 포기되고, 오히려 자의적일 수 있는 놀이 규칙들과 비슷한 성격을 지닌다고 간주된다. 둘째, 탐구되어야 할 언어 사용은 추상적인 논리적-구문론적 조합 가능성에 따르는 것으로서의 사용이 아니라, 이른바 언어놀이의 규칙들에 따라 시공간에서 실천적으로 펼쳐지는 구체적이고 다양한 현상들로서의 사용이다.

첫 번째 점은 그의 논리관의 변화이기도 하다. 이제 언어 사용이 따르는 규칙들은 실제의 언어 사용의 배후에 숨겨진 어떤 유일하고 비자의적인 논리 규칙들이 아니라, 상이한 언어놀이들에 관행으로 존재하는 다양하고 자율적인 언어 사용법으로서의 문법 규칙들로서 이해된다.[1] 이에 따르면, 언어 사용 규칙들은 말하자면 멀리서 작용하지 않고, 그것들의 적용 속에 포함되어 있어야 한다(BB 34-35쪽 참조). 두 번째 점은 첫 번째 점과 본질적으로 연관되어 있다. 문법 규칙들이 언어놀이들에서의 언어 사용법이 되어야 하는 만큼, 규칙들은 단순히 논리적, 구문론적 차원에서가 아니라 실천적, 화용론적 차원에서 적용되는 것이어야 한다. 즉 언어 사용 규칙들의 적용은, 또는 그 규칙들을 따르는 언어 사용은, 시공간에서 실제로 이루어지는 실천이어야 한다는 것이다. "우리는 언어의 시간적·공간적 현상에 관해서 이야기하고 있지, 비시간적·비공간적 허깨비에 관해서 이야기하고 있지 않다."(PU §108) 비트겐슈타인에 의하면, 이러한 구체적 실천으로서의 언어 사용만이 말에 의미를 줄 수 있다.

시공간에서 이루어지는 구체적 실천으로서의 언어 사용만이 언어에 의미를 '준다'는 생각[2], 또는 언어의 의미는 그러한 사용'에 있다'는 생각

---

1 앞의 4장 참조.
2 이러한 생각의 원조 격으로 칸트를 들 수 있지 않나 싶다. 그에 의하면(《순수이성 비판》 B149, A241/B300, A247/B304 참조.), 개념이 공허한 것이 되지 않고 의미를 지니려면, 그것은 경험적으로, 시공 속의 현상들과 관계되게끔 적용되어야 한다. 그러한 적용의 예가 없는, 초험적 사용은 사실상 아무런 사용도 아니다. 그리고 이는 언어의 경우도 마찬가지이다. "우리는 우리의 말에 상응하는 것이 직관에서 가져오는 것 이외에는 아무것도 이해할 수 없다."(A277/B333) 칸트는 말과 개념에 의미를 주는 사용이 시공간에서의 적용이어야 한다는 점을 분명히 한 셈이다.

은 비트겐슈타인에서 '사용은 의미의 기준'이라는 말로 표현된다. 그에 의하면, 기준의 설명은 낱말의 의미를 설명해 준다. 가령 "다른 인물이 치통을 가지고 있음에 대한 나의 기준을 설명하는 것은 '치통'이란 낱말에 관해 문법적 설명을 주는 것이며, 이런 뜻에서 '치통'이란 낱말의 의미에 관해 하나의 설명을 주는 것"(BB 51쪽)이다. 또 우리는 '길이를 결정한다'란 말의 의미를, 길이를 결정한다는 게 무엇이냐 하는 적용 기준의 문제를 배움으로써 배운다(PU 2부 [338]). 즉 기준은 그것이 기준이 되는 것의 개념 규정과 논리적으로 결합되어 있는 것이다(PU §242, LS2 p.64 참조). 그리고 이런 뜻에서 의미의 기준으로서 사용은 의미 개념과 결합되어 있다.

그러나 이로부터, 의미가 곧 사용이라고 말할 수 있는가? 많은 곳에서 후기 비트겐슈타인은 그렇게 말하는 듯하고, 그래서 사람들은 흔히 그의 의미관을 '사용 의미론'이라고 불러왔다. 그는 '낱말의 사용(의미)'이나 '낱말의 의미—사용—'과 같은 표현들을 사용하곤 한다. 좀 더 신중해 보이는《탐구》43절에서도 비트겐슈타인은 다음과 같이 말한다.

"의미"란 낱말을 이용하는 경우들 중 **많은** 부류에 대해서—비록 그 **모든** 경우에 대해서는 아닐지라도—이 낱말은 이렇게 설명될 수 있다. 즉: 한 낱말의 의미는 언어에서의 그것의 쓰임이다.

그러나 의미와 사용의 관계에 대한 후기 비트겐슈타인의 생각, 특히 의미가 사용이라는 그의 말은 조심스럽게 이해되어야 한다. 위의 인용문은 마치 비트겐슈타인이 의미는—적어도 많은 경우에—사용과 같은 것으로 정의될 수 있다고 말한 것처럼 받아들여지곤 한다. 그러나 그것은 의미에 대한 정의(또는 이론)라기보다는, '의미'라는 낱말이 어떻게 쓰이고 있는가에 대한 하나의 (문법적) 기술이다.

비트겐슈타인 자신은 '의미는 사용'이라는 표현과 관련해, 그것은 (특정한 쓰임을 지닌) 하나의 슬로건이라고도 말한 바 있다(CLD p.296). 그것은 아주 많은 경우에 '낱말의 의미'를 '낱말의 사용'으로 대체하라는 충고이다. 이러한 대체는 "의미가 어떤 하나의 대상을 암시하는 반면, 사용은 시간 속에 퍼져 있는 수많은 대상들을 암시하기 때문에"(같은 곳) 유용하다. 그러나 그에 의하면, 이런 쓰임이 사라지고 슬로건만 남으면 그것은 웃기는 것이 된다고 한다(같은 곳). 이런 쓰임을 떠나 슬로건을 그 자체로 마치 하나의 정의나 이론처럼 지지하는 것은 잘못이라는 말이다.

결국, '의미는 사용'이란 말이 하나의 슬로건인 한, 그것이 의미의 본성에 대한 완성된 해명이 될 수는 없다. 물론 사용이 의미의 기준이라면, 위에서 설명한 이유에 의해, 의미는 사용과 무관한 어떤 것일 수 없을 것이다. 그러나 고통-행동이 고통의 기준으로서 고통과 논리적으로 결합되어 있음에도 불구하고 둘이 같은 것은 아니듯이, 의미의 기준인 사용도 의미와 같지 않을 수 있다. 이미《탐구》§1에서 비트겐슈타인은 "다섯"이란 낱말의 의미를 묻는 질문에 대해, 자신이 이야기한 것은 오직 그 낱말의 사용일 뿐 의미가 아니라고 말한다. 물론 이때 그가 부정한 '의미'는 특정한 의미관에서 생각되는 의미, 즉 지시 대상으로서의 의미라고 넘길 수 있다. 그러나 §432에서 그는, 사용이 모든 기호에 생명을 준다고 하면서도, 여전히 다음과 같은 질문을 던진다: "그것[기호]은 거기[사용]에서 자신 속에 생명의 숨을 받아들이는가?—또는 **쓰임**이 그것의 숨인가?" 그리고 다른 곳에서도, "내가 '의미'는 낱말의 원초적 기능이라고 말한다고 생각해 보라,—그 말은 맞을까?"(LS1 §303) 하고 (같은 문제의식을 가지고) 의문을 제기한다. 그리고 "모든 **쓰임**이 […] 의미는 아니다" (LS1 §289)라고 말할 수 있음을 지적한다.

　나중에(6절) 우리는 의미가 단순히 사용과 동일시될 수 없는 이유를 더 분명히 할 것이다. 그러나 아무튼, 비트겐슈타인에 의하면, (의미가 사용에 있다고 해도) 모든 사용이 의미를 결정하는 것은 아니다. 그에 의하면, 언어놀이에서 낱말의 사용, 낱말이 행하는 역할은 본질적일 수도 비본질적일 수도 있는데, 낱말 사용이 의미를 결정하는 것이 되려면, 그것은 언어놀이에 본질적인, '요점'을 지닌 어떤 것이어야 한다(PU §§560-567 참조). 그러나 무엇이 낱말에 의미를 줄 수 있는 본질적인 역할인가? 의미를 결정하는 사용은 구체적으로 어떤 본성을 지니는가? 비트겐슈타인은 이런 점들을 분명히 하려 했다고 할 수 있다. '의미는 관상'이란 표현을 음미해 볼 필요가 있는 것은 바로 이런 문제 상황에서인 것이다.

3. 의미와 관상의 관계 문제와 '관상' 개념

　어떤 이들은 '의미는 하나의 관상'이란 표현에도 불구하고, 관상과 관련된 비트겐슈타인의 고찰들은 의미 문제에 대해 거의 중요성을 지니지 않거나 협소한 의의를 지닐 뿐이라고 본다.[3] 이들은 비트겐슈타인이 '의

3　Finch(1977, 11장)는 관상으로서의 의미에 일찍이 주목했지만, 그것을 사용으로서의 의미와 함께 비트겐슈타인의 의미관을 구성하는 부분적인 요소로 보는 데 그쳤다. Scholtz(1995)는 비트겐슈타인이 말하는 의미맹(意味盲)이 정상적인 언어 사용으로부터 배제되지는 않으므로, "의미 체험은 의미 원천, 의미 성분, 의미 보증자와는 거리가 먼, 주변적이고 이차적인 현상"(p.232)이라고 한다. Glock(1996a, p.40)은 비트겐슈타인이 상-지각이 의미 경험과 연관하여 중요하다고 선언했지만, 그것이 의미 개념에 본질적은 아니라고 주장했다고 본다. Goldstein(2004)은 관상을

미는 사용'이란 입장에 전적으로 만족해 머물렀다고 보는 관점을 깔고 있다고 할 수 있다. 또 어떤 이들은 정반대로, 관상과 관련한 비트겐슈타인의 언급에서 비트겐슈타인 철학의 정수를 찾을 수 있다고 믿는 듯하다. 비트겐슈타인은 철학적 문제가, 문제를 일으키는 낱말들의 관상을 봄으로써 해소된다고 보았다는 것이다.[4] 이 관점은, 관상을 본다는 것을 말하자면 비트겐슈타인이 철학적 불명료성을 해소하기 위해서는 획득할 필요가 있다고 한 일목요연한 조망을 얻는 것과 거의 같은 것으로 본다고 할 수 있다.

그러나 이 두 입장은 모두 문제를 지닌다. 이미 앞에서 말했다시피, 비트겐슈타인은 '의미는 사용'이라는 슬로건에 단순히 머물지 않았다. 의미에는 사용 이상의 것이 있고, 그것이 바로, 나의 생각이 옳다면, 관상이다. 그렇다고 관상과 의미의 연관에 대한 그의 고찰들을 과장해서도 안될 것이다. 물론, 우리가 알다시피, 비트겐슈타인은 철학의 과제를 '의미의 명료화'라고 표현하곤 했다. 그러므로 의미가 관상이라면, 관상의 문제는 철학의 과제와 무관할 수 없다. 그러나 이는 그가 상 및 관상을 보는 것 자체를 철학적 문제의 해결책으로까지 생각했다는 것과는 다르다. 낱말의 의미가 관상이라면, 그 관상은 낱말들을 올바로 사용할 줄 아는 대부분의 사람이 볼 수 있는 어떤 것이라야 한다. 그러나 대부분의 경우

경험 가능한 의미라고 인정하면서도, 그러한 의미는 《탐구》 43절에서 암시된 예외적 경우에 해당되는 것에 불과하고, 대부분의 경우 의미는 사용이라고 본다. 박병철(2008)은, 언어적 표현들 및 그것들의 의미와 관련해서 비트겐슈타인이 '관상'이란 표현을 썼을 때 그것은 '단순히 은유적인 표현'이지, 그로부터 의미 일반에 대한 어떤 해명을 기대하는 것은 '잘못된 방향'일 수 있다고 본다(108쪽).

4 아마도 히튼(2002, 30쪽 참조)이 그러하다. 하상필도 분석철학회 2007년 가을학술발표회에서 비슷한 견해를 피력하였다.

사람들은 낱말들을 사용할 줄 알고 따라서 그것들의 의미(관상)를 인지한다고 할 수 있어도, 철학적인 문제들을 해소하지는 못한다. 철학적 문제들의 해소는 단순히 낱말들을 사용할 줄 알고 그것들의 의미(관상)를 인지하는 것 이상의 일이다.[5] 그 일은, 비트겐슈타인에 의하면, 낱말들의 사용에 대해 '일목요연한 조망'을 얻을 수 있도록 기술하는 특수한 과제를 요하는 일이다.[6] 그는 이러한 자신의 작업을 '표현의 사용에 대한 형태학'이라고 말한 바 있다.[7]

---

5 하상필(2011)은 앞의 각주에서 언급된 그의 생각을 다듬어 발표하면서, 그런 류의 생각에 대한 나의 비판—2009년도 원 논문에서의—에 대해 자신의 주장을 고수하는 반론을 싣고 있다. 그러나 내가 보기에는 그의 반론은 적어도 두 가지 점에서 문제를 지닌다. 우선, 그는 내가 의미로서의 관상은 비트겐슈타인의 철학적 작업과 무관한 것으로 보았다고 오독하고 있다. 의미가 무엇이건(사용이건 관상이건), 그것은 의미의 명료화 작업으로서의 철학과 무관하지 않다. 그러므로 의미가 관상이라면, 그것은 당연히 그러한 철학이 다루어야 할 것으로서 철학과 본질적으로 관계된다. 그러나 둘째로, 철학의 명료화 작업이 의미(의미가 관상이라면, 관상)에 관여한다고 해서 그 작업의 결과 얻어진 일목요연한 명료성이 새로운 의미(관상)가 되거나 심지어 비트겐슈타인이 '의미는 관상'이라고 할 때의 의미-관상이 비로소 되는 것은 아니다. (이는 마치 과학이 현상들을 다룬다고 해서 그로부터 얻어지는 이론적 해명이 현상이 되지는 않는 것과 같다. 다만 철학적 명료화 작업의 결과 얻어지는 일목요연성은 이론적 해명이 아니며, 따라서 현상들에서 원래 숨겨져 있던 어떤 것이 드러난 것이 아니다.) 의미의 명료화 작업은 일상의 언어놀이에 참여하는 사람들이 아는 의미에 의거하지만, 그 작업의 결과 언어놀이의 보통의 참여자는 모르고 철학자만 알 수 있는 어떤 의미가 비로소 드러나는 것은 아니며, 비트겐슈타인이 그런 것을 관상이라고 한 것도 아니다. 그런 것이 의미라면, 그것은 말하자면 일상의 언어놀이를 넘어서는 것으로서, 그가 경계한 초-의미가 되어 버릴 것이다. 비트겐슈타인 식 철학자와 일상인의 차이는, 그가 일상인은 보지 못하는 의미-관상을 보는 데 있는 것이 아니라, 일상인들이 보는 의미-관상을, 일상인들과는 달리, 일목요연하게 정돈해 드러낼 수 있다는 데 있다. 그리고 그로써 일상의 의미를 초-의미로 오용한 철학적 혼란들을 해소할 수 있다는 데 있다.

6 단순히 의미를 인지하는 것과 의미를 명료하게 기술하는 것의 차이를 비트겐슈타인은 가령 어떤 지역의 지리를 아는 것과 그것을 지도로 명확히 그리는 것의 차이에 비교하곤 했다.

7 Malcolm(1958) p.50 참조. 비트겐슈타인이 말하는 형태학은, 그가 영향을 받았다고 꼽은 인물들(CV 48-49쪽 참조)을 생각해 보면, 슈펭글러가 말한 형태학과 연관된다고 할 수 있을 것이다. 슈펭글러(1972/1995, 서론과 2장 참조)는 세계를 파악하는 방법을 '체계학'과 '관상학'으로 이루어지는 형태학으로 보았다. 첫 번째 것은 기계적인 것과 외연적인 것의 형태학으로서, 자연

결국 문제는 의미와 관상의 관계가 구체적으로 어떠하냐이다. 사실 '관상'이란 개념을 의미 문제와 관련시키는 것은 매우 이상하게 보일 수 있다.[8] 보통 관상이란 사람 얼굴과 관련해서 이야기되기 때문이다. 그러나 비트겐슈타인은 '관상'이란 말을 사람 얼굴과 관련해서만 쓰지 않고, 낱말들과 기호들(BB 279쪽과 285쪽 등), 규칙 따르기(PU §235), 낱말들의 사용(BPP1 §654), 기술(技術)(BPP2 §299), 문제된 일(P 68쪽), 오류(P 69쪽), 믿음(Z §514), 사고(MS 108 p.160), 개념(MS 137 p.4b) 등과 관련해서 광범위하게 사용하고 있다.[9] 즉 그는 사람 얼굴뿐 아니라 언어적이거나 개념적인 것, 그리고 심리학적인 것들도 어떤 관상을 지니고 있는 것으로 이야기할 수 있다고 본다.[10] 그에게 관상은 상의 일종으로서 마치 어

법칙들과 인과 관계들을 발견하여 정리하는 학문이고, 두 번째 것은 유기적인 것의 형태학, 즉 역사와 생명(삶)처럼 자기 안에 방향과 운명을 지니고 있는 모든 것의 형태학이다. 후자에는 여러 문화 현상들의 '관상학적 의미'를 탐구하는 일—사건의 표정을 이해하고 그 표정의 기초가 되는 언어를 탐구하는 것과 같은—이 속한다. 비트겐슈타인이 말하는 형태학은 슈펭글러로 치면 관상학적 형태학에 속하게 될 것이다.

8 그러나 그런 일이 철학사에서 아주 전례가 없는 것은 아니다. 헤겔이 《정신현상학》(관상학 부분)에서 개인의 내면과 외면의 관계 문제라는 맥락에서 관상학을 다룬 바 있다. 당연하겠지만, 그의 결론은 관상술이 개인의 참 존재를 (법칙적으로) 드러내는 것이 될 수 없다는 것이다. 그에 의하면, 개인의 참 존재는 행위라 할 수 있는데, 관상술은 "행위로서의 이러한 존재를 갖가지 의도나 그와 유사한 자질구레한 사안으로까지 분해함으로써 결국 현실적인 인간, 즉 인간의 행위마저도 또 다시 사념된 존재로 환원"시키고 "행위가 아닌 용모나 특징을 바로 이 행위자의 존재인 양 내세우고자"(391쪽) 한다. 그러나 흥미롭게도 헤겔은 관상술을 논의하는 맥락에서 언어에 대한 고찰을 포함시키고 있는데, 그는 언어를 현실적 외화에 관한 반성으로서의 외화(=발언, Äusserung)라는 '이론적 행동'(383쪽)으로 취급한다.

9 이런 그의 용법은 '문화 현상들의 관상'에 대해 말한 슈펭글러의 용법과 비슷하다고 할 수 있을 것이다.

10 박병철은 관상 개념이 얼굴 표정이 직접 개입되는 언어놀이에서 가장 두드러진 의미를 가지는 것(115쪽)이고 그 이외의 것들에 적용될 때는 단순히 '은유'일 뿐이라고 주장하나, 이는 설득력이 없어 보인다. 그는 관상 개념이 내적인 것과 외적인 것의 관계가 문제의 핵심인, '상의 인지'라는 더 넓은 문제 맥락에 속해 있다(107-108쪽 참조)고 말한다. 이 말은 맞는 말이지만, 그러나 그 '더 넓은 맥락'이 의미나 심적인 개념들은 배제하는 것으로 이해되고 있다면, 그것은 실제

떤 얼굴에서 그것의 요점처럼 인지할 수 있는 표정과 같은 것이다.[11]

상(相)에는 나중에는 사라지는 어떤 하나의 관상(觀相)이 존재한다. 그건 마치 내가 처음에는 **흉내 내고**, 그 다음에는 흉내 내지 않고 받아들이는 어떤 하나의 얼굴이 거기에 있는 것과 거의 같다. (PU 2부 [238])

관상이 상의 일종이므로, 관상의 이해는 상 일반에 대한 이해를 필요로 한다. 관상과 마찬가지로, 비트겐슈타인에게서 상은 사람의 얼굴뿐 아니라, 신체 전체의 자세나 태도와 관련해서, 그리고 동물들, 사물들, 그림들, 도해들, 그리고 특히 기호들과 관련해서도 이야기될 수 있는 것이다. 또 상은 볼 수 있는 것일 뿐 아니라, 듣거나 맛보거나 느낄 수도 있는 어떤 것이기도 하다. 따라서 상의 '인지'(또는 '지각')라고 할 때, 그것은 이러한 것들을 포함할 수 있는 것으로 이해되어야 한다.

상의 인지 문제는 《탐구》 2부의 핵심적인 xi절에서 시각적인 것, 언어적인 것, 그리고 심리학적인 것과 관련해서 차례로 다루어지고 있다.[12] 시각적 상에 대한 논의가 비교적 더 많이 비중을 차지하고 있지만, 그것이 중요한 이유는 '상을 본다'는 개념과 '낱말의 의미를 체험한다'는 개념의 연관성에 있다(PU 379쪽 참조; 이 연관은 이미 PG(p.42)에서도 지적된 바 있다). 실로, 멀홀이나 제마하도 강조하고 있다시피, 비트겐슈타인에

로는 더 넓은 맥락이라 할 수 없을 것이다. 비트겐슈타인은 의미나 심적인 개념들까지도 일종의 상 개념으로 다루고 있고, 바로 이것이 그의 상(의 인지) 고찰이 그의 철학 전반과 관련해서 중요한 의미를 지니게 되는 이유인 것이다.

11   이 때문인지, 영어 번역은—번역으로서는 부정확하게도—'관상'과 '얼굴'을 바꿔 놓은 경우들이 있다.

12   Mulhall(1990) 1-3장; Lange(1998) pp.51-123 참조.

서 상-보기 문제에 대한 논의가 중요한 것은 그것이 의미 개념의 해명과 연관이 있기 때문이다.[13] 이 연관에 대한 고찰이 비트겐슈타인의 의미관을 새로운 단계—즉 의미를 관상으로, 상 개념의 일종으로 보는—로 이끈다고 할 수 있다. 이를 구체적으로 보기 위해서는 무엇보다 먼저 《탐구》 2부의 xi절에서 관련되는 부분에 대한 올바른 독해가 필요하다.[14]

4. 상(相)의 인지와 상맹(相盲):《탐구》 2부 xi절의 독해

비트겐슈타인은 우선 '본다'는 것을 두 종류로 구분한다([111]—이하 이렇게 표기된 것은 PU 2부 xi절의 번호이다). 하나는 순전히 시각적(광학적) 차원의 봄이고, 다른 하나는 거기서 어떤 개념적인 면을 알아차리는 봄이다. 예를 들어, 시력이 정상인 두 사람이 어떤 두 얼굴을 첫 번째 의미로 똑같이 바라보아도, 두 번째 의미로는 한 사람은 거기서 그 두 얼굴의 유사성을 보고 다른 사람은 그 유사성을 보지 못할 수 있다. 또 첫 번째 의미로 볼 때 똑같은 어떤 도해를, 두 번째 의미로는 가령 한 번은 유리 입방체로서, 또 한 번은 뒤집어진 빈 상자로서 등등으로 볼 수 있다. 두 번째 의미의 봄과 같은 경험을 비트겐슈타인은 '상의 인지'라고 부른다. 그것은 대상을 우리가 해석하는 바와 같이 보는 것이다([116]).

---

13 Mulhall(1990) p.2 & p.35; Zemach(1995) p.490 참조. 상의 인지 문제와 심리학적인 것(의 귀속) 사이의 연관에 대해서는 최근에 김이균(2009)이 멀홀과 제마하의 생각들을 받아들이면서 잘 다루고 있다고 보인다. 그는 비트겐슈타인의 입장(그에 의하면 '표현주의')에 비추어 현대의 여러 다른 심리 철학적 입장들을 비판한다.

14 이 문제에서 나는 멀홀과 제마하의 독해에 상당한 도움을 받았다. 내가 2007년에 본 주제를 다룬 첫 번째 논문을 쓸 당시에는 나는 아직 이들의 글을 보지 못했다.

그런데 비트겐슈타인은 여기서 다시, 상의 '지속적인 봄'과 '번쩍 떠오름'의 두 종류를 구분한다([118]). 예컨대 나는 토끼-오리 머리 그림을 보고 처음부터 그것을 토끼를 그린 것('그림-토끼')으로 보고, 다른 어떤 것으로는 전혀 보지 못할 수 있다. 이것이 어떤 상을 지속적으로 봄이다. 그러나 어느 순간 나는 갑자기 그 그림에서 오리 머리를 볼 수도 있다. 이것이 어떤 상의 '번쩍 떠오름', 또는 '상의 전환'이다. 둘은 "당신은 여기서 무엇을 보는가?"라는 물음에 대해, 전자는 그냥 "그림-토끼(또는 "토끼")라고 대답하고, 후자는 "나는 이제 그것을 그림-토끼(또는 토끼)로 본다"라고 대답한다는 점에서 차이가 난다([120]-[121] 참조). 상의 지속적인 봄은 나이프와 포크, 토끼나 오리와 같이 우리에게 이미 익숙한 대상들에 대해 성립한다. 이 경우 우리는 나이프와 포크, 또는 토끼를 본다고 단순히 지각을 기술하지, "나는 이제 그것을 나이프와 포크로 본다" 따위로 말하지 않는다([122]).[15] 반면에 상 전환의 표현은 "변하지 않은 지각의 표현인 동시에 **새로운** 지각의 표현"([130])이다. 여기서 "상이 번쩍 떠오름은 반은 시각적 체험으로, 반은 생각으로" 보이는, 봄과 생각의 '융합'([140] & [144]) ─ 그러니까 만일 그 둘을 분리하

---

15 이 대목을 Glock(1996a, p.40)은 비트겐슈타인이 나이프와 포크 같은 대상에는 지속적 상-보기 개념을 적용하지 않았다고 해석한다. 그리하여 그는 비트겐슈타인이 상-지각이 모든 지각에 필수라고 보지 않고, 상-지각을 그림들과 같은 대상들에 한정했다고 보는데, 이는 잘못된 해석으로 보인다. 왜냐하면 비트겐슈타인은 단순히 지각을 기술하는 나에 대해서 다른 사람은 "그는 그 도형을 그림-토끼로 보고 있다"고 말할 수 있다고 하기 때문이다[121]). (그러니까, 그는 그것을 여전히 …로서 보지만, 그것이 그렇게 보인다는 것은 더 이상 그에게 단지 의식되지 않을 뿐이다.) Bar-Elli(2006) 역시, 의미 경험과 상-보기 경험에 대한 비트겐슈타인의 생각을 잘 보이고 있음에도 불구하고, 지속적 상-보기 문제에 대해서는 글록과 같은 잘못을 범하고 있다고 보인다. 그는 지속적 상 지각이 비트겐슈타인에서 드문 경우라고, 보통의 (대부분의) 봄은 상의 지각(……로서 봄)이 아니라고 주장한다(pp.235-236 참조).

면 상이 사라져 버리는(LS2 p.15) — 이라고 거의 말할 수 있는 것이다. 그러나 상 전환 체험은 상의 지속적인 보기 —여기서는 상을 본다는 의식적인 생각이 존재하지 않는다[16] —를 전제하는 개념이다. 또 상 전환에서 새롭게 보이는 상들도 상황에 따라서는 어떤 대상이 항구적으로 지닐 수 있는 상들([166] 참조), 즉 지속적으로 볼 수 있는 상들이다. 토끼-오리 머리가 지속적으로 토끼 머리로만 보이다가 오리 머리로 상 전환될 수 있지만, 그 오리 머리로 보이는 것 또한 지속적으로 보일 수 있는 하나의 상이다.

상의 전환은 "마치 대상이 내 눈앞에서 변한 것처럼"([129]) 이루어진다. 그러나 상의 전환 전후의 대상에서 변한 것은 없다. 전환 전과 후에 본 대상은 '합동'([127])이다. 그러므로 상의 전환은 실제로 대상에서의 어떤 변화, 가령 조직의 변화에 대응하지 않는다(LS1 §515참조). 또한 그 전환은 내가 아무에게도 보여 줄 수 없는 내적인 대상들로서의 시각 인상들로 조직된 '내적인 그림'의 변화로도 설명할 수 없다([131]~[136]). 상의 전환에서 지각되는 것은 생리물리학이나 내성심리학에 기초해서 설명될 수 있는 대상의 성질이 아니라, "그 대상과 다른 대상들과의 내적 관계"([247])이다. 그리고 이 내적 관계(가령 토끼-오리 머리 그림과 오리 머리들 사이의 유사성)의 지각은 추론적이 아니라 직접적으로 이루어진다.[17] 상을 봄, 즉 사물을 해석에 따라 봄은 그것에 대해 "실로 더 이

---

16 비트겐슈타인은 이 지속적으로 보이는 상을 '성향적'이라고 보는 것 같다. 왜냐하면 LPP p.104에서 그는 다음과 같이 말하고 있기 때문이다: "그 [상의 갑작스런 인지] 경험은 오리에서 토끼로, 또 그 역으로 **변하는** 순간에만 온다. 그 사이에는 상은 말하자면 성향적이다."

17 이는 얼굴에서 감정을 '보는' 경우와 비슷하다: "우리들은 얼굴의 일그러짐을 보고서, 기쁨, 슬픔, 따분함을 (진단을 내리는 의사처럼) **추론**하지 않는다. 설사 얼굴 모습들에 대한 다른 기술은 할 수 없더라도, 우리들은 우리들의 얼굴을 슬픈, 행복에 빛나는, 따분해 하는 것으로서 직접 기술한다.—슬픔은 얼굴에서 체현(體現)된다"(Z §225).

상의 규정은 존재하지 않는", "가장 근본적인 체험들" 가운데 하나이다 ([163]~[165] 및 [269] 참조).

상을 본다는 것은 그러나 대상을 친숙하게 다룰 수 있는 기술적 능력과 결부된 체험이다. 그것은 어떤 외적 행동 패턴을 기준으로 부여될 수 있는 개념이다. 즉 "이러이러한 것을 **할 수 있고**, 배웠고, 숙달한 사람에 대해서만, 그는 **이것**을 체험했다고 말하는 것이 뜻을 지닌다"([224]). 대상의 능숙한 사용, 기술의 숙달이 상을 본다는 체험의 기초이다([222]). 그러나 이러한 체험을 하지 못하는 사람, 이른바 '상맹'이 있을 수 있다. 상맹은 '본다'의 첫 번째 의미로는 잘 볼 수 있으나, 두 번째 의미로는 볼 수 없는 사람이다. 그런데 두 번째 의미의 봄에 상의 지속적인 봄과 상의 번쩍 떠오름의 두 종류가 있으므로, 상맹 역시 두 종류로 나뉜다. 상의 번쩍 떠오름(상의 전환)을 경험할 수 없는 상맹은 한 대상의 상들을 따로 따로 볼 수는 있으나 그 상들이 바뀌는 것은 인지하지 못한다([257] 참조). 상을 지속적으로 보지 못하는 상맹은 어떤 대상을 특정한 상 아래에서 보는 것 자체를 못한다. 그는 가령 "두 얼굴의 유사성에 대해 맹목"일 것이며, "입방체 도식을 입방체로서 볼 수 없을 것"이다([257]~[258] 및 BPP2 §479 참조).

비록 상을 볼 수는 없지만, 상맹은 결코 시각적인 장님이 아니며 사유 능력이 결여된 사람도 아니다. 그는 자기가 보는 것으로부터 부가적으로 해석하고 추론할 수 있다. 그래서 그는 가령 입방체 도식을 입방체의 묘사(예컨대 제작도)로서 '인식'할 수 있다([258]). 그리고 이로써 어떤 종류의 일들을 할 수도 있다. 그러나 그에게서 시각적 체험으로서의 봄과 생각은 융합되어 있지 않고 분리되어 있다. 그의 인식은 상을 보는 체험이 아니다. 가령, 어떤 사람이 어떤 회화적 그림을 "하나의 제작도처럼 취급할 때, 그것을 하나의 청사진처럼 **읽을 때**", 그것은 봄이 아니라 '단지 앎'이다([192]). 이러한 체험의 차이는 '행동의 미묘한 음영들'에서 드러난다(같은 곳). 보는 사람은 단지 아는 사람과 달리 어떤 종류의 정통함('훤히 앎')을 보인다([180]). 상맹은 대상과의 관계에서 우리와는 매우 다르게 반응하고, 그래서 그는 말하자면 색맹 혹은 음감이 결핍된 사람처럼 우리에게 중요한 것이 결여된 '비정상'으로 느껴지게 된다([258]~[260] 참조).

5. 의미-상(相)의 체험과 의미-맹(盲)

이미 지적하였다시피, 상의 인지와 상맹에 대한 이상과 같은 고찰은 비트겐슈타인에서 의미 문제와 관련하여 중요하다. 상을 본다는 것은 그 자체가 이미 "명백히 의미의 문제"(LPP p.104)라고 할 만한 것으로서, 한 낱말의 의미를 체험한다는 것과 밀접한 근친성을 지닌다([234] 및 [261]). 낱말의 의미를 체험하지 못하는 사람, 즉 이른바 '의미맹'—이 표현은 《탐구》에는 나오지 않고, BPP1 §247 등에 나온다—은 상을 보는 체험을 하지 못하는 상맹과 유사한 문제를 지닌다. 사실상 비트겐슈타인에게 의미맹은 상맹의 일종이다. 왜냐하면, 그에 의하면, 의미맹은 가령 어떤 '기호를 화살표로서 **보다**'와 같은 말을 이해할 수 없고 사용하는 법을 배울 수 없는 사람(BPP1 §344)이기 때문이다. 의미 체험이 상의 체험과 근친적이고, 의미맹은 상맹의 일종이므로[18], 결국 비트겐슈타인에서

---

18 Goldstein(2004)(p.112)도 지적하고 있듯이, LPP에서는 상맹과 의미맹 두 개념이 상호 교환

의미 개념은 상 개념에 속하는 것이 된다. 그리고 따라서 지금까지 시각적 상과 관련하여 이야기된 것들이 기호의 의미와 관련하여 유사하게 이야기될 수 있다.

우리는 어떤 낱말을 순전히 시각적으로 볼 수 있다. 그러나 시력이 정상이라도, 한 사람이 알파벳 'a'의 인쇄체와 필기체에서 보는 유사성을 다른 한 사람(가령 문맹이나 외국인)은 못 볼 수 있다. 또 한 사람은 '읽다'란 낱말을 우리가 알고 있는 의미로 보는데, 다른 사람은 그렇게 보지 못할 수 있다. 또는 한 사람은 '은행'을 한 번은 어떤 열매로서, 한 번은 어떤 금융기관으로서 보는데, 다른 한 사람은 그렇게 보지 못할 수 있다. 이들 각 경우에 두 번째 의미로 우리가 낱말에서 보는 것은 일종의 상, 즉 의미-상이라고 할 수 있다. 그리고 여기서 그 '봄'은 낱말을 우리가 해석하는 바와 같이 봄, 즉 사유와 융합된 봄이다.

의미-상은 의미 선환 체험에서 갑삭스럽게 그리고 가장 분명히 볼 수 있다. 이것은 의미-상의 '번쩍 떠오름'이다. 이는 의미-상의 '지속적인 봄'과는 구별되어야 한다. 일상의 언어생활에서 우리는 갑자기 새로운 의미 체험을 하지 않더라도 많은 낱말들의 의미를 이미 특정한 상으로서 지속적으로 보고 있다고 말할 수 있다. 왜냐하면 의미 전환 체험이란 개념 자체가 이미 지속적으로 보이는 의미-상을 전제하는 것이며, 또 전환에서 우리가 보는 새로운 의미-상 역시 상황에 따라서는 우리가 지속적으로 볼 수 있는 것이기 때문이다. 다른 한편으로, 우리가 일상적으로 의미-상을 지속적으로 보고 있다는 점은 어떤 사람에게 어떤 의미를 지닌 "낱말이 차례로 열 번 반복된다면 그것은 그에게 그 의미를 상실하고

가능한 것으로 사용되기도 한다.

단순한 소리가 될 뿐"([261])이라는 사실에서도 드러난다.[19] 만일 우리가 낱말들을 처음부터 단순한 소리로 지각했다면, 거기서 의미가 상실된다고 하는 것은 말이 되지 않는다.[20] 낱말의 단순한 반복에서 상실된다는 의미는 우리가 일상에서 지속적으로 보는 의미-상 즉 관상이다. 우리에게는 의미 있는 낱말을 이제 비로소 해석되어야 할 단순한 형태나 소리로만 보거나 듣는 것이 오히려 부자연스럽고 따로 노력을 요하는 일인 것이다. 일상에서 우리가 의미-상을 지속적으로 보고 있기 때문에, 우리는 통상 낱말의 의미를 새삼스레 해석하지 않고, 의식적으로 사유하지도 않는다. 낱말들은 우리에게 너무나 친숙한 얼굴을 하고 있고, 마치 자신의 의미를 자신 속에 흡수했다고 느껴진다([294]). 이러한 느낌은 우리에게는 말하자면 체화되어 있는 것이지, 새로운 체험이 아니다. 그 느낌은 "우리가 말을 어떻게 선택하고 평가하느냐에서" 표출된다([294]).

의미-상은 물리적인 대상도 심리적인 내적 대상도 아니며, 대상의 그 어떤 성질도 아니다. 의미-상의 체험은 이런 것들로 설명될 수 없다. 그 체험에서 지각되는 것은 어떤 내적 관계—여기서는 한 낱말의 특정한 사용들 사이에서 이루어지는 유사성의 관계—이다. 한 낱말의 의미-상을 본다는 것은 그 낱말의 특정한 사용들 사이에서 유사성을 본다('본다'의 두 번째 의미에서)는 것이다.[21] 이러한 지각의 기초는 통상, 낱말 사용

---

19 그러나 가령 염불에서 볼 수 있듯이, 종교에서는 바로 이런 점을 이용해서 언어적, 개념적 집착으로부터 벗어나는 체험을 오히려 적극적으로 시도하기도 한다.

20 Mulhall(1990) p.40 참조. 멀홀(4장)은—그리고 나도 2007년의 논문(이 책 6장) 5절에서—이러한 성격을 지닌 의미 체험을 해석학적 경험과 통하는 것으로 본다.

21 "우리는 낱말의 사용에서 **하나의** 관상을 본다"(WN 133 p.39r 및 WN 229 p.339). 또 LS2 p.39의 다음 언급 참조: "우리는 낱말의 사용을 분위기로서 표상한다. 낱말의 '분위기'는 낱말 사용의 그림이다." 여기서 '분위기'는 "빠트려 생각할 수 없는 것"(LS2 p.4)으로서, (W. 제임스가 생

을 배우고 친숙하게 다룰 줄 아는 기술적 능력이다. 따라서 의미-상은 어떤 외적 행동 패턴들을 기준으로 하여 부여될 수 있는 것이다. 여기서 그것과 그것의 기준이 되는 행동 패턴의 관계는 단순히 경험적인 관계가 아니라 논리-문법적인 관계이다. 그것은 비트겐슈타인(LS2 p.64)이 내면적인 것과 그것의 기준을 이루는 외면적인 것 사이에 성립한다고 말하는 것과 같은 관계이다.

의미맹은 의미-상을 곧바로 보지 못한다. 그는 의미-상을 문득 알아차리지 못하는 사람이거나 지속적으로 보지 못하는 사람이다.[22] 그 차이는, 그리고 그 어느 쪽이든 그와 우리 정상인의 차이는, '행동의 미묘한 음영들'에서 드러날 것이다. 필시, 의미-상을 지속적으로 보지 못하는 사람이 일상생활에서 더 두드러진 차이를 보이게 될 것이다. 물론 그는 가령 '읽다'라는 낱말의 우리에게 친숙한 의미-상을 보지는 못하더라도, 그것을 부가적 해석과 추론을 통해서 '알' 수는 있다. 그러나 이 앎은 체험이 결여된 앎이다. 그는 우리에게 '마치 자동기계처럼'(BPP1 §198) 행동하는 것으로 느껴질 것이다.

각했던 것과 같은) 심리학적 분위기가 아니다. ("사물로부터 분리될 수 없는 분위기,—그것은 그러니까 분위기가 아니다(PU 2부 [50]).)

22 두 번째 종류의 의미맹에 대한 비트겐슈타인의 생각은 사실 불분명한 면이 없지 않다. 그는 의미맹으로 전자의 종류만을 염두에 두는 듯 보이기도 한다(LPP p.103 등 참조). (이는 제마하도 마찬가지이다.) 그러나 그 이유는 후자와 같은 의미맹이 존재하지 않아서가 아니라, 그러한 의미맹을 특별히 분류할 필요가 없어서인 듯 말하기도 한다. 가령 LPP p.108의 다음 말 참조: "의미맹은 (i) 상 전환의 경험을 결여하는 것으로, 또는 (ii) 이러한 전환이 어디서부터(from) 어디로(to) 일어나는가에 대한 경험을 결여하는 것으로 여겨질 수 있다. 그러나 두 번째 것은 우리가 원하는 것이 아니다. 왜냐하면 전환의 경험을 제쳐놓으면, 애매한 도형들은 특별하지 않기 때문이다. 그리고 만일 의미맹인 사람이 애매한 도형에 대한 상 경험을 결여하면, 그는 또한 (이 견해에서는) 토끼를 알아보기 쉽게 그린 그림을—또는 실제 토끼를—토끼로서 볼 수 없을 것이기 때문이다. 그래서 의미맹은 전환의 경험을 결여해야 한다." 비트겐슈타인의 말은 이해하기 쉽지 않고 또 정확하게 기록되었는지 의심도 되지만, 어쨌든 의미-상의 지속적 보기에 실패할 경우의 가능성 자체를 부인하는 것 같지는 않다.

6. 사용의 관상으로서의 의미

지금까지의 고찰로, 후기 비트겐슈타인이 어떻게 의미를 하나의 관상으로 보았는지는 분명해졌다고 생각된다. 그에 의하면, 의미는 상의 일종인 의미-상으로 체험되는 것이며, 그런 뜻에서 하나의 관상이다. 그러나 이렇게 의미를 하나의 관상으로 보는 것은 의미의 본성에 대한 고찰에서 어떤 의의가 있는가? 그것은 의미를 사용으로 보는 것에 대해 어떤 차이, 어떤 진전을 가져오는 것인가? 이런 시각에서 우리는 마지막으로 의미, 사용, 관상의 관계를 새로이 정리해 볼 필요가 있다

"의미는 하나의 관상"이란 말이 나타나는 곳에서 비트겐슈타인은 낱말의 표기나 사용과 관련된 규칙의 본질적 특징과 비본질적 특징에 관해 이야기하고 있었다. 가령 "이다"란 낱말이 계사와 동일성을 나타내기 위해 사용될 때, 그 서로 다른 두 가지 사용 방식이 그 한 낱말에 의해 '직무 통합'되어 있는 것은 비본질적인 우연이다(PU §561). 또 (장기를 예로 들면) 장기에서 어느 쪽이 한(漢)을 잡을지를 결정하기 위해 한 사람이 두 손을 주먹 쥐고 그 속에 궁 하나를 잡는다거나, 모든 장기 알은 움직이기 전에 세 번 돌려져야 한다면, 그러한 것들은 장기 알들의 의미를 결정하는 본질적인 규칙이나 역할로 간주될 수 없다(§563 & §567 참조). 오직 본질적인 규칙과 역할만이 장기 알이나 낱말의 의미를 결정할 수 있고, '놀이의 본질적 일부'(§568)를 이룬다.

그러므로 의미가 관상이라면, 관상은 당연히 놀이에 — 그리고 따라서 낱말들에 — 본질적인 것, 어떤 요점이어야 한다. 그리고 이런 관점에서 비트겐슈타인의 저 말은 해석되어야 할 것이다. 왜냐하면 그는 "놀이는 규칙들만이 아니라 **요점**도 가지고 있다"(§564)고 말하면서 또 (비록 다른

곳에서이지만) 관상을 요점과 동일한 것으로 취급하기도 하기 때문이다.[23] 따라서 "의미는 하나의 관상"이라는 말이 나오는 568절에서 비트겐슈타인이 결론적으로 말하고 있는 것은, 해커가 대충 잘 표현하고 있듯이, 다음과 같은 것이다: "사용의 특징이 본질적이냐 비본질적이냐 하는 결정은 놀이의—그리고 따라서 또한 낱말의—성격, 관상에 대해 우리들이 품은 생각에 달려 있다."[24]

그러나 낱말의 관상을 우리가 어떻게 보느냐에 따라 낱말 사용이 언어놀이에 본질적인 방식으로 행해지고 있느냐 여부가 결정된다는 것은 무슨 말인가? 어떤 사람은 비트겐슈타인에서 이 점이 해명되지 않기 때문에 의미의 문제는 그대로 남는다고 본다.[25] 사실 비트겐슈타인의 대답은 직접적으로 주어져 있지 않다. 그러나 낱말 사용이 언어놀이에 본질적인 방식으로 행해지고 있느냐 여부의 문제는 실은 비트겐슈타인이 심혈을 기울였던 규칙 따르기의 문제와 연결되는 문제이고, 대답은 이로부터 찾을 수 있다고 할 수 있다. 왜냐하면 놀이에 본질적인 방식으로 사용한다는 것은 놀이 규칙에 맞게 올바로 사용하는 문제와 통하는 문제이기 때문이다. 예를 들어 1000 다음에 1004, 1008, ……이렇게 나가는 것은 본질적으로 우리의 "+2" 놀이에 속하지 않는다. 그것은 우리의 "+2" 놀이에서 볼 때 단적으로 잘못된 규칙 따르기이다. 우리의 산수를 올바로 배

---

23 BGM p.382/296쪽 참조: "전자들[계산을 가능하게 하는 심리학적이고 생리학적인 사실들]로부터 계산은 그것의 요점, 그것의 관상을 얻는다". (박정일의 우리말 번역은 '관상'을 부정확하게 '외관'으로 옮기고 있다.)

24 Hacker(1996b) p.209

25 Garver(1994, pp.203-204 참조)는 비트겐슈타인이 낱말 사용에서의 본질적인 점을 관상 또는 '……로서 봄'과 연관시켰지만, 그것은 문제의 연기일 뿐 문제의 분석 내지 설명의 시도를 포기한 것이라고 비판적으로 말한다.

운 자는 누구나, 그렇게 나가는 것은 "+2"를 올바로 수행하는 것이 아님을 곧바로 **본다**('본다'의 두 번째 의미에서). 즉 우리는 그러한 전개를 우리가 배운 "+2"의 기초적 전개 0, 2, 4, 6,……과 유사하다고 **보지** 않으며, 오직 1000 다음에 1002, 1004,……로 나가는 것만이 본질적으로 유사하다고 **본다**. 그러므로 2를 계속해서 더해 나가는 수열은 말하자면 "우리에게는 **하나의 얼굴**을 지니고 있다"(§228)고 할 수 있다. (그리고 여기서 '얼굴'은 '관상'으로 바꿀 수 있다!) 또는 우리가 배운 저 수열의 표현에는 "실로 이미 모든 것이 놓여 있다"(§228)거나, 그 수열의 "이행 단계들은 이미 모두 취해져 있다"(§219)고도 할 수 있다. 다만, 우리는 이러한 표현들에 의해 오도되지 않도록 조심해야 하는데, 비트겐슈타인에 의하면, 그 말들은 "그 수열 토막에 관한, 또는 우리가 그 토막 속에서 볼 수 있는 어떤 것에 관한 확인이 아니다; 그것은 오히려, 우리는 오직 규칙의 입만 바라보고 **행하며**, 더 이상의 안내를 간청하지 않음에 대한 표현이다"(§228). 즉 그것은 "내가 규칙을 따를 때, 나는 선택하지 않는다. 나는 규칙을 **맹목적으로** 따른다"(§219)는 뜻이다.

비트겐슈타인은 규칙 따르기의 역설과 그 해소 방향을 언급한 《탐구》의 유명한 201절에서, 서, "**해석**이 **아닌** 규칙 파악, 오히려 적용의 경우에 따라, 우리가 '규칙을 따른다'라고 부르는 것과 '규칙을 위반한다'라고 부르는 것에서 표출되는 규칙 파악"이 존재한다고 지적한 바 있다. 무엇이 그러한 파악인가? E. 제마하에 따르면, 그것은 바로 "**지각된** 해석, ……로서-봄"[26]이다. 이것은 올바른 지적이라고 보이지만, 그는 이러한 대답이 《탐구》 2부의 고찰에 의거할 때 비로소 얻어지는 것으로 말한다. 그

---

[26] Zemach(1995) p.483.

러나 이는 사실이 아니라고 보인다. 《탐구》 201절의 최초 원고에 해당하는 글(WN 180a p.34v)은 '어떤 것을 무엇으로 봄'이란 개념에 대한 고찰들의 바로 다음에 놓여 있었다.[27] 이것은 단지 우연이 아니라, 비트겐슈타인이 이미 거기서 규칙을 따르는 적용과 관상을 보는 것 사이의 연관을 (적어도 암암리에) 보고 있었다는 증좌이다. 그 연관성에 대한 자각이, 좀 전에 우리가 고찰한 바와 같이, 《탐구》 228절(그리고 아마도 235절)과 같은 곳에서 모습을 드러내고 있는 것이다. 그렇다면, "의미는 관상"이란 말이 등장하는 부분과 함께 해서 판단할 때, 의미를 관상으로 보는 관점은 제마하의 주장과는 달리[28] 《탐구》 1부에서 이미 나타나고 있었다고 보아야 할 것이다. 다만 그것이 확연히 드러났다고는 할 수 없고, 우리는 그러한 관점을 《탐구》 2부를 통해 더 구체적으로 확인할 수 있을 따름이다.

아무튼, 규칙의 올바른 적용을 파악하는 길이 단지 해석이 아니라 '지각된 해석' 또는 '해석된 지각'으로서의 관상을 보기라면, 제마하가 잘 지적하고 있듯이,[29] 우리가 규칙을 따르거나 낱말을 사용할 때 어떻게 하는 것이 올바른 것인지를 매번 해석하거나 숙고할 필요가 없는 이유가 해명된다. 우리는 훈련을 통해 낱말을 사용하는 법을 배운다. 훈련에서 예시되는 적용의 경우들은 유한하다. 그러나 우리는 그 훈련을 통해, 그 낱말의 사용법에 대해 어떤 관상을 얻는다. 그리고 이로써 우리는 통상

27 Baker & Hacker(1990) p.146 이하의 지적 참조(단, 이들이 언급한 원고와 시디롬 유고의 쪽수는 차이가 있다).
28 Zemach(1995)(pp.480-481 참조)는 후기 비트겐슈타인의 의미관이 《탐구》 1부까지의 불완전한 의미 사용론과 2부에서 비로소 등장하는 완성된 의미 관상론으로 확연히 나누어진다고 보고 있다.
29 Zemach(1995) 3절 참조.

적인 상황에서 그 낱말을 어떤 새로운 경우에 사용하는 것이 올바른 것인지 여부, 즉 그러한 사용이 우리가 훈련받은 경우들과 유사한 것인지 아닌지를 그때마다 해석하지 않고 곧바로 **볼** 수 있다. 낱말의 사용을 배운다는 것은 바로 그러한 내적 연관을 보는 것을 말한다. 이 봄은 본래 '해석된 지각'이지만, 그 지각이 (통상 그러하듯) 지속적인 성격의 것이 되면, 우리는 우리가 특정한 해석 하에서 보고 있다는 사실 자체를 의식하지 않게 된다. 우리는 그러한 경우에 낱말의 올바른 사용을 그 관상에서 단적으로 본다. 그리고 그렇기 때문에 우리의 낱말 사용에서의 규칙 따르기는 선택의 여지없이, '맹목적으로' 이루어진다고 할 수 있는 것이다.

결론적으로, 낱말의 의미는 언어놀이에서의 낱말의 사용에 있지만, 낱말의 본질적이고 올바른 사용에 대한 관상을 봄이라는, 단지 해석이 아닌 파악이 없이 순전한 사용만으로는 규칙 따르기 역설과 같은 것을 피할 수 없다. 비록 어떤 낱말의 특정한 사용들을 보거나 실제로 자기가 사용하더라도, 그 사용들 사이에서 어떤 유사성—우리가 배운 범례적 사용들과의 유사성—을 봄이 없다면, 그렇게 사용하는 것이 제대로 된 것인지에 대한 이해는 없는 것이다. 이 경우 어떠한 사용도 올바른 사용으로 해석될 수 있고, 따라서 의미에 대한 이야기 자체가 성립되지 않는다. 그 '단지 해석이 아닌 파악'이 낱말 사용의 관상을 보는 것이라는 점은《탐구》1부에서 이미 내비쳐지고 있었으나, 구체적인 해명은 상을 본다는 문제에 대한《탐구》2부의 고찰에 의해 비로소 가능해졌다고 할 수 있다.

물론, 지금까지의 고찰에도 불구하고, 그의 의미관을 어떻게 기술하는 것이 적절하냐 하는 문제는 아직 완전히 끝나지 않았다. 일단 분명해진 것은, 낱말의 의미를 주는 사용은 그 낱말의 사용—올바른, 규칙을 따르는 사용—에 대한 관상(의 지각)을 포함해야 한다는 것이다. 그러나 의미는 여전히 사용이되 그 사용은 그러한 관상을 포함한다고 말하는 것이 좋은가, 아니면 의미는 사용에 대한 관상이라고 말하는 것이 좋은가? 어느 쪽이든, 단순히 '의미는 사용'이라고 말하는 것보다 낫기는 하다. 그렇다고, 어느 쪽이나 좋다는 것은 아니다. 내가 보기에, 비트겐슈타인은 점점 더 후자 쪽으로 마음이 기울어가고 있었다고 보이지만, 그는 자신의 입장을 아주 명확하게는 밝히지 않은 채로 놔두었다. 그러나 후자의 관점은 그가 외면적인 것과 내면적인 것의 관계에 대해 말한 것과도 잘 어울린다. 이러한 의미관에서, 사용은 의미의 기준이며 의미는 사용의 관상, 즉 어떤 낱말에서 그것의 사용 방식으로서 통상적으로 인지되는 얼굴-상이다. 이러한 의미는 사용을 자신의 개념의 일부로 포함하지만, 사용과 동일하지는 않다.

내면과 외면

비트겐슈타인의 심리철학

마음 또한 안에 있지 않으며, 밖에 있지 않으며, 그 중
간에 있지도 않습니다(心亦不在內, 不在外, 不在中間).

— 유마힐경(維摩詰經)

1. 비트겐슈타인과 심리철학의 문제들

심리철학은 비트겐슈타인이 언어철학 및 수리-논리철학과 더불어 주력했던 분야 중 하나이다. 심리철학은 마음의 본성과 관련된 철학적 문제들을 다루어 왔다. 마음은 눈에 보이지 않고 손으로 붙잡을 수 없으나 우리의 '내면'을 이루면서 우리를 움직이는 것으로 간주되고, 따라서 지금까지 마음의 본성을 살피는 일은 대체로, 일종의 내적인 눈으로 마음의 작용을 직접 들여다보는 내성적 고찰 방법을 취하거나, 아니면 마음이 모종의 관계를 가지고 그 속에 깃들어 있는 신체(또는 뇌)의 작용을 고찰하는 방법을 취해야 할 것으로 여겨졌다. 그러나 비트겐슈타인에게 심리철학은 '심리학의 철학'으로 이해되었다. 그리고 이것은 철학적 문제들을 일으키는 심리학적 용어들의 사용을 문법적으로 고찰하는 것이었다.

비트겐슈타인에 의하면, 마음의 본성에 관한 철학적 문제들은, 다른 철학적 문제들과 마찬가지로, 언어적 표현들—이 경우는 심리학적 표현들—에 대한 문법적 착각 내지 오용에서 비롯된다. 즉 그 문제들은 마음의 숨겨져 있는 어떤 본성 때문에 발생한다기보다는, 관련 표현들의 올바른 사용을 일목요연하게 보지 못하는 데서 발생한다. 그에 따르면, 마음이 우리에게 어떤 식으로 깊이 숨겨져 있어서 그것에 대한 발견이나 확인, 이론적 설명 따위가 필요하다는 생각 자체가 근본적으로 잘못된 생각이다. 문제는 오히려, 마음과 관련해 우리를 철학적 곤경, 철학적 파리통에 갇히게 한 철학자들의 언어 사용(오용)이다. 그리고 필요한 것은, 그러한 언어 사용(오용)으로부터 본래의 사용으로 돌아갈 길에 대한 통찰이다. 즉 우리가 어떤 길을 거쳐 문제의 철학적 파리통으로 빠져든 파리 신세가 되었는지를 상기해 냄으로써, 그로부터 벗어날 길을 훤히 알 수 있게 해주는 일종의 지도가 필요하다는 것이다. 그 지도는 심리학적 개념들의 연관 관계를 보여 주는 문법적 내용을 포함해야 한다.

비트겐슈타인의 고찰들은 마음의 본성을 둘러싼 기존의 주된 철학적 관점들의 성립 기반 자체를 허물어 버린다고 할 수 있을 만큼 근본적이며 혁명적이라고 할 수 있다. 그러나 또 그 만큼 기존 입장들이 선뜻 받아들이기 힘든 점을 지니고 있기도 하다. 그리하여 그의 고찰들은 그 중요성에도 불구하고 심리철학의 주된 논의 흐름에서 오히려 소외되어 온 면이 있다. 이것은 부분적으로는 그의 심리철학적 고찰들이 (그의 다른 고찰들에 비해서) 일목요연하게 파악되기 힘들다는 점에도 기인한다. 이러한 사정은 그의 말년의 심리철학적 고찰들이 출간된 이후 그의 심리철학에 대한 연구들이 증가하면서 점차 개선되고 있지만, 내가 보기에, 충분할 만큼 달라졌다고는 할 수 없다.

이런 관점에서 나는 비트겐슈타인 심리철학의 핵심을 이룬다고 할 수 있는 이른바 내면(적인 것)과 외면(적인 것)의 관계에 대한 그의 고찰들을 중심으로 그의 생각을 분석하고 조망해 보고자 한다. 그의 후기의 심리철학적 고찰들은 세부적으로 들어가면 상당히 다양하고 방대하게 펼쳐지기 때문에, 그 모두를 한 논문이 다 다룰 수는 없다. 내가 꾀하는 것은, 그의 전후기를 관통한다고 할 수 있는 문제의식에 비추어 그의 심리철학의 근본에 해당되는 부분을 해명하고, 그것이 그와 연관된 심리철학의 문제들에서 어떤 식으로 나타나고 있는지를 살피는 것이다.

나는 우선 그의 전기 사상에서 심리철학에 해당되는 부분을 살피고(2절) 나서, 거기서 표명되거나 내재된 내면/외면의 관계에 대한 후기의 비판적 고찰을 살핀다(3절). 그리고 이 후기의 관점에서 새롭게 파악되는 사유와 언어 및 행동의 관계(4절)와 함께, 행위의 이유로서의 사유 작용과 행위의 원인으로서의 뇌의 작용과의 관계에 대한 비트겐슈타인의 생각을 살핀다(5절). (이 두 절의 논의는 내면과의 관계에서 고려되어야 하는 외면의 종류에 따른 것이다.) 그의 고찰들이 기존의 심리철학들에 대해 어떤 비판적 함축을 지니는가는 논의 과정에서 자연스럽게 드러날 것이다.

2.《논리-철학 논고》의 심리철학

비트겐슈타인의 성숙된 사상의 많은 부분이 그러하듯이, 그의 후기 심리철학도 그의 "옛 사고방식의 배경 위에서 그것과의 대조를 통해서만" (PU 머리말) 올바로 해명될 수 있다. 그러므로 우선 그의 후기 심리철학의 대조 배경이 되는 그의 옛 사고방식부터 살펴볼 필요가 있다.

《논고》에서 심리철학('심리학의 철학')과 관계있는 것은, "A는 p라고 믿는다"나 "A는 p라고 생각한다"와 같은 형식을 지닌 심리학적 명제들의 분석이다.[1] 그런데 이 명제들은 그 속에 포함된 명제(p)와 진리 함수

---

1 여기서 비트겐슈타인의 관심은 이른바 '명제적 태도들', 즉 명제적 내용과 관련된 심리학적 태도의 표현들에 한정되어 있다. (그리고 이때도, 'A'의 인칭에 따른 차이는 구별되어 고찰되지 않는다.) '고통 감각'과 같이 그의 후기에 자주 거론되는 단순한 감각이나 감정을 표현하는 명제는 다루어지지 않고 있다.

적 관계에 있지 않는 것으로 보이고, 그래서 "일반적 명제 형식에서 명제는 오직 진리 연산들의 토대로서만 명제 속에 나타난다"(5.54)는 《논고》의 한 핵심을 위협하는 것처럼 보인다. 그러나 《논고》에 따르면, 문제의 심리학적 명제들은 "'p'는 p를 말한다"[2]란 형식(5.542)을 지닌 보고이다. 그리고 (여기서 'p'와 p는 각각 구성요소들로 결합된 사실들이므로) 이러한 보고에서 중요한 것은 "어떤 한 사실과 어떤 한 대상 사이의 짝짓기가 아니라, 사실들의 대상들 사이의 짝짓기를 통한 사실들 간의 짝짓기"(같은 곳)이다. 그러므로 비트겐슈타인의 말은, 심리학적 명제들은 얼핏 보면 어떤 대상(사람 또는 영혼)에게 어떤 심적 사실들을 부여하는 듯하지만, 실은 어떤 사태의 표상(그림)이 되는 심적 사실의 성립을 이야기한다는 것이다. 그리고 이렇게 그림의 본성을 지닌 말이라는 점에서, 심리학적 명제들은 결국 《논고》가 파악하는 명제의 일반적 본성에서 벗어나지 않는다는 것이다.

그러나 그렇기 때문에 《논고》는 다양한 심리학적 명제들이 지닐 수 있을 세세한 차이의 분석으로는 들어가지 않고, 그것들이 공통적으로 지니는 "'p'는 p를 말한다"라는 형식의 분석에만 집중한다. 그리고 이와 관련하여 사유라는 심리철학적 주제가 핵심적으로 등장하게 된다. 왜냐하면

---

2 이 형식이 'p'와 p 사이의 내적인 관계를 말하고 있다고 보면 그것은 (《논고》의 언어관에 의하면) 말할 수 없는 것을 말하는 것이므로 무의미하다(Mounce(1981) p.85 및 Kenny(1984) p.144 이하 참조). 그러나 그것을 가령 모르는 외국어 문장을 가리키면서 하는 말과 같은 성격의 것으로 보면 무의미하지 않다(White(2006) p.98 참조). 그런데 《논고》에서 우리가 의미 있게 말할 수 있는 것(그림)이 심리학을 포함한 자연과학적 명제들로 되어 있는 한, 심리학의 명제들이 무의미할 수는 없다. 그렇다고 일상의 심리학적 명제들을 원초적 번역 또는 학습 상황에서와 같은 것으로 보아야 한다는 것이 비트겐슈타인의 뜻일지도 의문이다. 그러므로 5.542는 Mounce(1981, p.84)도 주장하듯이, 심리학적 명제들의 그림 성격을 보여 주는 완전한 논리적 형식을 제시하고 있다기보다는 그 핵심적 단서만을 제시하고 있다고 보아야 할 것 같다.

《논고》에서 'p'라는 명제 기호 사실이 p라는 비언어적 사실을 말하게 되는 것은 (곧 보게 되듯이) 사유를 통해서이기 때문이다. 결국《논고》의 심리학의 철학에서는 사유 또는 사고만이 언어의 본질과 관련하여 대표적으로 다루어질 뿐이다.[3]

《논고》에 의하면, 사고는 '사실들의 논리적 그림'(3)이다. 그것은 명제에서 감각적으로 지각될 수 있게 표현된다(3.1). 왜냐하면 명제는 가능한 상황의 투영으로서 이용된 명제 기호이고, 그 투영 방법은 명제의 뜻을 생각하는 것이기 때문이다(3.11-3.12 참조). 즉 명제 기호는 명제가 그리는 논리적으로 가능한 상황을 생각함으로써 적용되고, 이것이 명제 기호를 하나의 상징(명제)으로 만든다. 그러니까 결국, 투영적 사유가 명제 기호를 명제로 만드는 것이다. 또는 그런 사유가 명제에 뜻을 주는 것이다. 그러나 동시에 사유는 그 자신 이미 논리적 그림으로서 본질상 명제로 표현될 수 있다. 사유와 명제 기호 및 명제와의 이런 내적 연관 때문에 비트겐슈타인은 사고를 '적용된, 생각된 명제 기호'(3.5), 또는 '뜻이 있는 명제'(4)라고도 말한다.

이 당시 비트겐슈타인에게 사고는 그러니까 일종의 언어였다. 이 점은 그의《노트북》(NB p.82)에서 더욱 직접적으로 진술되어 있다.

이제, 왜 내가 사유와 말이 동일할 것이라고 생각했는지 분명해진다. 사유는 일종의 언어이기 때문이다. 왜냐하면 당연히 사고도 명제의 논리적 그림이며, 따라서 마찬가지로 일종의 명제이기 때문이다.

---

3 이것은 내적 영역을 나타내는 총칭적 표현으로 쇼펜하우어가 '표상(하다)'이란 낱말에 특권을 부여한 것과 비교될 수 있다. Lange(1998) p.263 참조.

그러나 구체적으로 어떤 종류의 언어, 어떤 종류의 명제인가? 러셀은 《논고》와 관련하여 비트겐슈타인에게 보낸 편지에서, 사고라는 사실의 구성 요소들은 무엇이며 그것들과 모사된 사실의 구성요소들과의 관계는 무엇인가를 물은 바 있다. 이에 대해 비트겐슈타인은 다음과 같이 답했다.

"사고는 낱말들로 이루어지는가?" 아닙니다! 실재에 대해 낱말들과 같은 종류의 관계를 지니는 심적 구성요소들로 이루어져 있습니다. 저는 그 구성요소들이 무엇인지는 모릅니다. (NB p.131)

그러니까, 사고는 심적 구성요소들로 이루어진 정신적 사실이다. 그리고 그런 한, 사유라는 '일종의 언어'는 '정신적 언어'라고 할 수 있을 것이다. 사고가 심리학적인 것인 한, 그것은 경험적이고 사람마다 다를 수 있다. (그 사람이 한국어나 영어 등 어떤 자연언어를 쓰느냐에 따라서도 다를 것이다.) 그리고 경험적인 한, 심리학적 사고는 다른 경험적 사실들과 마찬가지로 경험 법칙의 지배를 받는다. 그러나 비트겐슈타인에 의하면, 사고에 대해 비-경험적, 비-심리학적으로 말할 수 있는 관점이 있다. 그것은 논리적이고 철학적인 관점, 바로 《논고》의 관점이다. 이 관점에서는 사고와 관련된 경험-심리학적 차이, 그리고 그런 차이를 낳는 심적 구성요소들이 무엇이냐 하는 문제는 관심사가 되지 않는다. 관심사가 되는 것은 오직, 한국어, 영어 등의 다양한 방식으로 표기 가능한 명제 기호들을 명제로 만드는 것으로서의 사고와 관련된 것이다.[4] 이 측면에서

---

4 이 점에서 사유 언어는 후일 촘스키와 포도(J. A. Fodor)가 '본유적 언어' 또는 '정신어'라고 부

사고는 참이나 거짓이 될 수 있는 어떤 것 즉 그림이며, 그것도 명제 기호들처럼 다른 어떤 것에 의해서 그림이 되는 것이 아니라 "그것이 생각하는 상황의 가능성을 포함"(3.02)하고 있는, 그러니까 그 자체로 세계에 대한 투영 작용을 지니는 그림이다.[5] 그것은 말하자면 《논고》적인 의미에서) 본래적인 그림, 즉 사실들의 순전한 논리적 그림이다. 그렇기 때문에 《논고》는 사고와 관련해 다음과 같이 말한다.

  [⋯] 생각될 수 있는 것은 또한 가능한 것이기도 하다.
  우리는 비논리적인 것은 아무것도 생각할 수 없다. 왜냐하면 그렇지 않다면 우리는 비논리적으로 생각해야 할 터이기 때문이다. (3.02-3.03)

생각은 우리 각자가 논리 규칙에 맞는 정신적 그림을 그리는 활동이다. 그런데 이것은 경험-심리학적 차원에서는 누구누구의 생각으로 구별될 수 있지만, 어떤 뜻에서는 구별될 수 없고 그 모두가 '나'의 생각이다.[6] 왜냐하면 그 모든 그림-사고에 대해 언제나 '나는 생각한다'고 말할 수 있기 때문이다.[7] 이런 점에서 사고의 주체에 대해서 비-심리학적으

르는 것과 비교될 수 있다고 간주된다. Malcolm(1986) p.72와 Glock(2006) p.142 참조.
5 이것은 사고가 본래 지향성을 지닌다는 이야기와 통하는 것이라고 할 수 있다. (이 점은 원래 D. Favrhold가 지적한 것이었다.) Malcolm(1986) 4장 참조.
6 《논고》 5.542가 함축하는 바이지만, 모든 그림-명제는 일단 그 누군가에 의해 생각되는 것이다(관념주의). 그러나 더 나아가, 비트겐슈타인에 의하면, 그 모든 생각들은 특별한 의미에서 '나'의 것이다(유아주의). 즉 "실제로는 내가 특별히 **나의** 영혼이라고 일컫는 하나의 세계영혼이 있을 뿐이며, 오직 그것으로서만 나는 내가 다른 사람들의 영혼이라고 일컫는 것을 파악한다" (NB p.48).
7 이것이 유아주의에 이르는 주요 논거였음은 PU §24의 다음 말에서 확인된다: "예컨대 모든 주장 문장이 "나는 생각한다" 또는 "나는 믿는다"란 조항(條項)으로 시작하는 문장들로 (그러니까 말하자면 **나의** 내적 삶의 기술들로) 변환될 수 있는 가능성의 의의는 다른 곳에서 더 똑똑히 드

로 이야기할 수 있는 어떤 뜻이 존재한다(5.641 참조). 이 관점에서는, 생각하고 표상하는 (대상적) 주체는 존재하지 않는다(5.631 참조). 왜냐하면, 이미 보았듯이, 모든 심리학적 명제들은 "'p'는 p를 말한다"의 형식으로서, 어떤 한 사실과 어떤 한 대상(즉 대상적 주체) 사이의 짝짓기가 아니기 때문이다. 오직 비대상적인 주체, 즉 논리적 그림이라는 사고의 형식적인 통일적 주체만이 이야기될 수 있다. 그것은 "인간이 아니며, 인간 신체가 아니며, 또는 심리학이 다루는 인간 영혼도 아니다"(같은 곳). 비트겐슈타인은 그것을 (칸트의 초월적 자아와 비슷하게) '형이상학적 주체' 또는 '철학적 자아'라고 말한다(같은 곳). 그림으로서의 모든 사고와 언어, 그리고 따라서 사실들의 세계는 궁극적으로 모두 이 철학적 자아의 것이다(5.6 이하 참조). 이 유아주의적 주체는 경험적 세계 속에 있지 않고, 그렇다고 그 너머에도 있지 않으며, 오히려 세계의 한계를 이룬다(5.632). 왜냐하면 사고와 언어의 유일 주체로서의 철학적 자아는 정확히 자신의 사고와 언어의 논리에 의해 한정되고, 논리의 한계는—논리는 '세계의 거울상'(6.13)이므로—바로 세계의 한계이기 때문이다. 그리고 여기서 "유아주의와 순수한 실재주의는 합치된다"(5.64). 즉 "유아주의의 자아는 연장 없는 점으로 수축되고, 그것과 동격화된 실재가 남는다"(같은 곳).[8] 이것은 일종의 심물(心物) 병행주의라고 할 수 있지만, 그

러날 것이다. (유아주의(唯我主義))"(같은 점이 BB 110쪽 이하에서 더 자세히 논의된 바 있다.)
8 자아가 '연장 없는 점'으로 수축된다는 점에서 이 유아주의는 이른바 '자아 절멸적 유아주의' (Vossenkuhl, p.178 참조)라 할 수 있을 것으로 보이기도 한다. 그러나 자아는 그럼에도 불구하고 무는 아니며, 오히려 "세계의 중심"으로서 의지하는 주체이자 윤리의 담당자로서 존재한다고 이야기된다(NB p.80 참조). 윤리적 주체는 또 (사유의 형이상학적 주체와 마찬가지로) 세계의 한 한계(NB p.79)라고도 이야기된다. 그러므로 세계의 한계로서 동일한 자아가 사유와 의지의 두 측면을 지니는 것이겠지만, 그 둘의 정확한 관계는 그리 분명하지 않다. 윤리적 의지는 세계의

병행 관계는 나의 마음과 단순히 나의 몸(또는 뇌) 사이에서가 아니라 나의 마음과 전체 세계 사이에서 성립하는 것이다(NB p.85 참조). 그리고 이것이 함축하는 바는 (놀랍게도[9]) 일종의 범아일여(梵我一如) 사상과 같은 신비주의적인 관점이다. 이에 따르면, **하나의** 정신이 세상 만물―인간, 뱀, 사자, 코끼리, 파리, 말벌 같은 생명체뿐 아니라 무생물도 포함하여―에 공통적이라고 볼 수 있다(같은 곳 참조).

정리해 보면:《논고》에서 사유는 논리적 구문론의 규칙들을 따르는 순수한 논리적 그림으로 이해된 일종의 언어(정신 언어)이다.[10] 그것은 명제 기호라는 감각적 차원의 외적 표현과 독립적이면서, 오직 논리적 분석을 통해서만 드러날 수 있게 그 배후에 내적으로 숨겨져 있다. 그러나 그것은 완전히 분석되었을 때는 누구나 "그것은 분명 저절로 이해된다"고 할 수 있는(NB p.70) 직접성과 투명성을 지니고 있다. 이러한 점에서 사유는 명제 기호들을 사용(투영)하여 뜻이 있는 명제로 만드는 본래적 원천으로 간주되면서, 결국은 세계의 한계와 같아지는 형이상학적 주체의 것으로 이해된다.[11] 이러한 이해는 주관적인 경험-심리학적 사유가

한계들―즉 언어와 사유의 한계―을 변화시킬 수 있는 관계에 있다고 이야기된다(TLP 6.43 참조). 또 "사물들은 나의 의지와의 관계를 통해서 비로소 '의미'를 얻는다"(NB p.84)고 한다. 그렇다면 투영적 사유도 결국 의지적이고, 따라서 의지가 더 근본적인가? 다만 의지에 세계의 한계들을 가치의 관점에서 변화시키는 윤리적 의지와 세계 내 사물들에 의미를 주는 투영적 의지의 두 종류가 있는가? 아니면 의지는 어쨌든 하나이고, 의미도 이미 가치(의 일종)인가?

9 물론,《논고》가 쇼펜하우어의 영향을 받았다는 점을 고려한다면, 그리 놀랄 일이 아닐 수도 있겠다. 쇼펜하우어는 플라톤과 칸트, 그리고 우파니샤드 사상을 원천으로 하여, 세계는 나의 표상이며 만물은 우주적 의지의 현현이라는 생각을 피력하였다.

10 이 점에서《논고》는 (고전적) 인지주의와 통하는 점을 지니고 있다고 이야기된다. Peterson(1990) pp.171-176 및 Harré & Tissaw(2005) 3장 참조.

11 이 점에서 나의 이해는 Malcolm(1986, 4장)과 다르다. 그는 사고-요소의 본래적 지향성을 강조하면서, 그것의 의미는 형이상학적 주체에 의해서도 주어지지 않는다고 본다(p.78). 물론

기호에 의미를 주는 원천이 아니라고 보았다는 점, 그리고 기호는 사용됨으로써 비로소 의미를 지닌다고 본 점에서 이미 비트겐슈타인의 후기 생각을 일정 부분 예고하고 있다. 그러나 그 사용이 구체적 행위-실천이 아니라 형식상 오직 나의 논리적 사유에 의한 내적인 규칙 따르기로 이해되었다는 점, 그러한 사유가 기호에 '생명의 숨'('의미체')을 불어넣는 것으로 간주되었다는 점[12], 명제적 태도의 표현이 인칭 구별 없이 모두 보고의 성격을 지니는 것으로 다루어졌다는 점, 그리고 (사물을 보는 관점을 과학적 관점과 영원의 관점의 둘로 단순히 나눔에 따라) 경험-심리학적 사유는 인과 법칙의 지배를 받는 자연 과학적 사실들과 같은 본성의 것으로 간주되었다는 점 등은 후기의 비판 대상이 될 운명을 지니고 있다. 어쨌든, 유아주의가 곧 순수한 실재주의와 합치되고 사고 주체인 자아가 연장 없는 점으로 수축되는 관점에서는, 이른바 사유와 실재, 주관적인 내적 세계와 객관적인 외적 세계의 구별은 해소된다고 할 수 있다. 그러한 해소가 실은《논고》의 숨겨진 심리철학의 궁극적 목표였다고도 할 수 있을 것이다. 그러나《논고》에서 그 목표의 달성은 실재주의와 통하는 유아주의적 신비주의라는 너무나 형이상학적이고 고원한 관점에서 이루어진다.

(본래적이므로) '주어지지'는 않는다. 그러나 내가 보기에는,《논고》에서 사고의 본래적 투영작용을 인정하는 것과 이것을 (결국 세계의 한계와 동일시되는) 철학적 자아의 것이라고 하는 것은 양립 가능하며 본질적으로 연결되어 있다.

12   비트겐슈타인이《탐구》§109에서 비판적으로 언급한 '사유를 영물(靈物)로 보는 견해'는 이 점과 관계된다고 보인다. 그 자세한 연관에 대해서는 Schulte(2006) 참조.

3. '내면'과 '외면'의 관계에 대한 후기 비트겐슈타인의 관점

《논고》자체의 의미관에 따르면,《논고》가 도달한 관점은 언어적으로는 '무의미'하다. 그러나 비트겐슈타인은 그 관점에 "세계를 올바로 본다"고 할 수 있는 '진리성'―'불가침적이며 결정적인'―이 있다고 보았다(TLP 6.54와 머리말 참조). 그러나 후기로 가면서 이러한 생각은 바뀐다.《논고》가 도달한 관점은 이상적으로 매끄럽다고 할 수 있지만, 바로 그렇기 때문에 우리가 걸어갈 수 없는 빙판과 같은 것으로 간주된다(PU §107). 특히, 유아주의자는 파리통에 든 파리와 같은 신세로 간주된다.(아마도 이 파리는 공기 저항이 없는 곳에서는 이상적으로 비행할 수 있으리라는 망상에 사로잡혔을 것이다.)

우리는 비록 마찰이 있더라도 걸어갈 수 있는 거친 대지로 되돌아가야 한다! 파리는 비록 고원하진 않지만 그나마 숨 쉬고 날아다닐 수 있는 곳으로 되돌아가야 한다! 이제 비트겐슈타인의 관점은 탈형이상학적으로, 영원의 높은 관점에서 지상의 낮은 관점으로 바뀐다. 우리가 (철학적 문제들을 풀기 위해 통찰을 얻기 위해) 다루어야 할 것은 일상 언어의 시간적·공간적 현상이지 "비시간적·비공간적 허깨비"가 아니다(PU §108). 즉 우리의 일상생활에서의 언어의 구체적 사용 행위, 실천을 고찰해야 한다. 물론 과학적 설명이 아니라 문법적 기술을 목표로 하는 고찰이다(PU §109 참조). 주지하다시피, 이것은 매우 복잡할 수 있는 작업이기 때문에, 일목요연함을 얻기 위해 비트겐슈타인은 언어놀이 개념을 도입하여 언어 사용을 고찰하는 방법을 취하게 된다.

심리철학적 측면에서는,《탐구》I부의 '사적 언어 논변' 이후의 주제들과 II부의 주제들에서 보듯이, 사유뿐 아니라 표상/상상, 의식, 기대, 믿음, 의도, 의지, 감정, 감각 등의 개념들을 사용하는 구체적이고 다양한 언어놀이들이 고찰 대상이 된다. 이와 더불어,《논고》에서 사유를 둘러싸고 있던 '후광', 다시 말해 사유는 세계의 선천적 질서('초-질서')를 묘사하는 숭고한 논리를 본질로 하는 것이라는 생각이 걷힌다(PU §97 참조). 그리고 그러한 사유의 주체로 간주되었던 신적인 철학적 자아도, 우리의 구체적 언어놀이들에서 그 사용 문법이 고찰되어야 하는 일상의 인격적 '나'로 바뀐다.[13] 아울러, 그가 추구했던 사유와 현실의 일치, 조화는 이제 우리가 심리학적 개념들과 관련해 살펴볼, 내면과 외면의 문법에서 찾아져야 하는 것으로 된다(Z §§55-56 참조).

심리학의 철학에 대한 본격적인 고찰들에서 비트겐슈타인이 세운 "심리학적 개념들의 취급을 위한 계획"(및 이와 연관된 글들)(Z §§471-472, 488, 621; BPP1 §836; BPP2 §§45, 63, 148)을 보면, 그는 심리학적 개념들을 크게 명제적 태도에 해당되는 것들, 감각들, 감정들, 그리고 표상들로 분류해 그 특징들을 고찰한다. 이러한 분류와 고찰은 심리학적 현상들의 '계보' 즉 그 현상들의 근친성과 차이성을 논리적 기준들에 따라 드러내는 것인데, 이를 통해 그가 얻고자 하는 것은 **엄밀성이 아니라 일목요연함**"이다(Z §§464-466 참조). 이에 따르면, 심리학적 동사들의 사용은 모두, 그 3인칭 현재는 관찰에 의해 검증될 수 있으나 1인칭 현재는 그렇지 않다. (1인칭 현재는 표명(Äußerung)과 근친적이다.) 감각의 경우는 모두가 '진정한 지속성'이 있으며, 감정들은 진정한 지속, 경과를 지니나, 감

---

13 《탐구》에서의 입장에 이르기 전 특히 유아주의에 대한 비트겐슈타인 생각의 변화 과정에 대해서는 Hacker(1986) 8장을 참조할 것.

각들과는 달리 국지화되어 있지 않다. 또 표상은 그림이 아니며, 외부 세계에 대해 옳게도 그르게도 알려 주지 않는다. 마지막으로, 명제적 태도들[14]은 감각, 감정, 표상 같은 것들과 달리, '의식 상태'나 '체험'이 아니며, '진정한 지속'이 없는 '심적 성향'이라고 (잠정적으로) 말해진다(BPP2 §§ 45, 178; Z §§45, 85 참조).

이 중 심리학적 동사들과 관련해 지적된 특징은, 그 동사가 '믿다', '생각하다', '희망하다' 등과 같은 명제적 태도뿐 아니라 '보다', '두려워하다', '상상하다' 등과 같이 감각이나 감정, 상상을 나타내는 것들일 수도 있기 때문에, 가장 포괄적인 특징이라 할 수 있다. 그것은 비트겐슈타인의 심리철학뿐 아니라 그의 전체 철학에서 중요한 의미를 지닌다. 《논고》의 유아주의를 포함한 여러 잘못된 철학적 입장들이 그 특징에 대한 오해와 관련해 발생한다고 할 수 있기 때문이다. 심리학적 동사들이 사용된 1인칭 현재형이 관찰에 의해 검증될 수 있을 것이라는 생각은, 그것이 (3인칭 현재형과 그 검증을 위한 관찰 대상만 다를 뿐) 일종의 관찰 보고 또는 기술이고, 또 그 관찰은 타자가 아니라 오직 나(의 내성)에 의해

---

14 비트겐슈타인의 '계획' 자체에서 명제적 태도에 해당되는 것들의 위치와 특징은 좀 불분명하다. 그러나 관련 맥락들과 함께 보면, 그것들이 심리학적 영역을 이루는 '심리학적 동사들'의 일부이면서 감정, 감각, 표상과 구별된다는 것은 일단 분명하다(BPP2 §§45, 178 참조). 즉 사유나 의도 같은 명제적 태도들은 '체험(또는 경험) 개념'이 아닌 심리학적 개념들이다(Z §§44, 96; BPP2 §§179, 257 참조). (다만, 사고의 '확신 형태들'(믿음, 확실성, 의심 등)은 체험 개념에 속한다고 분류된다(BPP1 §836 참조).) 그러므로 그의 분류에 사유가 빠져 있고 따라서 그 분류는 사유가 심리학적 영역에 속하는지조차 불명확한 문제가 있다고 보는 Schulte(1993, p.30)나 Glock(1996a, pp.290-291 참조)의 견해는 잘못이다. 이들이 느끼는 문제는 그 분류가 심리학적 개념들 전체를 체험 개념과 동일시하고 있다고 오해하는 데서 비롯된다고 할 수 있다. Chauvier(2007, p.33)는 비트겐슈타인이 명제적 태도들을 체험과 구별되는 성향들로서 본다는 점은 올바로 지적하면서도, 한편으로 그것들은 체험 개념인 감정('지향적 감정')에 속하는 것으로 분류되어 있다고 (그래서 해석상의 난점을 지닌다고) 잘못 본다.

서만 가능한 것이라는 생각과 결합되어 있다. 즉 내가 관찰해야 하는 것은 바로 나 자신의 내적 대상, 상태, 과정이며, 이것들은 타자로서는 직접 관찰이 불가능하게 숨겨져 있고, 오직 나 자신만이 직접 체험하여 알 수 있다는 생각 말이다. 이러한 생각에 따르면, 나는 그것들을 직접 체험하여 알 수 있기 때문에, 나는 그것들에 대해 틀릴 수 없다. 그러나 타인은 나의 내면세계를 나의 말이나 행동 같은 것을 통해 간접적으로만 판단할 수 있고, 따라서 그 판단은 원칙적으로 언제나 틀릴 수 있다. 나의 내면세계는 나의 외적 행동과 근본적으로 분리될 수 있게끔 숨겨져 있다고 할 수 있기 때문이다. 그러므로 타인은 내가 어떤 생각이나 믿음, 소망, 의도 등을 지니고 있는지에 대해 (언제나) 의심할 수 있으나, 나 자신ㅋ 은 결코 그렇게 의심할 수 없다. 여기서 1인칭 현재형 심리학적 문장들은 말하자면 선천적 판단들이 되는 것이다.

비트겐슈타인은 이러한 생각에 대해 《탐구》 2부 xi [309]에서 다음과 같이 단호하게 비판한다.[15]

"나는 내가 무엇을 원하는지, 바라는지, 믿는지, 느끼는지, ……를 안다"(말줄임표 자리는 기타의 모든 심리학적 동사들로 채워짐)는 철학자의 헛소리이거나, 또는 아무튼 선천적 판단이 **아니다**.

왜냐하면, 비트겐슈타인에 의하면, "나는 […] 안다"란 주장은 내가 틀릴 수도 있는 곳에서만, 즉 내가 알지 못할 가능성이 존재하는 곳에서만

---

15   이러한 비판은 또한 《확실성에 관하여》에서 이른바 '무어의 명제들'에 대한 비판과 확실성의 본성에 대한 고찰들로도 이어진다. 아래 9장 2절 참조.

말해질 수 있고, 따라서 그 주장은 "나는 […] 의심한다"가 뜻이 있는 곳에서, 즉 의심이 논리적으로 배제되지 않는 곳에서만 말해질 수 있는데, 나는 현재의 나 자신의 정신 현상에 대해 정상적으로는 틀리거나 의심할 수 없기 때문이다.[16] 또한 "나는 안다"가 정당한 의심의 가능성을 허용한다면, 그것은 확인이 가능한 곳에서, 즉 그 의심 가능한 것이 그럼에도 불구하고 사실임을 정당화할 필요가 있는 곳에서─그러한 정당화가 의미가 있는 곳에서─말해져야 하는데, 내가 현재 무엇을 믿고 생각하는지와 같은 것을 내가 어떤 식으로 확인하고 정당화한다는 것은 정상적으로는 불필요하고 의미 없는 일이기 때문이다.

그런데 1인칭 현재형 심리학적 현상들과 관련해 "나는 안다"고 말할 수 없다면, "나만이 안다"고 말하는 것도 역시 할 수 없다. 즉 나의 현재의 정신 현상이 그런 식으로 '사적'이라고 하는 것은 헛소리이다. 이런 점은 믿음이나 사유와 같은 명제적 태도들뿐 아니라 그 보다 더 사적이라고 보일 수 있는 감각들과 관련해서도 성립한다. 《탐구》 I부의 이른바 '사적 언어 논변' 부분에서 비트겐슈타인은, "오직 나만이 내가 실제로 고통스러운지 여부를 알 수 있다; 다른 사람은 그걸 단지 추측할 수 있을 뿐이다"─그리고 이런 점에서 '나의 감각들은 사적이다'─라는 주장에 대해, "이 말은 한편으로는 거짓이요, 한편으로는 무의미하다"고 말한다(PU §246). 왜냐하면 "안다"라는 말의 보통 사용되는 의미에서 다른 사람들은 내가 고통스러운 경우를 매우 자주 알 수 있으며, 또 나는 (가령 농담에서가 아니라면,) 내가 고통스럽다는 것을 **안다**고 결코 말할 수 없기

---

16   가령 믿음의 경우, "우리들은 […] 자기 자신의 믿음을 불신할 수는 없다. 만일 '잘못 믿다'란 의미를 지닌 하나의 동사가 존재한다면, 그것에는 유의미한 일인칭 직설법 현재형이 있을 수 없을 것이다."(PU 2부 [91]~[92])

때문이다.

"다른 사람은 나의 고통을 가질 수 없다"와 같은 주장의 경우도 비슷하다. 우리는 신체의 단지 상동적(相同的)인 두 곳이 아니라—예컨대 샴쌍둥이의 경우처럼—정확히 같은 곳에서, '같은' 고통을 가질 수도 있다(PU §253 참조). 만일 나의 고통과 남의 고통이 같다고 말하는 것이 뜻이 없다면, 저 주장은 반대를 허용하지 않는 형이상학적 진리를 담은 명제가 아니라, "빠시앙스는 혼자서 한다"나 "모든 막대는 길이를 가지고 있다"처럼 낱말 사용에 관한 하나의 문법적 명제일 뿐이다(PU §§248, 251 참조). 우리는 이런 종류의 (실제 세계에 관한 것으로 오해된) 명제에 대해 "헛소리!"라고 대꾸할 수 있을 것이다(PU §252 참조). 왜냐하면, 비트겐슈타인에 의하면, "다른 사람이 어떤 것을 갖고 있다는 것을 당신이 논리적으로 배제한다면, 당신이 그것을 갖고 있다고 말하는 것 또한 그 뜻을 잃는다"라는 점 역시 분명하기 때문이다"(PU §398).

내면이 외면과 근본적으로 분리 가능하게 숨겨져 있다고 보는 관점은, 나의 정신 현상들만 오직 나만이 사적으로 경험할 수 있는 것이 아니라 나의 언어도 그러한 사적 경험과 관련해서만 의미를 지닌다는 생각에서 절정에 이르게 된다. 즉 남은 이해할 수 없고, 따라서 의사소통의 언어로는 쓰일 수 없지만, 그래도 나만은 나의 내면적 체험에 기초해 이해할 수 있는 이른바 '사적 언어'가 가능하다는 생각 말이다. 그러나 잘 알려져 있다시피, 비트겐슈타인은 이러한 생각도 거부한다(PU §256 이하 참조). 그 핵심적인 이유는, 나의 내적 체험들을 나만이 이해할 수 있게 기술하는 데 쓰일 수 있도록 낱말들에 의미를 사적으로 부여하는 것이 가능하지 않다는 것이다. 가령—비트겐슈타인은 '고통'과 같이 '사적 언어'를 위한 가장 유력한 후보로 간주될 수 있을 터인 낱말을 택해 논의한다—

내가 어떤 기호를 나의 사적인 감각(일체의 자연적 표출 없이 지닐 수 있다고 간주된 감각)과 연합시킨다고 그 기호가 그 감각을 가리키는 낱말(이름)로서 의미를 가지게 되지는 않는다. 왜냐하면, 단순한 명명조차도, 그것이 뜻을 가지려면, 해당 낱말의 문법이 이미 언어에 준비되어 있어야 하는데, 감각과 기호의 사적 연합 즉 "어떤 기호를 말하거나 쓰면서 동시에 그 감각에 나의 주의를 집중"("일종의 지시적 정의")함에 의해서는 그 기호의 올바른 사용을 위한 문법 규칙이 확립되지 않기 때문이다(PU § 257-258 참조). 거기에는 사용의 '올바름의 기준'이 없으며, "나에게 옳게 보이는 것은 무엇이든 옳다고 말해도 될 것이다"(PU §258). 다시 말해서, '사적인 낱말 설명'으로는 낱말에 어떤 올바른 사용 규칙을 제공할 수 없고, 따라서 아무런 의미를 부여할 수 없으며, 또 그렇기 때문에 남은 물론, 실은 나 자신조차도 그 낱말을 하나의 감각어로서 이해할 수 없는 것이다(PU §260-261 참조). 비트겐슈타인에 의하면, 사적인 낱말 설명은 마치 "나의 오른손은 나의 왼손에게 돈을 증여할 수 없는"(PU §268) 것처럼 낱말에 의미를 부여하는 것이 불가능하다. '사적 언어'란 결국 "다른 사람은 아무도 이해 못하지만 나는 '**이해하는 듯 보이는**' 소리들"(PU §269)에 불과한 것이 된다. 그것은 언어일 수가 없는 것이다.[17]

---

17 이러한 이해에서 나는 박정일(2006)의 생각과 다르다. 그는 사적 언어가 '논리적으로 불가능한' 것(모순)은 아니며 (따라서) 가족 유사성을 이루는 '정상적인 언어'의 한 구성원일 수 있다고 본다. 그러나 (나에 따르면) 사적 언어가 불가능한 것은 그것이 논리적 모순이라서가 아니라, 기호들에 사적으로 의미를 부여하는 일 자체가 불가능해서이다. 그리고 이런 뜻에서 사적 언어가 성립 불가능하다는 것은, 나만은 이해하는 듯 보이는 '소리들'로서의 '사적 언어'가 무의미하다는 것과 통한다. 가령 "소크라테스는 동일하다"와 같은 무의미한 표현은 '동일하다'에 형용사적 의미를 사적으로 부여—이는 불가능하다—함으로써 유의미하게 되지 않는다. (즉 사적 방법은 문제의 표현을 유의미한 문장이 되게 '정상화'하는 방법이 아니다.)

지금까지의 이야기로부터 확인되는 것은, 우선 언어철학적으로, 언어적 의미는 사적으로 숨겨진 것으로 간주되는 내면의 체험이나 사유에 의해서는 주어질 수 없고, 어디까지나 공적 언어놀이에서의 실천적 사용을 통해 주어진다는 것이다. 심리철학적으로는, 감각이라든가 사유라든가 하는 것은 공적인 언어 사용이나 행동과 근본적으로 분리될 수 있는 숨겨진 내적 체험이 아니라는 것이다. 가령 믿음이란, 언어놀이에서의 실천적 활동과 무관한, "인간 정신의 한결같은 상태"가 아니다(ÜG §89 참조). 우리는 내면적인 것이 외면적인 것과 근본적으로 분리되어 숨겨질 수 있는 것이라는 그림을 거부해야 한다.[18] 그런 그림으로 이해된 내면은 각 사람의 상자 속에 각자만이 들여다 볼 수 있게 숨겨져 있다고 가정된《탐구》293절의 딱정벌레처럼 우리의 고찰로부터 무관한 것으로서 떨어져 나간다.

4. 사유·언어·행동의 관계

내면적인 것이 외면적인 것과 근본적으로 분리될 수 없다면, "내면적인 것은 외면적인 것과 단지 경험적으로 결합되어 있는 것이 아니라 논리적으로 결합되어 있다"(LS2 p.64)는 것이 된다. 비트겐슈타인은 이런 뜻에서, "'내적 과정'은 외적 기준들을 필요로 한다"(PU §580)고 말한다. 즉 이른바 내면적인 것의 개념과 그 사용을 위해서는 어떤 외면적인 것

---

18 Johnston(1993, p.205)이 지적하고 있듯이, 이것은 경험의 세계를 제한하는 게 아니라, 원리상 아무런 표현도 허락하지 않는 내면이란 관념은 철학적 착각일 뿐이라는 점을 상기시키는 것이다.

들이 기준으로서 필요하다—그래서 내면적인 것은 외면적인 것들과 내적인(문법적) 관계를 지닌다—는 것이다. 여기서 그 외면적인 기준들이란 기본적으로 내면의 표현으로서의 언어적·비언어적 행동들이지만, 그것들이 행해지는 상황도 포함할 수 있다. 가령 의도나 기대에 대해 비트겐슈타인은, 그것들은 "상황 속에, 인간의 관습들과 제도들 속에 깊이 새겨져 있다"(PU §337)고 말한다. 예컨대, 장기를 두려는 의도는 장기놀이의 기술(技術)이 존재하지 않는다면 불가능하고, 폭발의 기대는 폭발이 기대될 수 있는 상황이 아니면 유래할 수 없다(PU §§337, 581 참조). 또 고통이나 슬픔, 애정 따위도 특정한 삶의 표출들의 한가운데서만 존재한다고 할 수 있다(Z §§532-534 참조).

내면과 외면 사이의 이러한 내적인 관계 때문에, 비록 1인칭 현재형 심리학적 문장들의 경우는 통상 어떤 외적 기준들의 관찰에 의거하지 않고 사용됨에도 불구하고, 어쨌든 내가 어떠어떠한 심리학적 상태나 과정에 있다는 것 자체는 순전히 사적인 것이 아니라, 외적 기준과의 연관을 자신 속에 포함하고 있는 공적인 의미를 지니는 것이 될 수밖에 없다. 유아주의나 사적언어의 가능성 주장은 1인칭 현재형 심리학적 문장들이 3인칭의 경우와 구별되게 지니는 문법적 특징을 형이상학적 의미를 지니는 특징으로 오해하여 빚어진 해프닝이었을 뿐이다. 비트겐슈타인은 이러한 것들을 염두에 두고, "철학의 구름 전체는 한 방울의 언어 규범으로 응축된다"(PU 2부 [315])는 유명한 말로 꼬집었다.

그러나 그렇다면 '내면'과 '외면'의 관계에 대한 이러한 관점 전환 속에서 이제 (특히) 사고 또는 사유 개념은 구체적으로 어떤 모습으로 나타나게 되는가?[19] 사유를 일종의 언어로 본 《논고》에서의 사유관과 비교할 때, 이제 내면/외면의 관계에 대한 비트겐슈타인의 변화된 관점에서 사유와 언어 그리고 행동의 관계는 어떻게 이해되는가?

비트겐슈타인은 후기에 들어서도 한동안은 사유를 언어와 동일시하였다. (또는 오직 언어적 사유만을 고려하였다.) 이에 따르면, 사유는 "본질적으로 기호들을 가지고 일을 처리하는 활동"(BB 24쪽)이다. 이 활동은 "우리가 글을 쓰는 방식으로 생각할 때는 손에 의해서, 그리고 우리가 말을 하는 방식으로 생각할 때는 입과 후두에 의해서 수행된다"(같은 곳). 기호나 그림들에 의해 상상하는 사유의 경우는 동작주(動作主)가 없다; 이 경우 '마음이 생각한다'고 하는 것은 단지 은유일 뿐이다(같은 곳 참조). 여기서 주안점은, 사유를 어떤 '정신적 활동'이라 말하는 것은 오해를 일으키기 쉽다는 것이다. 즉 사유는 우리의 머릿속에서 일어나는 마음의 활동일 뿐만 아니라, (그것과는 다른 뜻에서) "우리의 글 쓰는 손의 활동이라고, 우리의 후두의 활동이라고"(BB 38쪽) 말할 권리가 있다는 것이다.

이러한 생각은 사유가 어떤 특정한 장소에서 일어난다는 개념을 해체하면서,[20] 사유 개념이 본질적으로 언어적 활동으로서 하나의 가족 유사성을 이루는 것으로 보는 것이었다고 할 수 있다. 그러나 비트겐슈타인은 그 이후, 사유 개념은 가족 유사성을 이룰 뿐 어떠한 본질을 지닌다고

---

19 사유뿐 아니라 상상, 기대, 의도 등의 개별 심리학적 개념들에 대한 후기 비트겐슈타인의 철학적 탐구가 '내면'과 '외면'의 관계에 대한 그의 관점 전환 속에서 이루어진다. 그러나 앞(1절)에서도 말했듯이, 여기서 우리가 그 탐구의 세세한 차이들을 다 살펴볼 수는 없다. 이러한 한정은 한편으로는 논의의 편의를 위한 것이기도 한데, '사고'가 기대와 같은 것도 포함하여 매우 다종다양한 과정을 대표하는 뜻으로 사용될 수 있다는 점은 후기에서도 인정된다(Z §63 참조).

20 비트겐슈타인은 우리가 머리로 또는 머릿속에서 생각한다는 관념은 "철학적으로 가장 위험한 관념들 중의 하나"(Z §605)라고 말한다. 그것은 사유를 실체적 "영혼의 특유하게 유기적인 과정" 아니면 (말하자면 그것을 대체하는 '사유의 의족'인) "뇌의 무기적 과정"이라는 선입견을 조장한다(Z §607 참조)

는 보지 않는 데로 나아간다. 즉 생각한다는 것은 서로 다른 종류의 삶의 표현들을 사유 현상들로서 결합하고 있는, "하나의 통일적 사용을 갖기를 기대할 수는 없는"(Z §112) 개념이다. (이런 점은 다른 모든 심리학적 동사들에도 해당된다(Z §113 참조).)

‘사유’, 갈라져 나온 가지가 많은 개념. 많은 삶의 표현들을 그 속에 결합하고 있는 하나의 개념. 사유 **현상**들은 서로 멀리 떨어져 있다. (Z §110)

여기서 ‘서로 멀리 떨어져 있는’ 사유 현상들은 더 이상 언어적인 활동들에만 한정되지 않고, 비언어적이거나 전언어적 행동들도 포함한다.[21] 물론 언어활동은 (더 이상 사유의 ‘본질’은 아니지만) 사유의 여전히 중요한 하나의 기준이며, 따라서 양자 사이에는 개념적 연관이 존재한다. 즉 언어적 사유에서 말과 사유는 내적인 관계를 지닌다. 그러나 이제 언어활동은 사유의 유일한 기준이 아니다. 비언어적이거나 전언어적 행동들도 어떤 종류의 사유 현상으로 간주될 수 있다. 그리고 더 나아가, 언어적 활동이 ― 또는 다른 어떤 활동이 ― 사유의 기준이 되는 경우에도, 사유가 곧 그러한 활동인 것은 아니다. 사유는 이제 그런 활동과는 범주가 다르다고 이야기된다.

사유가, 내가 일찍이 말한 것처럼, 일종의 말함이라는 것은 참이 아니

---

21 Z §122에 따르면, ‘사유 현상’은 다음과 같은 것들을 포함한다고 할 수 있다: ‘소리 내어 하는 사유’; 상상 속에서 생각하며 하는 혼잣말; 그 어떤 무엇인가가 우리 머리에 떠오른 바로 그다음에 우리가 자신 있게 대답을 할 수 있게 되는 짧은 휴지(休止); 문장으로 표현되어 있는 사고; 내가 나중에 ‘말로 표현’할 수 있는 번개 같은 착상; 말없이 생각하며 하는 노동.

다. '생각하다'란 개념은 '말하다'란 개념과 범주적으로 상이하다. 그러나 물론 사유는 말함의 동반물이 아니며, 그 밖에 그 어떤 과정도 아니다. (BPP2 §7)

사유와 말이 개념적으로 범주가 다르다면, 말 없는 사고도 가능해야 한다.《쪽지》(Z §100)에서 비트겐슈타인은 어떤 사람이 비교하고, 시도하고, 선택하는 일이 들어 있는 일련의 복잡한 노동 과정을 수행하면서 아무런 말도 하지 않았고 또 그 어떤 말을 상상하지도 않았다고 할 수 있는 경우를 놓고 생각한다. 그에 의하면, 나중에 그 노동자는 (그가 말할 수 있다면) 자기가 그 노동을 할 때 이러저러한 생각을 했다고 말할 수 있고, 또 우리는 거기에 동의할 수 있다. 즉 문제의 상황에서, 노동자는 말 없는 사고를 했다고 할 수 있다는 것이다.

그러나 이러한 경우는 그 노동자가 이미 언어를 배운 존재이기 때문에 우리가 그렇게 말할 수 있는 것 아닐까? 그리고 그렇다면 그의 사유가 과연 언어적 사유와 근본적으로 무관한 것일까? 언어를 사용하지도 않고, 배울 수도 없다고 하는 존재들(동물들)의 경우는 어떻게 되는가? 비트겐슈타인은 이러한 경우에도 그들의 행동 패턴에 따라서는[22] 그들에게 사유를 인정할 수 있다고 본다.

---

22 그 패턴이 보통 사람의 것에 얼마나 정확히 대응해야 하는지는 확정될 수 없다. 그러나 비슷하기는 해야 한다. "우리는 오직 사람 및 그와 비슷한 것에 대해서만, 그것은 생각한다고 말한다" (PU §360). 돌이나 의자, 축음기, 물고기, 앵무새 따위는 논외다. 김이균(2009)은 이처럼 인간 행동을 사유의 기준으로 삼는 비트겐슈타인의 입장이 함축하는 바와 그것이 현대 심리철학의 몇몇 입장에 대해 지니는 비판적 함의를 살피고 있다.

말을 하지 않는다는 것만 제외하고는 그 노동의 **리듬**, 표정의 움직임 등이 우리와 비슷한 노동하는 존재들을 우리가 본다면, 아마 우리는 그들이 생각하고, 숙고하고, 결단들을 하리라고 말하게 될 것이다. 보통 사람의 행위에 대응하는 것이 바로 거기에 많이 있을 것이다. 그리고 우리가 '생각한다'라는 개념을 그들의 경우에도 적용할 권리를 갖기 위해서 그 대응이 얼마나 정확해야 하는지는 결정될 수 없다. (Z §102)

우리가 노예로 이용하고 사고파는 존재들(사람 비슷한 동물들)이 문제가 되어 있다고 가정해 보자. 그들은 말하기를 배울 수 없다. 그렇지만 그들 중 더 재능 있는 자들은 노동―종종 아주 복잡한 노동들―을 하도록 교육받을 수 있다. 그리고 이들 중 몇몇은 '생각하면서' 노동하고 다른 자들은 단지 기계적으로 노동한다. 우리는 생각하는 자에게는 단지 기계적으로 숙련된 자에게보다 값을 더 많이 치른다. (Z §108)

비트겐슈타인에 의하면, 말 못하는 '사람 비슷한 동물들', 가령 침팬지와 같은 동물들은 사유 능력이 없어서 말을 못하는 것이 아니라, ("가장 원초적인 언어 형식들을 도외시한다면") 단순히 말을 하지 않는―언어를 사용하지 않는―존재일 뿐이다(PU §25 참조). 그러나 침팬지도 훈련 결과에 따라서는 규칙을 세우거나 따른다고 말할 수 있으며(BGM p.345 참조), 우연히 만든 조합을 이런저런 일을 하는 방법으로 사용한다면, '생각한다'고 말할 수 있다(BPP2 §§224, 229; Z §104 참조). 하지만, 그에 의하면, 이 사유는 흔히 생각하듯이 '내적인 말'과 같은 것이 아니다. '내적인 말'이란 개념은 오직 "일상적인 뜻에서 **말할 수 있는**" 존재에게만 적용될 수 있는 개념이다(PU §344 참조). 그리고 그렇기 때문에 우리는, 침팬지가 우리에게는 말을 않고 저 혼자 속으로만 말을 하고 있다고, 그런 뜻으로 '생각한다'고 할 수 없다. 뿐만 아니라 우리는 우리의 말을 아직 배우지 못한 어린아이에 대해서도, 그가 "단지 이 언어가 아닐 뿐, 이미 어떤 한 언어를 가지고 있는 듯이", "또는 심지어, 단지 말하지 못할 뿐, 어린아이가 이미 **생각**할 수 있는 듯이" (아우구스티누스처럼) 말해서는 안 된다(PU §§32, 344 참조). 어린아이는 '자기 자신에게 내적으로 말한다'와 같은 뜻으로는 아직 '생각'할 수 없는 존재인 것이다.[23]

'사람 비슷한' 어떤 존재가 인간처럼 언어를 사용하지 않는다는 것은 그 존재가 사유를 하지 않는다는 것이 아니라, 인간처럼 사유하지 않는다는 것이 될 뿐이다. 이는 물론 그 존재가 인간의 사유와 종류가 다를 뿐 같은 수준의 사유를 한다는 말이 아니라, 그 존재의 사유가 통상 인간 사유가 보여 주는 다양성과 폭에 미치지 못한다는 차이를 말하는 것이다. 언어를 사용하지 않는 존재는 인간처럼 다양하고 정교한 사고를 한다고 할 수 없다. 순전히 비언어적인 원초적 행동만을 기준으로 해서 분별 가능하게 부여될 수 있는 사유의 범위와 정도에는 분명 한계가 존재하기 때문이다.[24] 그러나 우리의 언어는 (비트겐슈타인에 의하면) 전언어

---

23 이런 관점에서 비트겐슈타인은 아우구스티누스뿐 아니라 윌리엄 제임스에게 비판적이다. 제임스는 말이 없는 생각이 가능하다는 것을 보여 주기 위해 언어 학습 이전의 유년기에 신과 세계에 관해 생각들을 했다는 농아 발라드 씨의 회상을 인용한다(PU §342 참조). 사유가 일종의 내적인 말이라는 생각은 플라톤까지 거슬러 올라가는 것으로서, 그는 《테아이테토스》(189e)에서 사고란 "영혼이 그것의 어떤 탐구 주제에 관해서건 자기 자신과 나누는 말"이라고 했고 또 《소피스트》(263e)에서는 "영혼이 자기 자신과 소리 없이 나누는 내적 대화"라고 했다. 그리고 이런 류의 생각은 오늘날까지 이어져, 이른바 '보편 정신어'의 존재에 대한 주장으로 나타난다. 예를 들어, 촘스키 등의 영향을 받은 핀커(1995, 118쪽)는 다음과 같이 말한다: "언어가 없는 사람들도 정신어를 가지고 있으며, 아기와 여러 동물들도 그 언어에 대한 더 단순한 개별 방언을 가지고 있다고 추정된다".

24 "개는 자기 주인이 문간에 있다고 믿는다. 그러나 개는 자기 주인이 모레 올 것이라고도 믿

적이고 분화되지 않은 본능 행위의 세련된 정교화이다. 그러므로 언어 사용이 사유의 한 기준인 한, 언어를 사용하는 우리 인간은 그렇지 않은 동물보다 더 다양하고 세련된 (이른바 '고등한') 사유를 한다고 할 수 있다. 인간은 여전히 중요한 의미에서 '언어적 동물'인 것이다.

5. 사유 작용과 두뇌 작용, 이유와 원인

내적인 것으로 간주되는 사유는 그것의 표현인 말이나 행동 같은 외적인 기준들을 필요로 한다. 이것이 옳다면, 사유를 그러한 외적인 것과 전적으로 독립 가능한 것으로 보는 입장(데카르트적 이원주의)이나 사유가 행동적인 것으로 환원될 수 있다고 보는 입장(행동주의)은 모두 설득력 없는 입장임이 드러난다.[25] 왜냐하면 행동과 사유 사이의 기준 관계는 비결정적인 것이어서, 전자가 후자의 의미를 부분적으로 결정하고 그

을 수 있는가?" 비트겐슈타인의 대답은, "오직 언어의 사용에 숙달한 자만이" 그런 종류의 믿음 또는 희망을 지닐 수 있다는 것이다(PU 2부 [1] 참조). 그에 의하면, "어떤 개념들은 예를 들어 언어를 소유하고 있는 존재에게만 적용될 수 있어야 할 것이라는 점은 실로 전혀 놀라운 일이 아니다"(Z §520). 개는 '희망' 외에도 '꾸밈'이나 '솔직함'(PU §250, 2부 [363]), '후회'(Z §518) 같은 것을 할 수 없다.

25　이 점은 비트겐슈타인의 심리철학을 소개하는 문헌들에서도 대부분 지적된다. 우리말로 번역된 맬컴(1987), 수터(1998, 2부), 해커(2001) 등 참조. 사유와 행동 사이에 논리-문법적 관계가 존재한다고 보는 점 등에서 비트겐슈타인과 논리적 행동주의자 사이에 접점들이 존재한다고 말할 수는 있을 것이다(Glock(1996a) p.57 참조). 그러나 이것도, 그가 논리적 행동주의자라는 것은 아니다. 전자의 행동 개념은 후자처럼 물리주의적이 아니며, 또 전자가 말하는 기준 관계로서의 논리-문법적 관계는 후자가 생각하는 논리적 동치 관계가 아니다. 슐테(1993, p.160 참조)도 지적하고 있다시피, 정신적 술어와 행동적 술어 사이에서 기준 관계에 의해 부여되는 개념적 관계는 부인하고자 할 사람이 거의 없는 것이어서, 그걸 가지고 그를 특별히 '논리적 행동주의자'라는 명칭으로 불러야 할 필요는 없다고 할 수 있다.

래서 전자와 후자가 문법적인 관련이 있지만, 전자가 후자를 의미하지는 않기 때문이다. 즉 사유는 일체의 행동 없이 성립할 수 없지만, 어떤 행동도 사유에 대해 필요충분하거나 동일한 관계에 있지 않기 때문이다. 우리가 (또는 심리학이) 인간의 행동을 관찰할 때, 우리는 행동을 다룸으로써 마음을 다룬다. 가령 "나는 그가 기분이 언짢다는 것을 알아차렸다", 이것은 그의 행동에 관한 보고이자 심리상태에 관한 보고이다(PU 2부 [29] 참조). 즉 그것이 다루는 것은 행동과 심리 "둘 다이다; 그러나 병렬적으로가 아니라, 하나를 다른 하나에 의하여" 다룬다(같은 곳). 행동과 심리의 비결정적 기준 관계로 이루어진 언어놀이의 이러한 상호 '뒤범벅(Durcheinander) 구조'[26]는 이원주의나 일원주의 어느 쪽으로도 재단될 수 없다.

그러나 사유의 본성을 행동이 아니라 뇌의 작용에서 찾으려는 입장은 어떠한가? 행동이 사유의 기준이든 아니든, 사유는 우리가 말이나 행동을 하도록 움직이는 내적인 어떤 것이 아닌가? 우리는 어떤 생각(믿음, 의도, 욕구 등) '때문에' 어떤 행동을 하곤 하는데, 이 '때문에'로 표현되는 사유의 역할 또는 힘의 본성은 무엇인가? 사유는 그것 때문에 이루어지는 행위를 합리화할 수 있다. 그것은 그 행위의 이유라고 말해진다. 그런데 말이나 행동은 우리의 신체 기관의 움직임을 통해 행해지고, 이 움직임은 생리학적으로 뇌신경의 자극을 받아 이루어진다. 그렇다면 행동의 이유로서의 사유는 뇌의 인과적 작용과 어떤 관계가 있지 않을까? 아니, 그 둘은 (오늘날 많은 뇌신경학자나 물리주의적 심리철학자들이 주장하듯

---

26 Lütterfelds(1995)의 표현. ter Hark(2001, 3절)은 비슷한 점을 정신의 불확정성의 면에서 다루고 있다.

이) 결국 같은 것이어야 하는 것 아닐까? 그리고 따라서 사유와 같은 심적 현상은 궁극적으로 뇌의 인과 작용으로 다 설명될 수 있어야 하는 것 아닌가?

그러나 비트겐슈타인은 이러한 생각들을 거부한다. 우선, 사유 작용이 인과 작용'이어야 한다'거나 이유가 원인'이어야 한다'는 생각 자체에 문제가 있다.[27] 그에게 그러한 생각은 철학적 혼동의 주요 원천인 '일반성에 대한 열망'(BB 40쪽)의 또 한 발로일 뿐이다. 왜 모든 '왜?'라는 물음에 대해 인과적 설명이 제시될 수 있어야 하고, 또 그럴 때에만 궁극적으로 설명이 된다고 믿는가? 이러한 믿음은 한편으로는 다른 수많은 경우에서의 과학적 설명의 성공이 이 경우에도 이루어지리라는 기대와, 다른 한편으로는 여기서 인과적 설명이 없다면 우리는 실체적 영혼과 같은 것을 도입해야 하리라는 우려 때문에 그럴듯해 보인다(LPP pp.100-101 및 p.330 참조). 그러나 전자의 기대는 필연성이 없다. 그것은 모든 것에 의해 지시되는 것이 아니라, 단지 그러한 생각을 지닌 사람들이 관심을 집중한 모든 것에 의해 지시된 것일 뿐이다(같은 곳 참조[28]). 그리고 후자의

---

27 비트겐슈타인은 이유 또는 동기가 원인일 수도 있다는 것 자체를 부정하지는 않는다. 그는 LPP p.83에서 다음과 같이 말한 바 있다: "행위의 동기를 주는 일은 두려움이나 기쁨의 대상을 진술하는 일과 비슷하다; 동기는 …… 또한 원인일 **수**(may) 있다." 그러나 그는 곧 이어서 "동기가 반드시 행위의 그럴싸한 원인(a likely cause)이어야 하는가?"라고 묻고 이에 대해 부정적으로 (보이는) 말을 한다. 이에 따르면, 만일 내가 "나는 그가 사과를 먹었기 때문에 그를 살해했다"고 말하는데, "나는 그 사과를 원했다"거나 "나는 사과를 먹는 사람을 증오한다"고 말하지 않으면, 그것은 (그럴싸한 원인으로는 모르지만) 하나의 동기로 받아들여지지 않을 것이다.

28 비트겐슈타인은 A는 프랑스어를 알고 B는 모를 때 A와 B의 두뇌에는 미세한 차이가 있어야 한다는 러셀의 생각과 관련해 다음과 같이 말했다: "뉴턴 역학이 모든 것을 설명**해야 한다**는 관념이 있었다; […] 왜 이런 관념이 생겼는가? '왜냐하면 모든 것이 그걸 가리키니까.' 모든 것이? 아니다, 단지 그들이 관심을 집중한 모든 것일 뿐이다. 그러니까 (러셀 경이 말할 수도 있을 것처럼) **모든 것**이 뇌에서 프랑스어의 흔적의 존재를 가리키는 것이 아니다; 그의 정신적 시야를

우려는 불필요하다. 비트겐슈타인에 의하면, "생리학적으로 매개되어 있지 않은 심리학적 현상들 사이의 인과관계가 허용된다면, 이로써 우리들은 신체와 **나란히** 영혼이, 유령 같은 영적 존재가 존재한다고 인정하는 게 된다고 생각"하는 것('심물병행론')은 "우리의 개념들에 대한 원시적인 파악의 산물"이다(Z §611).

비트겐슈타인에 의하면, 인과적 설명은 '왜?'라는 물음에 대답하는 한 가지 방법일 뿐, 유일한 방법이 아니다. 이유가 원인일 수 있느냐, 또는 원인이어야 하느냐 하는 것은 관련 언어놀이들에 대한 검토 없이 당연히 그렇다고 말할 수 없다. 그러나 그의 고찰에 따르면, 이유와 원인의 언어놀이는 다르며, 두 개념 간에는 문법적 차이가 존재한다. 우선, 우리는 통상 자신의 행위의 이유를 말할 수 있으나 원인은 모를 수 있다. 이유와 달리, "원인에 대해서는, 우리들이 그것을 **알** 수는 없고 단지 **추측할** 수만 있다고 말할 수 있다"(BB 37쪽). 그리고 이유와 달리, 원인은 (찾을 수 있더라도) 행위를 정당화해 줄 수 없다(PU §217 참조). 이는 이유가 되는 것이 규칙의 경우와 마찬가지로 (인과 기제로 환원되지 않는) 본질적 규범성을 지닌다는 것[29]과 연관되어 있다. 이유는 행위에 대해 내적인 관계를 지니는 데 반해, 원인은 행위에 외적인 것으로 남는다. 마지막으로, 원인은 끝없이 찾아볼 수 있을지 모르나, 이유는 그렇게 할 수 없다. (정당화의 놀이 맥락에서) 이유에는 끝이 있다(BB 37쪽과 237쪽, PU §217과 §485 참조).

사람은 도대체 왜 생각하는가? 이것이 이유를 묻는 것이라면, 우리는

채우는 것들 모두가 그러할 뿐이다."(LPP p.101)

29 Thornton(1998) 2장 참조. '내용이 실린 정신 상태'(즉 이유가 될 수 있는 것)와 규칙은 둘 다 "무엇이 그것들을 충족시키고 무엇이 충족시키지 않을지를 규정한다"(p.49).

어느 지점에서는 더 이상 의미 있게 대답할 수 없다. 비록 생각하는 것이 유익하고, 그래서 "우리들은 그러니까 **때로는**, 생각하는 것이 쓸모있다고 입증되었기 때문에 생각한다"라고 말할 수 있다 해도, 우리는 결국 사람은 사유하는 존재라는 자연 사실을 그저 받아들이는 수밖에 없다(PU §§466-470 참조). 그러나 물론 그러한 사실의 원인을 찾는 일은 여전히 계속될 수 있다. 그러므로 이유와 원인을 그 근원에서 일치시킬 수 없다는 것은 일단 분명해 보인다. 그렇지만 어쨌든 인간이 생각하는 존재인 현실에서는, 개별 행위의 이유로서의 사고는 (어쨌든 우리는 '머리로' 또는 '머릿속에서' 생각한다고 말들 하므로) 뇌 속의 신경생리학적 사건 또는 과정과 일치해야 하지 않을까? 그 둘이 같지 않다면 어떻게 사유를 행위를 하게 한 이유라 할 수 있을까?[30] 이런 의문에 대한 비트겐슈타인의 대답은 상당히 충격적인 방식으로 주어진다.

두뇌 속의 어떠한 과정도 연상 작용이나 사유와는 상관이 없다는 것, 그래서 두뇌 과정들로부터 사유 과정들을 읽어 내는 것은 불가능하다는 것,—나에게는 이보다 더 자연스러워 보이는 가정은 없다. 내가 뜻하는 바는 다음과 같다: 내가 글을 읽거나 쓴다면, 말해지거나 씌어진 나의 사고와 병렬적인 충격들의 한 체계가—나는 이렇게 가정한다—나의 두뇌로부터 출발한다. 그러나 왜 그 **체계**가 중추 방향으로 더 계속되어야 할까? 왜, 말하자면, 이러한 질서가 혼돈으로부터 나와서는 안 되는가? 사정은 다음 경우와 비슷할 것이다. 즉 어떤 종류의 식물들은 씨앗들을 통

---

30 잘 알려져 있다시피, 이것이 데이빗슨이 비트겐슈타인과 (부분적 일치에도 불구하고) 다른 길을 가는 이유이다. ter Hark(2001, 4절)는 이러한 문제에 대한 비트겐슈타인의 생각을 쾰러에 대한 비판으로서 다루고 있다.

해 번식하여, 하나의 씨앗은 언제나 그 씨앗을 낳은 동일한 종류의 식물을 낳는다.─그러나 그 씨앗 속의 **어떤 것**도 그 씨앗으로부터 생긴 식물에는 대응하지 않아서, 그 씨앗으로부터 나온 식물의 속성들이나 구조를 추론하는 것은 불가능하다.─이러한 추론은 오직 그 씨앗의 **역사**로부터만 가능하다. 그러므로 전적으로 무정형(無定型)한 어떤 것으로부터 하나의 유기체가, 말하자면 원인 없이, 생겨날 수 있다; 그리고 이것이 우리의 사고에 대해서, 그러니까 우리의 말과 글 등에 대해서, 실제로 성립해서는 안 될 이유는 없다.

그러므로 어떤 심리학적 현상들은 생리학적으로 탐구될 **수가** 없다. 왜냐하면 생리학적으로는 그것들에 아무것도 대응하지 않기 때문에.

[…] 왜 아무런 생리학적 법칙성에도 대응하지 않는 심리학적 법칙성이 존재해서는 안 되는가? 만일 그것이 우리의 인과성 개념들을 파기한다면, 그렇다면 그것들이 파기될 때가 온 것이다.(Z §§608-610)

비트겐슈타인의 이야기는, 우리의 행위의 원인이 두뇌의 신경생리학적 과정에 있어도 (원인과 이유의 문법 차이 때문에) 행위의 이유로서의 우리의 사유가 그것과 같을 수 없다는 앞서의 이야기를 넘어선다. 앞의 이야기는, 두뇌 과정과 사유 과정이 각각 어떤 규칙성을 지녀도 전자로부터 후자를 읽어 낼 수 있을 만큼 양자를 연결시킬 수 있는 길은 없다는 것으로 이해할 수 있다.[31] 그러나 이제 그의 이야기는, 사유 현상은 두뇌

---

31 이 점에서 그의 이야기는 데이빗슨의 이른바 심물 연결 법칙의 부재에 따른 심성의 '무법칙성' 논제와 통하는 것으로 간주될 수 있다. (그는 물리학의 법칙들과 달리 심리학의 '법칙들'은 의례적인 표현으로 간주한다. LC 112쪽 참조.) 그러나 후자의 이른바 '무법칙적 일원주의'에서 일원주의의 측면은, 여기서 보듯이, 비트겐슈타인의 생각과 대립적이다. Thornton(1998, 6장)은 양

과정이 신경생리학적으로 전혀 무질서해도 성립할 수 있다는 것이다. 다시 말해서, 사유나 연상 작용 같은 심리 현상들은 두뇌의 신경생리학적 과정에 아무런 대응하는 차이점(원인)이 없어도 존재할 수 있고,[32] 따라서 생리학적으로는 탐구될 수 없다는 것이다.

심리 현상들과 두뇌 과정 사이에 대응의 불규칙성만이 아니라 대응의 부재조차 가능하다면, 그 양자—그리고 이유와 원인—가 일치하지 않을 수도 있다는 것은 분명하다. 그러나 그도 지적하고 있듯이, 그의 이런 이야기는—씨앗 속에 원인이 없는 식물의 속성들이나 구조의 발생 가능성에 대한 이야기와 함께—우리의 인과성 개념에 대한 근본적인 도전을 내포한다. 오늘날 유전학과 같은 연구의 열기에 비춰보면, 이것은 시대착오적이 아닐까? 어떻게 식물의 속성이나 구조의 원인이 씨앗 속에 없을 수 있으며, 어떻게 나의 사유가 나의 신경계에 원인을 갖지 않을 수 있단 말인가? 도대체 우리의 인과성 개념이 어떻게 파기될 수 있단 말인가?

이러한 의문들은, 모든 것을 하나의 인과 도식을 통해 보려는 우리의 충동이 얼마나 강한지를 보여 준다. 그러나 비트겐슈타인에 의하면, 우

자의 차이를 분명히 하고 이에 기초해 데이빗슨의 무법칙적 일원주의에 대한 비판하고 있다.

32 심지어 그는 "수술해 보면 나의 두개골이 텅 빈 것으로 드러나리라는 상상은 가능하다"(ÜG §4)거나 "나는 내가 아는 사람들이 실제로 신경계가 있는지 전혀 모른다"(BPP1 §1063)는 생각을 말한다. 이는 물론, 사람에게 뇌가 있다는, 우리의 세계상의 일부를 이루는 사실을 우리가 진지하게 의심할 근거가 있다는 것이 아니라, 그러한 상상 가능성이 어떤 종류의 개념적 난점들의 치료법으로 쓰일 수 있다는 말이다. (Budd(1989, pp.27-28)에 의하면, 《탐구》 §156 이하에서 글을 단순히 소리로 바꾸는 활동으로서의 '읽기' 언어놀이에 대한 고찰도 비슷한 맥락에서 볼 수 있다. 그 고찰은 '읽기'의 개념이 '정신적이거나 다른 어떤 메커니즘으로부터 전적으로 독립적'임을 드러내고, '읽는' 사람에게는—그렇지 않은 사람과 달리—그가 그렇게 읽을 수 있게 해 주는 그런 어떤 메커니즘이 있어야 한다는 생각을 허문다.)

리는 우선 인과 관계가 단일한 개념이라는 생각을 버려야 한다.[33] 인과 개념은 다양하며, 아마도 가족 유사성을 이룬다고 할 수 있다. 예를 들어, 어떤 사람이 무섭게 보이기 때문에 두려울 때, 또는 어떤 사람에게 일격을 당해 고통스러울 때, 또는 내가 잡고 있는 팽팽한 끈을 어떤 사람이 끌어당기고 있는 것을 보았을 때 등과 같은 경우에, 우리는 말하자면 그 각각의 원인을 반복적 관찰이나 실험 없이 직접적으로 포착하는 경험을 한다. 즉 그러한 '원인에 대한 경험' 각각은 더 기초적인 것으로 환원될 수 없는 것이며, 따라서 반복적 관찰이나 실험에 기초한 사건들의 규칙적인 계기로서의 (흄 식의) 인과 개념은 인과성의 유일하거나 더 근본적인 개념이라고 할 수 없다(UW 참조).

인과 개념이 다양하다면, 심적인 것과 관련해 우리가 '원인'을 이야기한다고 하더라도, 그것이 자동적으로 생리학적 원인과 같은 종류의 것에 대한 이야기가 되지는 않는다.[34] 그것들은 여전히 서로 문법이 다를 수 있기 때문이다. 그리고 이것은 이미 인과 개념에 대한 우리의 기존 관념을 흔드는 것이 될 것이다. 그러나 심리 현상이 그에 대응하는 생리 현상(두뇌 과정) 없이도 탐구될 수 있다는 비트겐슈타인의 생각의 좀 더 구체적인 이유는 다음과 같은 것이라고 보인다(UW 236-237쪽 참조). 즉 우리는 씨앗이나 두뇌의 실제 발달 과정에 대한 지식 없이 그것들의 물리적 내부 구조만으로 그것들로부터 나온 속성이나 현상을 설명하거나 예

---

33 잘 알려져 있다시피, 이미 칸트는 최소한 두 종류의 서로 다른 인과성이 모순 없이 상정되거나 허용될 수 있다고 보았다. 《순수이성비판》 A532/B560 이하 참조.

34 비트겐슈타인의 다음 말을 참조하라: "'심리학'이 매우 상이한 방식들로 사용된다는 것은 참이다. 우리는 미학적 설명은 인과적 설명이 아니라고 말할 수 있을 것이다. 또는 그것은, 여러분에게 동의하는 사람은 즉시 그 원인을 보는 그런 종류의 인과적 설명이라고 말할 수 있을 것이다."(LC 92쪽 n.64)

언할 수 없다.[35] 그런데 그것들의 내부 구조가 전혀 무정형해도, 어쨌든 우리는 그것들의 발전사로부터 문제의 속성이나 현상들을 예언한다. 그럼에도 불구하고 여기서 그것들의 발전사는 (그것들의 내부 구조에 차이를 남기지 않는 한) 그것들의 원인일 수 없다고 말한다면, 우리의 예언은 '인과적 연관'이라 불리는 것에 의존하지 않는 것이 되고, "바로 여기서 우리는 원인으로부터 결과를 예언하지 않는다는 것"이 된다.[36]

이러한 비트겐슈타인의 생각은 일견 과격해 보일 수 있지만, 그 뿌리는 실은 우리에게 이미 친숙한 그의 오랜 생각과 연결되어 있는 것이다. 이에 따르면, '모든 사건은 원인을 가져야 한다'는 인과율은 선천적이고 종합적인 법칙이 아니라 '법칙의 형식'을 지닌 세계 묘사 규범(TLP 6.32 이하 참조)이다. 또는 하나의 표현 규범 내지 설명 규범(AWL 16쪽)이다. 즉 원인 개념은 경험이나 자연이 아니라 문법에 속하는 것이며, 따라서 원인 개념을 포함한 언어놀이(또는 체계)뿐 아니라 그렇지 않은 언어놀이(또는 체계)도 정당하게 가능하다(같은 곳 참조). 이러한 생각으로부터, 이유의 언어놀이를 후자, 즉 그 속에 (생리-물리학적) 원인에 해당하는 것이 없는 언어놀이라고 보는 데로 나아가는 것은 그리 멀지 않다.

다시 앞의 문제로 돌아가서, 행위의 이유로서의 사유가 행위의 원인이 아니라면 그것은 행위를 일으킨 실제의 이유가 될 수 없는가? 그러나 어

---

35 Shanker(2004)에 따르면, 이러한 비트겐슈타인의 생각은 유전자를 발달 체계의 다른 모든 요인들에 의존하고 관계하는 일부분으로 보는 최근 유전학 연구의 비결정론적 경향과 통하는 것이라고 한다.

36 Z §612는 글이 아닌 불규칙한 기록으로부터 어떤 텍스트를 낭독할 경우를 들면서, 그 '기록'은 그 텍스트의 재현도 저장도 아니라는 점, 그리고 이는 신경계의 경우에도 마찬가지라는 점을 지적한다. (Schulte(1993, p.165)에 따르면, 이 이야기는 어떤 경험들과 어떤 표현 형식들 사이에 규칙적인 매개가 있어야 한다는 믿음은 정당화될 수 없다는 것으로 일반화될 수 있다.)

떤 행위의 실제 이유를 우리는 어떻게 찾는가? 그것은 행위자의 두뇌 작용을 살펴보아야만 비로소 발견되지 않는다. 그렇지 않다면 일반적으로 우리는 사람들의 행위의 이유를 알 수 없는 게 되고, 그러면 행위의 이유와 관련된 언어놀이 자체도 존재하지 않았을 것이다. 사유의 기준이 행위인 한, 그리고 두뇌 작용이 사람의 행위와 비슷하다고 할 수 없는 만큼, 행위의 이유가 되는 것은 두뇌 작용을 가지고 밝혀낼 수 없다. 이유는 원인과 마찬가지로 더 이상 다른 것으로 환원될 수 없는 독자적인(sui generis) 개념이다.[37] 이런 종류의 많은 개념들의 경우와 마찬가지로, 우리는 이유의 언어놀이를 배우는 과정에서 이유를 확인하는 법을 함께 배운다. 즉 우리는 행위자에게 이유를 직접 물어보거나 (더 필요하면) 그의 지금까지의 언행과 그가 처한 상황 등을 살핀다. 이유의 언어놀이에서 허용된 이러한 수순들을 떠나서, 그럼에도 불구하고 이유는 원인과 동일 '해야 한다'고 한다면, 그것은 언어놀이를 벗어난 초문법적 사유가 될 뿐이다.[38]

사유를 뇌의 작용과 동일시하려는 시도들은, 다른 많은 심리철학적 입장들과 마찬가지로, 사유가 내적인 것으로서 외적인 것과 분리되어 있고 따라서 (그것이 인과적 본성을 지니지 않는 한) 외적인 것에 대해 힘을 발휘할 수 없다는 잘못된 전제를 깔고 있다. 행위를 하게 만드는 사유의 힘은 우리가 이유의 언어놀이에서 배워 익히고 따라야 하는 규칙의 규범적

37　이미 언급했듯이, 이유 개념은 규칙 따르기 개념과 연관되어 있다. 그런데 규칙 따르기는 단지 우리가 받는 훈련을 통해 수립되는 인과적 연관—특정한 자극에 특정한 방식으로 반응하는 것—만이 아니라 (그것으로 환원되지 않는) 항구적인 '관례' 또는 '제도'가 존재하는 한에서만 성립한다(PU §198과 《청색 책》 33쪽 이하 참조).
38　주지하다시피, 비트겐슈타인(PU §371)에 의하면, 본질은 어디까지나 문법에서 언표된다.

강제성과 관계된다.[39] 그 강제성은 문법적인 것이지 인과적인 것이 아니다. 만일 순전히 인과 관계적인 것만이 이유라고 제시된다면, 거기서 잘잘못을 따질 수 있는 '행위'는 더 이상 이야기될 수 없다. 오직 인과 법칙에 따라 자연적으로 발생한, 규범성이 결여된 '동작'이 있을 뿐이다. 그리고 이러한 동작만을 하는 인간 존재는 말하자면 '의식 없는' 자동기계에 불과하다. 그러나 비트겐슈타인이 강조하는 바는, (인간이 자동기계라는 견해 또는 의견에도 불구하고) 사람에 대한 우리의 태도는 '영혼에 대한 태도'라는 것이다(PU §420 및 2부 iv; LS2 p.38 참조).

---

39 이 점에 대해서는 Chauviré(2007) pp.141–143 및 이영철(2008) 3절과 4절 참조.

9
—

앎의 문법과
확실성의 본성

비트겐슈타인의
《확실성에 관하여》를 중심으로

1.《확실성에 관하여》: 그 인식론적 중요성

비트겐슈타인의 마지막 고찰들을 담고 있는《확실성에 관하여》(이하 《확실성》'으로 약함)는 비교적 짧지만 매우 중요한 책이다. 이 책은 그가 1949년 11월에 암 판정을 받고 난 이후, 그러니까 필시 자신의 죽음을 예감했을 터인 가운데 쓴 글들로 이루어져 있다. 말하자면 그의 '백조의 노래'에 해당되는 이 '작품'에서 비트겐슈타인의 철학 혼은 다시 한 번 치열하게 불타오른다.[1] 그의 고찰들은 직접적으로는 무어의 어떤 견해들을 비판적으로 검토하는 식으로 진행되고 있지만, 무어의 견해와 전통 인식론과의 연관을 놓고 보면, 그 고찰들은 전통 인식론 및 그와 연관된 현대의 많은 인식론적 입장들에 대해 비판적인 함축을 지닌다. 그리하여 A. 스트롤 같은 학자는 비트겐슈타인의 그 작품에 대해, "《순수이성비판》 이후 인식론에 대한 가장 중요한 기여"[2]라고까지 평하고 있다.

---

1 그리하여 Moyal-Sharrock(2004b)은《확실성》을 대표로 하는 '제3의 비트겐슈타인'이라는 구분을 제안하기까지 한다. 그러나 그것이 그 저술을《논고》와《탐구》와 더불어 비트겐슈타인의 3대 대표작으로 보자는 것이라면 일리가 있지만,《탐구》 2부 이후 그 저술까지의 시기를 비트겐슈타인의 전체 시기에서 제3의 시기로 구분해 보자는 것이라면 무리로 보인다. 왜냐하면《탐구》(1부)와《확실성》의 차이가 어떠하든, 그 차이는《논고》와 전체 후기 작품들과의 차이에 비할 수는 없기 때문이다. '제3의 비트겐슈타인'은, 시기 구분으로는, 비트겐슈타인의 전체 시기가 아니라 (이른바 '중기'를 그 일부로 포함하는) 후기 내에서의 세 번째 시기로 보는 것이 온당할 것으로 보인다.

2 Stroll(2005) p.33

물론 그렇다고 그 책이 통상적인 의미에서 하나의 인식 이론서인 것은 아니다. 만일 그런 것이라면, 이는 비트겐슈타인이 스스로《탐구》에서 피력한 근본적인 생각, 즉 철학은 문법적 탐구로서 언어의 실제 사용을 단지 기술할 뿐, 이론적 설명이나 추론을 통해 어떤 철학적 논제나 진술을 확립하려 하지 않는다는 생각에 위배되는 작품을 남겼다는 말이 될 것이다. 그러나 그가 자신의 근본적인 생각을《확실성》에 와서 갑자기 포기했거나 완화했다고까지 볼 이유는 없다. 오히려 이 작품도 역시 여전히 하나의 문법적 탐구이며, 어떠한 철학적 논제도 이론적으로 확립하려 시도하고 있지 않다고 말할 수 있다.

이 책은 '앎', '믿음', '진리', '정당화', '확실성' 등 인식론적 개념들에 대한 문법적 탐구를 진행하면서 그 개념들을 둘러싼 철학적 오해들을 푸는 데 크게 기여하는 통찰들을 포함하고 있다. 이렇게 (이론적 탐구와 구별되는) 문법적 탐구를 통해 철학 문제의 해소를 꾀하는 후기 비트겐슈타인의 특징적 방식은 그 책과 비슷한 시기에 이루어진 색채 개념들에 대한 탐구에서도 명확히 지적되고 있다. 이에 따르면, 그의 작업은 "색채 이론을 발견하려고 하는 것이 아니라, 색채 개념들의 논리를 발견하려고" 하는 것이지만, "이는 사람들이 종종 부당하게 이론에서 기대해 온 것을 수행해 낸다"(BF I, §22). 마찬가지로,《확실성》에서의 탐구는 인식적 개념들과 관련된 논리(문법)를 발견하고자 하는 것이지만, 그것은 사람들이 종종 부당하게 인식론에서 기대해 온 것을 수행해 낸다고 할 수 있다.[3]

그러나 구체적으로 그 책의 무엇이 어떻게 중요한가? 그 책에서 비트

---

3 아마도 이런 성과들이 인식론에 대해 지니는 함축들을 가리켜, 좀 느슨한 의미로, '비트겐슈타인의 인식론'이라 부를 수도 있을 것이다. 실제로 Glock(1996a, p.81) 등 여러 사람이 이러한 표현을 사용하곤 한다.

겐슈타인은 인식론적 관점에서 어떤 중요한 이야기를 하였는가? 이것은 기본적으로 그 책의 독해 문제이지만, 그렇다고 그리 간단하게 정리될 수 있는 문제는 아니다. 왜냐하면 비트겐슈타인 자신조차, 자신이 말하고자 한 바를 적절하게 표현했는지에 대해 완전한 확신은 없었기 때문이다. 그는 자신의 탐구가 막히곤 하는 대목에서 그 답답한 심경을, "나는 지금, 계속해서 어떤 것을 잘못 놓아두고서는 그것을 다시—한번은 안경을, 한번은 열쇠꾸러미를—찾아야 하는 노파처럼 철학하고 있다"(ÜG §532)고 자조적으로 토로한다. 또 과녁 중심을 제대로 맞히지 못하는 미숙한 화살 쏘기에 비유하기도 한다. 물론, 그렇다고 이러한 일이 그저 무익한 것만은 아니다. 그는 다음과 같이 말한다.

나는 나의 노트들을 읽는 것이 어떤 철학자에게는, 스스로 생각할 수 있는 사람에게는, 흥미 있을 수 있으리라고 믿는다. 왜냐하면 내가 비록 과녁의 중심을 단지 드물게 맞혔다고 하더라도, 그는 어쨌든 내가 어떠한 목표들을 향해서 끊임없이 쏘아 댔는지를 인식할 것이기 때문이다.(ÜG §387)

그러니까,《확실성》에서 비트겐슈타인의 고찰들의 과녁 중심, 목표가 무엇이었는지는 그냥 거기 주어져 있는 것이 아니고 그의 끊임없는 그러나 그 자신에게 언제나 만족스럽지는 않았던 시도들을 놓고 우리 '스스로 생각할 수 있는' 독자가 읽어 내야 하는 것이다. 실제로 이 책을 둘러싼 여러 논의들은 이 책을 어떻게 읽을 것이냐의 문제로 귀착되거나 아무튼 연결될 수 있다. 나는 이런 맥락에서 이 책을 앎의 문법과 확실성의 본성에 대한 고찰들로 보고, 그 핵심과 의의를 지적하려고 한다. 이러한 독해의 기본 방향 자체는 오늘날 일반적이고 따라서 별반 새로울 것이 없을 수도 있다. 그러나 기본적으로는 공유되고 있다고 할 수 있는 이 독해 방향에서 비트겐슈타인의 고찰들의 목표, 과녁 중심을 더 명확히 하는 것은 생각 있는 독자의 문제로 여전히 남아 있다.[4] 나의 고찰이 뭔가 기여하는 게 있다면, 아마도 이런 차원에서일 것이다.

주지하다시피,《확실성》의 고찰들은 상식에 대한 무어의 옹호와 이에 대해 비트겐슈타인의 미국 방문 중 그와 그의 제자 맬컴 사이에 있었던 논의가 계기가 되어 쓰였다. 무어에 대한 비판적 고찰 부분에서는 앎의 문법과 관련된 비트겐슈타인의 고찰들—부분적으로는《탐구》등에서 이미 행해졌던—이 중심적 역할을 한다. 그러나《확실성》은 단순히 그러한 무어 비판에 머물지 않고, 그 바탕에서 비트겐슈타인 철학의 근본 사상을 보여 주는 확실성에 대한 고찰들에로 나아간다. 나는 우선 2절과 3절에서 비트겐슈타인이 앎의 문법에 대해《확실성》이전에 행한 고찰들과 그것들이 그 책에서 심화, 전개된 점들을 각각 살펴보고, 4절에서는 무어 비판이 그러한 고찰들에 기초하여 구체적으로 어떻게 이루어지는지를 살펴본다. 그리고 5절에서는 비트겐슈타인이 무어에 대한 비판적 논의로부터 확실성의 본성에 관하여 적극적으로 이끌어 내는 점들이 무엇인가를 살펴본다. 마지막으로 6절에서는 이러한 비트겐슈타인의 고찰들이 지니는 의의를 몇 가지 맥락에서 간략히 살펴본다.

---

4   Moyal-Sharrock, D. & W. H. Brenner (eds.)(2005)는《확실성》에 대한 논의들을 '준거틀 독해', '초월적 독해', '인식적 독해', '치료적 독해'의 넷으로 분류하고 있다. 그러나 이하에서 내가 시도하려는 독해는 딱히 그 어느 한편에만 속한다고 말하기는 곤란하다.

2. 앎의 문법에 관한《확실성》이전의 고찰들

비트겐슈타인은 앎의 문법과 확실성의 본성에 대해《확실성》에 와서 비로소 본격적으로 논의하고 있지만, 그 논의의 뿌리는《탐구》나 그 이전에 "'사적 경험'과 '감각 자료'에 관한 강의를 위한 노트" 및 "원인과 결과: 직관적 포착"이란 글(둘 다 PO에 수록) 등에 이미 존재한다.[5] 《탐구》에 한정해서 볼 때, 이른바 '사적 언어 논변'에서 그는 우선 "오직 나만이 내가 실제로 고통스러운지 여부를 알 수 있다"—그리고 이런 점에서 '나의 감각들은 사적이다'—라는 주장에 대해 다음과 같은 지적을 한다.

> 이 말은 한편으로는 거짓이요, 한편으로는 무의미하다. 우리가 "알다"
> 라는 말을 그 말이 보통 사용되듯이 사용한다면(그리고 우리가 그것을
> 어떻게 달리 사용할 수 있단 말인가!), 다른 사람들은 내가 고통스러운
> 경우를 매우 자주 안다. […] 나에 대해서는 우리들은 (가령 농담에서가
> 아니라면,) 나는 내가 고통스럽다는 것을 **안다**고 결코 말할 수 없다. (PU
> §246)

내가 나에 대해서 "나는 내가 고통스럽다는 것을 **안다**"고 결코 말할 수 없다면, 오직 나만이 내가 고통스러운지 여부를 알 수 있다는 말은 무의미하다. (내가 고통스러운 경우를 다른 사람들이 매우 자주 안다는 점에서는 거짓이고.) 그러나 왜 나는 그런 말을 (정상적으로, 일상적 상황에서) 할 수

---

5 《탐구》이전 시기의 뿌리들에 대해서는 박병철의 논문들(2001, 2009) 참조. 그러나 그 뿌리는 더 거슬러 올라가면 결국 "p가 동어반복이라면, 'A는 p가 사실임을 안다'는 뜻이 없다"라고 하는《논고》5.1362의 생각에까지 연관된다고 할 수 있다.

없는 걸까? 비트겐슈타인의 대답은, '나는 내가 고통을 느끼는지 여부를 안다'와 같은 말은 우리가 그 반대를 상상할 수 없는 종류의 것으로서, 결국 논리적 기능을 하는 문법적 명제라는 점과 관계가 있다.

> 우리가 "나는 그 반대를 상상할 수 없다"거나, "만일 그렇지가 않다면, 도대체 어떠할까?"라고 말한다면, 이것은 무엇을 의미하는가?─예를 들어, 누군가가 나의 표상들은 사적이라거나, 오직 나 자신만이 내가 고통을 느끼는지 여부를 알 수 있다고 하는 따위의 말을 했을 때 말이다.
> 물론 여기서 "나는 그 반대를 상상할 수 없다"는 나의 상상력이 충분하지 못하다는 것을 뜻하지 않는다. 우리는 이 말로써, 그 형식 때문에 우리가 경험 명제라고 속게 되는, 그러나 실제로는 문법적 명제인 어떤 것에 저항하고 있다. (PU §251)

'오직 나 자신만이 내가 고통을 느끼는지 여부를 안다'고 하는 말은, 우리가 어떤 사람에게, 우리는 "고통"이란 낱말을 **그렇게** 사용한다는 뜻으로, 그러니까 '고통'이란 낱말의 의미를 설명할 때 할 수 있는 말이다(PU §247 참조). 그러나 그렇다면 여기서 불확실성의 표현은 뜻이 없다(같은 곳 참조). 왜냐하면 여기서 불확실성의 표현, 즉 자신이 고통스러운지 여부를 의심하거나 확인하려 드는 것은 (정상적인 상황에서는) 단순히 아직 '고통'이란 낱말의 의미를 이해하지 못한 것에 지나지 않기 때문이다.[6]

---

6 그리고 그것은 아직 '고통'의 언어놀이의 규칙 따르기에 숙달하지 못했다는 말이다. 숙달된 문법 규칙 따르기의 본질적 특징은 '맹목적 따르기'인데, 이것은 그러한 규칙 따르기가 우리에게 (교육을 통해) 자명해진 규칙에 의해 선택의 여지없이 강제된다는 논리적 제약으로 작용하며, 의심의 결여, 근거들의 결여를 본질로 하는 행위 확실성을 지닌다는 것과 다르지 않다(PU §§

[…] 나는 여기서 오류를 범할 수 없다; 내가 고통을 갖고 있는지 의심하는 것은 아무런 뜻도 없다! —즉, 만일 어떤 사람이 "나는 내가 갖고 있는 것이 고통인지 또는 다른 어떤 것인지 모르겠다"고 말한다면, 아마 우리는 그가 우리말의 "고통"이란 낱말이 무엇을 의미하는지 모르고 있다고 생각할 것이고, 그에게 그 의미를 설명해 줄 것이다. (PU §288)

결국 '나는 내가 고통스럽다는 것을 안다'와 같은 말은, 그것이 마치 어떤 언어 표현의 사용법 이상의 어떤 심오한 실질적 진리를 포착한 것처럼—가령 '안다'를 강조하면서—사용해서는 결코 의미 있는 말이 될 수 없는 것이다. (그리고 언어 사용에 관한 것일 경우에는 그 말은 가령 '나는 고통을 **갖고 있다**'는 정도의 뜻이 있을 뿐이다.(PU §246 참조)) 《탐구》 2부에서 비트겐슈타인은 이러한 논지를 심리학적 상태 일반에 대해 적용한다.

"나는 내가 무엇을 원하는지, 바라는지, 믿는지, 느끼는지, ……를 안다"(말줄임표 자리는 기타의 모든 심리학적 동사들로 채워짐)는 철학자의 헛소리이거나, 또는 아무튼 선천적 판단이 **아니다**. (PU 2부 [309])

그렇다면 우리는 어떤 경우에 '안다'(또는 '나는 안다')는 말을 올바로 할 수 있다는 것인가? 다시 말해서, 비트겐슈타인이 관찰한바 '안다'의 문법은 무엇인가? 우선, 그의 (후기의) 기본 철학 정신에 따르자면, 그 대답은 오직 언어놀이에서 구해져야 한다. ("앎은 오직 놀이 속에서만 우리

212-213, 219-220 참조). 이 점에서 《탐구》의 규칙 따르기 논의도 《확실성》에서의 논의의 한 뿌리를 이룬다고 할 수 있다.

의 관심사가 된다."(UW 250쪽 참조)) 그리고 이것은 앎의 현상이 "나는 안다"라는 말의 뜻과 완전히 별도로 존재하지 않는다는 것을 말한다(Z §408 참조). 왜냐하면 앎은 "실제 사정이 사람이 말하는 것과 같이 되어 있을 경우에만" 앎이라고 말해지기 때문이다(같은 곳 & LW2 p.58). 다음으로, 이것은 앞의 이야기에서 이끌어 낼 수 있는 것인데, "나는 […] 안다"는 내가 그 반대를 상상할 수 있는 곳, 즉 내가 알지 못할 가능성이 존재하는 곳, 따라서 내가 나의 주장에서 오류를 범할 가능성이 있는 곳에서만 말해질 수 있다. 그리고 이러한 가능성은 내가 안다고 주장한 것의 진위에 대한 의심의 가능성을 허용하는 것이므로, "나는 […] 안다"는 "나는 […] 의심한다"가 뜻이 있는 곳에서, 즉 의심이 논리적으로 배제되지 않는 곳에서 말해질 수 있다(PU 2부 [310] 참조). 마지막으로, "나는 안다"는 "나는 믿는다", 또는 "나는 추측한다"라고도 말할 수 있는 곳에서, 즉 확인이 가능한 곳에서 말해진다(PU 2부 [311]). 왜냐하면 '나는 안다'라는 주장이 정당한 의심의 가능성을 허용한다면, 그것은 사실 여부가 확인될 수 있어야 하며, 나의 주장이 사실이 아닐 경우 나는 아는 게 아니라 단지 믿거나 추측하는 것이 되어야 하기 때문이다.

3. 앎의 문법: 믿음과 의심, 진리와 오류의 변증법

앎의 문법에 대한 비트겐슈타인의 지적들은 흥미로운 면을 지니고 있지만, 그의 이야기가 근본적으로 다 새로운 것들이라고는 할 수 없을 것이다. 주지하다시피, 플라톤의 《메논》편 이후 전통적으로 앎은 정당화된 참인 믿음이라고 이야기되어 왔다. 비트겐슈타인의 이야기도, 앎은 믿음이 전제되고, 그 믿음이 실제 사정대로(참)이어야 하며, 또 그렇다는 것이 확인 내지 정당화되는 곳에서만 성립한다는 말이 되므로, 이 점에서는 전통적 견해와 별반 다르지 않다고 할 수 있다.[7] 또 앎은 오류 가능성을 전제한다는 것도 실용주의자들 이후 친숙해진 점이다. 비트겐슈타인에서 새로운 점이라면, 앎의 현상이 언어놀이를 통해 문법적으로 고찰되어야 한다는 것, 그리고 이러한 고찰에 따르면, 우리는 ("나는 그가 고통스럽다는 것을 안다"거나 "나는 당신이 무엇을 생각하고 있는지 안다"고 말하는 것은 옳지만) "나는 내가 고통스럽다는 것을 **안다**"거나 "나는 내가 무엇을 생각하는지 **안다**"고 말할 수 없다는 것, 그리고 이 말들은 실제로는 문법적인 명제들로서 기능한다는 것이다. 실제로 그가《확실성》에서 발전시키고 있는 핵심적인 고찰들은 이런 점들과 관계된다.

《확실성》(§1)[8]은 "나는 여기에 손이 있다는 것을 안다"라는 무어의 주장은 인정될 수 없다는 취지의 강한 선언으로 시작한다. 즉 비트겐슈타인은 그가《탐구》2부에서 내적인 심리학적 상태들 일반과 관련해 주장했던 점을, 외적 사물들의 존재를 나타내는 것으로 무어가 들었던 예들을 포함해 비트겐슈타인이 '중심축 명제들'이라고 부르게 될 것들―즉 "여기에 나의 두 손이 있다", "나는 몸이 있다", "나의 몸이 사라졌다가 잠시 후에 다시 나타난 적은 결코 없다", "나는 인간이다", "모든 인간은 부모가 있다", "지구는 내가 태어나기 전에 오랫동안 존재해 왔다", "나는 지구 표면에서 멀리 떨어져 본 적이 없다", "아무도 달에 간 적이 없다", "물리적 대상들이 존재한다", "이 색깔은 우리말로 '초록'이라 불린다",

---

7 그리고 이러한 사정은《확실성》에 가서도 마찬가지이다(ÜG §91 참조).
8 이하에서《확실성》에서의 인용은 단순히 절 번호만을 표기한다.

"2+2=4" 등[9] — 에 대해서도 확장 적용하려 한다. 우리는 이것들에 대해서도 '안다'고 말할 수 없다는 것이다. 그리고 그 이유는, 당연한 것이지만, 앎의 문법에 대한 그의 고찰들과 연관된다. 그러나 《확실성》은 앎 및 그것과 관련된 개념들의 문법과 관련하여 이미 언급된 점들뿐 아니라 새롭고 중요한 관찰들을 더 포함한다.

우선, 이미 언급된 점들에 속하는 것인데, 앎은 언어놀이와 관계있으며, 앎을 이야기할 수 있으려면 의심 또는 오류의 가능성과 확인 가능성이 존재해야 한다(§§2-3, 5, 18, 121 참조). 의심하는 것이 뜻이 없는 곳에서는 '안다'는 주장은 뜻이 불명료하다(§4 참조). 그리고 의심하는 것이 뜻이 있는 곳에서는 그 의심을 근거를 가지고 풀어 줄 수 있어야 한다. 즉 "사람들이 **어떻게** 그런 어떤 것을 알 수 있는지를 상상할 수 있어야 한다"(§18). 이러한 확인 가능성은 '앎'의 "언어놀이의 본질적 특징들 중의 하나"(§3)이며, 앎은 이러한 점으로 해서 단순한 믿음, 추측, 확신과 구별된다(§§8, 21, 308 참조). 왜냐하면 확신은 그것이 오류임이 밝혀져도 여전히 확신일 수 있지만, '앎'은 만일 오류임이 확인되면 이미 앎이 아니기 때문이다. 그러므로 앎은 단순히 '나는 안다'라는 단언, 호언장담만으로 성립하지 않는다(§§15, 137, 441, 488). 거기서 어떤 오류를 범하지 않았다는 점을 객관적으로 확립해주는 확인, 확증, 실증, 또는 입증 같은 것이 필요하다(§§14-16, 23, 355, 441).

그런데 앎과 마찬가지로 의심 역시 오직 언어놀이에서만 의미를 가진다(§24 참조). 그리고 이 점은 우리의 의심 가능성에 어떤 한계를 부여한

---

9 더 자세한 목록에 대해서는 Moyal-Sharrock(2004c) 5장 참조. 그녀는 이러한 예들을 ('더 관리하기 쉽고 더 일목요연한 제시'를 위해) '언어적', '개인적', '국지적', '보편적'의 네 가지 성격의 것으로 분류할 수 있다고 본다.

다. 즉 우리는 모든 것을 의심할 수는 없으며(또는 의심하지는 않으며), 또 끝없이 의심할 수도 없다(§§232, 625 참조). 이것은 우리의 심리학적 능력에 대한 이야기가 아니라 논리적인 이야기이다. 즉 모든 것을 의심하는 의심, 끝이 없는 의심은 더 이상 '의심'일 수 없다는 것이다(§§115, 450, 625). 정당한(이성적인) 의심은 특정한 상황 속에서 근거를 가지고 이루어진다(§§323, 324, 458 참조). 이 근거는 그 위에서 이루어지는 의심으로부터는 벗어나 있어야 한다. 그러므로 "의심은 오직 의심을 벗어나 있는 것에 의거한다"(§519)고 할 수 있다. 그리고 이것은 "의심하는 놀이 자체는 이미 확실성을 전제한다"(§115)는 것, "언어놀이의 가능성은 의심될 수 있는 것이 모두 의심된다는 것에 달려 있지 않다"(§392)는 것, 그리고 결국 "의심 없음이 언어놀이의 본질에 속한다"(§370)는 것을 뜻한다. 우리가 모든 것을 의심하지는 않는다는 것은 말하자면 "바로 우리가 판단하는, 그러니까 행위하는 방식"(§232)이라는 것이다. 물론 우리는 어떠한 개별적인 경우에도, 만일 언어놀이가 존재해야 한다면 이러이러한 것은 의심을 벗어나 있어야 한다고 말하기 어렵다(§519). 그러나 우리는 **일반적으로** 그 어떤 경험 판단들이 의심을 벗어나 있어야 한다고는 충분히 말할 수 있다"(같은 곳). 이러한 점을 비트겐슈타인은 우리가 다음 5절에서 더 자세히 살펴 볼 '중심축'이란 비유를 써서 다음과 같이 표현하고 있다.

즉, 우리가 제기하는 **물음들**과 우리의 **의심들**은, 어떤 명제들이 의심으로부터 제외되어 있으며 말하자면 그 물음들과 의심들의 운동 축들이라는 점에 의거하고 있다.

즉, 어떤 것들이 **실제로** 의심받지 않는다는 것은 우리의 과학적 탐구의 논리에 속한다.

그러나 그 때문에 우리가 그야말로 모든 것을 탐구**할 수는** 없고 따라서 어쩔 수 없이 그 가정에 만족한 채로 있어야 하는 것은 아니다. 만일 내가 문들이 돌아가기를 원한다면, 중심축들은 고정되어 있어야 한다. (§§ 341-343)

오류의 경우도 비슷하다. 비트겐슈타인에 의하면, "우리가 '오류'라고 부르는 것은 우리의 언어놀이들에서 아주 특정한 역할을 한다"(§196). 그 역할을 벗어나는 경우, 그것이 여전히 '오류'인지는 문제가 된다. (왜냐하면 "낱말의 의미는 그것의 사용 방식"(§61)이기 때문이다.) 그러므로 그는 "놀이 안에 한 자리가 예정되어 있는 오류와 예외적으로 일어나는 완전한 불규칙성"(§647)을 구별한다. 가령 나는 나폴레옹의 아우스터리츠 전투 연도 같은 것에 대해 오류를 범할 수 있지만, 내가 중국에 또는 심지어 달에 가본 적이 있는지 없는지 따위에 관해서는 오류를 범할 수 없다. 물론 나는 후자와 같은 것들에 대해 잘못된 믿음들을 가질 수 있다. 그러나 비트겐슈타인에 의하면, "이런 종류의 잘못된 믿음들이 모두 오류인 것은 아니다"(§72). 그것은 "**오류**가 아니라 오히려 정신착란"(§71)이라고 불릴 것이다. '오류'라고 할 수 있는 것들은 (원인뿐만 아니라) 근거를 지니며, 따라서 "대충 말해서: 오류는 오류를 범하는 자의 올바른 지식 안에 편입될 수 있다"(§74). 그리고 그렇다면 "대상들에 관한 **모든** 진술에서 우리가 오류를 범했다는 생각, 우리가 하는 진술마다 모두 잘못이라는 생각"이나 "어떤 놀이가 늘 잘못 행해져 왔다고 말하는 것"은 뜻을 잃는다(§§54, 496-497 참조). 왜냐하면 그런 생각이나 말은 그것이 편입되어 명료하게 이해될 수 있도록 해 줄 일체의 자리나 놀이를 스스로 무너뜨리는 것이기 때문이다. 사실은, 모든 진술이 거짓일 수 없을 뿐 아니라 상당수의 진술들이 거짓일 수도 없다(§§436-437). 왜냐하면 어떤 사람이 범하는 오류가 광범위해질수록, 그가 '오류'를 범했는지 여부가 불투명해지기 때문이다. 비트겐슈타인에 의하면, "사람이 오류를 범하기 위해서는, 그는 이미 인류와 일치되게 판단해야만 한다"(§156).[10] 이것은 진술들의 참, 거짓과 이해의 문제에 일종의 변증법적 연관이 존재한다는 것을 깨닫게 한다. 그는 다음과 같이 말한다.

나의 진술들의 **참**에서 이 진술들에 대한 나의 **이해**가 검사된다.

즉: 내가 어떤 잘못된 진술들을 한다면, 내가 그것들을 이해하는지 여부가 그 때문에 불확실하게 된다.

어떤 경험 명제들의 **참**은 우리의 준거 체계에 속한다. (§§80-81, 83)

그러니까, 모든 또는 상당수의 진술들이 거짓일 수 없다는 것은 다수의 참인 진술들이 우리 인류의 준거 체계에 속한다는 것과 연관되어 있다. 이 점을 염두에 두면서 비트겐슈타인은 또 말한다. 즉 우리가 언어놀이를 하는 한, "어떤 지점에서 오류는 더 이상 생각될 수도 없다"(§54), 또는 "사람은 어떤 상황들 속에서는 **오류를 범할** 수 없다"(§155)고. 만일 그런 곳, 그런 상황에서 "내가 가능한 오류에 관해 말한다면, 이는 우리의 삶에서 '오류'와 '진리'가 하는 역할을 변화"(§138)시키는 것이 될 뿐이다.

그런데 더 이상 의심 불가능한 것들, 더 이상 오류 불가능한 것들의 존재는 확인 가능성에도 영향을 미친다. 즉 확인 가능성에는 한계가 존재

---

10 이러한 생각은 《탐구》 §242("언어에 의한 의사소통을 위해서는 정의들에서의 일치뿐 아니라, [...] 판단들에서의 일치도 필요하다.")와 연결되고 또 후에 D. 데이빗슨의 '자비 원리'와 통하는 것이라고 할 수 있다. 이영철(1991) 4장 참조.

하며, 더 이상 확인이 무의미한 것들이 있다. 그것들은 바로 더 이상 의심 불가능한 것들, 더 이상 오류 불가능한 것들이다. 이것들에 대해서는 검사, 근거 제시, 정당화가 불가능하다(§§110, 162-164, 204, 563). 그리고 이 점은 믿음 개념의 본성(문법)과도 연결된다.

믿음이란 우선, 그 이전에 이미 《탐구》 등에서도 강조되었다시피, 언어놀이에서의 실천적 활동과 무관한, "인간 정신의 한결같은 상태"가 아니다(§§42, 89 참조). 이른바 내면적인 것(내적 정신 상태)들은 외면적인 것(실천적 행동)과 논리적으로 분리되지 않는다. 그리고 믿음은 말하자면 '총체주의적' 성격을 지닌다. "우리가 어떤 것을 **믿기** 시작한다면, 그것은 개별적 명제가 아니라 명제들의 전체 체계이다. (전체가 점차로 빛을 받는다.)"(§141) 그러나 이 체계 내에서 믿음들은 다소 유동적인 것들과 확고한 것들의 두 종류로 나뉘게 되는데, 그 구분은 절대적인 것이 아니라 그 믿음들 사이의 상대적 관계—상대성 이론에서와 비슷한(§305 참조)—에 달려 있다.

어린아이는 수많은 것들을 믿는 법을 배운다. 즉, 아이는 예컨대 이 믿음에 따라 행위하는 법을 배운다. 아이가 믿는 것들의 체계가 점차 형성되어 나타나며, 그 속에서 어떤 것들은 요지부동으로 확고하고 어떤 것들은 다소간에 움직일 수 있다. 확고한 것이 확고하게 있는 것은, 그것이 그 자체로 명백하거나 분명하기 때문이 아니라, 그 주위에 놓여 있는 것들이 그것을 꽉 붙들고 있기 때문이다. (§144.)

다소간에 움직일 수 있는 믿음들은 근거를 지닐 수 있는 믿음들로, 오류 가능성, 의심 가능성, 확인 가능성, 정당화 가능성을 지닌다. 요지부동으로 확고한 믿음들은 근거 있는 믿음들의 근거에 놓여 있으면서 더 이상은 (좋은) 근거가 없는 믿음들이다(§§166, 173, 253, 282 참조). 이것들은 오류 가능성, 의심 가능성, 확인 가능성, 정당화 가능성이 없다(§§72, 75, 92, 160, 234, 337). 확고한 믿음들은 의심이나 오류 가능한 것들의 검사 끝에서 우리가 마주할 수 있는 것들(§§163-164)이다. 만일 그것들을 의심한다면, 그 의심은 우리의 "나머지 확신들에 전혀 걸맞지 않을 것"(§102)이다. 그런 의심은 "우리의 전체 검증 체계를 받아들이지 않는 것"(§279)에 해당할 것이다. 실로 우리의 확신들은 "하나의 체계, 하나의 구조를 형성"(§102)한다. 그리고 이것은 말하자면 "그 위에서 참과 거짓을 구분하는, 전승된 배경"으로서의 '세계상'을 이룬다고 할 수 있다(§§93-94, 262 참조). 여기에 속하는 것들은 대부분 우리가 어린아이였을 적에 어른들의 "권위에 의거하여" 받아들인 것들(§§160-161)로서, "결코 언표되지 않을지도" 모르며, "실로, 그게 그렇다는 생각이 아예 나지 않을지도" 모르는 것들이다(§159). 이러한 믿음들은 ―비트겐슈타인의 암암리의 생각에 의하면―단순히 심리학적인 것이 아니라 오히려 '종교적인 믿음'과 통하는 어떤 점을 지닌다고 할 수 있다(§459 참조).

4. 무어의 명제들에 대한 비판: 앎과 확실성의 구별

이제 "나는 여기에 손이 있다는 것을 안다"와 같은 무어의 주장[11]에 대

---

11 G. E. Moore, "A Defence of Common Sense"(1925)와 "Proof of an External World"(1939) 참조. 두 논문 모두 Moore(1959)에 수록되어 있다.

한 비트겐슈타인의 비판을 살펴보자. 무어는 외부 사물들의 존재를 간단히 증명할 수 있는 방법이 있고, 이로써 관념주의와 회의주의를 물리칠 수 있다고 주장한 바 있다.[12] 예를 들면, 자신의 한 손을 들어 올려 보이면서 "여기에 한 손이 있다"고 말하고, 또 한 손을 들어 올려 보이면서 "여기에 또 한 손이 있다"고 덧붙임으로써, 두 개의 손이라는 외적 사물들이 존재한다는 것을 증명할 수 있다는 것이다. 이 때 그는 이 두 명제 및 그 밖의 (앞 절에서 예시된) 많은 명제들에 대해 자기는 그것들이 참이라는 것을 확실하게 **안다**고 주장하였다. 이러한 무어의 주장들을 가리켜 '무어의 명제들'(§86)이라고 하는데, 이에 대한 비트겐슈타인의 태도는 기본적으로, 무어가 "나는 안다"고 말한 명제들은 흥미롭고 중요하지만, 그의 '안다'는 주장은 잘못이라는 것이다. 이미 언급했다시피, 그러한 주장들은, 비트겐슈타인에 의하면, '안다'는 말과 관련된 문법에 어긋나며, 따라서 뜻을 지닐 수 없다.

비트겐슈타인은 우선 무어의 명제들의 부정을 살펴보는 데서 시작한다(§§3-4 참조). 명제는 그 부정도 뜻이 있을 경우에만 뜻을 지닌다는 것이 비트겐슈타인의 오래되고 일관된 생각이라고 할 수 있다.[13] 그러므

---

12 무어의 고찰은 예컨대 데카르트나 칸트와 같은 이들의 생각을 겨냥하고 있다. 잘 알려져 있다시피, 데카르트(《성찰》 I)는 자신의 손이나 심지어 몸 전체가 자신의 것인지, 또 그것들이 존재하기는 하는 것인지를 이성적으로 의심할 수 있으며, 나아가 내가 깨어 있는 것과 잠들어 있는 것을 구별할 징표가 전혀 없다고 보았다. 그리고 칸트에 따르면, 우리는 우리의 마음과 독립적인 외적 사물들, 즉 이른바 물자체에 대해서는 알 수가 없다.

13 이 생각은 '명제는 참일 수도 있고 거짓일 수도 있어야 한다'는 원리와 '명제는 참이거나 거짓이다'라는 원리와 연결되어 있다. 이 두 원리에 따르면 명제는 이른바 '양극성'을 지닌다. 즉 명제는 참과 거짓의 두 가능성을 가지면서 그 가능성의 성립은 다른 가능성의 성립을 부정한다. 이러한 생각은 비트겐슈타인의 전기뿐 아니라 후기에서도 유지되고 있다. 가령 《탐구》 §136에서 그는 (참과 거짓을 명제에 '꼭 맞물리는' 어떤 외적 성질로 보는 것은 비판하지만) "우리가 명제라고 부르는 것에 대해서만 '참이다'와 '거짓이다'를 서술할 수 있다"는 것과 "명제란 참 또

로 만일 무어의 명제들이 뜻이 있다면, 그 부정들도 역시 뜻이 있어야 한다. 그러나 "나는 여기에 손이 있는지 알지 못한다"거나 "나는 내가 인간임을 알지 못한다"란 말이 무엇을 뜻할 수 있겠는가? 만일 그것들이 어떤 의심의 표현이라면, 그것들은 '앎'을 주장하는 경우와 마찬가지로 확인 가능성을 지녀야 한다. 그래서 우리는 무어 명제들의 부정을 주장하는 사람에게 "좀 더 자세히 살펴보라"고 확인을 요구할 수 있을 것이다(§3). 그러나 비트겐슈타인은 문제를 제기한다. "그런데 여기에 손(즉 나의 손)이 있음을 내가 안다는 것을 나는 삶 속에서 입증하는가?"(§9) 정상적으로는 그러한 확인은 이루어지지 않으며, 확인하려 한다 해도 무의미하다. 예를 들어, "나는 내 손을 바라봄으로써 [나는 두 손을 가지고 있다는 것]을 확인하지 않을 것이다. 만일 내가 도대체 그걸 의심한다면, 나는 내가 왜 나의 눈을 신뢰해야 할지 알지 못한다."(§125) 즉 우리는 자신의 눈앞의 손의 존재를 의심하면서 자신의 눈은 신뢰해야 할 이유가 없다.

는 거짓일 수 있는 것"임을 여전히 인정한다. 그리고 이것은, PG(p.123)에 따르면, "명제는 부정될 수 있는 모든 것이다"와 같은 말이다. 그런데 부정될 수 있는 것들은 경험적이거나 논리적인 것들이다. 여기서 후자는 참이거나 거짓인 보통의 경험 명제들과 달리 참 또는 거짓의 오직 한쪽 가능성만 성립하는 것으로서, 비트겐슈타인의 용어법에 따르면 '뜻이 없다'. 그런데 이렇게 뜻이 없는 것이 '명제'일 수 있는가? 이 문제에 대해 여러 사람의 의견이 갈리지만—대표적으로, 명제성을 인정하는 Hacker(1986, p.133)와 Glock(1996a, p.65), 그리고 이들과 대립하는 Moyal-Sharrock(2004c, pp.35-37)—그들은 양극성의 원리가 문제의 경우에는 성립하지 않는다는 공통의 전제 하에서, 내 생각으로는 아마도 잘못된 전제 하에서 논의한다. 분명, 그 부정이 뜻이 없는 경우에 성립하는 '극'은 하나뿐이다. 그러나 이는 (가령 진리함수의 한계적 경우처럼) 나머지 한 극이 제로가 된 경우, 즉 양극성의 한계적 경우로 이해할 수 있다. 명제의 양극성 원리라는 동전은, 명제는 그 부정도 뜻이 있을 경우에만 뜻을 지닌다는 앞면뿐 아니라, 만일 그 부정이 뜻이 없다면 원래의 것도 뜻이 없다는 뒷면도 포함하는 것으로 이해되어야 할 것이다. 이에 따르면, 어떤 것이 부정될 수 있다면, 그것은 비록 내용상으로는 말하는바 뜻이 없어도 명제이기는 하다. 그리고 무어의 명제들이 그 부정이 뜻이 없으면서도 (문법적 기능을 지닌) '명제들'이라고 불리는 것은 이런 연유에서라고 할 수 있을 것이다. (명제성의 문제는 아래 각주 18에서 더 논의된다.)

여기서는 의심의 대상으로 삼으려는 것보다 덜 의심스럽거나 더 확실한 어떤 것도 제시할 수가 없는 것이다. 문제의 의심은 정당화될 수 없으며, 실상 무엇을 의심하는지, 무엇을 어떻게 확인하면 그 의심이 풀릴 수 있는지 도대체 불명확하다. 그것은 언어놀이에서 어떤 구체적인 자리 또는 역할을 지니고 있는 것이 아니며, 따라서 뜻이 없다. 결국, 무어의 명제들은 그 부정들이 뜻이 없기 때문에 뜻이 없다. 문제의 것들을 '안다'는 말이나 '알지 못한다'는 말, 그 어느 쪽도 뜻이 없는 것이다(§10).

무어의 명제들은 오류 가능성의 관점에서도 문제가 된다. "나는 […] 안다"라는 무어의 주장 그 자체만으로는, 그가 안다는 것은 따라 나오지 않는다(§13 참조). 이는 그가 제아무리 믿을 수 있는 사람이라도 그렇다(§§21-23 참조). 무어의 주장은 단지, 자기는 "(거기서) 오류를 범할 수 없다는 단언일 뿐이며, [그]가 **그 점에 있어서** 오류를 범하지 않는다는 것은 **객관적으로** 확립될 수 있어야"(§15)한다. 그러나 이것이 가능한가? "여기서 오류는 도대체 어떻게 보일까? 그게 무엇인지에 관해 나는 **명료한** 표상을 갖고 있는가?"(§17) "예컨대, 그게 오류였다는 것을 발견한다는 것은 [어떤 것일까]?"(§32) 비트겐슈타인은 여기서 오류를 범할 수도 있다고 하는 말을 우리는 이해할 수 없을 것이라고 말한다(같은 곳). 그런데 물론 무어의 견해는 자신이 거기서 오류를 범할 수 없다는 것이다. 그러므로 그가 "나는 […] 안다"고 했을 때, 그는 '안다'라는 개념을 비록 오류일지라도 성립 가능한 믿음이나 확신과 유사한 것으로 본 셈이다.

무어의 견해는 실제로는, "나는 […] 안다"라는 진술이 오류일 수 없다는 점에서 '안다'라는 개념은 '믿다', '추측하다', '의심하다', '확신하고 있다'라는 개념들과 유사하다는 것으로 된다. 그런데 그게 사실**이라면**, 하나의 발언으로부터 주장의 참이 추론될 수 있다. 그리고 여기서 "나는 안다고 믿었다"란 형식은 간과된다. (§21)

그러나 여기에 무어의 결정적인 잘못이 있다. 만일 무어처럼 볼 수 있다면, 그의 발언으로부터 그의 주장의 참이 물론 추론될 수 있다. 그러나 이것은 "나는 안다고 믿었다"란 형식을 간과하는 것, 즉 내가 안다고 믿었을 뿐 실제로 아는 것이 아닐 수 있는 가능성을 놓치는 것이다. 이미 지적했다시피, '안다'라는 주장에 대해서는 오류 가능성을 제기할 수 있고, 이 점에서 '안다'는 '믿다'나 '확신하다'와 같은 개념들과는 중요한 차이가 있다(§8 참조).

무어가 "나는 안다"고 주장한 것들은 오류 가능성을 확인할 수 없으며, 더 이상의 근거를 통해 정당화할 수 없으며, 의심 불가능하게 확실하다. 이 점에 대해서는 무어와 비트겐슈타인의 생각이 다르지 않다. 그러나 그렇기 때문에 무어는 자기가 그것들을 '안다'고 하고, 비트겐슈타인은 그것들에 대해서 무어는—그리고 어느 누구도—"나는 안다"고 말할 수 없다고 한다. 비트겐슈타인에 의하면, "무어의 잘못은, 우리들은 그것을 알 수 없다는 주장에 대해 '나는 그것을 안다'라고 대꾸한 데 있다"(§521). 무어는 철학적 의도를 가지고, '안다'란 말을 정상적으로 적용할 수 있는 곳을 벗어나 적용하려 한다. 그러나 비트겐슈타인에 의하면, '안다'의 그러한 사용은 형이상학적 사용(§482 참조)이다. 그 자신은 그 표현을 "정상적인 언어 교류에서 쓰이는 경우들을 위해 유보했으면" 한다(§260 & §481 참조). 정상적인 사용에서 "나는 안다"고 말할 때는, 그걸 어떻게 아는지, 그 앎의 근거를 진술할 수 있다(§§483-484 참조).

그런데 일상적인 삶에서 우리가 특별히 "나는 안다"고 말하지 않더라도, 우리가 어떤 것들을 알고 있음을 우리의 삶 자체가 보여 주지 않는가? 예컨대 내가 친구에게 "저기 그 의자에 앉게"라고 말하거나 문을 닫으라고 손짓한다면, 그것은 "저기에 의자가 있고, 문이 있다는 것 등을 내가 알거나 확신한다는 것"을 보여 주지 않는가?(§7 참조) 여기서 내가 의자나 문과 관련해서 '안다'고 주장하지 않고 심지어 의식적으로 생각조차 하지 않더라도, 나의 말과 행동 자체가 이미 나는 그것들의 존재에 대해 알고 있다는 것을 보이지 않는가? 그러나 그렇다면 무어가 무어의 명제들에서 "나는 안다"고 말한 것은 잘못이더라도, 무어는 어떤 식으로 그것들을 알고 있는 것 아닐까? 즉 무어가 "나는 안다"고 말할 수 없다는 비트겐슈타인의 주장은, 무어가 어떤 식으로—가령 '묵시적으로'—알고 있기는 한데 단지 그것을 그렇게 말로 표현할 수 없다(그리고 표현해서는 안 된다)는 것 아닐까?[14] 비트겐슈타인의 다음과 같은 물음은 이런 생각을 불러일으키기도 한다.

내가 오류를 범하였고 무어가 완전히 옳지 않은가? 나는 우리들이 생각하는 것과 우리들이 아는 것을 혼동하는 초보적인 실수를 저지르지 않았는가? 물론 나는 "지구가 내가 태어나기 전에 이미 얼마 동안 존재했다"라고 생각하지는 않지만, 그러나 그렇다고 해서 내가 그것을 **알지** 못하는가? 내가 항상 그것에서 귀결들을 끌어내면서, 나는 내가 그것을 안다는 것을 보여 주지 않는가?

나는 또한, 비록 내가 그것에 대해 생각해 본 적은 아직 전혀 없지만,

---

14 J. H. Gill(1996, p.120 이하 참조)은 비트겐슈타인의 생각이 폴라니(M. Polanyi)가 말하는 '묵시적 지식'에 의해 잘 설명될 수 있다고 본다. 이 '묵시적 지식'은 어떤 것을 할 줄 아는 실천적 기술에서 드러나는 확실하게 참인 심리적인('마음속에 내재하는') 사고로서 이해된다.

이 집에는 지하 6층 깊이의 계단이 있지 않다는 것도 알지 않는가? (§§ 397-398)

그러나 두 경우는 구별되어야 할 것이다. 만일 내가 생각도 하지 않는 것들에 대해 그래도 내가 어떤 앎을 지니고 있다고 말할 수 있다면 그 앎은 이른바 '묵시적 앎'이라 할 수 있을 것이다. 그리고 두 번째 단락(§398)에서 언급된 경우나 §7에서 언급된 경우들은 그런 앎의 경우에 해당될 수 있다. 왜냐하면, 원한다면 우리는 그런 것들을 검사하고 확인할 수 있기 때문이다. 그런 경우는 매우 드물겠지만, 그런 경우 우리는 그런 것들에 대해 '나는 안다'고 발언을 할 수도 있을 것이다(§431 참조). 그러나 첫 번째 단락에서 언급된 것과 같은 무어의 명제들의 경우는 그렇지가 않다. 지금까지 보았듯이, 그것들에 대해서는 정상적인 의미에서 검사나 확인이 불가능하다. 그러므로 여기서 다루어지는 것은 어떤 특수한 경우에 '안다'라고 정상적으로 표현될 수도 있는 (아마도 무의식에서 의식으로 끌어낼 수 있는 어떤 심리적 상태로서의) 묵시적 앎이라고도 할 수 없다.

물론, "나는 안다"고 말할 수도 없고 또 묵시적으로 안다고 할 수도 없는 것이지만, 그런 식으로 표현하고 싶은 유혹을 받는 어떤 것을 나는 확실한 것으로 받아들이고(§399 참조) 또 이를 나의 행동에서 보여 준다(§427 참조). 그러나 이것이 말해 주는 바는 무엇인가? 나의 말과 행동에서 드러나는 이 확신 또는 확실성의 본성은 무엇인가? 이제 비트겐슈타인의 고찰은 이러한 문제를 향해 집중된다.

5. 확실성의 본성과 중심축 명제들

무어는 자신이 어떤 것들을 확신한다는 것으로부터 자신은 그것들을 안다는 주장으로 나아갔다. 이 점에서 그는 앎의 문제를 확실성의 추구로 본 인식론적 전통에 속해 있다. 이에 따르면, 안다는 것은 의심할 수 없고 오류 불가능한 확실성과 같은 것이다. 그러나 비트겐슈타인은 이 오래된 전통과 결별한다. 그에 의하면, 확실성, 특히 무어의 명제들이 앎과 동일시한 확실성은 앎이 아니다. 그것은 실은 오히려 앎보다 더 근본적인 어떤 것이다.

비트겐슈타인은 확실성을 주관적 확실성과 객관적 확실성의 두 종류로 나눈다. 전자는 "완전한 확신, 모든 의심의 부재"를 나타내며, 후자는 "오류가 가능하지 않을 때", 그것도 오류가 **논리적으로** 배제"될 때를 말한다(§194). 주관적 확실성 즉 '완전한 확신, 모든 의심의 부재'는 순전히 개인적일 수 있다.[15] 그것은 객관적으로 아무 근거가 없고 오류일 수 있다. 그러나 어떤 것에 대한 나의 확신이 객관적으로 근거가 있고 오류가 아니라고 해서 그것이 바로 비트겐슈타인이 말하는 객관적 확실성을 지니는 것은 아니다. 나의 확신이 강력한 근거들에 기초한 것일 경우에 나의 확신은 객관적인 것으로 된다(§270 참조). 그러나 이 경우 나의 확신은 근거에 기초해 정당화될 수 있는 것, 즉 앎이 지니는 확신이다.[16] 앎에 속하는 이 확신은 객관적이기는 하나 오류가 논리적으로 가능하고, 따라서 그것이 확실한지에 대해서는 논쟁이 벌어질 수 있다(§273 참조).

---

15 여기서 '개인적'이란 말은 이른바 '사적 언어'라고 할 때의 '사적'과 같은 뜻으로 오해되어서는 안 된다. 개인의 주관적 확신은 그 정도와 함께 어떤 식으로 검사될 수 있다.

16 §272 참조: "나는 안다=나에게 확실한 것으로서 친숙하다."

비트겐슈타인이 말하는 객관적 확실성은 오류가 논리적으로 배제되는 것으로서, 주관적 확실성뿐 아니라 앎이 지니는 확실성과도 다른 것이다.[17] 주관적 확실성은 한 개인의 근거 없는 확신에 불과할 수 있고, 앎과 관련된 확실성은, 비록 객관적이고 근거가 있지만, 아는 사람들에게만 한정될 수 있다. 그러나 비트겐슈타인이 말하는 객관적 확실성은 한 개인이나 특정 부류의 사람들에게만이 아니라 언어놀이에 참여하는 보통의 사람에게는 누구에게나 확실한 것이다. 또 그것에 대해서는 더 이상 어떤 정당화도 필요 없으며, 또 가능하지도 않다. 그러나 그러한 확실성이 바로, 앞에서 살펴 본 무어의 명제들이 '나는 안다'라는 표현으로 잘못 나타내고자 한 것이다. 비트겐슈타인에 의하면, 그 표현은 원래 논쟁 가능한 확실성과 관련해서 사용되어야 마땅한 것이지만, 무어의 명제들에서는 "아직 논쟁 중인 확신이 아니라, **진정된** 확신을 표현한다"(§357). 그는 이 진정된 확신 즉 객관적 확실성의 본성과 관련해서 다음과 같이 말한다.

나는 이제 이 확신을 성급함이나 피상성에 가까운 어떤 것으로 보기보다는 (하나의) 삶의 형태로 보았으면 한다. (이는 매우 조악하게 표현되어 있으며, 또 아마도 조악한 생각이기도 하다.)

---

17 박병철(2001, 49쪽)과 김화경(2006, 60쪽)은 비트겐슈타인이 말하는 객관적 확실성을 앎과 같은 것으로 보는 잘못을 범하고 있다. 반면에 남기창(1999)은 비트겐슈타인이 데카르트와 달리 앎과 (객관적) 확실성을 구분하고 있음에 올바로 초점을 맞추었다. 그러나 박병철(2009, 110쪽 각주 38)도 최근에는 자신의 생각을 수정하고 있다. 내 생각으로는, 비트겐슈타인이 '객관적 확실성'을 차라리 앎이 지니는 확실성을 가리키는 데 쓰고, 그가 말하려는 '객관적 확실성'을 위해서는 가령 '근본적 확실성'과 같은 표현을 썼더라면 불필요한 오해의 소지를 줄일 수 있었을 것이다.

그렇지만 이는 내가 그것을 정당화된다, 안 된다를 넘어서 있는 어떤 것으로서, 그러니까 말하자면 동물적인 어떤 것으로서 파악하고자 한다는 것을 뜻한다. (§§358-359)

비트겐슈타인은 《확실성》의 여기저기에서 그가 여기서 조악하게 표현 또는 생각되어 있다고 말한 것을 명료화하려는 여러 시도를 하고 있다. 우선, 객관적 확실성을 지닌 것들은 형식상으로 보면 경험 명제의 형식을 하고 있지만, 오류가 불가능하다는 점에서 논리적, 문법적 성격을 지닌다고 이야기된다. 그것들 즉 "무어가 무엇을 '**아는**'지를 나타내는 명제들은 모두, **왜** 사람이 그 반대를 믿어야 할지 상상하기 어려운 그런 종류의 것들이다"(§93). 그 반대를 믿는 사람은 오류를 범하는 게 아니라 정신 나간 사람으로 여겨질 것이다(§155). 그리고 이러한 점 때문에, 실은 무어 명제들 자체가 이미 논리-문법적 명제로서 이해될 수 있다. 비트겐슈타인에 의하면, 무어의 "여기에 나의 손이 있음을 나는 **안다**"와 같은 명제들은 "이 경우 '나는 알지 못한다'는 아무런 뜻도 없다"를 의미한다(§58). 즉 그것들은 어떤 인식적 상황이 아니라 개념적(언어적) 상황을 기술하고 있다. 그리고 따라서 "여기서 '나는 안다'는 하나의 논리적 통찰이다"(§59).

객관적 확실성을 지닌 것들은 경험 명제의 형식을 지니고 있기 때문에, 비트겐슈타인의 이야기는 "우리의 '경험 명제들'은 하나의 동질적 집단을 형성하지 않는다"(§213)는 것, 또는 어쨌든 "경험 명제의 형식을 가진 것이 모두 경험 명제는 아니"(§308)라는 것이 된다. 그에 의하면, "단지 논리의 명제들만이 아니라 경험 명제의 형식으로 된 명제들이, 사고를(언어를) 다루는 모든 작업의 근본 토대에 속한다"(§401). 그러나 여기서 '경험 명제 형식으로 된 명제들'이라는 표현조차도 비트겐슈타인에 의하면 '아주 조악하다'(§402 참조). 그가 말하고 싶은 것은, 객관적 확실성을 지닌 것들은 (경험) 명제 형식으로 표현될 수는 있지만, 실제로 의미 있는 쓰임을 지니고 참이나 거짓이 될 수 있는 명제들은 아니며,[18] 오히려 이런 것들을 위한 근본 토대로서 이바지하는 어떤 (일치된) 실천적 행위 차원의 것들이라는 것이다.[19] (이런 맥락에서 비트겐슈타인은 "태초

---

[18] 이것은 가령 Moyal-Sharrock(2004c, 2장)의 주장처럼 그 표현들이 아예 '명제'가 아니라는 이야기는 아니다. 《탐구》 §136에 따르면, "명제가 무엇이냐는 **어떤** 뜻에서는 (예컨대 국어의) 문장 구성 규칙들에 의해서 결정되며, 다른 뜻에서는 언어놀이에서의 기호의 쓰임에 의해서 결정된다". 첫 번째 점과 관련하여 비트겐슈타인은 '문장 소리(Satzklang)'도 명제 개념의 한 징표라고 한다(PU §134). 이에 따르면 '사정이 이러이러하다'와 같은 '명제 도식'도 명제라고 할 수 있다(같은 곳). 그리고 이런 차원에서는, 지금 논의되고 있는바 경험 명제 형식을 지니고 논리적 역할을 하는 표현들도 명제이다. 모얄-샤록은 이 표현들이 말하자면 '명제처럼 들리는 소리'일 뿐(무엇인가를 '말하지' 않으므로) 명제가 아니라고 하는 셈인데, 이것은 《탐구》의 이야기와 맞지 않다. 명제를 결정한다는 그 두 가지 뜻은 연언이 아니라 선언으로 이해되어야 할 것이다. 그리하여, 비트겐슈타인 주장하듯이, 명제(내지 문장)는 "서로 다소간에 근친적인 구조물들의 가족"(PU §108)으로 이해되어야 한다. 그러므로 이 점에서는 모얄-샤록이 글록과 묶어 비판한 해커의 생각이 오히려 옳다고 할 수 있다. 해커에 의하면, "명제 개념은 가족 유사성 개념이다. 양극성은 그 가족의 중요한 한 구성원이지만, 전부는 아니다"(Moyal-Sharrock, 2004c, p.41 재인용). 즉 비트겐슈타인은 후기에 양극성 개념을 버리지 않았지만 그것이 명제의 유일한 기준이라고 보지도 않았다. 해커의 문제는 다만, 앞의 각주 13에서 지적했다시피, 논리적 성격의 명제들에는 양극성이 적용되지 않는다고 본다는 것이다. (한 가지 덧붙이자면, 명제를 결정하는 서로 다른 뜻을 이야기하는 점에서 《탐구》는 《논고》와 유사점이 있다. 《논고》에서 명제는 한편으로는 요소명제들의 진리 함수로, 한편에서는 뜻 즉 진리 조건을 지닌 그림으로 이야기된다. 그리하여 논리적 명제들은 전자의 뜻으로는 명제이지만 후자의 뜻으로는 명제가 아닌 것처럼 된다. 이러한 점은 가족 유사성 개념이 없었던 《논고》에서 긴장을 야기한다. 그러나 논리적 명제들을 진리함수의 극한이자 양극성이 적용되는 한계 경우로 보면, 모순까지는 아니다. 이 책 4장 각주 7 참조.)

[19] 이러한 생각과 통하는 것으로서, 비트겐슈타인은 이미 LFM(pp.183-184)에서, 논리적-문법적 진리들은 행위에서의 일치―견해들의 일치가 아니라―에 의해 결정된다는 (《탐구》의 유명한 242절의 생각과 연결되는) 생각을 피력한 바 있다. 여기서 행위는 언어 행위를 배제하지 않는다. 다만, "나에게 손이 있다"나 "나는 여기에 있다"와 같은 말들은 특수한 맥락에서가 아니면 보통은 정당한(유의미한) 언어행위가 아니다. 또 그것들이 유의미하게 쓰이는 특수한 맥락에서, 그것들은 참 거짓을 말할 수 있는 기술적 용법으로 쓰이지 않는다.

에 행위가 있었다"라는 괴테의 《파우스트》의 유명한 말을 인용한다.) 이것들은 어떤 논의의 목적을 위해 (경험) 명제적 형식으로 표현해 볼 수 있지만, 그 표현(명제)은 결국 뜻이 없다. 이 점에서, 즉 명제적 형식으로 표현될 수는 있지만 실제로 뜻이 있는 명제가 되지는 않는다는 점에서, 이것들은 《논고》가 논리적 명제들에 부여했던 성격을 이어받는 면이 있다. 차이는 다만, (동어반복 형식의) 후자는 명제(그림)들의 사용 속에서 드러나는 데 반해 (경험 명제 형식의) 전자는 언어적, 비언어적 실천에서 드러난다는 것이다. 이런 맥락에서 비트겐슈타인은 다음과 같이 말한다.

나는 점점 더, 논리는 결국 기술될 수 없다고 말하는 데로 가고 있지 않은가? 당신은 언어의 실천을 주시해야 한다. 그러면 당신은 논리를 본다.(§501)

여기서 주시해야 하는 실천은 곧 비트겐슈타인이 '정당화된다 안 된다를 넘어서 있는', '동물적인 어떤 것'으로서 파악하고자 하는 '(하나의) 삶의 형태'에 해당하는 것이다. 이 삶의 형태적 실천에서 보이는 논리는 참도 거짓도 아니며, 이 점에서 그것들은 다시 《논고》의 생각, 즉 논리적 명제들이 사실은 진리조건의 해체라는 생각과 이어지는 면을 갖는다.

그러나 근거 제시, 증거의 정당화는 끝이 난다;—그 끝은 그러나 우리에게 곧바로 어떤 명제들이 참인 것으로서 분명해지는 것이 아니라, 그러니까 우리 쪽에서의 일종의 **봄**[見]이 아니라, 오히려 언어놀이의 근저에 있는 우리의 **행위**이다.
참인 것이 근거가 있는 것이라면, 그 근거는 **참**이 아니며, 거짓도 아니

다. (§§204-205)

객관적 확실성은 정당화의 끝에서 마주치는, 언어놀이의 기초를 이루는 실천들이 언어놀이에서 지니는 확고성이다. 이러한 실천적이면서 논리적인 확고성(을 지닌 것들)이, 비트겐슈타인에 의하면, "우리 언어놀이의 전 체계 내에서 […] 근본 토대에" 속하며, "행위의 기초를, 그리고 그러니까 당연히 사고의 기초도 형성한다"(§411). 이 '근본 토대', '기초'는, 그 자체로는 참도 거짓도 아니지만, "내가 그 위에서 참과 거짓을 구분하는 전승된 배경"(§94)이며, 또 그런 것으로서 나의 '세계상'(§§93-95, 162, 167, 233, 262 참조)을 이룬다. 그런데 이 세계상을 내가 지니고 있는 것은 "내가 나의 세계상의 올바름을 확인하였기 때문이 아니"며, "내가 그것의 올바름을 확신하고 있기 때문도 아니다"(§94). 그렇기 때문에, 비트겐슈타인은 세계상을 기술하는 명제들은 '일종의 신화'(§§95)라고 말한다. 그것은 어떤 근거 제시나 증거에 의한 정당화를 넘어서 있다. 그럼에도 불구하고, 그에 의하면, 이러한 신화적인 것들을 확고하다고 간주하는 것이 '우리의 의심과 탐구의 **방법**에'(§151) 속한다. 그것들은 말하자면 우리의 "물음들과 의심들의 운동 축들"(§341)이라고도 이야기된다.

이 마지막 표현은 객관적 확실성을 지닌 것들—이른바 '중심축 명제들'로 불릴 수 있는 것들—이 어떻게 그러한 확고한 규범적 지위를 지니게 되었는지를 암시한다. 그것들은 그 자체가 선천적으로 그러한 지위를 지니는 것이 아니라, 나머지 경험 명제들과의 (역할상의) 역학 관계에서 상대적으로 그러한 지위를 얻는 것이다.

나에게 확고한 명제들을 나는 명시적으로 배우지 않는다. 나는 그것들을 나중에, 자전하는 물체의 회전축처럼 **발견**할 수 있다. 이 축은 고정되어 있다는 뜻으로 확고하지는 않지만, 그것 둘레의 운동이 그것을 부동적인 것으로서 확정한다. (§152; 또한 §144, §§341-343 참조)

비슷한 취지에서, 중심축 명제들의 부동성은 유통(流通)에서 배제되어 굳어진 궤도로, 그러나 또한 그러한 것으로서 우리의 연구와 고찰들의 원활한 수행(유통)을 가능하게 하는 골격으로도 비유된다.

상당수의 것이 우리에게 확고해 보인다. 그리고 그것은 유통에서 배제된다. 그것은 말하자면 죽은 궤도로 밀려난다.
그것은 이제 우리의 고찰들에, 우리의 연구들에 형식을 준다. 그것은 아마도 한때는 논쟁의 여지가 있었다. 그러나 아마도 그것은 언제부터인지 알 수 없는 먼 옛날부터 우리의 모든 고찰들의 **골격**에 속해 왔다. (모든 인간은 부모가 있다.) (§§210-211)

그런데 중심축 명제들의 부동성은 명제들 사이의 역학 관계의 산물이므로, 그 지위는 시간의 흐름에 따른 역학 관계의 변화에 따라 변할 수도 있다. 이 점을 비트겐슈타인은 강물과 강바닥의 관계에 대한 유명한 비유를 통해 보인다.

우리들은 이렇게 상상할 수 있을 것이다. 즉, 경험 명제의 형식으로 된 어떤 명제들이 딱딱하게 굳어져서는, 굳지 않은 유동적 경험 명제들을 위한 배출관으로 기능할 것이라고. 그리고 유동적 명제들은 굳어지고 딱딱한 것들은 유동적으로 되리라는 점에서, 이 관계는 시간과 더불어 변할 것이라고.

신화는 다시 강물로 되고, 생각들의 강바닥은 위치를 옮길 수 있다. 그러나 나는 강바닥 위에서의 물의 운동과 이 강바닥 자체의 위치 옮김을 구별한다; 비록 그 양자의 명확한 분리는 존재하지 않지만 말이다. (§§ 96-97)

경험 명제와 중심축 명제의 운동과 변화들이 구별은 되면서도 명확한 분리가 존재하지 않는다는 것은 "동일한 명제가 어떤 때는 경험에 의해 검사될 수 있는 것으로, 어떤 때는 검사의 규칙으로 취급될 수 있다는 것"(§98) 때문이다. 중심축 명제는 비록 매우 드문 일이긴 하지만 어떤 특수한 상황에서는 경험에 의해 검사될 수 있는 경험 명제로 취급될 수도 있다. 그러나 그 동일한 명제가 검사의 규칙으로 역할을 하면 그것은—말하자면 "규칙과 경험 명제가 서로 융합"(§309)한 것으로서—"우리의 경험 명제들의 체계 내에서 독특한 논리적 역할"(§136)을 하게 된다.[20] 그러한 역할 차이는 분명히 존재하지만, 그러나 그러한 차이를 낳는 상황을 명확하게 규정하여 규칙화할 수는 없다.

---

20 비트겐슈타인에 의하면, 무엇이 충분한 검사로서 간주되느냐 하는 것은 언어놀이의 기술(記述)에 속하며, 또 언어놀이를 기술하는 것은 모두 논리에 속한다(§82와 §56 참조). 그리고 이런 관점에서 그는 "내 이름은 비트겐슈타인이다"와 같은 명제는 통상 의심 불가능하고 오류 불가능해 보이지만 논리에 속하지 않는다고 말한다(§425 및 §628 참조). 왜냐하면 "사람들의 이름을 가지고 하는 언어놀이는 내가 내 이름에 관해 오류를 범하더라도 잘 성립할 수 있"기 때문에, 그것은 언어놀이의 기술이 아니라는 것이다(§628). 이름을 가지고 하는 언어놀이의 기술이자 논리가 되는 것은 "다수의 사람들이 자신들의 이름에 관해 오류를 범한다고 말하는 것은 헛소리라는 것"(같은 곳)이다.

6. 회의주의·초월주의·실용주의·상대주의를 넘어서

비트겐슈타인이 주목한 ('객관적') 확실성은 데카르트 식으로 순전히 생각하는 자아의 의식을 분석해 들어가서 얻어지는 어떤 자명한 하나의 원리이자 나머지 앎을 끌어낼 수 있는 제일의 앎 또는 앎의 불변적 패러다임이 되는 그런 것이 아니다. 그가 염두에 둔 것은 앎의 놀이를 포함한 언어놀이들의 토대이기는 하지만 앎과는 범주적으로 구별되는 것으로서, 명시적으로 의식되거나 주장되는 것이라기보다는 우리의 일상적 행위들 자체가 드러내 보이는 다수의 당연하고 사소해 보일 수 있는 것들이 지니는 확고성이다. 그것들은 삶의 형태로서 공유되며 정당화의 요구를 넘어서 있는 어떤 '동물적인' 것이자 언어놀이의 기본 틀 또는 중심축을 이루는 논리-문법적인 것으로 이야기된다. 그리고 이 논리-문법적인 것은 초시간적인 어떤 본성을 지닌 것이 아니라, 시간의 흐름에 따른 실천적 상황의 변화에 따라 성립하고 또 변동될 수 있는 세계상의 성격을 지니는 것으로 이해된다.[21]

이러한 비트겐슈타인의 고찰들이 옳다면, 그것이 풍부한 철학적 함축들을 지닌다는 것은 분명하다. 우선 데카르트의 방법적 회의를 포함해 일체의 철학적 회의주의는 의미 있는 것으로 성립할 수가 없다. 앎과 마찬가지로 의심은 언어놀이를 떠나거나 언어놀이 이전에 성립할 수 없고, 따라서 언어놀이가 성립하기 위한 조건들을 필요로 한다. 그런데 중심축 명제들은 '언어놀이들의 흔들리지 않는 기초'로서 논리에 속하므로, 의

---

21 이 단락과 다음 단락의 상당 부분은 기본적으로 《확실성》 12-13쪽의 옮긴이의 말을 바탕으로 하고 있다.

심의 놀이는 그 명제들이 지니는 객관적 확실성을 토대로 해서만 가능하다. 그리고 그렇다면 그 명제들까지 포함하여 "모든 것을 의심하는 의심은 아무런 의심도 아닐 것이다"(§450). 정당화와 마찬가지로 의심에는 끝이 있으며, 그 한계를 넘어가려는 회의주의는 무의미해질 뿐이다. 그리고 그 한계를 이루는 것도, '나는 생각한다'와 같은 단 하나의 명제가 아니라 '나는 몸이 있다', '여기에 나의 손이 있다' 등등의 중심축 명제들로 표현될 수 있는 다수의 것들이다.

또한 《탐구》에서의 단초를 발전시킨 《확실성》의 논리-문법 개념이 (《논고》 식의) 형식 논리적 차원에서 벗어나 실천적인 차원으로 폭넓게 확장되고 있다는 것이 주목되어야 할 것이다.[22] 물론, 《확실성》에서 논리를 이루는 객관적 확실성들은 앎을 이루는 것들과는 범주적 차이를 지니면서 그것들이 가능하기 위한 선행 조건을 이룬다는 점에서 여전히 '초월적'이라고 할 수 있는 점을 지니고 있다. 그러나 칸트나 《논고》에서와는 달리, 그것들의 지위는 순전히 언어놀이와 관련된 실천적 역할에 따라 성립하고 또 변화될 수도 있는 것으로 이해되어야 한다. 즉 선천적인 것과 후천적인 것 및 초월적인 것과 경험적인 것의 엄격한 분리는 더 이상 유지될 수 없다는 것이다. 이 점에서 비트겐슈타인의 생각은, 《탐구》의 '사적 언어 논변'을 통해서 이미 무력화되고 언어놀이라는 다양한 실천에서 성립하는 공동체적 모델로 대체된 사유 중심의 오래된—데카르트에서부터 칸트를 거쳐 《논고》에까지 이르는—유아주의적 단독자 모델의 해체와 함께, 하버마스가 칸트 이후 헤겔, 실용주의, 해석학 등을 통

---

22 비트겐슈타인의 논리관의 전후기 연관성과 차이, 그리고 그에 따른 논리적 엄격성이나 논리의 자율성의 문제에 대한 생각의 변화 등에 대한 더 자세한 연구는 이 책 4장 참조.

해 (각각 다른 모습과 정도로) 이루어져 왔다고 말하는 '탈초월화(Detran-szendentalisierung)' 흐름의 한 모범을 보여 주고 있다고 할 수 있을 것이다.[23] 이 흐름에서 경험적인 것과 초월적인 것의 대립은 완화되고, 칸트식의 초월적 의식은 일상적 (의사소통적) 실천이라는 탈숭고화된 모습으로 세속화된다.

실천을 일차적인 것으로 취급한다는 점에서 비트겐슈타인의 입장은 실용주의와 통하는 면을 지닌다고 할 수 있다. 실제로 이 점을 근거로 그를 넓은 의미의 실용주의자로 분류하는 시각도 존재한다.[24] 그러나 실천을 일차적으로 중시하는 것이 실용주의만은 아니므로, 이것은 아무래도 실용주의에 너무 넓은 외연을 주게 될 것이다. 비트겐슈타인 자신은 자신이 실용주의자로 보일 것이라는 점을 의식하고 우려하면서, 자신과 실용주의자의 차이를 분명히 하려고 하였다. 우선 (그에 의하면) 실용주의자는 진리를 유용성으로 보지만, 그 자신은 유용한 문장이 참이라거나 원하는 결과를 지니는 논증은 옳다는 식으로 말하지 않는다(PG p.185와 BPP1 §266). 이 차이는 비트겐슈타인의 생각만큼 결정적이지 않을 수도 있다. 왜냐하면 진리를 유용성으로 보는 것은 사실은 '신화적 실용주의'에 불과하고, 실용주의의 진정한 통찰은 반회의주의와 오류가능주의의

---

23 하버마스(2004), 특히 서론과 제4장 참조. 그러나 그는 《확실성》에서의 비트겐슈타인을 충분히 주목하지 않은 채, 비트겐슈타인의 탈초월화 작업이 충분하다고는 보고 있지 않다.
24 Moyal-Sharrock(2004c) pp.171-173 참조. 그녀는 그 기초적 실천들에 논리적 성격이 부여된다는 점에서 (《확실성》에서의) 비트겐슈타인의 입장을 '논리적 실용주의'라고 부르고 있다. 또 A. Rudd(2005, p.158)는 그 실천들이 초월적 지위를 지닌다는 점에서 '초월적 실용주의'라고 부르고 있다. Putnam(1995)은 비트겐슈타인이 엄격한 뜻에서 실용주의자는 아니지만, "실천의 일차성에 대한 강조라는 핵심적인—아마도 **유일하게** 핵심적인—강조를 실용주의와 공유한다"(p.52)고 말한다.

둘이라고 말할 수 있기 때문이다.[25] 그러나 그렇더라도 비트겐슈타인을 실용주의자라고 해야 할지는 여전히 의문이다. 반회의주의는 별 문제가 없지만, 오류가능주의는 비트겐슈타인의 그것과 같다고 할 수 없기 때문이다. 물론, 우리의 지식이 오류 가능하다고 본다는 점에서는 실용주의나 비트겐슈타인이나 다를 바 없다. 그러나 (퍼트남에 의하면) "실용주의자들은 우리의 가장 확고하게 보유된 믿음들조차도 결코 수정을 요하지 않을 만큼 형이상학적 보장들이 얻어질 수는 없다고 간주한다".[26] 형이상학적 보장들이 얻어질 수 없다는 것이야 당연하지만, 가장 확고하게 보유된 믿음들조차도 오류 가능하다는 뜻에서 수정될 수 있다는 관점에 비트겐슈타인은 결코 동의하지 않을 것이다. 그에 의하면, 기초적 믿음들은 변화될 수는 있지만 오류 가능하지는 않기 때문이다. 따라서 비트겐슈타인과 실용주의 사이의 어떤 유사성에도 불구하고, 그를 실용주의자로 부르는 데에는 어려움이 있다.[27] 《확실성》에서 실용주의에 대한 유일한 언급이 나오는 422절의 좀 알쏭달쏭한 말—"그러므로 나는 실용주의처럼 들리는 어떤 것을 말하고자 한다. 여기서 일종의 세계관이 나의 길을 가로막는다."—은 이런 뜻으로 이해되어야 할 것이다.[28]

그런데 어쨌든 우리의 세계상을 이루는 가장 확고하고 기본적인 믿음들조차 변할 수 있다면, 우리와 다른 세계상(들)이 존재할 수 있다는 말

---

25 Putnam(1995) pp.20-21과 p.51 참조.

26 같은 책, p.21

27 기초적 믿음들과 나머지 믿음들의 차이가 단지 수정 가능성(오류 가능성)에서의 정도 차이가 아니라 범주 차이라고 본다는 점에서 비트겐슈타인의 생각은 Quine(1951)과도 다르다.

28 Morawetz(1978, 70ff)는 422절을 실용주의가 세계상을 대안들로부터 선택 가능한 것으로 보는 데 대한 반발로서 해석한다. 그러나 (비트겐슈타인이 세계상을 그런 것으로 보지 않는다는 것은 맞지만) 이런 해석은 422절이 놓인 맥락과는 어울리지 않아 보인다.

이 된다. 세계상이 진리와 지식 탐구의 '준거 체계'로서 기능한다면, 다른 세계상들의 존재 가능성은 상대주의의 문제를 야기하지 않을까? 이러한 혐의는 언어놀이들이 삶의 형태의 일부로서 다양성과 아울러 자율성을 갖는다고 이야기될 때부터 심심치 않게 제기되어 왔다.[29] 이에 대해서는 흔히, 언어놀이의 자의적인 측면뿐 아니라 비자의적인 측면이 존재한다는 점, 또는 삶의 형태가 '대체로 인류는 하나의 생물학적 종이라는 사실을 지시하는 개념'[30]이라는 점 등이 지적되곤 한다. 이러한 점들이 비트겐슈타인에서 상대주의의 여지를 막거나 줄일 수 있을 것이라는 것이다. 그러나 상대주의 문제는, 그러한 점들에도 불구하고[31] 어쨌든 존재하거나 존재할 수 있는 다른 세계상들과 그것들에 의해 야기될 수 있는 충돌 때문에 제기되는 것이다. 그러므로 실질적인 문제는 오히려, 세계상의 차이 때문에 발생할 수 있는 충돌이 비상대주의적인 방식으로 해소될 수 있는 어떤 길이 있느냐이다. 그 해소 방식은 이성적일 수 있는가?

《확실성》에서 비트겐슈타인의 생각은, 그것은 이성적이지도 비이성적이지도 않다는 것일 것이다. 이에 따르면, 다른 세계상 사이의 충돌은 그 세계상을 이루는 어떤 중심축을 둘러싼 싸움이다. 그 싸움은 각자의

---

29 이런 면에서 비트겐슈타인과 해석학자들은 비슷한 처지에 놓여 있다. 상대주의 문제는 해석학자들이 강조하는 이해의 본질적 언어성과 역사성과 관련하여서도 비슷한 방식으로 제기된다. 이 문제에 대한 이들의 대처 방식도 비트겐슈타인과 통한다고 할 수 있는 점이 있는데, Wachterhauser(1986, 6-7절)에 의하면, 가령 하이데거와 가다머는 이해의 언어성과 역사성이라는 유한한 '관점주의'를 유지하면서도 실재와의 접촉은 가능하고 따라서 회의주의적 상대주의에 빠지지 않는다고 본다. 칸트 이후 독일철학에서 하만(&헤르더)과 홈볼트에서부터 하이데거, 가다머, 하버마스에 이르기까지 진행된 '언어적 전환'과 '탈초월화', 그리고 그에 따른 상대주의 문제와 그에 대한 대처 등을 다룬 책으로, Lafont(1999) 참조.
30 Phillips, D. L.(1977) p.84
31 두 번째 점은 논란의 여지가 크다. '삶의 형태'를 문화적인 면을 배제하고 순전히 생물학적 차원의 것으로 보는 것은 옳지 않을 수 있다.

중심축과 세계상을 고수하는 것으로 끝날 수 있지만(§§238, 611 참조), 상대방의 설득을 통한 어떤 전환도 가능하다(§§92, 262, 612 참조). '설득'은 근거 제시가 소진된 곳에서 처음부터 우리의 세계상을 심어 주는 가르침(§§106, 262 참조)을 통해 이루어지거나, '표어(슬로건)들'(§610) 또는 '일종의 허풍'(§669) 등을 사용해 이루어진다. 그리고 그 결과 종교적 개종과 비슷한 '특별한 종류의 개종'(§§92, 612 참조)이 일어날 수 있다. 여기서 설득이 일방적이 아니라 어느 정도 상호적일 수도 있다면, 설득을 통한 전환의 가능성은 단지 다른 한 세계상으로의 일방적 '개종'만이 아니라 서로 다른 세계상끼리의 창조적 '융합'도 낳을 수 있을 것이다.[32] 이러한 종류의 전환들은 단순히 지식의 수용이 아니라 그보다 근본적인, 삶 자체의 변화를 요구할 것이다.[33] 물론, 어떤 설득도 통하지 않고 아무런 전환 없이 각자의 중심축과 세계상을 고수하는 것으로 싸움이 끝날 수도 있다. 이 경우 세계상의 충돌이 재발될 가능성은 그대로 있다. 그러나 이 경우에도, (비록 설득은 되지 않더라도) 상대방이 무엇을 설득하려고 하는지 이해할 수 있기는 하다면, 그 이해를 위해 필요한 만큼의 공통 기반은 존재해야 한다. 그러므로 이 경우 세계상의 차이는 잠정적일 뿐 장차 어떤 새로운 방식으로 해소될 수 있을 것이라 기대할 수 있다. 만일 그 차이가 어떤 방식으로도 메워질 수 없고 우리가 도저히 이해할 수 없을 만큼 괴상하다면, 그때는 다른 '세계상'이니 '논리'니 하는 것 자체가 의미 없는 것이 되고,[34] 이로써 상대주의 문제를 성립시킬 근거도 (적어도 우

---

32 그 융합이 (아마도 헤겔식으로) 모든 세계상의 전면적 통일로까지 가야 하는 것으로 생각할 필요는 없다.
33 그리고 이런 차원의 변화가 비트겐슈타인 철학이 근본적으로 목표하는 것이다. 이 책 2장 4절 참조.

리에게는) 사라진다. 이러한 다양한 가능성들—설득을 통한 개종, 상호 설득을 통한 융합, 세계상의 차이 정도에 따라 유의미할 수 있는 상대성의 제한성—은 비트겐슈타인에서 세계상에 속하는 근본적 믿음들과 그 위에 기초한 언어놀이들의 관계 및 그 놀이들의 진행에 따른 세계상의 변화 가능성이 매우 역동적이고 다양하게 파악되고 있음을 말해 준다. 그의 입장이 상대주의냐 아니냐 하는 문제[35]는 그처럼 다양하고 역동적으로 파악되어야 하는 관계를 일면적이고 정태적으로 특정하게 고정시켜 볼 때 일어나는 오해에서 비롯되는 문제라고 할 수 있을 것이다.[36] 비트겐슈타인은 그런 문제(들)에 대해 철학적으로 어떤 이론을 옹호하거나 내세우고 있지 않다.

---

34 LFM p.202 이하에 나오는 장작더미의 값에 대한 기이한 '셈법'과 우리는 그런 것을 더 이상 '계산'이나 '논리'라고 부르고 싶지 않을 것이라는 비트겐슈타인의 반응 참조.

35 그의 입장이 기초주의냐 반기초주의냐 하는 문제도 나에게는 비슷하다고 보인다.

36 아마도 그러한 오해의 기막힌 예는 라카토시(1996, 11장 참조)의 비트겐슈타인관일 것이다. 그는 비트겐슈타인을, 실용주의 입장을 취함으로써 극단적 주관주의나 문화적 상대주의 문제를 안게 되었고 그 문제를 해결하기 위해 각각의 집단으로부터 반대자나 이단자를 제거('세뇌' 또는 '치료')하는 잔혹한 '사상경찰'로서의 철학자가 필요하다고 본 인물로 그리고 있다.

10

종교적 믿음과 언어

비트겐슈타인의 종교관

알료사는 소리쳤다. "이 세상에 사는 사람들은 무엇보다 삶을 사랑해야 한다고 생각해요." / "삶의 의미 이상으로 삶을 사랑해야 한다는 거지?" / "반드시 그래야죠. 형이 말씀하신대로 논리 이전에 사랑해야 해요. 반드시 논리 이전에라야만 그 의미를 깨닫게 되죠."

—《까라마조프 씨네 형제들》, 2부

1. 비트겐슈타인의 철학과 종교적 관점: "나는 종교인은 아니지만, 모든 문제를 종교적 관점에서 보지 않을 수 없다."

비트겐슈타인의 철학이 독특하게 어렵게 느껴진다면, 그것은 꼭 그의 주요 논의들을 그것들이 텍스트에서 논의된 대로 따라가기가 쉽지 않아서가 아니다. (물론 이것도 쉽진 않지만, 이는 아마도 깊이 있는 철학자들의 경우엔 대체로 어느 정도 감수해야 하는 일이다.) 그 이유는 오히려, 그 자체로는 상당히 명료하다고도 할 수 있는 그 논의들을 하나하나 올바로 따라갔다 하더라도, 그것으로 우리가 그가 전달하고자 하는 근본적인 뜻에 충분히 도달했는지가 여전히 문제될 수 있다는 점에 있다. 즉 비트겐슈타인 철학의 요점은 이른바 그의 주저들로 일컬어지는 텍스트만 가지고는 잘 파악되지 않을 수 있다는 말이다.

이런 맥락에서 비트겐슈타인의 일기나 편지, 강의 또는 대화 기록 같은 것이 이해를 위한 중요한 실마리를 제공하곤 한다. 지금은 잘 알려져 있는 사실이지만,《논고》의 출판을 위해 쓴 한 편지에서 비트겐슈타인은 그 책의 요점(뜻)이 '윤리(학)적인 것'이며, 이 점을 이해하는 데 다음의 말이 아마도 열쇠가 될 것이라고 한 바 있다.

요컨대 [《논고》 머리말에서] 나는 내 작업이 두 부분으로 이루어져 있다고 쓰려고 했습니다. 즉 여기 놓여 있는 부분과 내가 쓰지 **않은** 모든 것으로 말입니다. 그리고 바로 이 두 번째 부분이 중요한 것입니다. 즉 윤리적인 것은 내 책에 의해 말하자면 내부로부터 한계가 정해집니다. 그리고 나는 그것을, **엄격히 말해서, 오직** 그렇게만 한계가 정해진다고 확신합니다. 간단히 말해서, 내 책에서 나는 **많은 사람들이** 오늘날 **허투루 지껄이는** 모든 것을 거기에 대해 침묵함으로써 확정했습니다. (LF pp.94-95)

그러니까, 그의 작품은 윤리적인 모든 것에 대해서는 침묵하고 있지만, 그렇게 함으로써, 그리고 오직 그렇게 함으로써, 그것들의 한계를 명확히 확정할 수 있었다는 것이고, 이 점에서 윤리(학)적인 뜻을 지니고 있다는 것이다. 그가 스스로 중요하다고 한 윤리적인 것들에 대해 침묵한 것은, 그가 쓸 수도 있었던 것을 어떤 이유에선가 쓰지 않은 것이 아니다. 그것은 오히려, 만일 그가 침묵하지 않고 뭔가를 썼다면, 그것은 '글'이나 '말'이 아니라 단지 '허투루 지껄이는' 것에 불과하게 되었을 것이라는 생각 때문이었다. 즉 그는 그것들이 본래 침묵할 수밖에 없는 것, 다시 말해서 언어로 표현할 수 없는 것이라고 생각했기 때문에 침묵한 것이다.

그런데 여기서 '윤리적인 것'은, 비트겐슈타인에게는, 단순히 도덕적 '선(善)'이 아니라 '가치 있는 것' 일반을 가리킨다. 그리고 윤리학은 "삶의 의미에 대한 탐구, 또는 삶을 살 가치가 있는 것으로 만드는 것에 대한 탐구, 또는 올바른 삶의 방식에 대한 탐구"(LE 26쪽)로 이해된다. 또 그러한 것으로서 윤리학은 "삶의 궁극적 의미, 절대적 선, 절대적 가치에 관해 무엇인가를 말하려는 욕망으로부터 발생"(LE 36쪽)한다고 이해된다. 그러므로 그에게 윤리학은 통상 미학적이거나 종교적인 것들이라 일컬어지는 것들까지 포함한다. 게다가 (2절에서 보게 되듯이) 그는 윤리학이 탐구하는 삶의 의미를 바로 '신'이라 부를 수 있다고 본다. 그러므로 그에게 윤리적 탐구의 지향점은 종교적인 것이라고 할 수 있고[1], 이런 점에서 《논고》의 요점(뜻)은 오히려 '종교적인 것'이라고 표현하는 것이 더 적절할 수도 있을 것이다.

그렇다면 후기의 경우는 어떠한가? 이 시기에 종교적이라 할 만한 고찰들은 그의 주저에서는 거의 사라진다. 《탐구》와 같은 주요 저작의 경우에 윤리나 종교와 직접 관련된 언급으로 볼 수 있는 것은 《논고》의 경우보다 훨씬 적다. 관련된 고찰들은 그의 짤막한 '소견들'이나 일기, 또는 강의나 대화의 기록 같은 데서나 찾아볼 수 있다. 그렇다면 후기 비트겐슈타인은 이전에 자신이 근본적으로 중요하다고 본 것에 대해 생각을 바꾼 것일까? 즉 종교적인 것은 이제 그에게 근본적인 의미를 상실한 것일까? 아니면 그것은 여전히 중요하지만, 그의 주된 철학적 고찰들과는 분리되어야 하는 것으로 여겨지게 된 것인가? 그러나 그는 《탐구》의 후반부를 작업하던 때인 1949년에 그의 제자이자 친구인 드루리(Drury)와의 한 대화에서 다음과 같이 말한 것으로 전해지고 있다.

---

1 Arnswald(2001, pp.27-28)도 지적하듯이, 윤리(학)이 삶의 의미에 대한 '탐구'라면, 종교는 삶의 의미에 대한 확실한 봄에 이미 도달해 있다고 믿는 점에서 구별될 수 있을 것이다. (전기) 비트겐슈타인의 사상에 근본적으로 (도덕성이라 일컬어지는 것으로 환원되지 않는) 종교적 지향성이 존재한다는 점은 일찍이 Engelmann(1970, 3장과 8장 참조)에 의해 지적된 바 있다. 물론, 비트겐슈타인이 언급한 신은 실제로는 논리학자의 신일 뿐 종교적인 신이라고 할 수 없다고 보는 입장도 있다. Joubert(1995, 1절)는 비트겐슈타인처럼 삶의 뜻 또는 운명을 신이라고 '부른다'고 그것이 종교적인 신의 자격을 부여하지는 않는다고 (다분히 기독교적 관점에서) 말한다. 그러나 나는 비트겐슈타인이 영향 받은 윌리엄 제임스의 종교 개념의 다양성과 거기서 중시된 관점, 즉 세계와 (자기 자신의 삶을 포함한) 인간 삶 일반에 대한 태도를 종교적인 것으로 보는 관점—이에 대해서는 Kober(2006) 참조—에 따라 종교적인 것의 개념을 보다 넓게 잡고 논의를 진행할 것이다.

나는 종교인은 아니지만, 모든 문제를 종교적 관점에서 보지 않을 수 없다.[2]

이것은 (올바른 기록이라고 전제할 때) 비트겐슈타인의 근본적인 관점에 관한 하나의 중요한 진술이라고 아니할 수 없다. 모든 문제를 종교적 관점에서 보지 않을 수 없었다면, 그는 비록 '종교인'은 아니지만 이미 '종교적인 사람'이었다고 할 수 있지 않을까?[3] 어쨌거나, 모든 문제를 종교적 관점에서 보지 않을 수 없었다면, 그는 당연히, 그리고 특히, 철학적 문제들도 종교적 관점에서 보았다고 해야 한다. 즉 그는 《탐구》를 포함한 후기 작업에서도—겉보기와는 달리—그의 철학적 탐구들의 근본적인 요점(뜻)을 종교적 연관 속에서 보고 있었다고 해야 할 것이고, 따라서 종교적 관점은 그의 철학의 전후기에 공히 근본적인 의미를 지닌다고 할 수 있다는 말이다.[4]

그러나 그렇다면 그의 철학적 탐구와 종교적 관점의 근본적 연관성은 구체적으로 무엇에 어떤 식으로 있는 것일까? 그는 어떤 종교적 관점에서 철학적 문제들을 보았을까? 그가 모든 (철학적) 문제들을 종교적 관점에서 보지 않을 수 없다고 한 것은 과연 무슨 뜻일까? 그리고 그럼에도

---

2 Drury(1976) p.79
3 비트겐슈타인은 한때 사제가 되기를 희망하는 등, 종교적 심성의 소유자라고 볼 수 있는 면을 지녔지만, 실제로 그가 얼마나 종교적인 사람이었는지, 어떤 종교적 믿음을 지녔는지는 불분명하다. 그러나 이 문제는 (나중에 조금 다루어지기는 하지만) 여기서 나의 주된 관심사가 아니다. 이 문제에 대한 더 이상의 설명은 Kerr(1986) 2장, Malcolm(1994) 1장 등을 참조할 수 있을 것이다.
4 그리고 이런 맥락에서, 비트겐슈타인이 역시 드루리와의 한 대화(1948년)에서 (칸트의 경우와 대조하면서) 했다는 말—"나의 근본적인 생각들은 나의 삶에서 매우 일찍 나에게 왔다"(Drury(1976) p.158)—도 이해할 수 있을 것이다.

불구하고 왜 그는 자신을 종교인(또는 종교적인 사람)이라고는 보지 않았을까?

이러한 물음들은 우리가 저 대화 기록을 진지하게 받아들일 때 피할 수 없다. 그러나 그 기록이 아니더라도, 전기 비트겐슈타인이 종교적인 것에 부여한 근본적인 중요성에 비추어볼 때, 그런 주제에 대해 그가 후기에 어떤 태도를 취했는가는 당연히 관심이 가는 문제이다. (근본적인 것은 쉽게 변하지 않으며, 혹 변한다면 중요한 사유가 있는 법이니까 말이다.) 그러면서도 이 문제는 비트겐슈타인 연구에서 여전히 해명되어야 할 점이 많은 문제 중 하나로 남아 있다.[5] 내가 여기서 살펴보고자 하는 것은 바로 이러한 문제이다.

2. 전기 비트겐슈타인의 종교적 관점: 운명 또는 삶의 뜻으로서의 신

우리의 물음들을 해명하기 위해서 우리는 우선《논고》시절의 비트겐슈타인으로부터 출발하지 않으면 안 된다. 그 당시 그의 종교적 관점이라고 할 수 있는 것을 알아야, 그것과 비교해서 후기의 관점도 논할 수 있기 때문이다.

---

5 물론 이러한 문제의 고찰의 의의가 단지 비트겐슈타인 연구 차원에 한정되지는 않을 것이다. 일찍이 Hudson(1968, p.1)은 "신학에 대한 현대적 이해를 얻고자 원하는 사람은 누구나 비트겐슈타인의 작업에 대해 어느 정도 알아야 한다"고 말한 바 있으며, 종교철학에 대한 릭켄(2010)의 책은 그 첫 장이 비트겐슈타인으로부터 시작하고 있다. 이와 같이 오늘날의 종교 철학에서 비트겐슈타인이 차지하는 비중을 감안하면, 우리의 고찰의 의의는 더 넓을 수 있다.

《논고》에 따르면, 세계는 사실들의 총체이며, 또한 나의 세계이다. 즉 세계는 한편으로는 실재주의적으로 또 한편으로는 유아주의적으로 이해된다. 세계가 **나의** 세계라는 것은, 세계의 한계들은 그것을 가득 채우고 있는 논리의 한계들이고, 또 (논리는 세계와 그것을 모사하는 언어가 공유하는 것이므로) 이것들은 언어의 한계들이기도 하기 때문에, 언어―즉 내가 사용하는 것으로서의 나의 언어―의 한계들은 **나의** 세계의 한계들을 의미하기 때문이다(5.6-5.62 참조[6]). 세계가 나의 세계라는 이러한 관점에서는, 세계와 (나의) 삶은 하나(5.621)이고 "나는 나의 세계이다"(5.63).

그런데 여기서 나는 생물학적이거나 심리학적인 것이 아니라, "세계는 나의 세계이다"라는 점을 통해 철학에 들어오는 것, 즉 철학적 자아이다. 그것은 "인간이 아니며, 인간 신체가 아니며, 또는 심리학이 다루는 인간 영혼도 아니다. 그것은 형이상학적 주체, 세계의 한계―세계의 일부가 아니라―이다"(5.641). 이 형이상학적 주체는, 마치 시야 속의 모든 것을 보는 눈 자신을 그 눈이 시야 속에서 볼 수 없는 것처럼, 세계 내에서는 발견될 수 없다(5.633 참조). 그것은 그것과 동격화된 실재를 남기면서 '연장 없는 점'으로 수축된다고 이해되며, 따라서 《논고》에서 유아주의는 순수한 실재주의와 합치된다(5.64 참조).

실재와 동격화되면서 연장 없는 점으로 수축되는 자아로서의 형이상학적 주체는, 《논고》를 위한 비트겐슈타인의 노트북에서는, 전체 세계에 공통적이라고 할 수 있는 **하나의** 정신, 곧 '세계영혼'으로서 파악되었다(NB p.49 & p.85 참조). 그에 의하면, "실제로는 내가 특별히 **나의** 영혼이

---

6 이 절에서 《논고》의 경우는 단락 번호만 표기한다.

라고 일컫는 하나의 세계영혼이 있을 뿐"(NB p.49)이다. (이에 반해, "오늘날의 피상적 심리학에서 파악되는 것과 같은 영혼—주체 등—은 허깨비"(5.5421)일 뿐이다.[7]) 이러한 세계영혼으로서의 나의 정신과 세계 사이에는 본래적으로 병행 관계가 존재한다(NB p.85 참조). 즉 세계와 정신은 서로 비독립적이다. 그리고 그런 뜻에서, 기본적으로 세계는 사유되는—또는 쇼펜하우어 식으로 말해서, 표상되는—세계이다. 그러나 비트겐슈타인에 의하면, 이러한 세계는 과학적 탐구의 영역일 뿐, 그 자체로는 아무런 가치를 지니지 않는다. 가치는 오직 의지하는 주체와 관련해서만 존재할 수 있다.

> 세계는 그 자체로는 선하지도 악하지도 않다. […]
> 선과 악은 **주체**를 통해 비로소 등장한다. 그리고 주체는 세계에 속하지 않고, 세계의 한 한계이다.
> 우리들은 (쇼펜하우어 식으로) 이렇게 말할 수 있을 것이다: 표상의 세계는 선하지도 악하지도 않다; 선하거나 악한 것은 의지하는 주체다. (NB p.79)

만약 의지하는 주체가 없다면, 다시 말해서 세계영혼으로서의 '나'가 오직 세계를 표상하기만 하고 의지하지는 않는다면, 문제될 수 있는 것은 오직 사실들에 관한 것들일 뿐일 것이다. 그러나—비트겐슈타인은 묻는다—"단지 표상하는(가령 보는) 것만 할 수 있고 의지하는 것은 전혀 할 수 없는 존재가 상상 가능한가?"(NB p.77) 그에 의하면, 그것은 불

---

7 이러한 비트겐슈타인의 생각의 이유에 대한 분석은 이 책 3장 5절 참조.

가능하다(같은 곳). 왜냐하면 그가 보기에 윤리(&미학)는 논리와 마찬가지로 세계의 한 조건으로서 초월적이기 때문이다(같은 곳 및 6.13과 6.421 참조). 그러므로 윤리 없는 세계는 있을 수 없고, 따라서 윤리의 주체 즉 윤리의 담당자로서, 의지하는 주체 역시 없을 수 없는 것이다. 그것은 (NB p.80에 의하면) '세계의 중심'으로서 존재한다.

의지는 사유와 달리 세계로부터 독립적이다(6.373 참조). 사유는 세계 내에서 일어나는 개별적인 일들과 일치 또는 불일치할 수 있지만, 전체로서는 세계와—그 공유하는 논리로 인해—일치한다. (오직 사유 가능한 것만이 세계 속에서 일어나고, 그 역도 마찬가지다.) 그러나 의지와 세계 사이에는 논리적 연관이 없다(6.374). "설령 우리가 원하는 모든 것이 일어난다고 하더라도, 그것은 말하자면 운명의 은총에 불과할 것이다"(같은 곳). 즉 의지는 세계와 불일치할 수 있다. 그런데 비트겐슈타인에 의하면, 세계와 불일치하는 한, 나는 불행하다. 행복이란 세계와의 일치를 뜻하며, 따라서 "행복하게 살기 위해서는, 나는 세계와 일치해야 한다"(NB p.75). 그리고 여기서 윤리(학)의 과제가 성립하는 것이다. 왜냐하면 "단적으로, 행복한 삶은 좋고, 불행한 삶은 나쁘"(NB p.78)기 때문이다.

비트겐슈타인에 의하면, 의지는 "세계에 대한 주체의 태도, 입장표명"(NB p.87)으로서, 의지 작용 즉 행위[8] 없이는 이루어질 수 없다. 윤리적 의지-행위는 행복한 삶을 위해 세계와 나와의 일치를 추구하는 것으로서 나타난다. 그리고 세계와 나와의 일치는 세계(사실들)를 바꾸거나 나(세계의 한계)를 바꿈으로써 실현될 수 있다. 그러나 전자는 불가능하다.

---

8 NB p.87 참조: "의지하는 것은 이미 의지 작용을 수행함이 없이는 불가능하다. 의지 작용은 행위의 원인이 아니라, 행위 자체이다. 행함이 없이는 의지할 수 없다."

가능한 것은 오직 후자의 길이다.

　선하거나 악한 의지가 세계를 바꾼다면, 그것은 단지 세계의 한계들을
바꿀 수 있을 뿐이지, 사실들을 바꿀 수는 없다. 즉 언어에 의해서 표현될
수 있는 것을 바꿀 수는 없다.
　간단히 말해서, 그렇다면 세계는 선악의 의지를 통해 전혀 다른 세계가
되어야 한다. 말하자면 세계는 전체로서 이지러지거나 차야 한다.
　행복한 자의 세계는 불행한 자의 세계와는 다른 세계이다. (6.43)

　이 단락(특히 후반부)의 뜻을 더 살피기 전에, 여기서 우리는 세계와의
일치를 추구하는 윤리적 주체의 의지-행위는 동시에 종교적인 면을 지
닌다는 점을 유의해야 한다. 왜냐하면, 비트겐슈타인에게 세계와 나는
'신성'을 지니는 것으로 이해되기 때문이다.

　세계는 나에게 **주어져 있다**. 즉 나의 의지는 마치 다 완성되어 있는 어
떤 것에 접근하듯이 전적으로 외부로부터 세계로 접근한다. […]
　그렇기 때문에 우리는 우리가 낯선 의지에 의존하고 있다는 느낌을 갖
는다.
　그야 어떻든 간에, 어쨌든 우리는 어떤 뜻에서 의존적**이다**. 그리고 우리
가 의존하고 있는 것을 우리는 신이라 부를 수 있다.
　신은 이러한 뜻에서는 단순히 운명일 것이다. 또는, 동일한 것이지만,
우리의 의지로부터 독립적인 세계일 것이다.
　나는 나 자신을 운명으로부터 독립적으로 만들 수 있다.
　두 신성이 존재한다: 세계와 나의 독립적인 나. (NB p.74)

앞에서 살펴본 바에 의하면, 형이상학적 주체 즉 세계영혼으로서의 나는 실재 세계와 동격화되며 따라서 세계로부터 비독립적이지만, 윤리적 주체로서의 나는 의지(세계의지)를 지니고서 세계로부터 독립적이다. 이 독립적인 나, 즉 주체가 자신에게 낯선 의지로 주어진 운명처럼 느껴지는 신성을 지닌 세계(세계영혼과 동격화되는 세계)와 스스로의 의지로 일치할 경우, 나는 행복하게 된다. "그 경우 나는, 말하자면, 내가 의존해 있는 것으로 보이는 저 낯선 의지와 일치한다. 즉 '나는 신의 의지를 행한다'"(NB p.75). 신의 의지는 곧 신의 뜻이라고 할 수 있으며, 또 이는 세계의 뜻 즉 삶의 뜻과 같다. 비트겐슈타인은 이 삶의 뜻, 즉 세계의 뜻을 '신'이라고 부를 수 있다고 말하기도 한다(NB p.73 참조).

결국 비트겐슈타인에게서 선악의 윤리 문제는 운명 또는 삶-즉-세계의 뜻으로서의 신과 연관되어 있다.[9] 그리고 삶의 의미에 대한 탐구, 또는 삶을 살 가치가 있는 것으로 만드는 것에 대한 탐구로서의 윤리학은 신(의 뜻)을 따름으로써 행복해지는 삶에서 그 답을 찾을 수 있다. 그러한 삶은, 앞에 인용된 《논고》 6.43의 비유에 따르자면, 세계가 전체로서 이지러지게 하는 쪽과 관계된다.[10] 여기서 '이지러짐'은 세계가 (마치 달이 차고 이지러진다고 할 때의 뜻으로) 이지러진다는 뜻이다. 세계를 지구, 나를 달(여기서는 지구의 한 한계를 이루는 것으로 이해된 달), 신을 태양과 같이 생각하면, 내가 세계와 신 사이의 적당한 거리에서 일직선이 되는 지점에 있을 때, 세계는 신의 빛을 받으며 세계의 중심에 위치하는 나의

9 이런 점에서 그는 나중에(1929년 11월) "윤리학에 관한 강의"를 할 무렵, 자신의 윤리학을 다음과 같이 요약했다: "어떤 것이 선(善)하다면, 그것은 또한 신적이다"(CV 31쪽).
10 이 책 3장 7절 참조. 거기서 나는 행복이 세계의 이지러짐과 짝한다는 점에 대해 Mulhall(2007)의 통찰에 도움을 받았다.

선한 의지의 그늘에 가려 완전히 이지러진다.[11] 그리고 여기서—세계가 차오를수록 세계와 나 사이의 불일치는 뚜렷해지고 이지러질수록 그 반 대이므로—세계와 나 사이의 불일치는 사라진다. (나는 신에 따라 "세계 를 영원의 관점에서 직관"(6.45)한다.) 물론 사실들의 총체로서의 세계는 그대로 있고, 따라서 나는 세계에서 일어나는 일들에 여전히 영향을 줄 수 없다. 그러나 그것들 역시 나에게 (아무런 가치를 갖지 않음으로써) 더 이상 영향을 줄 수 없다. 그러므로 비트겐슈타인은 이렇게 말한다: "나는 오직 일어나는 일들에 대한 영향력을 포기함으로써만 나 자신을 세계로 부터 독립적으로 만들 수 있다—그리고 따라서 어떤 뜻에서 세계를 지 배할 수 있다"(NB p.73). 그리고 바로 이런 뜻에서 세계는 나의 의지를 통 해 전혀 다른 세계, 즉 행복한 자의 세계가 될 수 있는 것이다.

행복한 삶은 동시에 인식의 삶이기도 하다(NB p.81 참조). 세계에서 일 어나는 일들에 의해 내가 고난을 겪더라도, 나는 지금까지 고찰된 점들 을 깨닫는 "인식의 삶을 통해서"(같은 곳) 행복할 수 있다. "인식의 삶은 세상의 고난에도 불구하고 행복한 삶이다"(같은 곳). 그러나 그 인식은 말할 수 없는 것이다. 왜냐하면 그러한 인식은 신과 관계하는데, "신은

---

11 《논고》6.43과 관계된 NB p.73의 표현—"말하자면 세계는 전체로서 차오르거나 이지러져 야 한다. 뜻의 추가나 탈락에 의해서인 것처럼."—을 빌리자면, 그 경우 세계로부터 '뜻의 탈락'이 일어나는 것과 같다. (《논고》에서는 '차오르다'와 '이지러지다'란 낱말의 위치가 반대로 되어 있 다. 그러므로 만일 비트겐슈타인이 《논고》에서 NB의 저 두 번째 문장을 살렸다면, '추가'와 '탈 락'의 위치는 바뀌어야 한다.) 여기서 '뜻'이란 중요성 즉 가치를 말하므로, 세계의 이지러짐 내지 '뜻의 탈락'이란 세계에서 일어나는 일들 즉 사실들이 가치가 없는 것('제로-가치')이 되고, 세계 의 차오름 또는 '뜻의 추가'는 사실들이 가치가 있는 것이 되는 것이다. 비트겐슈타인이 암시하 는 것은, 전자가 세계를 올바로 보는 길이며 행복으로의 길이라는 것이다. 세계가 차오르는 만큼 나는 신으로부터 비켜나 있고 나와 세계와의 불일치는 뚜렷해진다. 세계가 이지러지는 만큼 나 는 신의 뜻에 따르고 세계와 일치하게 된다.

자신을 세계 **속에서** 드러내지 않"(6.432)기 때문이다. 신은 세계의 뜻이 자 삶의 뜻으로서 세계 밖에 놓여 있지 않으면 안 되고, 따라서 그에 관한 인식은 (《논고》의 언어관에 따르면) 명제로 표현될 수 없다(6.41-6.42 참조). 그리고 그렇기 때문에, 삶의 뜻을 분명하게 깨달은 사람들은 그 뜻이 어디에 있는지 말할 수 없는 것이다(6.521 참조). 결국, 삶의 의미에 관한 문제는 본성상 대답할 수 없고 침묵할 수밖에 없다는 것, 이것이 문제의 해결이라고 할 수 있다. 다시 말해서, "삶의 문제의 해결은 삶의 문제의 소멸에서 인지된다"(6.521)고 할 수 있는 것이다.

3. 영원에서 지상으로: 언어놀이를 통한 고찰로의 전환과 종교의 언어

전기 비트겐슈타인의 종교적 관점은 단순해 보이면서도 까다롭다. 그것은 나와 세계 또는 신과의 언표 불가능한 신비적 일치를 통한 행복을 말한다는 점에서 일단 신비주의적이라고 할 수 있을 것이다. 그리고 개별적 자아를 부정하고 세계영혼으로서의 자아를 말한다는 점에서는, 거기서 일종의 범아일여(梵我一如) 사상과 같은 것이 느껴질 수도 있을 것이다. 어떤 이는, 신성을 지닌 세계와 나와의 일치를 말한다는 점에서, 그신비주의는 자연 신비주의로 이해되어야 한다고 주장한다.[12] 그러나 내가 세계와 온전히 일치하고 행복할 수 있는 것은 내가 오직 (세계의 뜻으로서) 세계 밖에 있는 신에 따를 때뿐이다. (오직 이 경우에만 세계와 나

---

12 예를 들면, McGuinness(1966).

는 완전한 신성을 지닌다고 할 수 있다. 즉 세계와 나는 그 자체로는 신이 아니다.) 따라서 그 신비스러운 일치는 자연으로서의 세계와의 합일뿐 아니라 신(의 뜻)과의 합일을 겸하는 것이어야 하며, 따라서 그 신비주의는 유신론적 신비주의이기도 하다.[13] 그러나 여기서 유신론적이라는 것은 신을 인정한다는 넓은 뜻에서일 뿐이고, 그 신은 운명으로서의 세계 또는 세계(삶)의 뜻으로서 이해된다는 점에서, 보통 운위되는 (기독교적) 신과는 매우 거리가 있다. 비트겐슈타인은 세계의 뜻으로서의 신에 "아버지로서의 신이란 비유를 결합시킬 수 있다"(NB p.73)고는 한다. 그러나 그 신은 세계 창조와는 관계가 없다.[14] (오히려 세계의 존재는 신비 그 자체이며(6.44), 신은 세계 없이는 아무것도 아니다.) 그러므로 비록 그 신이 자신을 세계 속에서 드러내지 않지만, 이것은 그 신이 세계 창조 후 세계에 간여하지 않는다는 이신론적 신이기 때문도 아니다. 또 그 신은 세계 밖에 있어 언어로 나타낼 수 없다지만, 이것은 신에 대한 불가지론이 아니다. 왜냐하면 그 신 즉 삶의 뜻에 대해―과학적 인식이나 언표는 불가능하지만―어떤 깨달음 자체가 불가능하다는 것은 아니기 때문이다(6.521 참조). 한편, 신을 운명으로서의 세계와 동일시 한 것은 일종의 숙명론처럼 보일 수 있다. 그러나 깨달은 나는 나의 의지로 신의 뜻에 따름으로써 그 운명으로부터 독립할 수 있다고 하는 점에서, 그것은 숙명론도 아니다. 마지막으로, 깨달은 자의 "고난에도 불구하고 행복한 삶"은

---

13 이 점에서, 맥기니스의 자연 신비주의 해석뿐 아니라, 이를 비판하고 유신론적 신비주의를 대신 주장하는 Lazenby(2006)의 해석도 문제다. 그 두 해석은 배타적 선택지로 보아서는 안 될 것이다.

14 이런 점들이 각주 1)에서 언급한 Joubert(1995)의 주장―비트겐슈타인의 신은 종교적 신이 아니라는―의 근거였다.

"세상의 안락을 포기할 수 있는 삶"(NB p.81)이라는 점에서 금욕적이겠지만, 그 삶이 꼭 철저한 고행의 금욕주의는 아니다. 그러한 삶에게 세상의 안락들은 커다란 '은총'으로 받아들여질 수도 있다(같은 곳 참조).

후기 비트겐슈타인이 이러한 관점들을 그대로 다 유지했다고는 할 수 없다. 아마도 삶의 자세와 관련되는 면들은 구도자적 분위기를 지닌 그의 인상적인 삶 속에서 유지되었다고 할 수도 있을 것이다. 그러나 내용적인 면들은 일부를 제외하고는[15] 그대로 유지되지 않는다. 후기의 관점에서는, 나에게 운명으로 주어진 세계나 '삶의 뜻 즉 세계의 뜻'으로 '부를 수 있다'고 규정된 신은 그 규정에 관련된 세계나 나(세계영혼)의 개념만큼이나 '초-개념'으로 간주된다고 할 수 있다. 그러므로《논고》의 종교적 관점은 말하자면 "초-개념들 사이의 초-질서"(PU §97)를 다룬 셈이 되고, 이러한 것으로서 그것은 그가《논고》의 근본적인 착각으로 지적한 '승화(昇華)'(PU §38) 또는 '숭고화' 경향(PU §89 이하 참조)의 문제를 내포한다. 그리고 따라서 그것은 그런 경향을 제거하기 위한 그의 철학적 탐구의 새로운 '방향 전환'(PU §108), 즉 이제 '비시간적·비공간적 허깨비'에 대해서가 아니라 '시간적·공간적 현상'에 관해 이야기한다는 입장 변화의 영향을 받게 된다. 그러므로 비트겐슈타인이 자신에게 근본적이라고 여긴 생각들이 종교적인 것과 관계가 있다고는 하더라도, 그것은 그 자신의 구체적인 종교적 믿음의 내용들보다는 그러한 것들을 보는 그의 철학자로서의 독특한 방식에 있다고 해야 할 것이다.

비트겐슈타인은 자신의 철학 방식에서 새로운 점은 본질적으로, "**진리**

---

15 가령, Malcolm(1958, p.71)이나 Engelmann(1970, p.57)에 따르면, 창조주라는 개념은 비트겐슈타인에게 이해할 수 없는 것으로 남는다.

에 대한 물음으로부터 **뜻**에 대한 물음으로의 이행"(CV 28쪽)이라고 보았다. 이런 관점에서 그는 《논고》에서 철학을 사고의 명료화 활동으로서 '언어비판'이라고 했고, 또 《탐구》에서는 "철학은 우리의 언어 수단에 의해 우리의 지성에 걸린 마법에 맞서는 하나의 투쟁"(§109)이라고 했던 것이다. 비록 언어비판의 구체적 방식에서는 전기에서 후기로 가면서 언어의 유일한 논리적 분석 대신에 다양한 언어놀이들의 문법적 기술들로의 전환이 일어나지만, 언어의 본성에 대한 고찰을 통해 유의미한 언어 사용의 한계를 드러내고 언어의 월권적 사용(오용)을 비판한다는 정신은 그에게 근본적인 것으로서 전후기에 일관되며, 따라서 종교적인 것에 대한 그의 근본적인 관점 역시 이러한 맥락에서 음미되어야 한다.

그리고 이런 맥락에서 보면, 전기 비트겐슈타인이 종교적인 것과 관련하여 근본적인 것으로 간주했고, 후기 비트겐슈타인이 그의 새로운 탐구 방식에 따라 수정하거나 유지하고자 했던 점은 이것이다. 즉, 종교적 믿음은 사실적 사유-표현(그림들)의 한계에 부딪힘으로써 세계를 ('나의 세계'로) 한계 지어진 전체로서 직관하는 유아주의적 자아의 태도 혹은 의지-행위에 속하는 것으로서, 언표 불가능한 신비스러운 느낌(6.45 참조)으로 주어지며, 과학적 사유나 이론적 지식과 본질적으로 구별되는 중요성을 지닌다는 것이다. 여기서, 종교적 믿음이 과학적 사유나 이론적 지식과 근본적으로 구별되고 전체 세계 혹은 삶에 대한 태도나 의지-행위의 문제에 관계되는 중요성을 지닌다는 생각은 가장 확고하고 끝까지 일관적으로 유지된다. 그러나 종교적 믿음의 유아주의적 성격과 언표 불가능성에 대한 생각은 수정된다. 그 변화를 한마디로 말하기는 쉽지 않지만, 그 기본 방향은 1930년의 그의 다음과 같은 말에서 볼 수 있다. 여기서 그는 종교적 행위의 한 구성요소로서 종교적 언어를 인정할 수 있는 가능성을 조심스럽게 내비친다.

> 말은 종교에 본질적인가? 나는 아무런 교의(敎義)도 없는 종교, 그러니까 말해지는 것이 없는 종교를 아주 잘 상상할 수 있다. 종교의 본질은 명백히, 말해진다는 것과는 조금도 관계가 있을 수 없다. 또는 차라리, 말해진다면, 그것 차체는 종교적 행위의 한 구성요소이고 이론이 아니다. 그러므로 말이 참이냐 거짓이냐 또는 무의미하냐 하는 것도 전혀 문제가 되지 않는다.
> 종교의 말들은 또한 **비유**도 아니다. 왜냐하면 그렇지 않다면 그것은 산문으로도 말해질 수 있어야 할 것이기 때문이다. (WWK p.117)

《논고》에서 종교적인 것은, 언어의 유일한 본질에 기인하는 본래적인 한계 밖에 있었기 때문에, 절대적으로 언표 불가능했다고 할 수 있다. 그것은 유아주의적 윤리주체로서의 세계의지의 초언어적이고 초세계적인 행위(초-행위) 차원에 속하는 것이었다. 그러나 이제 후기로 가면서 비트겐슈타인에게 언어는 더 이상 단순히 실재하는 뭔가를 기술하는 그림이라는 유일한 본질을 지닌 것으로서가 아니라 다양한 기능을 지닌 언어놀이들로서 파악되고, 이에 따라 종교적인 것은 말하자면 탈초월화된다. 그것은 여전히 언어와 무관하다고 할 수 있는 점을 지니지만, 그 이유는 그것이 초언어적이고 초세계적인 것을 초-의지행위 속에서 신비적으로 지향하기 때문이 아니라, 그것의 뿌리가 우리(유아주의적 자아가 아니라 실제의 우리)가 세계 내에서 경험할 수 있는 자연사적으로 원초적이고 따라서 전언어적인 모종의 행위에 있기 때문이다. 종교적인 것은 이런 뜻에서 그 근원에서 언어 없이 성립할 수 있다. 그러나 이는 종교 행위가 언어와 결코 결합될 수 없다는 것은 아니다. 전언어적이고 본능적인 종교 행위는 통상 언어와 결합하여 확장된다. 그러나 종교적인 것에서 그 결합 방식은 고유하다. 그러므로 종교적인 것의 본성은 언어를 구성 성분으로 하는 종교적 행위에서의 언어 사용, 즉 종교적 언어놀이의 본성을 고찰함으로써 또한 드러날 수 있다. 그의 변함없는 입장은, 종교적 언어는 결코 (그 진위 또는 무의미성 여부가 문제되는) 이론적 설명과 같은 것이 아니라는 것이다. 그러나 그러면 그것은 무엇과 같은가?

4. 후기 비트겐슈타인의 종교적 관점: 상징적 본능–행위로서의 제의와 삶의 길잡이로서의 종교적 믿음

후기 비트겐슈타인의 입장은 우선 원시 주술과 종교적 제의에 관한 프레이저의 인류학적 연구(《황금 가지》)에 대한 관심과 비판으로 나타난다. 프레이저의 연구는 '문화를 초월하는 지성의 근친성'에 대한 믿음과 함께, 주술과 제의를 어떤 사상의 도식화 내지 실천으로 보는 관점에 기초하고 있었다.[16] 그리고 이로부터 그는 주술과 제의를 우리의 과학적 사유에 근친적이지만 잘못된 생각, 즉 미신과 같은 견해에서 비롯되는 것으로 설명한다. 그러나 비트겐슈타인에 의하면, 이러한 설명은 몇 가지 점에서 우리를 오도한다.

첫째로, 그러한 설명은 "인간의 주술적이고 종교적인 직관들을 […] **오류들**로 보이게 만든다"(GB 38쪽)는 점에서 불만족스럽다. 비트겐슈타인

---

16 《황금가지》 옥스퍼드 판 서문 46쪽 및 GB 39쪽 각주 2에 인용된 프레이저의 글 참조.

은, 주술과 종교적 제의의 모든 관례들(가령 사제 왕의 살해나 기우제 같은 관례)을 결국은 말하자면 오류에서 비롯된 어리석은 짓들로서 묘사하는 것은 기이하며, "사람들이 그 모든 것을 순전한 어리석음에서 한다는 것은 결코 그럴듯하지 않을 것"임을 지적한다(같은 곳). 그에 의하면, "어린 아이를 입양하는 과정에서 어머니가 그 아이를 자신의 치마 속으로부터 끌어낸다면, 그녀는 그 아이를 낳았다고 믿는 것이며 여기에 **오류**가 있다고 믿는 것은 미친 짓이다"(GB 42쪽). 또한 아우구스티누스나 불교의 성자, "그들 중 **누구도**, 그가 이론을 수립한 경우를 제외한다면, 오류에 빠져 있지 않았다."(GB 38쪽).

둘째로, 그러한 설명의 기도(企圖) 자체가 잘못이다. 프레이저가 주술과 종교의 관례들을 어리석은 미신과 같은 것으로 묘사하게 된 것은 그가 그것들을 과학적으로 옳고 그름을 따질 수 있는 어떤 믿음이나 견해에 의거하고 있다고 보았기 때문이다. 그러나 비트겐슈타인에 의하면, 바로 그러한 해석에 잘못이 있다. 물론 어떤 관례들은 어떤 견해에 의존하고, 그 견해가 오류임이 판명될 경우 그 관례가 포기되는 일이 있을 수 있다(GB 39쪽 참조). 그러나 이는 프레이저가 다루는 관례들에 해당되는 것이 아니다. 비트겐슈타인은 "(프레이저와는 반대로) 원시적 인간의 특징은 **의견들**에 근거하여 행위하지 않는다는 것이라고 믿는다"(GB 51쪽).

[…] 그것들[제의적 행위들]은 사물들의 물리학에 관한 잘못된 직관들로부터 나올 터인 그러한 행위들이라고 말하는 것은 헛소리이다. (프레이저가 주술은 본질적으로 잘못된 물리학 내지 잘못된 의술, 기술 등이라고 말할 때 그는 그렇게 말하고 있다.)

오히려, 제의적 행위의 특징은 전혀 어떤 견해, 의견(그것이 옳건 그르건 간에)이 아니다; 비록 하나의 의견—하나의 믿음—자체는 제의적일 수 있고, 제의에 포함될 수 있기는 하지만 말이다. (GB 46쪽)

따라서 비트겐슈타인에 의하면, 가령

어떤 인간 종족들로 하여금 참나무를 숭배하게 한 어떤 사소한 이유도, 즉 전혀 어떤 **이유**도 존재할 수 없었다. 단지, 그들과 참나무가 삶의 공동체 내에서 결합되어 있었다는 것, 그러니까 선택으로 인해서가 아니라 벼룩과 개처럼 서로 함께 발생했다는 것뿐이다. (GB 53쪽)

제의적 행위가 옳거나 그름을 말할 수 있는 어떤 견해나 의견을 이유로서 포함하지 않는다는 점에서 비트겐슈타인은 제의적 행위들을 '본능-행위들'(GB 52쪽)이라고 본다. 즉 자연사적으로 인간은 (음식물 섭취 등과 같은 동물적 행위 외에도) 제의적 성격을 지닌 독특한 행위들을 하는 '제의적 동물'이라고 거의 말할 수 있다는 말이다(GB 45쪽 참조). 그에 의하면, 여기서 우리는 '인간 삶이란 그런 거다'라고 말할 수 있을 뿐이며, 단지 기술할 수 있을 뿐이다(GB 40쪽). 이러한 본능적 제의 행위들에 대한 설명의 기도 자체가 이미 잘못이라는 것도 그래서이다. 왜냐하면 여기서 "우리들은 우리들이 **아는** 것을 단지 올바르게 정돈해야 할 뿐 아무 것도 덧붙여서는 안 되기 때문에, 그리고 설명에 의해 얻고자 애쓰는 만족은 그 결과 저절로 생기기 때문이다"(GB 39-40쪽). 비트겐슈타인은 본질적으로 하나의 (발전) 가설로서 불확실성을 포함하는 '설명' 대신에 사실들의 '일목요연한 묘사', 즉 사실들의 연관을 볼 수 있게 해 주는 무리지음에 의한 묘사가 우리가 원하는 이해를 성립시킨다고 강조한다(GB

40쪽 및 48쪽 참조). 그리고 주지하다시피, 이것은 그의 후기 철학 방법의 핵심으로서 확립된다.

본능-행위로서의 제의적 행위는 옳거나 그른 어떤 견해나 믿음을 이유로 하여 이루어지지 않는다. 그런데 이는 그것들이 일체의 믿음이나 견해와 무관한 행위라는 말로 오해되어서는 안 된다. 오히려, 그것들이 본능-행위가 아닌 일반 행위들뿐 아니라 음식물 섭취 등등과 같이 '동물적'이라고 불리는 (역시 본능적인) 행위들과도 구별되는 까닭은, 그것들이 특별한 종류의 견해 또는 믿음을 나타내는 행위이기 때문이다.[17] 그 특별성은, 그러한 믿음이나 견해는 본능-행위의 이유로 될 수 있는 옳거나 그른 그런 것들이 아니고, 따라서 (일반적으로 믿음이나 견해는 옳거나 그르다고 간주되는 한) 그러한 믿음이나 견해를 '믿음'이나 '견해'라 하는 것은 오해를 야기할 수도 있다는 데 있다. 그러나 그런 종류의 믿음이나 견해란 어떤 것이며, 또 그것의 특별성은 좀 더 구체적으로 무엇에 있는가?

앞의 한 인용문에서 비트겐슈타인은 본능-행위로서의 제의적 행위들이 옳거나 그른 어떤 견해, 의견을 특징으로 하지 않는다고 말하면서도, "하나의 의견─하나의 믿음─자체는 제의적일 수, 제의에 포함될 수 있기는" 하다고 말했다. 의견 또는 믿음이 '제의에 포함될 수 있다'는 말은 옳거나 그른 의견 또는 믿음이 제의적 행위에 포함될 수는 있지만 그러한 행위의 특징을 이루지는 않는다는 식으로 읽을 수도 있을 것이다. 그러나 의견 또는 믿음이 '제의적일 수 있다'는 부분은 그런 식으로 읽기 곤란하다. 그런 독해는, 옳거나 그른 의견 또는 믿음은 제의적 행위(의 특

---

17 제의 행위와 같은 본능-행위는 거기 포함된 믿음 또는 사유뿐 아니라 다음에 지적될 상징적 성격으로 인해 문화의 원초적 형식, 또는 원초적 형식의 문화로 이해되어야 할 것이다.

징)일 수 없다고 읽히는 바로 그 앞의 말과, 그리고 제의적 행위는 옳거나 그른 견해나 믿음을 포함하지도 근거로 하지도 않는다는 지금까지의 우리의 설명과, 맞지 않아 보이기 때문이다. 그러므로 저 말은, 보통의 옳거나 그른 의견 혹은 믿음과는 다른 종류의 의견이나 믿음이 제의적일 수 있고 제의에 포함될 수 있다는 뜻으로 읽혀야 할 것이다.[18]

제의적 행위와 같은 본능-행위는 우리의 원초적 행동의 일부이다. 비트겐슈타인에 의하면, "원초적 **행동**을 통해 기술될 수 있는 '원초적 사유'가 존재한다"(Z §99). '원초적 행동', 즉 복잡 다양한 우리의 언어놀이들로 세련되어지기 이전의, 그러나 그로부터 그러한 언어놀이들이 자라나는 전언어적 행동은 "사유 방식의 원형(原型)이지 사유의 결과가 아니라는 것"(Z §541)이다. 가령, "기술(記述)이라고 불릴 수 없는, 모든 기술보다 더 원초적인 외침이, 그럼에도 불구하고 정신생활의 기술이라는 직무를 수행한다"(PU 2부 [82]). 이러한 원초적 행동은 언어놀이 내부에서 이루어지는 사유의 결과가 아니라 오히려 그 원형이기 때문에 정당화가 불가능하고 또 불필요하다. 그것은 말하자면 '삶의 형태'에 속하는 것으로서 "정당화된다 안 된다를 넘어서 있는 어떤 것"(ÜG §§358-359)이다. 그리고 그렇기 때문에, 원초적 행동으로서의 제의적 행위에는 원초적 사유(견해, 믿음)가 깃들어 있지만, 그 사유는 정당화 문제와 무관하고, 옳거나 그름을 말할 수 있는 그런 사유가 아닌 것이다.

물론 전언어적인 행동은 언어적 행동으로, 그리고 그와 함께 '원초적

---

18 그렇지 않으면 가령 다음과 같은 비트겐슈타인의 말들을 이해하기 곤란할 것이다: "어린아이를 입양하는 과정에서 어머니가 그 아이를 자신의 치마 속으로부터 끌어낸다면, 그녀는 그 아이를 낳았다고 **믿는** 것이며 […]"(GB 42쪽), "이 사람들의 **견해들**을 기술하기 위해 […]"(GB 49쪽)(강조는 필자).

사유'도 언어적 사유로 확장되면서 세련되어질 수 있다. 그러나 여기서 비트겐슈타인은 전언어적인 원초적 행동뿐 아니라 언어적 행동도 그 원초적 형태(원초적 언어놀이)에서 정당화를 요하지 않는다는 점에서는 마찬가지라고 본다. 그에 의하면, "어린아이가 배우는 원초적 언어놀이는 정당화를 필요로 하지 않는다; 정당화의 시도들은 거부될 필요가 있다"(PU 2부 [161]). 즉 "명령하기, 질문하기, 이야기하기, 잡담하기"와 같은 언어놀이들은 "걷기, 먹기, 마시기, 놀기" 따위처럼 우리의 자연사에 속하는 것들(PU §25)로서, 그것들은 어린아이가 배우는 바와 같은 그 원초적 형식에서는 정당화의 대상이 되지 않는 것이다. 그리고 그에게서 이 점은 제의에 의거하는 주술과 종교적 행위의 구성요소를 이루는 언어 사용의 경우도 ― 그것이 제의의 원초적 성격을 간직하는 한 ― 본질적으로 다를 바 없다. 왜냐하면 "언어의 기능은 **무엇보다도 먼저**, 그것의 반려자인 행동에 의해서 결정"되기 때문이다(UW 252쪽).

그런데 비트겐슈타인은 제의 행위를 원초적 행동으로서뿐 아니라 동시에 상징적 행동으로서 파악한다. 그리고 이러한 파악으로부터 후기 비트겐슈타인의 종교 고찰의 또 한 핵심이 나타난다. 그는 네미(Nemi)의 사제 왕의 종교적 행위 또는 삶에 대해 다음과 같이 말한다.

죽음의 위엄에 사로잡혀 있는 사람은 이것을 그와 같은 삶으로 표현할 수 있다. ― 물론 이것은 또한 설명이 아니라, 하나의 상징을 다른 하나의 상징으로 대체하는 것이다. 또는: 하나의 제의(祭儀)를 다른 하나의 제의로.
종교적 상징의 근저에는 어떤 **견해**도 놓여 있지 않다. (GB 41쪽)

그 근저에 어떤 견해도 놓여 있지 않을 뿐 아니라, 또는 바로 그렇기 때문에, 종교적 상징은 다른 어떤 것을 하기 위한 의도에서 행해지지도 않는다. (그런 목적을 지닌 것으로, 즉 도구주의적으로 보면, 그 행위는 유사-과학적이고 전-과학적인 미신으로 보이기 십상이다.) 그것은 그러한 행위 표현 자체에 의의가 있는, 그 자체로 만족감을 주는 그런 종류의 행위이며, 오늘날 우리 이른바 문명인에서도 여전히 행해지곤 하는 그런 종류의 행위이다.

저주 형상을 만들어 불태우기. 사랑하는 사람의 그림에 입 맞추기. 이 것은 그 그림이 묘사하는 대상에 대해 어떤 특정한 효과가 있으리라고 믿음에 기초하고 있는 것이 **물론 아니다**. […] 그것은 전혀 아무 것도 **목적으로 하지** 않는다; 우리는 그냥 그렇게 행위하며, 그 다음 만족을 느낀다. (GB 41쪽)

제의 행위의 이러한 상징적 본성은 그 행위를 다른 원초적 행동들과 구별하는 특징이 된다고 할 수 있을 것이다. 그리고 이 특징은 제의에 뿌리를 둔 주술과 종교적 행위에서의 언어 사용의 특징으로 보존된다.[19] 다시 말해서, 주술적으로 또는 종교적으로 사용되는 언어의 기능이 그것의 원초적 '반려자'라고 할 수 있는 제의적 행동에 의해 결정되는 한, 주술과 종교의 언어는 결국 어떤 (정당화를 요하는) 견해를 나타내는 것으로 풀어 설명될 수 없는 상징, 비유가 된다.

앞 절에서 보았다시피, 한때 비트겐슈타인은 종교의 말들이 산문으로

---

19 비트겐슈타인에 의하면 "주술은 언제나 상징체계와 언어의 관념에 의거하고 있다"(GB 42쪽). 종교에 대해서도 그는 같은 말을 할 것이다.

풀어질 수 없으므로 비유가 아니라고 했다. 그러나 이제 '비유'에 대한 그의 생각은 바뀌었다. 비유는 설명해 풀어 놓으면 그 힘을 상실하는 상징이며, 종교의 언어는 제의의 원초성과 상징적 본성을 지닌 비유이다.[20] 그리고 그는 이러한 비유를 다음과 같이 '삶의 규칙들'과 관련지어 이해한다.

> 종교적 비유들은 심연의 가장자리에서 움직인다고 할 수 있다. […] 우리들은 예컨대 이런 말을 들을 수 있다: "그대가 받는 좋은 것에 대해서는 신께 감사하라, 그러나 해악에 관해서는 하소연하지 말라. 만일 어떤 사람이 그대에게 좋은 것과 해악을 번갈아 일어나도록 한다면 그대가 당연히 그리 할 터이듯이 말이다." 삶의 규칙들이 비유의 옷으로 포장된다. 그런데 이 비유들은 우리가 무엇을 해야 하는지를 **기술**하는 데 쓰일 수 있을 뿐, **근거를 대는** 데 쓰일 수는 없다. 왜냐하면 근거를 댈 수 있으려면, 그것들은 또한 계속해서 맞아야만 할 것이기 때문이다. (CV 76-77쪽)

비유의 옷으로 포장된 삶의 규칙들. 그것들은 결국 비트겐슈타인이 '종교적 문법'이라고 부를 그런 것들이다. 왜냐하면 종교적 상징, 비유들의 힘은 삶의 규칙들의 문법적 성격에서 비롯하기 때문이다. 그에 의하면 전통 철학과 신학은 이 점에서 혼동을 범해 왔다. 종교의 근본 명제들은 어떤 실재와 관련된 사실적 진리의 기술이 아니라 종교의 근본 개념의 사용과 관련된 문법적 명제로서 기능한다. 가령 '신이 존재하며, 나를 포함한 모든 것을 창조하였다'는 명제는 그것을 확고하게 믿는 이들에게

---

20 종교적 비유에 대한 CV 74쪽, 76쪽, 90-91쪽에서의 언급들 참조.

는 모든 것에 의미를 주는 한 방식, 즉 문법적 규칙이다. 그것을 받아들이지 않으면, 그 규칙에 따른 종교적 언어놀이를 의미 있게 할 수 없다. (그리고 이것이 '문법으로서의 신학'(PU §373)이라는 비트겐슈타인의 말이 뜻하는 바이다.[21] 즉 신의 본질과 존재라는 신학의 전통적 관심사는 '신'이라는 낱말의 문법과 본질적으로 관련된 문제라는 것이다.[22])

종교적 비유들은 그러므로 그것들을 받아들이는 사람들(신자)에게, 그것들이 포장하는 삶의 규칙들의 문법적 강제력을 지니고서 삶의 확고한 길잡이가 되는 소식, 즉 '복음'이 된다. (세월의 흐름에 따라 그것들은 견해들의 표현을 지배하는 '교의'로 굳어지기도 한다.[23]) 그러나 그것들은 소식이더라도 역사적 진리를 전하는 보고와는 전혀 다르고, 또 다르게 취급

---

21 정확히 말하면, 신학이 "신"이란 낱말의 문법이라는 말은 루터가 하였다고 한다(AWL p.32 참조). 그리고 그러한 생각은 비트겐슈타인 이전에 니체에 의해서도 강조되곤 했다는 점 역시 지적해 둘 가치가 있을 것이다. 가령 다음과 같은 말 참조: "우리가 문법을 여전히 믿고 있기 때문에 신을 떨쳐버리지 못하는 게 아닌가[…]"《우상의 황혼》§5). (니체와 비트겐슈타인의 연관성에 대해서는 이 책 2장 2절 참조.)

22 그에 의하면, "어떤 것이 어떤 종류의 대상인가는 문법이 말한다"(PU §373). 그렇다면 신의 본질, 즉 신이 어떠한 존재인지도 문법이 말한다. 그리고 그에 의하면, '신'의 개념과 관련된 문법은 신의 존재를 보증한다. 그러나 이 말의 뜻은, 신의 존재는 신을 믿는 이들에게는 문법적으로 자명한 것으로서 시빗거리가 되지 않는다는 것이다. ("신의 본질은 신의 존재를 보증한다― 즉 엄밀히 말하면, 여기서 존재는 문제가 되지 않는다는 것이다. […] 그리고 이제 우리들은 이렇게 말할 수 있을 것이다. 즉 올림포스 산에 신들이 존재한다면 사정이 어떠할지는 기술될 수 있지만, '신이 존재한다면 사정이 어떠할지'는 기술될 수 없다고 말이다. 그리고 이로써 '신'의 개념은 보다 자세히 규정된다."(CV 170쪽)) 종교적 명제들의 문법적 성격에 대한 좀 더 자세한 설명으로는 Kerr(1986) 7장, Arrington(2001) 등 참조.

23 "예컨대 어떤 비유적인 명제들이 사람들을 위한 사유의 교의(教義)로 확정된다면, 게다가 견해들을 규정하는 것이 아니라 견해들의 **표현**을 완전히 지배하는 방식으로 확정된다면, 이것은 매우 독특한 영향을 갖게 될 것이다. 사람들은 절대적인, 피부로 느낄 수 있는 압제 하에서 살게 될 것이나, 그럼에도 불구하고 자기들이 자유롭지 않다고는 말할 수 없게 될 것이다. 나는 가톨릭교회가 어쩐지 그 비슷한 일을 행하였다고 생각한다. […] 말하자면 그렇게 해서 교의는 반박될 수 없는 것으로 되고 공격을 불허하게 된다." (CV 74-75쪽)

되어야 한다. 그래서 (가령) "기독교는 역사적 진리에 기초하지 않는다"
(CV 82쪽; 또한 LC p.56 참조).

[…] 복음서의 역사적 보고는 역사적인 뜻에서는 거짓임이 증명될 수
있을지 모르나, 이로써 신앙이 상실하는 것은 아무것도 없다. 그러나 신앙
이 가령 '보편적 이성의 진리들'에 관련되어 있기 때문은 **아니다!** 오히려,
역사적 증명(역사적 증명놀이)이 신앙과는 전혀 관계가 없기 때문이다.
이 소식(복음)을 사람들은 신앙하면서 (즉 사랑하면서) 움켜잡는다. **다른
것**이 아니라 **이것**이, 이러한 '진리-라고-여김'의 확신이다. (CV 83쪽)

비트겐슈타인에 의하면, 종교적 믿음(신앙, 신조)이란 종교적 비유들
을 바로 그러한 무게를 지니는 말씀(복음)으로, 그러니까 삶(또는 삶의 변
화)을 위한 '준거 체계' 혹은 '구원의 닻'으로 확신하고 진심으로 받아들
이는 것('진리-라고-여김')에 다름 아니다.

내 생각에는, 종교적 믿음이란 하나의 준거 체계를 위한 열정적인 자기
결단(과 같은 어떤 것)일 수 있을 뿐이다. 그러니까 그것은 비록 **믿음**이기
는 하지만, 삶의 한 방식, 또는 삶을 판단하는 하나의 방식인 것이다. **이러
한** 관점(Auffassung)을 열정적으로 붙잡는 것이다. 종교적 믿음을 가르치
는 것은 그러니까 저 준거 체계의 묘사 또는 기술이며, 동시에 양심에의
호소여야 할 것이다. 그리고 이 둘은 결국, 가르침을 받은 사람 자신이
스스로 저 준거 체계를 열정적으로 움켜잡도록 해 주어야 할 것이다. 그
것은 마치 누군가가 한편으로는 나로 하여금 나의 절망적인 상황을 보게
하고 또 한편으로는 나에게 구원의 닻을 제시하고 난 후에, 내가 스스로,

또는 어쨌든 **교사**의 손에 이끌리지 않고서, 그것으로 돌진하여 그것을 꽉 붙잡는 것과 같을 것이다.(CV 138쪽)

이러한 종교적 믿음을 지닌다는 것은, 하나의 준거 체계가 되는 어떤 '그림'을 열정적으로 받아들이고 그것에 의거하여 자신의 삶에 있는 모든 것을 규제함을 뜻한다. 그리하여 어떤 사람이 가령 최후의 심판에 대한 믿음을 '현 생애를 위한 길잡이'로 삼았다면, "그가 어떤 것을 할 때마다 이것이 그의 마음 앞에 있다"(LC 137쪽). 그리고 그 그림이 끊임없이 그를 훈계한다. 그러므로 비트겐슈타인에 의하면, "그 그림이 항상 전면에 있는 사람들과 그 그림을 그야말로 전혀 사용하지 않은 사람들 사이에는 거대한 차이가 있을 것이다"(LC 142-143쪽). 그들은 "전적으로 다른 수준에 있을 것"이며, 이것이 최후의 심판에 대한 믿음과 같은 종교적 믿음을 '의견(또는 견해)'이라고 하는 것이 꺼려지는 (그리하여 '신조'니, '신앙'이니 하는 낱말들을 사용하게 되는) 이유의 일부이다(LC 같은 곳 참조).

또한 그렇기 때문에, 비트겐슈타인에 의하면, 우리는 종교적 믿음에 대해 그와 모순되는 믿음을 가질 수 없다(LC 136, 140쪽 참조). 그것은 똑같은 수준의 반대 믿음을 허용하는 통상의 믿음이 아니기 때문이다. 물론 우리는 그러한 종교적 믿음을 지니지 않을 수 있다. 또한 그 믿음의 반대를 믿는 것이라고 부를 수 있는 믿음을 가질 수도 있지만, 그에 의하면, "그건 우리가 통상 그 반대를 믿음이라고 부를 것과는 전적으로 다르다. 나는 다르게, 다른 방식으로 생각한다. 나는 나 자신에게 다른 것들을 말한다. 나는 다른 그림들을 지니고 있다."(LC 140쪽)

비트겐슈타인은 근본적 그림에 대한 열정적 수용으로서의 종교적 믿음(예를 들어, 최후의 심판에 대한 믿음)은 하나의 삶의 형태에 속하면서 그 절정을 이루는 것이 될 수 있다고 본다. ("하나의 삶의 형태가, 최후의 심판을 믿는다는 발언에서 절정에 이르러서는 왜 안 될까?"(LC 145쪽)) 그 것은 "어떤 뜻에서 이것은 모든 믿음들 중에서 가장 확고한 것이라고 일컬어져야 하는데, 왜냐하면 그 사람은 그에게 훨씬 더 잘 확립되어 있는 것들 때문에는 모험하지 않을 것들을 그런 믿음 때문에 모험하기 때문이다"(LC 138쪽). 그리고 이것이 종교적 믿음을 통상의 옳거나 그른 믿음들뿐 아니라 우리의 준거 체계를 이루는 확고한 경험적 형식의 믿음들[24]과도 구별하게 만드는 점이라고 할 수 있을 것이다. 왜냐하면 이 후자의 믿음들은 우리의 근본적 세계상을 이루는 것들로서, 그것들에 의거하는 체계 내적인 믿음들보다 확고하지만, 우리가 그것들을 지키려고 가령 목숨을 걸거나 하지는 않기 때문이다. (예컨대, 지동설과 관련된 재판에서의 갈릴레이의 태도를 생각해 보라.) 그러나 우리는 종교적 믿음 때문에는 자신의 모든 것을 걸기도 하는 것이다.[25]

---

24 《확실성》에서 다루어진 이른바 '무어 명제들'과 같은 것들. 이에 대해서는 이 책 9장 참조.
25 이런 점에서 종교적 믿음은 개인적이고 실존적인—또는 어쨌든 사람들 간에 편차가 클 수 있는—것이라고 할 수 있을 것이다. 그러나 이는 박병철(2010)이 주장하듯, 종교적 믿음이 근본적으로 사적이고 유아주의적인 면을 지녔고 그래서 공적 언어로 완전히 편입되기 어려운 특성을 지녔기 때문은 아니다. 그는 '공적'이라는 것을 '모두에게 이견 없이 통용될 수 있는'(136쪽) 것과 같은 것으로 생각하는 듯한데, 내 생각에 이는 비트겐슈타인의 뜻이 아니다. (그는 또한《논고》의 유아주의가 실재주의와 동격이고 따라서 그 자아는 개인적 주관이 아니라는 점에 대해서도 분명하지 않은 것 같다.) 후기 비트겐슈타인에서 '사적'이라는 것은—그것이 유아주의적인 것과 통하는 것으로 뜻해진 한에서는—개인이나 특정 집단에 한정되어 통용된다는 말이 아니다. 통용될 수 있으면 이미 '사적'이지 않고, '사적'이면 아예 통용될 수 없다. 그의 관점에서, 종교적 믿음이나 그와 관련된 언어 사용은 (제의 행위의 상징적 본능적 성격을 본질적으로 보존한다는 점에서) 다른 종류의 믿음이나 언어 사용들과 공적으로 구별되고 확인될 수 있으며, 삶의 형태가 공유되면 온전히 이해될 수 있다.

5. '신의 영광을 위하여': 비트겐슈타인의 반시대적 이상

후기 비트겐슈타인의 생각에 의하면, 종교적인 믿음은 그 뿌리가 제의와 같은 전언어적이면서 상징적인 본능-행위에 있으며, 설명적이고 이론적인 과학적 의견이나 견해와는 근본적으로 다른 성격의 비유인 어떤 그림 또는 말씀을 자신의 삶의 준거 체계 내지 길잡이로서 열정적으로 받아들여 따르는 데 있다. 이러한 생각은 종교적인 것의 유의미한 언어적 표현이 가능하다고 보는 점에서, 종교적인 것을 언어의 본질상 언표 불가능한 것으로 본 전기 사상과 구별된다. 그러나 종교적인 것은 언어화되더라도 어쨌든 과학적이고 논리적인 것과는 본성상 구별된다고 간주된다. 그리고 종교적인 것은 언어가 아니라 어디까지나 실천적 행위에 그 본질적인 점이 있으며 그러한 것으로서 그것은 우리의 삶에서 근본적인 중요성을 지닌다고 간주된다. 이런 점들에서는, 그의 생각의 기본 알맹이는 (변화된 언어관에 맞게 조정되었을 뿐) 달라진 것이 없다고 할 수 있다.

그러나 그렇다면 이제, "나는 종교인은 아니지만, 모든 문제를 종교적 관점에서 보지 않을 수 없다"고 한 비트겐슈타인의 말은 어떻게 이해될 수 있는가? 그 말은 그가 자신의 철학적 작업을 특별한 종교적 연관성 속에서 보았음을 시사하고 있는데, 그 연관성은 무엇인가?

지금까지 우리가 살펴본 비트겐슈타인의 종교 이해, 즉 그의 철학적 고찰 방식(문법적 고찰)을 종교적인 것의 고찰에 적용한 결과에 따르면, 종교적인 사람은 하나의 준거 체계가 되는 어떤 그림을 열정적으로 받아들이고 그것에 의거하여 자신의 삶을 규제하고 변화시킨다. 그러한 태도는 지성적인 의견을 연상시키는 '믿음'이라는 말보다는 '사랑'이라는 말

로 더 잘 표현될 수 있는 어떤 것이다.[26] 그러나 비트겐슈타인은 자신의
삶의 준거 체계 내지 길잡이로서 열정적으로 받아들여 따를 수 있는 (그
리하여 구원을 줄 수 있는) 어떤 그림 또는 말씀을 갈망은 하면서도, 구체
적으로 그런 어떤 것 즉 종교적 믿음이 자신에게 뚜렷이 있다고 생각하
지는 않았다.[27] 그가 자신은 '종교인'이 아니라고 한 것은 그런 이유에서
였다고 할 수 있다. 그러므로 그가 모든 문제를 종교적인 관점에서 보았
다 해도, 그것은 그가 어떤 (특정한) 종교적 믿음을 지니고 있어서 그 믿
음을 통해 모든 문제를 보았다는 말일 수는 없다. 그런 식으로 그의 말을
해석한다면, 그것은 그를 그 자신은 부인한 종교인으로 만드는 것이 되
기 때문이다.

비록 그 자신은 종교적 믿음이 없었거나 약했지만, 그가 속한 공동체
의 삶의 형태가 종교적이어서, 그는 (그가 원하든 원치 않든) 모든 문제를
그러한 관점 하에서 보지 않을 수 없다는 뜻으로 저 말을 이해할 수는 없
을까? 그러나 이런 방식의 이해도 적절하지 않은데, 왜냐하면 비트겐슈
타인은 종교적 믿음을 정점으로 하는 문화적 삶의 형태의 가능성과 가

---

26 DB(pp.103-104)에서 비트겐슈타인은 '믿는다'란 낱말에 의해 종교에서 무섭게 많은 해악
이 저질러졌다는 믿음을 피력하면서, '그리스도에 대한 믿음' 대신 '그리스도에 대한 사랑'이라
말하면, 역설, 즉 지성의 자극은 사라진다고 말한다.
27 가령 기독교 신앙과 관련해 그는 그의 가장 내밀한 일기라고 할 수 있는 DB에서 다음과 같
은 고백들을 남겨 놓고 있다: "본래적인 기독교 신앙—믿음이 아니라—을 나는 아직 전혀 이해하
지 못한다"(p.86). "그리스도의 죽음을 통한 구원에 대한 믿음이 나에게는 없다; 그렇지 않다면,
아직 없다. 나는 또한 내가 그러한 믿음에로 이르는 길에 있다고도 결코 느끼지 않는다. 그러나
나는 내가 여기서 언젠가, 지금은 내가 아무것도 이해하지 못하고 나에게 지금은 아무것도 말하
는 게 없는 어떤 것을 이해하는 것이 가능하며 그러면 내가 나에게 지금은 없는 믿음을 갖게 되
는 것이 가능하다고 여긴다."(p.87). "내 믿음은 너무 약하다. 내 말은, 신의 섭리에 대한 내 믿음,
'모든 것이 신의 뜻에 의해 일어난다'는 내 느낌이 그렇단 말이다."(p.95)

치―'최고의 가치'[28]―를 인정했지만, 그가 속한 서구 공동체의 삶의 형태가 그러한 것이라고는 보지 않았기 때문이다. 그는 (필시 슈펭글러의 영향으로 인해[29]) 현 시대를 문화의 쇠퇴기로, 비종교화 되어가는 문명의 시대로 보았다. 따라서 모든 문제를 종교적인 관점에서 본다는 그의 자세는 그에게는 오히려 현대 서구 문명의 정신에 반하는 것으로 여겨졌다. 그리고 이 때문에 그는 자신이 올바로 이해될 수 없으리라는 비관적인 생각을 지니고 있었다.[30] 그럼에도 불구하고 그가 글을 쓴 것은, 그에 따르면, 자신의 정신에 대해 호의적인, 그러나 아직 어떤 공동체를 이루고 있지는 않은, "세계의 구석진 곳들에 흩어져 있는 친구들을 위해서" (CV 37쪽)였다.

비트겐슈타인의 발언이 그가 모든 문제를 직간접적으로 어떤 특정한 종교적 신념을 통해 본다는 뜻이 아니라면, 그것은 어떻게 해석될 수 있을까? 맬컴은 비트겐슈타인의 철학적 사유와 종교적 사유 사이에 다음과 같은 네 가지의 유사성이 있고, 이것이 그의 철학적 사유에 종교적 성격을 부여하고 있는 것처럼 말한다:[31] 첫째, 양자 모두에서 설명에는 끝이 존재한다는 점. 둘째, 양자 모두에 어떤 것의 존재에 대해 놀랄 수 있는 성향이 존재한다는 점. 셋째, 양자 모두에 병과 치료의 개념이 존재한다는 점. 넷째, 양자 모두에서 행동이 지적 이해와 추리에 대해 우선성을 지닌다는 점.

---

28 DB p.87 참조: "나는 인간이 **자신의 모든 행위들에서 전적으로 계시들에 의해** 자신의 삶을 인도되도록 할 수 있다고 믿는다. 그리고 이제 나는 이것이 **최고의** 삶이라고 믿어야 한다."
29 이에 대해서는 DeAngelis(2007) 참조.
30 PB의 '서문을 위한 스케치'(CV 36쪽 이하)와 '이 시대의 어둠'을 언급한 PU 머리말 참조.
31 Malcolm(1994) 7장 참조.

그러나 이러한 유사성들이 얼마나 성립하는지, 또 성립한다 해도, 그것들이 비트겐슈타인의 저 발언에 얼마나 관계되는지는 논란의 여지가 있다.[32] 그가 그 발언으로 염두에 둔 것은 — 맬컴 자신도 그의 글 말미에 인정하고 있다시피[33] — 전혀 다른 것일 수 있다. 내가 보기에는, 비트겐슈타인의 발언은 그의 철학적 탐구와 종교적 관점 사이의 흥미롭지만 단지 우연적일 수 있는 유사성의 관계가 아니라, 그 이상의 강한 연관, 아마도 그의 철학적 탐구가 지향하는 목표 같은 근본적 차원에서의 연관을 암시한다고 보인다. 맬컴이 지적한 유사성들은 그런 연관을 보여 주는 것이 될 때에만 비로소 우리에게 의미를 지닐 수 있을 것이다.

비트겐슈타인은 물론 자신의 철학적 작업이 직접적으로 종교적이라고는 생각하지 않았다. 그의 작업은 그러기에는 너무나 지성적이고 냉철하다. 그것은 기본적으로 지혜에 속하는 일로서, 그에 의하면, "지혜는 차가운 어떤 것이며, 그런 점에서 어리석은 것이다. (이에 반해서 믿음은 열정이다.)"(CV 124쪽) (또한, "지혜는 열정이 없다. 이에 반해서 키르케고르에 의하면 믿음은 **열정**이다"(CV 119쪽).) 지혜는 종교적 믿음과 같은 열정이 없다. 그러나 그는 자신의 철학적 작업이 종교적인 것과 무관하다고 생각하지는 않았다. 그는 자신의 작업이 종교적 열정을 위한 올바른 주위 환경으로서 봉사하는 것이 되기를 바랐고, 이것을 자신의 이상으로 여겼다.

---

32 Winch(1994)와 DeAngelis(2007) 6장 참조. 전자는 네 가지 유사성 모두를 거부하는데 반해, 후자는 세 번째 유사성은 문제와 유관한 것으로서 주목되어야 할 필요가 있다고 본다. (그는 두 번째 유사성도 전자의 생각보다는 강하다고 본다.)
33 Malcolm(1994, p.92)은 자신이 지적한 유사성들에 대해, "비트겐슈타인의 놀라운 진술의 해석으로서, 그것들은 과녁을 멀리 벗어나 있을 수도 있다"는 가능성을 배제하지 않는다.

나의 이상은 어느 정도의 냉정이다. 열정을 위해 주위 환경으로서 봉사하되 그 열정에 말참견하지는 않는 신전. (CV 30쪽)

그의 철학적 작업과 종교적 관점의 결합은 바로 그의 이상으로서의 이러한 신전의 구축을 통해 이루어진다고 할 수 있다. 이 신전의 핵심에 비트겐슈타인은 그의 "독자가 온갖 기형성을 지닌 자기 자신의 사유를 비추어 보고 바로잡을 수 있게 도와주는 거울"(CV 63쪽)을 구비해 넣고자 했다. 즉 사유의 명료화와 관점 전환을 돕기 위한, 말하자면 문법 조망 거울 말이다. 이 거울을 통해 사람들은 우선, 많은 철학적, 종교적 입장들이 근본적으로 전제하고 일상적으로도 우리를 사로잡아 온 영혼과 자아에 관한 잘못된 그림들을 보고 바로잡을 수 있다.[34] 또한 그 거울은, 이 신전에서 사람들이 접하게 될 신의 올바른 본성 역시 그 동안 우리가 그에 대해 지녀 왔던 기형적 그림과는 다름을 보여준다. 즉 신이 어떤 존재인가(본질)는 문법이 말하며, 그 본질은 신의 존재를 (문법적으로) 보증한다(앞 절 각주 22 참조). 그러나 마지막으로, 중요한 것은, 그 거울의 작용은 그것의 도움을 받아 이루어지는 사유의 교정에 걸맞은 삶의 방식의 변화가 동반되어야 궁극적으로 성취될 수 있다는 점이다.[35] 이 점에서 그 변화(치료)는 종교적 개종과 비견되는 특별한 종류의 전환으로 간주될 수 있다.[36] 그것은 말하자면 일종의 '메타노에오(metanoeo)', 즉 '회개' 혹은

---

34 Kerr(1986, p.47)에 의하면, 비트겐슈타인이 집념을 보인 심리학의 철학에서 그는 수 세기 동안 서양 전통을 지배해 온 신학적 자아 개념으로 되풀이해서 돌아온다. 거기서 비트겐슈타인의 대부분의 고찰들은 그러한 개념과 관련된 전통 철학적 어법들에 대한 비판적 검토이다.
35 이 책 2장 4절 참조
36 ÜG §92 및 §459 참조

'회심'과 통하는 어떤 것이라고 할 수 있을 것이다.

비트겐슈타인은 자신의 신전이 종교적 열정에 쓸데없이 말참견하는 것이 되지 않기를 바랐다. 그 신전이 그 자체로 종교적 열정을 불러일으킬 수 있는 것으로 간주되지 않았다는 점은 분명하다. (그렇지 않다면, 그 신전을 지은 그 자신부터 마땅히 종교인이 되어 있어야 할 것이다.) 그것이 종교적 열정을 종교적 언어놀이의 문법적 차별성에 의거해 일체의 비판들로부터 단순히 그리고 쉽게 (상대주의적으로) 보존해 주는 것으로만 볼 수도 없다.[37] 열정을 불러일으키기거나 보존하기는커녕, 그 신전의 서늘한 기운은 오히려 종교적 열정을 식혀버리는 것으로 볼 수는 없을까? 가령, 신의 문법적 본성에 대한 깨달음은 신에 대한 믿음을 약화시키거나 무신론을 조장하지는 않을까?[38] 그럴 가능성을 전혀 배제할 수는 없지만, 그렇다고 그것이 꼭 비트겐슈타인 탓이라고는 할 수 없다.[39] 어쨌든 그것은 그가 뜻한 바가 아니었다. 그가 원한 것은, 자신이 구축하는 신

---

37 그렇게 보는 것이 비트겐슈타인의 종교관을 이른바 '신앙주의(fideism)'로 규정하고 가하는 전형적 비판이다. 이에 의하면, 종교적 용어나 믿음의 이해 가능성이 종교적 언어놀이 또는 종교적 삶의 형태에 참여하는 자들에 의해서만—상대주의적으로—결정될 수 있다는 것이 그러한 신앙주의의 불합리한 귀결이다. 그러나 이러한 비판은 그리 적절하다고 할 수 없는데, 왜냐하면 우선 종교적 믿음이 옳고 그름이나 정당화가 문제가 되지 않는 문법적 본성을 지녔다면 종교적 믿음의 옳고 그름이나 정당화가 상대화된다는 식의 입장은 처음부터 아예 성립불가능하기 때문이며, 또 Mulhall(2011, §1)도 지적하다시피, 비트겐슈타인의 문법적 기술은, 니체의 계보학적 분석과 비슷하게, 종교적 삶의 형태 전체에 대한 외적 비판을 불가능하게 하지는 않기 때문이다. 불가능하다고 할 수 있는 것은 '삶의 형태 전체 수준에서의 비판'일 뿐이다(p.760 참조).

38 Clack(1999, 5.4)은 비트겐슈타인의 문법적 고찰과 그의 슈펭글러식 시대관을 언급하면서 "[비트겐슈타인]의 후기 종교 사상의 귀결은 무신론의 불가피한 수용"(p.129)이라고 진단한다.

39 Clack(1999, p.125)도 지적하고 있다시피, 비트겐슈타인의 문법적 고찰에 따르면, 종교적 믿음들이 수학적 명제들과 마찬가지로 인간의 삶과 능력의 산물인 인류학적 현상이라는 본성을 지니고 있다. 그러나 그렇다면, 수학적 명제들의 문법적 본성이 밝혀졌다고 그것들이 그 힘을 잃지 않는 것처럼, 종교적 믿음들 역시 그 문법적 본성의 깨달음에 의해 그 힘이 약화되지 않을 수 있을 것이다. 비트겐슈타인에 대한 클랙의 무신론의 혐의 부여에 대해서는 DeAngelis(2007, Ch. 7)도 (다른 관점에서) 비판하고 있다.

전이 그 안에서 펼쳐질 종교적 열정 못지않게, 더불어서, '신의 영광'을 위한 것이 되는 것이었다. 그의 작업은 사람들이 간과하는 매우 미세한 부분들을 다루지만, 신들은―있다면 어디에나 있어―그것들을 볼 터이니 말이다. 이것이 그가 자신의 모토로 롱펠로의 다음 시구가 쓰일 수 있을 것이라고 언급한 이유이다(CV 86쪽).

> 예전의 예술 시대에
> 건축자들은 대단히 조심스레 작업하였다네,
> 사소하고 보이지 않는 부분 하나하나를.
> 왜냐하면 신들은 어디에나 있으니 말일세.

아마도 이런 관점에서, 비트겐슈타인은 한때 출판하려다 포기한 자신의 한 저서의 머리말에서[40] 자신의 작업 이유를 '신의 영광을 위하여'라는 종교적 표현을 사용해 기술하였을 것이다. 그러나 다른 한편으로, (그가 이상으로 여긴) 예전의 예술 시대와는 다른―또는 슈펭글러 식으로 말하자면, 문화와 대조적으로 문명화되어 가는―'이 시대의 어둠'(PU 머리말) 속에서 그는 자신의 의도가 올바로 이해되지 않을 것으로 여겼다. 십중팔구 이것이 그가, 《논고》 이후 종교적 언명이 무의미하다는 생각을 포기했음에도 불구하고, 좀 더 직접적으로 종교적으로 느껴질 수 있는 언급들을 자신의 주저에서 극도로 자제한 이유였을 것이다.

---

40 "나는 '이 책은 신의 영광을 위하여 쓰였다'고 말했으면 한다. 그러나 오늘날 그것은 못된 짓일 것이다. 즉 그것은 올바로 이해되지 않을 것이다. 다시 말해, 그것은 선한 의지에서 쓰였다. 그리고 그것이 선한 의지로 씌어 있지 않은 한, 그러니까 허영심에서 씌어 있는 한, 저자는 그것을 유죄 판결을 받은 것으로 알았으면 한다." (PB 머리말)

비트겐슈타인과
철학의 새로운 길

진리가 여자라고 전제한다면—, 어떤가? 모든 철학
자들이, 독단론자들인 한, 여자들에게 이해되기 어려
웠다는 혐의는 근거가 없는가? 그들이 지금까지 진
리에 접근할 때 늘 지녔던 소름끼치는 진지함, 서투
른 들이댐은 다름 아니라 여자의 마음을 사로잡기에
는 미숙하고 어울리지 않는 수단이었다는 혐의는?
그녀가 자신을 허락한 적이 없다는 것은 확실하다.
　　　　　　　　　— 니체,《선악의 저편》머리말

철학은 본래 오직 시(詩)로 써져야 하리라.
　　　　　　　　　— 비트겐슈타인,《문화와 가치》

아리스토텔레스가 철학을 '에피스테메 테오레티케'로 간주한 이래로 서양 전통 철학은 일반적으로 실재에 대한 어떤 이론적 인식을 목표로 해 왔다. 그리고 그러한 목표를 지닌 것으로서 철학은 일종의 학적 인식 체계(가령 제1학문과 같은 어떤 것)가 되어야 한다고 보았다. 이러한 생각은 근대의 칸트와 헤겔을 거쳐 현대 철학에서도 이런저런 형태로 유지되고 있는데, 이를테면 철학을 '가장 일반적인 과학'(러셀)으로, 또는 '과학 언어에 대한 논리적 구문론'(논리실증주의)으로, ―그러니까 과학은 아니지만 일종의 메타-과학으로― 또는 철학과 과학의 엄밀한 구별을 총체주의적이고 자연주의적인 관점에서 거부하며 철학을 '과학의 연장'(콰인)으로 보는 생각들이 그러하다. 그리고 그 비슷한 관점들은 분석철학적 전통의 주요 흐름에서만이 아니라 현대의 다른 철학적 흐름에도 존재한다. 후설은 '엄밀한 학으로서의 철학'을 표어로 내걸었으며, 하이데거[1] 역시 철학을 고차적인 학적 체계로서의 형이상학과 동일시하였다. (과)학적 사유를 서양에 고유한 것으로 보는 후자에게 '서구적-유럽적 철학'이란 표현은 사실상 동어반복이다.[2] 다만 그는 형이상학으로서의 철학

---

1 하이데거(1956) 및 (1969) 참조.
2 그리고 이런 관점에서는 동양철학, 가령 중국철학과 같은 것은 존재하지 않는다. 이런 식의 생각은 철학을 개념의 창조 작업과 동일시하는 들뢰즈에서도 똑같이 나타나는데, 그(Deleuze & Guattari(1991))에 의하면, 동양에는 철학이 아니라 형상으로 사유하는 (현자의) 사상만이 존재했으며, 그것은 개념에 의한 철학적 사유가 아니다. (데리다 역시 비슷한 생각을 중국에서 피력하여 파문을 일으켰다.)

이 지향하는 학적 체계는 그리스에서 시작된 철학의 전개 과정에서 발생한 서양 과학기술의 전지구적 지배에서 완성되었고, 그런 의미에서 철학은 종말에 이르렀다고 본다.

그러나 철학이 필로소피아로서 원래 지혜의 사랑—또는 우정[3]—을 뜻한다면, 철학을 학적 인식 체계를 지향하는 이론적 진리 탐구와 동일시해 온 것이 비록 서양철학의 중요한 특징이라고 할지라도, 이 특징을 철학의 본질적 특징으로 보는 것은 뭔가 석연치 않을 수 있다. 철학은 지혜나 사랑(또는 우정)이 다양한 방식으로 서로 겹치고 교차하는 유사성을 지닐 수 있는 만큼이나 서로 다양한 방식으로 근친적일 수 있고, 그래서—비트겐슈타인 식으로 말하자면—일종의 가족 유사성을 지닌 것으로 간주될 수도 있을 것이기 때문이다. 하이데거가 철학자와 구분하여 근원적 '사상가'로 불러야 한다는 헤라클레이토스와 파르메니데스를 '철학(자)'이란 말과 개념이 생길 무렵의 후대에 '철학자'로 소급투사(Rückprojizierung)[4]하여 부른 것이나, '인식론'이란 용어가 없던 시대의 여러 철학자들(데카르트, 칸트 등)에게 역시 소급투사에 의해 인식론을 부여하는 것이 꼭 그들의 생각이 어떤 하나의 본질적 특징(그것도, 서양철학자들에서만 발견할 수 있는 특징)을 공유했기 때문이라고는 보이지 않으며, 그렇다고 해서 그러한 소급투사가 잘못되었다고 보이지도 않는다.[5]

비트겐슈타인은, 아마도 하이데거와 (그리고 더 이전의 니체와) 더불어, 근본적으로 새로운 철학의 길을 모색한 철학자라고 할 수 있을 것이다. 이들 모두 학적 인식 내지 진리를 추구하는 철학에 결별을 고한다. 그러

---

3 Deleuze & Guattari(1991) pp. 2-3 참조. 여기서 지혜의 친구인 철학자는 현자와 구별된다.
4 Ritter & Grunder(ed.)(1989) 'Philosophie' 항목 참조.
5 그리고 이런 점은 '동양철학'에 대해서도 비슷하게 이야기할 수 있을 것이다.

나 후자가 그러한 철학적 사유가 잉태된 근원으로 되돌아가 그러한 사유와는 단적으로 구별된다는 존재(피지스) 자체에 대한 사유[6]에서 형이상학으로서의 전통 철학을 극복하는 길을 찾으려 한 데 반해, 전자(후기 비트겐슈타인)는 우리를 사로잡고 괴롭혀 온 전통 철학의 문제들을 일종의 사유 질환의 징후로 보면서, 그것들이 어떻게 자연사적 일상의 언어에서부터 문법적 오해를 거쳐 발생했는가를 일목요연하게 보임으로써 그것들이 원래의 고향으로 되돌아갈 수 있는 길을 보이는 방법으로 문제들을 해소(치료)하려 했다.

비트겐슈타인에 의하면, 이른바 철학의 문제들은 대부분 언어의 논리 혹은 문법에 대한 오해로부터 발생하며, 그의 철학 작업은 이를 해소하려는 논리-문법적 해명 활동으로서의 탐구이다. 이러한 탐구는 학적 인식이나 진리를 추구하는 것이 아니라 뜻의 해명을 추구한다. 그는 이렇게 **진리**에 대한 물음으로부터 **뜻**에 대한 물음으로의 이행"(CV 28쪽)을 자신의 철학 방식에서 본질적으로 새로운 점이라고 보았다. 그리고 이런 관점에서 그는 《논고》에서 철학을 사고의 명료화 활동으로서 '언어비판'(4.0031)이라고 했고, 또 《탐구》에서는 "철학은 우리의 언어 수단에 의해 우리의 지성에 걸린 마법에 맞서는 하나의 투쟁이다"(§109)라고 했던 것이다. 이 비판적 투쟁은 일차적으로는 그러한 마법에 걸린 철학자들을 향하고 있지만, 그러나 또한 (그들에 영향 받아) 그러한 마법에 걸릴 수

---

6 그러나 하이데거는 그가 철학(형이상학)적 사유와 구별한 이러한 사유를 결국은 다시 철학에 귀속시킨다. 왜냐하면 그는 "존재자의 존재의 말 걸어옴에 응답하는 그런 응답, 즉 [이러한 말 걸어옴을] 저 나름의 고유한 방식으로 받아들여 펼쳐나가는 그런 응답이 곧 철학"(1956, 99쪽)이라고 말하기 때문이다. 그리고 이로써 그가 철학에 대해 비일관적인 개념을 지닌 게 아니라면, 그는 암암리에 가족 유사적 철학 개념을 지닌 게 된다고 할 수 있을 것이다.

있는 모든 사람을 향하고 있기도 하다. 즉 그것은 "철학자들과 우리 안의 철학자들"[7], 그러니까 철학자들뿐만 아니라 우리 자신들에게 있는 어떤 성향들과의 싸움을 포함하고 있다.

철학사적으로 말하자면, 이러한 비트겐슈타인의 작업은 철학의 이른바 '언어적 전환'을 고하는 것이었다. 물론 언어적 전환은 비트겐슈타인 혼자에 의해 이루어진 것이 아니며, 또 분석철학의 전유물인 것도 아니다. (가령, 해석학적 철학 역시 언어적 전환의 또 한 형태를 이룬다.) 그러나 하버마스도 지적하고 있다시피,[8] 근대의 의식 중심의 철학 패러다임이 언어 중심의 패러다임으로 분명하게 전환된 것은 비트겐슈타인의 《논고》에 의해서였다고 할 수 있다. 그의 언어비판은, 언어의 본성에 대한 고찰을 통해 유의미한 언어 사용의 한계를 드러내고 언어의 월권적 사용(오용)을 비판한다는 점에서, 이성의 확장이 아니라 한계 해명을 목표로한 칸트의 이성비판과 그 발상에서 유사한 점이 있다. 그러나 후자가 어디까지나 가능한 지식과 단순한 사변의 구분을 위한 인식론적 정초 작업으로서, 또 체계적인 학이어야 할 형이상학을 위한 예비학(존재론)으로서 간주되었던 점에서, 그것은 전자와 중요하게 구별된다. 비트겐슈타인의 언어비판은 결코 이론적 학을 지향하는 인식론적-존재론적 정초 작업이 아니다.

비트겐슈타인 자신은 자신과 같은 작업에 의해 철학에 초래된 변화를 단지 기존 철학의 계속적 발전의 한 단계로서가 아니라 "갈릴레오와 그의 동시대인들이 역학을 고안했을 때 일어난 것과 비교할 수 있는, '인간

---

7 비트겐슈타인의 유고 219의 p.11에 나오는 표현으로, Kenny(1982)에서 재인용했다.
8 Habermas(1999) pp.80-81 참조.

사유 발전에서의 한 뒤틀림(kink)"[9]으로서 간주하였다. 그것은 '새로운 주제'와 '새로운 방법'을 지니며, 그럼으로써 철학 개념 자체의 일정한 변화를 동반한다. 그러므로 그의 탐구들을 '철학'이라고 부른다면, "이 칭호는 한편으로는 적합해 보이지만, 다른 한편으로는 확실히 사람들을 오도"(BB 58쪽)할 수 있다.[10] 그러나 이는 가족 유사성 개념을 지닌 개념들의 한 특징이라고 할 수 있을 것이다. 비트겐슈타인의 작업은 그러한 것으로서 철학 가족의 일원으로 받아들여져야 하고, 또 실제로 그렇게 된 지 이미 오래 되었다. 그것은 이전 시대에 '철학'이란 이름을 가졌던 상이한 활동들의 유일하게 적법한 상속자로 간주될 수는 없지만, 원래 '철학'이라고 일컬어진 주제의 상속자들 가운데 하나로서 간주될 수 있다(BB 58쪽 및 112쪽 참조). 그것도, 그의 생각에 의하면, 가장 중요한 상속자('정통 후계자'[11])로서 말이다.

그러나 어떻게 그렇게 될 수 있을까? 언어적 전환을 한 철학은 흔히 오해되듯이 언어만을 다루고 사태를 도외시하거나, 혹 사태를 다룬다면 언어적 사태만을 다루는 것이 아니다. 그러한 오해는 언어와 사태의 관계에 대한 그릇된 관념에 기초하고 있다. 그 관계는 물론 단순하지 않고, 그에 대한 비트겐슈타인 자신의 생각에도 전후기에 걸쳐 중요한 변화가 있다. 그러나 기본적인 생각은, 사태의 본성과 사태의 표현 사이에는 근본

---

9 Moore(1959) p.322 참조.
10 이 점은 그 '철학'이 전통 철학이 아니라 '분석철학'이라 해도 비슷하게 성립한다. 비트겐슈타인의 철학은 부분적으로 그 영향 하에 발전한 분석철학과 가족유사성을 지니지만, 이른바 분석철학의 주류와는 중요하게 다른 면모를 지니고 있고, 따라서 단순히 분석철학으로 오해 없이 편입시킬 수 없다.
11 von Wright(1982)에 의하면, 비트겐슈타인은 자기가 한 것이 "과거의 철학자들이 해놓은 것에 대해 가족 유사성에 의해 관계 맺어진 '정통 후계자'"라고 했다고 한다.

적으로 밀접한 연관이 있다는 것이다. 가령 '어떤 것을 봄'은 어떤 것을 본다고 말함과 같은 것을 의미하지 않는다. 그러나 전자는 후자(어떤 것을 봄의 표현)와 보기보다 더 밀접히 관계되어 있다(LPE 140쪽 참조). 마음의 본성이나 앎의 본성 등과 같은 경우에도 이런 연관은 마찬가지이다. 그 연관을 그는 "**본질**은 문법에서 언표된다"(PU §371)는 말로 표현하였다. 철학에서의 이른바 언어적 전환은 이렇게 표현될 수 있는 연관을 통해 다양한 주제들에 대해서 가능하며, 필시 이런 점이 비트겐슈타인에게 자신의 작업이 철학의 정통 후계자라는 자부심을 갖게 만들었을 것이다.[12]

사태의 본질이 언어 사용의 문법에서 드러난다고 보므로, 이러한 철학에서는 문법적 고찰이 중요하게 된다. 실로 비트겐슈타인에게 철학은 본질적으로 문법적 탐구였다고 할 수 있다. 이것은 과학처럼 실재를 설명하고 인식하려는 이론적 또는 메타-이론적 작업이 아니라, 의미를 해명하고 이해하려는 명료화 작업이다. 이 작업은 《논고》에서는 논리적 분석으로, 《탐구》에서는 문법적 기술(記述)로서 나타났다.

논리적 분석은 우리 언어의 일상적 문법에서는 드러나지 않고 논리적으로 분석해 봐야 비로소 드러나는 논리적 문법 즉 논리적 구문론에 비

---

12 이것은 로티가 자신을 포함시키는 '실용주의적 비트겐슈타인주의자들'의 견해와는 대조된다. 이들은 비트겐슈타인의 철학관을 그가 구체적인 철학적 문제들에 대해 이룩한 공헌과는 다소 분리 가능한, 매우 특수하고 기이한 것으로 본다. 이들에 의하면, 그 공헌은 "언어와 사실의 구별에 대한 콰인과 데이빗슨의 비판들과 면식에 의한 지식이란 관념에 대한 셀라즈와 브랜덤의 비판을 예상하고 보충하고 강화하는 논증들을 정식화한 것"에 있는데, 그러나 이렇게 언어와 사실의 구별이 중지되어야 한다면 '언어'라 불리는 어떤 것을 철학적 문제들의 원천으로 골라내는 것이나 또 그와 관련하여 '언어적 전환'을 말하는 것도 별 요점이 없다. (R. Rorty(2007) pp.160-175 참조.) 내가 보기에 이들의 견해는 비트겐슈타인이 분석철학(의 주류)과 단지 부분적인 가족 유사성을 지니고 있음을 보여 주는 것에 불과하다.

추어, 철학적 문제를 야기하는 언어와 사고의 혼란을 해소하는 작업이었다. 논리적 구문론은 진리 함수적 구조를 지녔고, 이것은 모든 언어가 그 표면적 차이에도 불구하고 하나의 언어로서 성립하려면 따라야 하는 유일하고 보편적인 문법이자, 실재가 언어와 공유하여 지니는 본질적이고 불변적인 질서로 간주되었다. 그러나 후기로 가면서 비트겐슈타인의 논리관은 변하고 이에 따라 문법적 탐구의 양상도 변화한다. 즉 유일하고 보편적인 문법으로서의 논리 개념은 이제 더 이상 명제들의 계산으로만 볼 수 없는 상이한 언어놀이들에 고유하게 적용되는 다양한 문법 개념으로 대체된다. 이들 문법은 여전히 자율성과 필연성을 지니는 것으로서 이야기되지만, 그 이유는 그것이 《논고》의 논리처럼 실재의 숨겨진 불변적 질서 또는 한계들을 반영하는 보편적 형식을 지니기 때문이 아니라, 언어놀이에서 뜻의 한계를 구성하는 표현 규범들 즉 '우리의 묘사 형식' 또는 '우리가 사물들을 보는 방식'(PU §122)으로서, 경험 명제들과 구별되는 역할을 하기 때문인 것으로 바뀐다. 이러한 문법에서 언표되는 본질은 다양한 언어놀이들만큼 종류가 다양하고, 많은 경우 가족 유사성을 지니는 것으로 드러난다.

그러므로 후기 비트겐슈타인이 탐구하는 문법은 본질을 드러낸다는 점에서 종종 '심층 문법'이라 불리기는 하지만, 그렇다고 그것이 우리가 학교에서 배우는 보통의 문법('표층 문법')과 본질적으로 다르게 깊이 숨겨져 있는 어떤 것이라고는 할 수 없다. 왜냐하면 그 두 문법은 모두 언어 사용 규칙들과 관계하며, 차이는 그것들이 다루는 규칙들이 철학적 문제를 일으키느냐 여부와 이에 대한 관심의 유무, 그리고 이에 따라 관련된 언어 사용을 얼마나 더 세밀하고 구체적으로 고찰하느냐 하는 데 있을 뿐이기 때문이다. 이른바 심층 문법이 다루는 것은 표층 문법이 전혀 다룰 수 없는 숨겨진 어떤 것이 아니라, 우리에게 이미 명백히 드러나 있으나 표층 문법이 충분히 주목하여 보지 않는, 좀 더 구체적이고 세밀한 언어 사용의 문제일 뿐이다.

아무튼 의미의 명료화 작업으로서의 비트겐슈타인의 문법적 고찰은 언어 사용의 문제에 관여한다. 그것은 의미를 해명하기 위해 언어 표현의 쓰임을 설명해야 한다. 그런데 이러한 설명은, 그에 의하면, 과학적-이론적 설명과는 근본적으로 다른 성격을 지닌다.[13] 일반적으로 후자는 어떤 일반화된 이론을 통해 어떤 현상들을 (통상 숨겨져 있는) 원인을 밝혀 설명하고, 그로써 우리의 지식을 확장한다. 그리고 그 인과의 사슬은 더 거슬러 올라갈 수 있기 때문에, 그러한 설명은 원리상 끝없이 계속될 수 있다. 그러나 철학적 목적에서의 의미 설명은, 그것이 없다면 발생할 오해를 제거 또는 방지하기 위해서 필요한 것이지, 이론적으로 가능한 모든 오해를 막기 위해서 필요한 것이 아니다(PU §87). 특정한 언어적 오해에서 비롯되는 철학적 문제들의 해소를 위해서 일반 이론을 세울 필요는 없으며, 또 언어 사용자가 학습하지 않은 어떤 숨겨진 요인들을 끌어들여 설명하려 해서도 안 된다. 일반적으로, 언어 사용자에게 숨겨진 어떤 것이 그가 언어를 그렇게 사용하는 이유일 수는 없기 때문이다. 언어 사용자는 그가 배워 익힌 언어 사용법들(즉 문법들)에 따라 언어를 사용할 뿐이며, 궁극적으로 그가 자신의 언어 사용을 달리 정당화할 수 없다. 즉 거기가 의미 설명의 종착점이다. 거기서 우리가 할 수 있는 것은, 우리는 이렇게 우리가 배워 익힌 친숙한 방식으로 언어를 사용한다고 기술하는 것뿐이다. 그러므로 철학에서 의미의 설명은 궁극적으로 문법적 기술

---

13 이하 이 단락 끝까지는 이 책 2장 3절의 한 단락과 대동소이하다.

로 귀착된다. 여기서 "모든 **설명**은 사라져야 하고, 오직 기술(記述)만이 그 자리에 들어서야 한다"(PU §109). 즉 문법적 고찰로서의 철학은 어떤 환원이나 가설을 포함하는 이론적 설명이 아니라 '순전히 기술적'(BB 42쪽)이어야 한다는 것이다.

비트겐슈타인이 보기에, 우리가 철학할 때 길을 잃게 되는 주된 이유의 하나는, 우리가 철학을 하면서 늘 학적 엄밀성을 열망하여, 있는 그대로 받아들이고 멈추어야 할 곳에서 여전히 이론적 설명을 추구하는 경향과 결부되어 있다. 이 경향은 어떤 식으로 숨겨져 있는 어떤 것이 실재 일반의 진정한 본질이라고 설명하려고 한다. 이러한 경향, 즉 그가 "일반성에 대한 열망" 또는 "특수한 경우에 대한 경멸적 태도"(BB 42쪽)라고 부르는 것이 서양철학에서 깊게 뿌리를 내려 그 자신의 《논고》에 이르기까지 오래도록 근절되지 않았다.[14] 그러나 (후기의) 그에 의하면, 철학의 문제들을 해소하기 위해 필요한 것은 숨겨진 어떤 것의 발견을 통한 지식 체계의 새로운 확장에 있는 것이 아니라, 우리에게 이미 친숙한, 그러나 그 단순성과 일상성으로 인하여 바로 우리들 눈앞에 언제나 있으면서도 어떤 면에서 우리에게 숨겨져 있는(PU §129) 언어 사용의 문법들을 일목요연하게 기술하여 조망할 수 있게 하는 데 있다. 사람들이 종종 부당하게 이론적 설명에 의해 얻고자 애쓰는 만족은 그러한 조망의 결과

---

14 비트겐슈타인은 이미 일찍이 철학은 '순전히 기술적'이어야 한다는 생각을 지니기는 하였다 (NB p.106 참조). 그러나 그의 《논고》는 실은 여전히 유사-과학적이고 이론 지향적인 면을 암암리에 포함하고 있었는데, 즉 첫째로, 《논고》는 언어의 본질을 그림이라고 보면서 언어의 구체적 차이들을 사상하고 일반화하였고, 더 나아가 언어가 실재를 묘사할 수 있는 능력을 숨겨진 논리적 구문론에 의거하여 설명하려 했다. 둘째로, 《논고》는 철학이 논리적 분석을 통해 언어와 실재가 공유하는 구조(논리적 형식)들을 보일 수 있다고 믿었으며, 따라서 철학이 형이상학적 진리를 (비록 진술할 수는 없지만) 어떤 식으로 깨우쳐줄 수 있는 것으로 보았다. (이 책 2장 3절 참조.)

저절로 생긴다(GB 39-40쪽 참조).

그러므로 일상적 언어 사용의 문법에 대한 '일목요연한 묘사'가 중요(PU §122)하지만, 그러나 이 일은 쉬운 일이 아니다. 왜냐하면 우리는 언어 사용과 함께 문법을 배우지만, 그것들을 기술하는 법은 통상 배우지 않기 때문이다. 우리가 기술하려는 일상 언어는 사실상 있는 그대로 질서가 잡혀 있기는 하다(TLP 5.5563; PU §98). 그러나 이것은 그 질서가 우리에게 언제나 명료하게 보이게 있다는 것은 아니다. 비트겐슈타인에 의하면, "우리의 문법에는 일목요연성이 결여되어 있다"(PU §122). 물론 그렇다고 일상 언어의 질서가 《논고》가 생각했던 것처럼 일상 언어 전체의 배후에 유일한 하나의 질서로서 우리가 모르게 숨겨져 있다가 논리적 분석에 의해 비로소 드러나는 식으로 있지는 않다. 문법적 고찰이 추구하는 질서는, 《탐구》에 의하면, 철학적 혼란의 해소라는 "특정한 목적을 위한 하나의 질서", "많은 가능한 질서들 중의 어떤 한 질서"(§132)이며, 우리가 "언어의 쓰임에 관한 우리의 앎에 […] 세우고자" 하는 질서(같은 곳)이다. 이러한 질서의 일목요연한 파악을 위해서는, 우리에게 이미 친숙한 해당 언어 사용의 실천(관행)들 자체를 우리가 어떤 식으로 열거하고 새롭게 정렬하여 그것들의 연관을 (그 차이와 함께) 볼 것이 요구된다.[15]

그 방법으로서는 우선 일종의 상기가 필요하다. "우리는 우리가 현상들에 관해서 행하는 **진술들의 종류**를 상기해 낸다"(PU §90). 그러면 "낱말들의 사용에 관계된, 우리 언어의 상이한 영역들에 있는 표현 형식들

---

15 이런 점에서 그 연관을 밝히는 일은 지질학적이라기보다는 지리학적이다. 비트겐슈타인은 자신의 작업을 지리학에서 지도를 만드는 일과, 또는 도서관을 정리하는 과정에서 책들을 배열하는 일과 비교한다(AWL p.43 및 BB 83쪽 참조).

간의 어떤 유사성들에 의해 야기되는 오해들" 중 어떤 것들은 "하나의 표현 형식을 다른 하나의 표현 형식으로 대체함으로써 제거될 수 있다"(같은 곳). 이 과정은 분해하는 것과 유사성이 있기 때문에, (사람을 오도할 수 있는 표현이지만) '우리의 표현 형식들의 "분석"'이라고 부를 수도 있다(같은 곳). 그러나 비트겐슈타인이 중요시한 방법은 "**중간고리들**의 발견과 발명"(PU §122)이다. 왜냐하면 그에 의하면 이해는 우리가 '연관들을 본다'는 데 있기 때문이다(같은 곳). 실로 그의 문법적 고찰을 위해 특징적으로 도입되는 단순하고 명료한 언어놀이들─우리가 모국어를 배우는 데 쓰이는 실제 놀이들이거나 어떤 부류의 사람들이 이런저런 방식으로 행하는 가상적인 놀이들─이 그러한 것에 해당된다고 할 수 있는데, 그것들은 "유사성과 비유사성을 통해 우리의 언어 상황에 대해 빛을 던져야 할 **비교 대상들**로서 있다"(PU §130). 그리고 비교 대상들로서 그것들은 "현실이 그것에 대응**해야 하는** 선입견"으로서가 아니라 비교를 위한 '본보기'이자 '척도'로서 설정된다(PU §131). 그것들은 실재 탐구를 위한 이론적 가설들이 아니며, 따라서 그것들을 통해 얻어지는 문법적 조망은 이론적 설명이나 일반화가 아니다.

이런 몇 가지 방법들의 언급에도 불구하고, 비트겐슈타인의 문법적 기술의 구체적 방법은 결국은 우리가 모방하기 쉽지 않은 그의 독창적인 작업들 속에 예시되어 있다. 그는 이러한 예들 가운데에서 어떤 하나의 철학 방법이 치료법처럼 제시된다고 말한다(PU §133). 그리고 그러한 방법은 유일하게 하나만 있는 게 아니고, "흡사 다양한 치료법들처럼" 복수로 존재한다─그리고 따라서 "**하나의** 문제가 아니라, 문제들이 해결된다(난점들이 제거된다)"─고 말한다(같은 곳). 그의 방법들은 어떻게 우리(철학자)가 일상 언어의 사용으로부터 떠나 길을 잃어 문법적으로 막힌 곳에 이르렀는지를 일목요연하게 보여줌으로써, "낱말들을 그것들의 형이상학적 사용으로부터 그것들의 일상적인 사용으로 다시 돌려보내는 것"(PU §116)을 가능케 한다. 그것은 말하자면 "파리에게 파리통에서 빠져나갈 출구를 보여 주는 것"(PU §309)처럼 우리에게 출구를 보여 준다는 것이다.

그러나 일상 언어 자체가 이미 어떤 식으로 — 형이상학적으로, 이데올로기적으로 — 오염되어 있지는 않은가? 혹자는 이런 점을 들어 비트겐슈타인 식 처방에 회의를 품을 수도 있다.[16] 과연, 일상 언어도 많은 문제를 품고 있다. 일상 언어로 돌아간다고 모든 문제가 해결되지는 않는다. 그러나 비트겐슈타인은 그런 해결을 약속하지 않는다. 그의 가르침은 어디까지나 "명백히 드러나지 않은 무의미로부터 명백히 드러난 무의미로 넘어가는 것"(PU §464)이다. 이런 맥락에서 그는 예컨대 수학에서의 모순 문제와 관련하여 이렇게 말한다: "모순을 […] 해결하는 것은 철학의 일이 아니다. 오히려, […] 모순 해결 **이전의** 상태를 일목요연하게 볼 수 있도록 만드는 것이 철학의 일이다. (그리고 이는 가령 난점을 피해 가는 것이 아니다.)"(PU §125) 즉 (이 경우) 철학의 일은 "모순의 시민적 지위, 또는 시민 세계에서의 모순의 지위"(같은 곳)를 명백히 하는 데 있다는 것이다. 그것은 문제의 철학적(문법적) 해소일 뿐 과학적(수학적) 해결이 아니며, 따라서 모든 문제의 해결이 아니다. 그러나 그로써 그 동안 왜곡되어 일목요연하게 볼 수 없었던 삶의 세계의 측면들은 명백해지고, 그런 만큼 거기서 우리는 좀 더 실제적인 삶의 문제들에 생산적인 관심과

---

16 가령 T. Eagleton(1982) pp.64-90 참조. 데리다 역시 일상 언어를 순수하거나 중립적이지 않은, '서양 형이상학의 언어'라고 본다. Derrida(1981) p.19 참조.

노력을 집중할 수 있게 될 것이다.[17]

일상 언어의 오염은 그 언어의 본래적인 문제라기보다는 그것의 오용으로 인한 문제이다.[18] 그러한 오염은 정화되어야 하고 또 정화될 수 있다.[19] 비트겐슈타인의 문법적 고찰은 우리의 언어의 그러한 오염에 대해 정화 기능을 수행하는 하나의 방법에 속한다. 즉 우리에게 친숙한 일상적 사용으로 돌아가라는 그의 처방은 단순히 누구나 다 아는 문법적 상식에 호소하는 것과는 다르다. 그는 상식에의 단순한 호소가 그 자체로 철학적 문제에 대한 해답이 된다고 보지 않는다. 해답을 얻기 위해서는, 철학적 활동은 "상식적 대답을 보는 것, 상식적 대답이 견딜 수 없을 만큼 당신 자신이 문제 속으로 매우 깊이 들어가는 것, 그리고 그 상황으로부터 상식적 대답으로 되돌아가는 것"이라는 세 가지 활동을 포함해야 한다(AWL, p.109). 즉 철학적 문제들의 해결을 위해서 우리는 문제들을 단축시키려고 해서는 안 되고, 철학적 사유가 빠져든 미로만큼이나 복잡한 과정을 거쳐야 한다(PB §2 및 Z §452 참조). 그 과정에서 우리의 사유는 명료성과 깊이를 획득한다. 그러나 그 미로를 빠져나온 결과, 또는 철

---

17 이 점에서 비트겐슈타인의 작업은 이데올로기 비판의 측면을 지닐 수 있다. 일찍이 마르크스와 엥겔스는 철학적 언어가 현실과 유리되었음을 비판하면서, 이 문제를 풀기 위해 "철학자들은 단지 그들의 언어를 일상 언어—그들의 언어는 이로부터 추상되었다—에로 해소하기만 하면 된다"(1958, p.433)고 말한 바 있다. 그들은 이런 방법으로 가령 '재산', '개인' '정의', '자유' 등의 많은 일상 낱말들이 어떻게 특정 계급의 이해가 반영하도록 이데올로기화되어 있는가를 폭로하고 비판하였다.
18 이 책 1장 각주 19 참조.
19 이와 관련해서는 니체(2004, 3부 "낡은 서판과 새로운 서판에 대하여" 및 1부 "베푸는 덕에 대하여")의 다음 말을 반추할 필요가 있다: "세계에는 많은 오물이 있다. **그 만큼은** 진실이다. 그러나 그 때문에 세계 자체가 더러운 괴물인 것은 아니다!" "아, 많은 무지와 오류가 우리에게 몸이 되어 버렸다! […] 몸은 알아가면서 자신을 정화한다; 앎을 시험하면서 몸은 자신을 고양한다." (번역 일부 수정.)

학적 문제가 얽혀든 '사유에서의 매듭들'(P 82쪽)을 푼 결과는 어디까지나, 그렇게 빠져들거나 얽혀들기 이전의 상태로의 정화된 복귀일 뿐이다. 즉 철학의 활동은 그것이 푸는 매듭들만큼 복잡해야 하지만, 그것의 결과는 전적으로 단순해야 한다는 것이다(같은 곳).

그러므로 비트겐슈타인의 문법적 고찰은 언어의 실제 사용과 관련된 모든 것을 있는 그대로 놓아둔다(PU §124). 그리고 이는 수학을 포함한 과학 이론 일반에 대해서도 마찬가지이다. 바뀌는 것은 일상 언어를 뒤덮고 있던 철학적 사용(오용)의 구름이 걷히는 것뿐이다. 그의 유명한 표현에 의하면, "철학의 구름 전체는 한 방울의 언어 규범으로 응축된다"(PU 2부 [315]). 그리고 철학이 건축한 모든 위대하고 중요한 것으로 보였던 것들이 실은 단지 '공중누각들'이었던 것으로 드러난다(PU §118). 비트겐슈타인의 고찰은 말하자면 '문법의 그림자'[20]였을 뿐인 "그것들이 서 있었던 언어의 토대를 청소"(같은 곳)하는 것이다.[21] 그에 의하면, 이러한 청소에 의해 획득되는 명료성이 중요하다. 이러한 명료성이 없다면, 상식과 과학은 건강하지 못하고 위험할 수 있기 때문이다. 그는 철학

---

20 Hacker(1986) Ch.7 참조.

21 철학의 역할에 대한 이러한 이미지는 하버마스(1983)가 판관과 정리(또는 좌석안내원)(Platzanweiser)로 표현한 전통 철학의 문제 있는 역할과는 당연히 다르지만, 그가 그 역할보다는 겸손한 기능으로서 옹호하는 '대역(Platzhalter)'(즉 남을 위한 임시적 자리 지킴이)과 해석자로서의 철학의 역할과도 거리가 있다. 하버마스가 염두에 두는 철학의 역할은, 마르크스주의, 프로이트의 정신분석, 촘스키의 언어 이론 등의 경우에서와 같이 "과학 체계 내부에서는 수준 높은 이론전략들을 위한 자리를 몇몇 곳에 잡아 놓을 뿐 아니라 바깥으로는 또한 일상세계와 자신의 자율적 영역들로 움츠러든 문화적 근대 사이의 매개를 위한 번역 서비스도 제공하는 것"(p.26)이다. 여기서 철학은 다른 학문들과 협력하면서, "고정되지 않은 사유라는, 철학의 가장 좋은, 즉 무정부주의적 유산"을 빼앗기지 말고 모든 종류의 기능적 전문화에 반항하는 총체적 사유를 해야 하지만, 결국은 "철학은 과학들과 마찬가지로 여전히 진리 물음들로 방향이 정해져 있다"((1999) pp.327-328 참조).

적(즉 문법적) 명료성이 그것들에 대해 지니는 영향을 "햇빛이 감자 싹의 성장에 대해 가질 영향과 같다"고 비유하면서, "어두운 지하실에서는 감자 싹들이 수 미터나 자란다"고 지적한다(PG p.381).[22]

비트겐슈타인의 치료법은 하릴없이 헛돌고 있는 철학의 오용된 언어를 일목요연한 문법적 기술의 방법을 통해 원래의 일상적 사용으로 돌려보내 일할 수 있게 하는 것이다. 그러한 일목요연한 묘사는 마치 파리통에 들어 있는 파리처럼 사물을 보는 특정한 그림에 사로잡혀 출구를 찾지 못하는 사람에게 새로운 그림들의 가능성을 보여 줌으로써, 그가 주어진 경우를 이 일련의 그림들과 비교하는 가운데 사물을 보는 직관 방식을 바꾸고(PU §144 참조), 언어의 불명료한 이해 때문에 사로잡혔던 문제에서 벗어날 수 있게 한다. 비트겐슈타인에 의하면, 이렇게 철학적 문제들이 완전히 사라지게 하는 명료성을 얻는 것이 '본래적인 발견'이다. 그것은 "철학을 진정시키는 것", "내가 원할 때 내가 철학하는 것을 그만둘 수 있게 해 주는 것"이다(PU §133). 그가 자신의 작업을 원래 '철학'이라고 일컬어진 주제의 정통 후계자로 간주했다면, 사물을 보는 문제적 직관 방식을 변화시켜 주는 명료성의 발견이야말로 아마도 그에게는 지혜의 사랑으로서의 철학이 추구해야 할 본래적 지혜로 간주되었다고 할 수도 있을 것이다.[23]

물론, 올바른 치료법이 발견되었다고 해서 병들이 저절로—그것도,

---

22 비트겐슈타인의 이 지적은 수학과 관련해서 주어진 것이었지만, 다른 과학의 경우나 상식에 대해서도 그 점은 마찬가지일 것이다. 가령 프로이트의 정신분석 이론에 대해 그는 이렇게 경고하였다. 즉 그 이론을 우리가 매우 명료하게 생각하지 않으면 그것은 '비범한 과학적 업적들'임에도 불구하고 해로울 수 있다고, '인류의 파괴를 위해 사용될' 수도 있다고(Malcolm(1958) p.45 참조). 이미 니체도 그의 《선악의 저편》에서, '조망, 둘러봄, 내려다봄'에 이르지 못한 전문화된 학문의 '독립 선언'은 위험하다고 경고한 바 있다.

한꺼번에—근절되지는 않는다. 다만 병이 발견되는 곳에서는 어디서나, 우리는 그 치료법에 의존하여 병들을 치료할 수 있고, 따라서 원한다면 철학은 (환자로서) 더 이상 자신의 물음들에 의해 고통 받는 것을 그만둘 수 있다. 현실적으로는 아마 이 정도로도 충분할 수 있을 것이다. 그러나 병의 발생은 끝이 없을 수 있고, 또 치료했던 병도 언젠가는 재발할 수도 있다. 그러므로 더 근원적으로는, 병이 일어나지 않도록 일종의 체질 개선과 같은 것이 요구된다. (또는 어쨌든 그런 어떤 것을 우리는 꿈꿀 수도 있을 것이다.) 비트겐슈타인에 의하면, 그런 일은 사물을 보는 우리의 방식과 함께 우리의 삶의 방식도 바뀌어야만 이루어질 수 있다. 그는 이렇게 진단한 바 있다: "한 시대의 질병은 인간들의 삶의 방식에서의 변화에 의해 치유된다. 그리고 철학적 문제들이란 질병은 한 개인에 의해 발명된 약에 의해서가 아니라, 변화된 사고방식과 삶의 방식에 의해서만 치유될 수 있었다"(BGM 119쪽).

그러나 어떻게 우리의 삶의 방식을 변화시킬 수 있을 것인가? 실로 이것이 비트겐슈타인이 명료화 작업에 의해 철학적 문제들을 해소하면서 근본적으로 추구했던 점이었다고 할 수 있다. 우리의 삶의 방식에서의 어떤 근본적 변화에 대한 그의 열망은 "내가 나의 작업이 다른 사람들에 의해서 계속되기를 삶의 방식의 변화—이 모든 물음들을 쓸데없는 것으로 만드는 것—보다 더 원하고 있는지 나로서는 전혀 분명치 않다. (그 때

---

23   그리고 좀 뜬금없지만, 그러한 지혜는 아마도 불교 유식학에서 말하는 이른바 '전식득지(轉識得智)', 즉 심식이 변화되어 얻어지는 지혜의 성격과 비교될 수 있지 않을까? 그리고 이러한 지혜가 여전히 진리와 관계된다면, 그 진리는 사실과의 일치 같은 것이 아니라 아마도 비은폐성과 같은 것이 되지 않을까? 이때 비은폐되는 것은 사실이나 지식 차원의 것이 아니라 개념적 곤경으로부터 우리를 구해 주는 일목요연함과 같은 어떤 것이 될 것이다.

문에 나는 학파를 세울 수 없을 것이다.)"(CV 133쪽)라는 그의 말년(1947년)의 언급에서 특징적으로 잘 나타나지만, 그러한 열망은 이미 《논고》에서도—그가 그 책의 요점을 '윤리적'이라고 한 데에서—이미 존재하고 있었다. 왜냐하면 '윤리'[24]와 관련하여 그 책은 우리의 삶(=세계)의 한계들을 근본적으로 변화시키는 문제를 말하고 있기 때문이다: "세계는 선악의 의지를 통해 전혀 다른 세계가 되어야 한다. […] 행복한 자의 세계는 불행한 자의 세계와는 다른 세계이다"(TLP 6.43). 우리는 세계 내의 사실들을 바꾸는 (그에 의하면) 불가능한 방식으로써가 아니라 그러한 세계에 대한 태도 변경을 통하여 가치의 관점에서 세계를 다른 세계로 변화시킬 수 있다는 것이다. 다만 이때 그 변화의 주체는 형이상학적이면서 유아주의적인 세계의지이다. 행복은 이 의지가 신(삶 즉 세계의 뜻으로서의 신)의 의지를 따를 때, 즉 그에게 낯선 의지로 주어진 운명처럼 느껴지는 신성을 지닌 세계(세계영혼과 동격화되는 세계)와 일치할 때 실현될 수 있다(NB p.73 & p.75 참조). 그러나 그 모든 의지-행위는 초언어적이고 초세계적인 것이어서 언표 불가능하다.

후기로 가면서 비트겐슈타인의 철학적 관점에는 탈초월화가 이루어진다. 여기서 고찰되는 언어는 이제 더 이상 일상 언어의 배후에 이상적으로 매끄럽게 있는, 그러나 바로 그 매끄러움으로 인해 우리가 걸어갈 수 없는 빙판과 같은 '비시간적, 비공간적 허깨비'가 아니라, 비록 마찰이 있지만 우리가 걸어갈 수 있는 거친 대지와 같은 '언어의 시간적, 공간적 현상', 즉 일상의 구체적 실천으로서의 언어 사용 행위이다(PU §§107-

---

24 그에 의하면 '윤리(학)'는 "삶의 의미에 대한 탐구, 또는 삶을 살 가치가 있는 것으로 만드는 것에 대한 탐구, 또는 올바른 삶의 방식에 대한 탐구"(LE 26쪽)이다.

108 참조). 그리고 그 사용 주체는 현실의 사회적 개인들(내지는 이들로 구성되는 조직)이다. 이 현실적이고 구체적인 주체들이 어떻게 삶의 세계를 변화시킬 수 있을 것인가? 그리고 철학자는 이러한 변화에 어떻게 기여할 수 있을 것인가?

이에 대한 비트겐슈타인의 생각은 단편적으로 흩어져 있어 명확하게 파악하기 쉽지 않지만, 아마도 두 가지 방향에서 정리해 볼 수 있을 것이다. 첫 번째 방향은 그의 전기 철학의 윤리적-종교적 관점의 계승이라 할 수 있는 길로서, 주체가 스스로의 직관 방식 또는 태도를 변화시킴으로써 자신의 삶의 세계의 상(相)을 변화시키는 길이다. 두 번째 방향은 각성된 주체들이 연대하여 삶의 세계의 실제 흐름을 변화시키는 길이다. 두 길이 배타적이어야 할 필요는 없다. 어느 쪽이든, 그 기본적인 생각은, 그 변화의 결과가 삶의 세계와 주체 사이의 일치가 실현되게 한다는 것이다.

첫 번째 길이 비트겐슈타인이 더 선호하고 또 사람들에게 권장하기도 했던 길이었다고 할 수 있다: "당신이 삶에서 발견하는 문제를 해결하는 길은, 그 문제성 있는 것을 사라지게 만드는 그런 방식의 삶을 사는 것이다. 삶이 문제가 있다는 것은 당신의 삶이 삶의 형태에 맞지 않는다는 것을 뜻한다. 그렇다면 당신은 당신의 삶을 바꿔야만 한다. 그리하여 그것이 그 형태에 맞게 되면, 문제가 되었던 것은 사라진다."(CV 72쪽) 그에 의하면, 이러한 "자기 태도의 변혁"이야말로 "가장 중요하고 가장 효과적인 변혁"이다(CV 118쪽).

그러나 혹 이 길을 실현하여 그의 삶에서 문제가 사라진 사람은 "뭔가 중요한 것, 아니 가장 중요한 것을 보지 못하고", 그저 그냥, "말하자면 두더지처럼 맹목적으로"(같은 곳) 사는 존재가 되는 게 아닐까? 비트겐슈타인의 대답은 신비주의적 분위기를 지니고 있다: "올바로 사는 사람은 문제를 **비애**로, 그러니까 문제로 느끼지 않고, 오히려 기쁨으로 느낀다; 그러니까 말하자면 그의 삶을 둘러싼 빛나는 정기(精氣)로 느끼지, 문제성 있는 배경으로 느끼지 않는다."(같은 곳) 이러한 변화는 종교적 개종과 비견되는 특별한 종류의 전환으로서, 말하자면 일종의 '메타노에오(metanoeo)', 즉 '회개' 혹은 '회심'과 통하는 어떤 것이라고 할 수 있을 것이다.[25] 이러한 변화를 거친 사람은 세계를 달리 본다. 그리고 어떤 뜻에서, 변화된 세계에서 산다.[26]

비트겐슈타인에 의하면, 철학자로서의 그는—이상적으로는—이러한 변화가 일어나게 도와주는 존재여야 한다. 즉, 그의 비유에 따르면, "나의 독자가 온갖 기형성을 지닌 자기 자신의 사유를 비추어 보고 바로잡을 수 있게 도와주는 거울"[27](CV 63쪽), 또는 (아마도 그러한 거울을 그 중심에 구비하고서) 변화를 위한 종교적 "열정을 위해 주위환경으로서 봉사하되 그 열정에 말참견하지는 않는" '신전'(CV 30쪽)과 같은 존재. 그리고 그런 존재로서 그는 자신의 작업이 '신의 영광을 위하여'(PB 머리말) 봉사하고 있는 것으로 이해되기를 바란다.

그러나 철학적 문제들의 발생을 근원적으로 치유하기 위한 우리의 삶의 방식의 변화라는 관점에서 볼 때, 첫 번째 길은 불충분할 수 있다. 그 길은 자신의 사유 방식을 바꿈으로써 자신의 삶의 방식을 바꿀 수 있는

---

25 이 책 10장 5절 참조.
26 "참회는 새로운 삶의 일부여야만 한다"(CV 48쪽)는 말은 이런 맥락에서 볼 수 있을 것이다. 즉 '참회'(철학적 맥락에서 말해질 수 있는 뜻에서)는 철학적 혼란으로부터 치유된 새로운 삶에서 완성된다.
27 이 거울은 가령 영혼과 자아, 그리고 신의 개념과 관련된 문법적 오해들을 교정한다.

아마도 소수의 예외자들을 제외한 나머지 사람들의 삶의 방식까지 바꿀 수는 없고, 심지어 이들에게 이해될 수도 없을 수 있기 때문이다. 그리고 이는 단지 이들의 무능력 탓이 아니라 삶의 세계 자체의 어떤 문제 때문일 수 있다. 그러므로 삶의 세계의 측면에서의 변화를 도모하는 두 번째 길이 또한 고려되어야 한다. 이 길은 언어 전체를 명료하게 재편성[28]하는 일과 그와 관련된 삶의 방식의 변화를 위한 주체들의 연대를 필요로 한다.

비트겐슈타인은 이 길의 가능성을 언급하면서도 그 실현 가능성에 대해서는 매우 비관적이었다(이하, CV 36쪽 이하의 "[PB] 서문을 위한 스케치" 참조). 왜냐하면 (슈펭글러의 영향을 받았다고 할 수 있는) 그의 진단에 의하면, 이 시대의 정신—'현대의 산업·건축·음악·파시즘 그리고 사회주의' 등에서 표현되는—은 '진보'라는 낱말에 의해서 특징지어지고 '전형적으로 구성적'인 서구 과학 문명에 의해 지배되고 있기 때문이다. 이 시대에는 명료성조차도 '점점 더 복잡한 구성물을 구성하는' 활동을 위한 수단일 뿐이다. 그러므로 그 자신의 작업처럼 명료성 자체의 실현을 목적으로 삼는 것은 전형적인 서구 (과)학자에 의해서는 이해될 수가 없다. 그래서 그는 자신의 작업이 실은 "세계의 구석들에 흩어져 있는 친구들"을 위한 것이라고 말한다. 그가 (이러한 친구들과 함께) 서구의 거대 문명의 정신을 거스르며 동경하는 이상적 정신은 '위대한 문화의 시대'의 그것이다.[29] 그에 의하면, 그러한 문화는 "그것에 속하는 모든 사람에

---

28 비트겐슈타인에게서 이 말은 문법적인 혼란들 속에 깊이 파묻혀 있는 사람들을 그들이 붙잡혀 있는 엄청나게 잡다한 연결들로부터 벗어나게 하는 일과 같은 것을 뜻한다. (P 83쪽 참조.)
29 그는 (모호하게도) 자신의 문화적 이상이 "슈만 시대 이래의 이상의 계승", 그러나 "19세기 후반부는 배제된 계승"이라고 말한다(CV 30쪽).

게 각각 자기 자리를 할당하여 거기에서 그가 전체의 정신 속에서 일할 수 있도록 하며, 또 그의 힘은 전체의 뜻 속에서 그가 이룬 성과에 의해 어떤 정당성을 갖고 측정될 수 있다." 이에 반해서 "문화가 없는 시대에는 힘들이 갈기갈기 찢어지고 개별자의 힘은 대립된 힘들과 마찰 저항들에 의해서 소모된다."[30]

이런 맥락에서는, 언어의 문법이 명료화될 수 있게 언어를 재편성하려는 비트겐슈타인의 노력은 동시에 오늘날의 문명의 정신에 대해 문화의 정신을 되살리려는 힘겨운 ('반시대적인') 투쟁이다. 그리고 이런 면에서 '문법적 운동'으로서의 그의 언어 투쟁은 말하자면 언어 사용을 둘러싼 헤게모니 싸움으로서, 근본적인 차원에서 문화적이고 정치적인 투쟁의 성격을 지닐 수 있다.[31] 그 투쟁의 대상은 우리의 "가장 오래된 사유 습관들, 즉 우리의 언어 자체 속에 각인되어 있는 가장 오래된 그림들"(P 82쪽) 또는 '신화들'(P 93쪽)과 연관되어 있기 때문에 근절하기가 어렵다. 그것과 맞서는 일은, 니체(《선악의 저편》 §268)도 지적했다시피, '지금까지 인간을 마음대로 해 왔던 모든 폭력 가운데서 가장 큰 폭력' 즉 체험들의 쉽고 빠른 전달이라는 특정한 목적을 위해 획일화되어 온 언어 사용(및 이와 결부된 인간의 유사화, 평범화, 평균화, 우민화)에 맞서는 엄청

30　PB의 실제 서문에서 비트겐슈타인은 서구 문명의 정신과 자신의 책의 정신을 다음과 같이 대조한다: "후자는 세계를 그 주변부를 통해—그 다양성에서—파악하고자 하고, 전자는 세계의 중심에서—그것의 본질에서—파악하고자 한다." (영어 번역은 '전자'와 '후자'가 바뀌어 잘못되어 있다.)

31　여기서 이 측면을 본격적으로 다룰 수는 없지만, 비트겐슈타인을 문화철학이나 정치철학의 맥락에서 보려는 시도들로는 von Wright(1982), Cavell(1988); DeAngelis(2007); Kitching & Pleasants(eds.)(2002), Heyes(ed.)(2003); Höhler(2008) 등이 있다. 일찍이 로티(1976, 129쪽) 역시 "비트겐슈타인의 '과학에 대한 저항'은 진리를 중심적인 가치로 만들었던 문화 전반에 대한 저항"으로 해석하였다.

난 힘을 요한다.[32] 이러한 투쟁에 동참할 수 있는 비트겐슈타인의 '친구들'—작은 동아리의 '문화패들', '동포들'(CV 43쪽)—은 실체가 모호하고 따라서 그의 투쟁의 성공 가능성은 전혀 미지수이지만, 아무튼 그들은 유럽 문명의 흐름에 공감하지 않으며, 그러한 흐름과 결합된 언어 사용에 대한 본능적인 불만과 반항심을 지닌 존재들이어야 한다. 왜냐하면 비트겐슈타인에 의하면, "[오늘날 문법적 혼란들에 깊이 파묻혀 있는 사람들의] 언어는 실로 사람들이 **그렇게** 생각하는 경향을 가졌기—그리고 가지고 있기—때문에 그렇게 생긴 것"이고 따라서 "이 언어를 자신들의 본래적 표현으로서 창조한 **그** 무리들 속에서 전적인 본능에 따라 살고 있는 사람들에게서는" 문법적 혼란들로부터 벗어나는 일은 가능하지 않기 때문이다(P 83쪽). "그러한 벗어남은 그 언어에 대한 본능적 반항 속에 사는 사람들에게서만 가능하다"(같은 곳).

그리고 여기서도 철학자는 이러한 해방적 전환의 촉매여야 한다. 비트겐슈타인은 "아마도 언젠가 이 문명으로부터 하나의 문화가 출현할 것"(CV 138쪽)을 기대하면서 스스로 그러한 촉매의 역할을 자임하였다고 할 수 있을 것이다.[33] 비록 그의 정신은 "이 시대의 어둠"(PU 머리말) 속에서, 그가 예상한 대로, 여전히 소수의 사람들에 의해서나 이해되고 있다고 할 수 있지만 말이다. 그러나 그가 자신의 작업과 관련된 문화의 정

---

32 흥미롭게도, 일반적 예상과는 달리, 비트겐슈타인은 자신의 철학의 근본 목적과 관련하여 니체에게서 동류의식을 느꼈다: "내가 **더 올바른** 사유가 아니라 새로운 사고 운동을 가르치고자 한다면, 나의 목적은 '가치의 전도'이며, 나는 니체에 도달한다; 그리고 이는 철학자는 시인이어야 한다는 내 견해에 의해서도 역시 마찬가지이다".(WN 120 p.145r)

33 이러한 철학자의 역할은 당연히 용기를 필요로 한다. 비트겐슈타인은 이 점을 강조하곤 하였다: "내가 믿기에, 본질적인 것은 명료화 활동이 **용기**를 갖고 추진되어야 한다는 점이다. 그게 없다면 그 활동은 단순히 지적 유희가 될 뿐이다".(CV 49쪽)

신에 대해 비교적 짤막하지만 조심스럽게 한 이야기들이 허투루 한 말들이 아니라면, 보통 그런 연관 맥락과는 무관하게 읽혀온 《탐구》와 같은 그의 주저에서 다루어지는 문제들을 우리는 새로운 관점에서 읽을 필요가 있다.

비트겐슈타인이 문법적 고찰들을 통해 일상 언어로 되돌려 보냄으로써 해소하려 한 철학적 문제들은 동시에 그가 파악한 시대의 흐름에 깊이 뿌리 박혀 있는 오래된 병들이다. 이 병들을 근원적으로 치료한다는 것은, 그럼으로써 종국에는 더 이상 철학이 따로 필요 없게 되는 단계를 지향하는 것이다. 즉 철학의 진정한 종언이 이루어지는 단계. 그러나 이것은 철학이 삶에 작별을 고하여 떠나는 것이 아니라, 바로 삶 속으로, 세계 속으로 스며들어 우리의 삶 자체를 건강하게 빛내는 가운데 그 역할을 다하는 것이다. 그러니까, 우리의 일상적 삶이 곧 철학적 삶이고 철학적 삶이 곧 일상적인 삶이 되는 단계.

이 점에서 보면, 비트겐슈타인이 꿈꾸었던 단계는 형식상 일찍이 마르크스가 젊은 시절에 다음과 같은 표현 속에서 품었던 이상과 통한다고 할 수도 있을 것이다. 즉 "세계가 철학적으로-됨(Philosophisch-Werden)은 동시에 철학이 현세적으로-됨(Weltlich-Werden)이라는 것, 철학의 실현이 동시에 철학의 상실이라는 것".[34] 그러나 비트겐슈타인은 마르크스가 이러한 꿈의 실현을 위해 취한 길, 즉 정치-경제학적 비판에 기초한 사회적 토대의 실천적 변혁이라는, 비록 혁명적이지만 여전히 과학과 산업에 기초한 서구 문명의 진보를 추구하는 길과는 사뭇 다른 길을 염

---

34 Marx & Engels(1968) p.328. 이러한 생각은 마르크스의 "포이어바흐에 관한 테제" 3과 11에도 반영된다. 그리고 Read(2002)에 의하면, 비트겐슈타인과 마르크스의 철학관의 유사성은 초기에 한정되지 않는다.

두에 두었다. 그의 길은 (부분적으로 스라파와 같은 마르크스주의자 친구들의 영향을 받았지만[35]) 과학적 방법에 의한 진리와 진보의 확대 실현보다는 문법적 해명을 통한 뜻과 명료성의 실현, 즉 우리의 언어가 삶과 유리되지 않고 뜻을 회복함으로써 의미가 충만해지는 삶을 추구하는 것이었다. 이러한 그의 길은 (단지 암시적인 데 머물러 있다고 보이는 측면들이 있음에도 불구하고) 분명 새롭고 또 어떤 뜻에서 혁명적이기도 하다.[36] 그러나 그것은 지혜의 사랑이라는 철학의 본래적 정신에는 여전히, 또는 오히려 더, 충실한 길이었다고 할 수도 있을 것이다.[37]

---

35 이영철(1999) 참조.

36 이런 면은 가령 램지에 대한 그의 다음과 같은 흥미로운 평가 방식에서도 엿볼 수 있다: "램지는 부르주아 철학자였다. 즉 그의 사상은 주어진 공동체 내의 것들을 정돈하려는 목적을 지니고 있었다. 그는 국가의 본질에 관해서는 반성하지 않았고—또는 어쨌든 그런 일을 내켜하지 않았고—오히려 이 국가가 어떻게 이성적으로 정리될 수 있는가에 관해서 반성하였다. 이 국가가 유일하게 가능한 국가가 아닐지도 모른다는 생각은 부분적으로 그를 불안하게 하였고, 또 부분적으로는 그를 지루하게 하였다. 그는 가능한 한 빨리 기초—이 국가의—에 관해 반성하는 데로 가고자 하였다. 여기에 그의 능력과 본래의 관심이 놓여 있었다. 반면 진정한 철학적인 숙고는, 그가 그 숙고의 결과—만일 그런 것이 있다면—를 별 내용이 없는 것으로 제쳐 놓기까지는, 그를 불안하게 하였다."(CV 62쪽.)

37 소박하게 말하자면, 그 길은 아마도 "primum vivere, deinde philosophari(첫째는 사는 것이고, 그 다음은 철학하는 것이다.)"라는 오래된 말 속에 들어 있는 정신과 연결된다고 할 수 있을 것이다. (비트겐슈타인은 저 말과 비슷하게, "먼저 살아야 한다.—그러면 또한 철학을 할 수 있다"(DW, p.93)라고 말한 바 있다.) 그 말은 삶과 유리된 사변적이고 이론적인 철학에 대한 비판으로서 우선 이해될 수 있지만, 그 말은 또한 철학하지 않는 삶, 음미되지 않는 삶을 사는 것에 대한 비판도 동시에 포함하고 있다고 볼 수 있고, 그런 한에서는 결국 소크라테스의 정신에까지 연결된다고 볼 수 있을 것이다.

인용문헌

1. 비트겐슈타인의 글들과 강의 기록들 (왼편은 해당 문헌의 출처 표시를 위한 약호들)

AWL = *Wittgenstein's Lectures: Cambridge 1932-1935*, A. Ambrose ed., (Oxford: Blackwell, 1979).

BB = *The Blue and Brown Books*, 2nd Edition, (Oxford: Blackwell, 1969). /《청색 책·갈색 책》, 이영철 옮김, (서울: 책세상, 2006).

BF = *Bemerkungen über die Farben/Remarks on Colour*, (Oxford: Blackwell, 1977 /《색채에 관한 소견들》(이영철 옮김), 서울: 필로소픽, 2019.

BGM = *Bemerkungen über die Grundlagen der Mathematik*, Werkausgabe 6, (Frankfurt am M.: Suhrkamp, 1984) / *Remarks on the Foundations of Mathematics*, 3rd Edition, G. E. M. Anscombe tr., (Oxford: Blackwell, 1978) /《수학의 기초에 관한 고찰》(BGM 2판의 번역), 박정일 옮김, (서울: 서광사, 1997).

BPP1 = *Bemerkungen über die Philosophie der Psychologie, Bd. 1/Remarks on the Philosophy of Psychology, vol. I*, (Oxford: Blackwell, 1980).

BPP2 = *Bemerkungen über die Philosophie der Psychologie, Bd. II/Remarks on the Philosophy of Psychology, vol. II*, (Oxford: Blackwell, 1980).

CLD = *Wittgenstein in Cambridge: Letters and Documents 1911-1951*, B. McGuinness ed., (Oxford: Blackwell, 2008).

CV = *Vermischte Bemerkungen/Culture and Value*, rev. ed., (Oxford: Blackwell, 1994) /《문화와 가치》, 이영철 옮김, (서울: 책세상, 2006).

DB = *Denkbewegungen: Tagebücher 1930-1932, 1936-1937*, (Frankfurt a. M.: Fischer).

GB = "Bemerkungen über Frasers *Golden Bough*/Remarks on Fraser's *Golden Bough*",

PO, pp.118-155에 수록 / "프레이저의《황금가지》에 관한 소견들",《소품집》, 이
영철 편역, (서울: 책세상, 2006), 37-64쪽.

LC   = *Lectures and Conversations on Aesthetics, Psychology and Religious Belief*, (Oxford:
Blackwell, 1966 /《미학·종교적 믿음·의지의 자유 및 프로이트에 관한 강의와
대화》(이영철 편역), 서울: 필로소픽, 2016.

LE   = "A Lecture on Ethics", PO pp.37-44 / "윤리학에 관한 강의",《소품집》, 이영철
편역, (서울: 책세상, 2006), 23-36쪽.

LF   = "Letters to Ludwig von Ficker", C. C. Luckhardt ed., *Wittgenstein: Sources and
Perspectives*, (Ithaca, N.Y. : Cornell University Press, 1979), 82-98쪽.

LFM = *Wittgenstein's Lectures on the Foundations of Mathematics: Cambridge 1939*, C.
Diamond ed., (Univ. of Chicago Pr., 1976) /《비트겐슈타인의 수학의 기초에 관
한 강의》, 박정일 옮김, (서울: 사피엔스21, 2010).

LO   = *Letters to C. K. Ogden*, (Oxford: Blackwell, 1973).

LPE = "Notes for Lectures on 'Private Experience' and 'Sense Data'", PO pp.202-288
/ "'사적 경험'과 '감각 자료'에 관한 강의를 위한 노트",《소품집》, 이영철 편역,
(서울: 책세상, 2006, 95-232쪽).

LPP = *Wittgenstein's Lectures on Philosophical Psychology 1946-47*, (London: Harvest-
er, 1988).

LS1 = *Letzte Schriften über die Philosophie der Psychologie I/Last Writings on The Phi-
losophy of Psychology, vol. 1*, (Oxford: Blackwell, 1982).

LS2 = *Letzte Schriften über die Philosophie der Psychologie, Bd.2/Last Writings on The
Philosophy of Psychology, vol. 2*, (Oxford: Blackwell, 1992).

LWL = *Wittgenstein's Lectures, Cambridge 1930-1932*, D. Lee ed., (Oxford: Blackwell,
1980).

NB   = *Notebooks 1914-1916*, 2nd Edition, (Oxford: Blackwell, 1979).

NPL = "Notes for the 'Philosophical Lecture'", PO pp.447-458 / "'철학적 강의'를 위
한 노트",《소품집》, 이영철 편역, (서울: 책세상, 2006), 289-307쪽.

P   = "Philosophie/Philosophy", PO pp.160-199 / "철학",《소품집》, 이영철 편역,

(서울: 책세상, 2006), 65-94쪽.

PB　= *Philosophische Bemerkungen*, Werkausgabe Bd. 2, (Frankfurt a. M.: Suhrkamp, 1984) / *Philosophical Remarks*, R. Hargreaves & R. White tr., (Oxford: Blackwell, 1975).

PG　= *Philosophische Grammatik*, Werkausgabe Bd. 4, (Frankfurt a. M.: Suhrkamp, 1984) / *Philosophical Grammar*, A. Kenny tr., (1974).

PO　= *Philosophical Occasions 1912-1951*, J. Klagge & A. Nordmann eds., (Indianapolis & Cambridge: Hackett, 1993) /《소품집》, 이영철 편역, (서울: 책세상, 2006): PO의 4, 5, 7, 9, 10, 12, 14장 번역.

PU　= *Philosophische Untersuchngen*, kritische-genetische Edition, (Frankfurt a. M.: Suhrkamp, 2001) / *Philosophical Investigations*, 3rd Edition, G. E. M. Anscombe tr., (Oxford: Blackwell, 1967); 4th Edition, G. E. M. Anscombe, P. M. S. Hacker and J. Schulte tr., (Oxford: Blackwell, 2009) /《철학적 탐구》, 이영철 옮김, (서울: 책세상, 2006).

RLF　= "Some remarks on logical form", PO pp.29-35 / "논리적 형식에 관한 몇 가지 소견",《소품집》, 이영철 편역, (서울: 책세상, 2006), 13-22쪽.

TLP　= *Logisch-philosophische Abhandlung / Tractatus logico-philosophicus* (kritische Edition) (Prototractatus 수록), B. McGuinness & J. Schulte eds., (Frankfurt a. M.: Suhrkamp, 1989) / *Tractatus logico-philosophicus*, C. K. Ogden tr., (London: RKP, 1922); D. F. Pears & B. F. McGuiness tr., (1960) /《논리-철학 논고》, 이영철 옮김, (서울: 책세상, 2006).

ÜG　= *Über Gewissheit/On Certainty*, (Oxford: Blackwell, 1969) /《확실성에 관하여》, 이영철 옮김, (서울: 책세상, 2006).

UW　= "Ursache und Wirkung: Intuitives Erfassen/Cause and Effect: Intuitive Awareness", PO pp.370-426 / "원인과 결과: 직관적 포착",《소품집》, 이영철 편역, (서울: 책세상, 2006), 233-288쪽.

WN　= *Wittgenstein's Nachlass*, (Oxford Univ. Pr., 2000) (CD-Rom)

WWK = *Wittgenstein und der Wiener Kreis*, Werkausgabe Bd. 3, (Frankfurt a. M.:

Suhrkamp, 1984) / *Wittgenstein and the Vienna Circle*, J. Schulte & B. McGuiness tr., (Oxford; Blackwell, 1979).

Z   = *Zettel*, Werkausgabe Bd. 8, (Frankfurt a. M.; Suhrkamp, 1984) / *Zettel*, 2nd. ed., (Oxford; Blackwell, 1981) /《쪽지》, 이영철 옮김, (서울: 책세상, 2006).

2. 기타 문헌들

가라타니 코오진(1998),《탐구 1》, 송태욱 옮김, (서울: 새물결).

강진호(2007), "《논리-철학 논고》의 '중대한 오류들'",《철학적 분석》15호, 127-157쪽.

_____(2009), "그림이론?",《철학적 분석》19호, 1-41쪽.

김광수(2002), "설명과 기술: 후기 비트겐슈타인의 철학관 비판",《철학연구》56집, 5-21쪽.

김이균(2009), "비트겐슈타인과 의식의 귀속",《철학적 분석》19호, 43-64쪽.

김화경(2006), "실천적 확실성: 축-명제들의 지위와 역할",《철학적 분석》13호, 51-77쪽.

남기창(1995), "크루소의 언어는 사적 언어인가?",《언어철학연구 I》, (서울: 현암사), 211-251쪽.

_____(1999), "후기 비트겐슈타인 철학에서의 의미론과 인식론 사이의 관계",《철학》58집, 283-304쪽.

박병철(2001), "지식과 확실성: 인식론적 문제에 대한 비트겐슈타인의 설명",《철학적 분석》4호, 43-64쪽.

_____(2008), "비트겐슈타인과 관상",《철학》97집, 93-117쪽.

_____(2009), "비트겐슈타인의《확실성에 관하여》다시 보기",《철학적 분석》19호, 89-117쪽.

_____(2010), "비트겐슈타인과 종교적 믿음",《철학연구》91집, 123-147쪽.

박정일(2006), "비트겐슈타인과 유아론",《논리연구》제9집, 59-98쪽.

_____(2012), "비트겐슈타인의 논리주의 비판",《철학사상》43호, 257-284쪽.

이승종(1995), "인간의 얼굴을 한 자연주의", 《철학연구》36집, 205-227쪽.

_____(2002), 《비트겐슈타인이 살아 있다면》, (서울: 문학과지성사).

이상룡(2012), "비트겐슈타인과 고립된 언어", 《대동철학》61집, 311-335쪽.

이영철(1991), 《진리와 해석》, (서울: 서광사).

_____(1995), "비트겐슈타인의 규칙 따르기 논의와 콰인-데이빗슨의 의미 불확정성
론", 《철학》44집, 133-162쪽.

_____(1998), "이해와 합리성", 한국분석철학회편, 《합리성의 철학적 이해》, (서울: 철
학과 현실사), 1998, 73-99쪽.

_____(1999), "비트겐슈타인과 마르크스의 언어관", 《시대와 철학》19호, 146-175쪽.

하상필(2011), "비트겐슈타인의 철학과 '관상'", 《철학논총》64, 455-480쪽.

Atkinson, J. R.(2009), *The Mystical in Wittgenstein's Early Writings*, (London & New
York: Routledge).

Arnswald U.(2001), "Das Paradox der Ethik — 'Sie lässt alles, wie es ist'", Arnswald U.
& A. Weiberg eds., *Der Denker als Seiltänzer: Ludwig Wittgenstein über Religion,
Mystik un Ethik*, (Düsseldorf, 2001), pp.11-33에 수록.

Arrington, R. L.(2001), "'Theology as grammar': Wittgenstein and some critics", R. L.
Arrington & M. Addis eds., *Wittgenstein and Philosophy of Religion*, (London &
New York: Routledge), pp.167-183에 수록

Ayer, A. J.(1954), "Can there be a private language?", S. G. Shanker ed., *Ludwig Wittgen-
stein: Critical Assessments*, v.2, (London: Croom Helm, 1986), pp.239-248에 재
수록.

Baker, G. & Hacker, P. M. S.(1980/2005(2판)), *Wittgenstein: Understanding and Mean-
ing: Volume 1 of An Analytical Commentary on the Philosophical Investigations*,
(Oxford: Blackwell).

_____(1984), *Scepticism, Rules and Language*, (Oxford: Blackwell).

_____(1985/2009(2판)), *Wittgenstein: Rules, Grammar and Necessity; Volume 2 of An
Analytical Commentary on the Philosophical Investigations*, (Oxford: Blackwell).

Bar-Elli, G.(2006), "Wittgenstein on the experience of meaning and the meaning of music", *Philosophical Investigations* 29, pp.217-249.

Bartley III, W. W.(1986), *Wittgenstein*, (London: Century Hutchinson)(초판 1973).

Black, M.(1964). *A Companion to Wittgenstein's Tractatus*, (Cambridge: Cambridge University Press).

Bloor, D.(1997), *Wittgenstein, Rules and Institutions*, (London & New York: Routledge).

Bouveresse, J.(1995), *Wittgenstein Reads Freud: The Myth of the Unconscious*(원제는 *Philosophie, Mythologie et Pseudo-science*), (New Jersey: Princeton Univ. Pr.).

Brockhaus, R. R.(1991), *Pulling Up the Ladder*, (La Salle, Illinois: Open Court).

Budd, M.(1989), *Wittgenstein's Philosophy of Psychology*, (London: Routledge).

Cavell, S.(1988), "Declining decline: Wittgenstein as a philosopher of culture". *Inquiry* 31, pp.253-264.

Chauvier, S.(2007), "Wittgensteinian grammar and philosophy of mind", Moyal-Sharrock ed., (2007), pp.28-49.

Chauviré C.(1989), *Ludwig Wittgenstein*, (Paris: Éditions du Seuil).

_____(2007), "Dispositions or capacities? Wittgenstein's social philosophy of mind", Moyal-Sharrock ed. (2007), pp.128-150.

Clack, B. R.(1999), *An Introduction to Wittgenstein's Philosophy of Religion*, (Edinburgh: Edinburgh Univ. Pr.) / 《비트겐슈타인의 종교철학》, 하영미 옮김, (서울: 서광사, 2015).

Cornish, K.(1998), *The Jew of Linz*, (London: Century) / 《비트겐슈타인과 히틀러》, 남경태 옮김, (서울: 그린비, 2007).

Davidson, D.(2001), *Subjective, Intersubjective, Objective*, (Oxford: Clarendon).

DeAngelis, W. J.(2007), *Ludwig Wittgenstein - A Cultural Point of View*, (Aldershot: Ashgate).

Deleuze, G.(1999),《의미의 논리》이정우 옮김, (서울: 한길사).

_____& F. Guattari(1991), *What is Philosophy?* (New York: Columbia Univ. Pr.)

Derrida, J.(1981), *Positions*, (Chicago: Univ. of Chicago Pr.).

_____(1982), *Margins of Philosophy*, (Chicago: Univ. of Chicago Pr.).

Descartes, R.(2011),《성찰》, 양진호 옮김, (서울: 책세상).

Drury, M. O'C.(1976), "Some notes on conversations with Wittgenstein", Rhees ed., (1984), pp.76-171.

Eagleton, T.(1982), "Wittgenstein's friends", *New Left Review* 135, pp.64-90.

Engelmann, P.(1970), *Ludwig Wittgenstein. Briefe und Begegnungen*, (Wien & München: R. Oldenbourg).

Finch, H. L.(1977), *Wittgenstein—The Later Philosophy*, (New Jersey: Humanities Pr.).

Fogelin, R. J.(1976; 1987(수정판)), *Wittgenstein*, (London: RKP).

Frascolla, P.(1994), *Wittgenstein's Philosophy of Mathematics*, (London & New York: Routledge).

_____(2007), *Understanding Wittgenstein's Tractatus*, (London & New York: Routledge).

Frazer, J. G.(2003),《황금가지》, 이용대 옮김, (서울: 한겨레출판).

Fromm, S.(1988),《칸트 대 비트겐슈타인》, 김용정·배의용 옮김, (서울: 동국대학교출판부).

Gadamer, H.-G.(1960), *Wahrheit und Methode*, (Tübingen: J. C. B. Mohr).

_____(1986), *Gesammelte Werke Bd.2*, (Tübingen: J. C. B. Mohr).

Garver, N.(1994), *This Complicated Form of Life*, (Chicago: Open Court).

Genova, J.(1995), *Wittgenstein: A Way of Seeing*, (London: Routledge).

Gill, J. H.(1996), *Wittgenstein and Metaphor*, (New Jersey: Humanities).

Glock, H.-J.(1996a), *A Wittgenstein Dictionary*, (Oxford: Blackwell).

_____(1996b), "Necessity and normativity", H. Sluga & D. G. Stern eds., *The Cambridge Companion to Wittgenstein*, (Cambridge: Cambridge Univ. Pr., 1996), pp.198-225.

_____ ed.(2001), *Wittgenstein: A Critical Reader*, (Oxford: Blackwell).

_____(2006), "Thought, language, and animals", Kober, M. ed., (2006), pp.139-160.

Goldstein, L.(2004), "What does 'experiencing meaning' mean?", in D. Moyal-Sharrock ed. (2004a), pp.107-123.

Gustafsson, M.(2004), "The rule-follower and his community: remarks on an apparent tension in Wittgenstein's discussion of rule-following", *Language Sciences* 26, pp.125-145.

Habermas, J.(1983), "Die Philosophie als Platzhalter und Interpret", *Moralbewusstsein und kommunikatives Handeln*, (Frankfurt a. M.: Suhrkamp), pp.9-28.

_____(1999), *Wahrheit und Rechtfertigung*, (Frankfurt a. M.: Suhrkamp) / 《진리와 정당화》, 윤형식 옮김, (서울: 나남, 2008).

Hacker, P. M. S.(1972/1986(2판)), *Insight and Illusion: Themes in the Philosophy of Wittgenstein*, (Oxford: Oxford Univ. Pr.).

_____(1996a), *Wittgenstein's Place in 20th Century*, (Oxford: Blackwell).

_____(1996b), *Wittgenstein: Mind and Will; Volume 4 of An Analytical Commentary on the Philosophical Investigations* (Oxford: Blackwell).

_____(2001), 《비트겐슈타인》, 전대호 옮김, (서울: 궁리).

Hallet, G.(1967), *Wittgenstein's Definition of Meaning As Use*, (New York: Fordham Univ. Pr.).

Harré, R. & M. A. Tissaw(2005), *Wittgenstein and Psychology: A Practical Guide*, (Aldershot: Ashgate).

Harris, R.(1988), *Language, Saussure, and Wittgenstein*, (London: Routledge).

Heaton, J. M.(2002) 《비트겐슈타인과 정신분석》 전대호 옮김, (서울: 이제이북스).

Hegel, G. W.(2005), 《정신현상학 I》 임석진 옮김, (서울: 한길사).

Heidegger, M.(1956), "철학, 그것은 무엇인가?", 《동일성과 차이》, 신상희 편역, (서울: 민음사, 2000), 73-101쪽 수록.

_____(1969), "Das Ende der Philosophie und die Aufgabe des Denkens", *Zur Sache des Denkens*, (Tübingen: Max Niemeyer Verlag), pp.61-80 / "철학의 종언과 사유의 과제", 하이데거, 《사유의 사태로》, 신상희 옮김 (서울: 민음사, 2008), 141-178쪽.

_____(1998), 《존재와 시간》, 이기상 옮김, (서울: 까치).

Heyes, C. J. ed.(2003), *The Grammar of Politics: Wittgenstein and Political Philosophy*,

(Ithaca: Cornell Univ. Pr.).

Hintikka, J.(1996), *Ludwig Wittgenstein: Half-Truths and One-And-Half-Truths*, (New York & Dordrecht: Kluwer).

_____, M. B. & J.(1986), *Investigating Wittgenstein*, (Oxford: Blackwell).

Höhler, P.(2008), *Wittgenstein als Politischer Philosoph*, (Hamburg: Diplomica).

Hudson, D.(1968), *Ludwig Wittgenstein: The Bearing of his Philosophy upon Religious Belief*, (London: Lutterworth).

Ishiguro, H.(1969), "Use and reference of names", P. Winch ed., *Studies in the Philosophy of Wittgenstein*, (London: RKP, 1969), pp.20-50.

_____(2001), "The so-called picture theory: language and the world in Tractatus Logico-Philosophicus", H.-J. Glock ed., (2001), pp.26-46.

Janik, A. & S. Toulmin(1973), *Wittgenstein's Vienna*, (New York & London: A Touchstone Book) /《빈, 비트겐슈타인, 그 세기말의 풍경》, 석기용 옮김, (서울: 이제이북스, 2005).

Jarman, D.(1993), *Wittgenstein: The Terry Eagleton Script and the Derek Jarman Film*, (London: BFI).

Johnston, P.(1993), *Wittgenstein: Rethinking the Inner*, (London & New York: Routledge).

Joubert, J.-M.(1995), "Wittgenstein, Dieu et le monde", R. Bouveresse-Quilliot ed., *Visages de Wittgenstein*, (Paris: Beauchesne, 1995), pp.149-168.

Kant, I.(1956), *Kritik der Reinen Vernunft*, (Hamburg: Felix Meiner) /《순수이성비판》, 최재희 옮김, (서울: 박영사, 1983).

Kenny, A.(1981), "Wittgenstein's early philosophy of mind", I. Block ed., *Perspectives on the Philosophy of Wittgenstein*, (Oxford: Blackwell), pp.140-147.

_____(1982), "Wittgenstein on the nature of philosophy", B. McGuiness ed., (1982), pp.1-26.

Kerr, F.(1986), *Theology after Wittgenstein*, (Oxford: Blackwell).

Kitching, G. & N. Pleasants eds.(2002), *Wittgenstein and Marx: Knowledge, Morality and*

Politics, (London: Routledge).

Kober, M.(2006), "Wittgenstein and religion", M. Kober ed., (2006), pp.87-116.

_____ ed.(2006), *Deepening Our Understanding of Wittgenstein*, (Amsterdam & New York: Rodopi).

Kripke, S.(1982), *Wittgenstein on Rules and Private Language*, (Oxford: Blackwell) /《비트겐슈타인: 규칙과 사적 언어》, 남기창 옮김, (서울: 철학과 현실사, 2008).

Lacatos, I.(1996),《수학, 과학 그리고 인식론》, 이영애 옮김, (서울: 민음사).

Lafont, C.(1999), *The Linguistic Turn in Hermeneutic Philosophy*, (Massachusetts: MIT).

Lange, E. M.(1998), *Ludwig Wittgenstein: Philosophische Untersuchungen*, (Paderborn: Schöningh).

Lazenby, J. M.(2006), *The Early Wittgenstein on Religion*, (London: Continuum).

Lütterfelds, W.(1995), "Das 'Durcheinander' des Sprachspiele: Wittgensteins Auflösung der Mentalismus-Alternative", E. v. Savigny & O. Scholz eds., (1995), pp.107-120.

Malcolm, N.(1958), *Ludwig Wittgenstein: A Memoir*, (Oxford: Oxford Univ. Pr.).

_____(1986), *Nothing is Hidden*, (Oxford: Blackwell).

_____(1987),《마음의 문제》, 류의근 옮김, (서울: 서광사).

_____(1989), 'Wittgenstein on language and rules', 그의 *Wittgensteinian Themes: Essays 1978-1989*, (Ithaca: Cornell Univ. Pr., 1995), pp.145-171.

_____(1994), *A Religious Point of View?*, (Ithaca: Cornell Univ. Pr.).

Marx, K. & F. Engels(1958), *Die Deutsche Ideologie* (MEW 3), (Berlin: Dietz).

_____(1968), MEW EB. 1. (Berlin: Dietz).

McGinn, C.(1984), *Wittgenstein on Meaning*, (Oxford: Basil Blackwell).

McGuinness, B. F.(1966), "The mysticism of the Tractatus", McGuinness(2002), pp.140-159에 재수록.

_____ ed.(1982), *Wittgenstein and his Times*, (Oxford: Blackwell).

_____(2002), *Approaches to Wittgenstein: Collected papers*, (London & New York: Routledge).

Minar, E.(1991), "Wittgenstein and the 'contingency' of community", *Pacific Philosophical Quarterly* 72, pp.203-234.

_____(1995), "Feeling at home in language", *Synthese* 102, pp.413-452

Monk, R.(1990), *Ludwig Wittgenstein,* (London: Jonathan Cape) / 《루트비히 비트겐슈타인: 천재의 의무》, 남기창 옮김, (서울: 문화과학사, 2000).

Moore, G. E.(1959), "Wittgenstein's Lectures in 1930-33", 그의 *Philosophical Papers*, (London: George Allen and Unwin, 1959), pp.252-324에 수록.

Morawetz, T.(1978), *Wittgenstein and Knowledge*, (New Jersey: Humanities).

Morris, M.(2009), *Wittgenstein And The Tractatus Logico-Philosophicus*, (London & New York: Routledge).

Mounce, H. O.(1981), *Wittgenstein's Tractatus: An Introduction*, (Oxford: Blackwell).

Moyal-Sharrock, D.(2004a)(ed.), *The Third Wittgenstein*, (Aldershot: Ashgate).

_____(2004b), "Introduction: the idea of a third Wittgenstein", Moyal-Sharrock, D. ed., (2004a), pp.1-11.

_____(2004c), *Understanding Wittgenstein's On Certainty*, (New York: Palgrave Macmillan).

_____ ed.(2007), *Perspicuous Presentations: Essays on Wittgenstein's Philosophy of Psychology*, (New York: Palgrave Macmillan).

_____ & W. H. Brenner eds.(2005), *Readings of Wittgenstein's On Certainty*, (New York: Palgrave Macmillan).

Mulhall, S.(1990), *On Being in the World*, (London: Routledge).

_____(2007), "Words, waxing and waning: ethics in/and/ of the Tractatus", G. Kahane et. al. eds., *Wittgenstein and His Interpreters*, (Oxford: Blackwell), pp.221-247.

_____(2011), "Wittgenstein on religious belief", O. Kuusela & M. McGinn eds., *The Oxford Handbook of Wittgenstein*, (Oxford: Oxford Univ. Pr.), pp.755-774.

Nietzsche, F.(2002a), 《선악의 저편·도덕의 계보학》, 김정현 옮김, (서울: 책세상).

_____(2002b), 《우상의 황혼》(니체전집 15권 수록), 백승영 옮김, (서울: 책세상).

_____(2004), 《차라투스트라는 이렇게 말했다》, 장희창 옮김, (서울: 민음사).

Nyíri, J. C.(1982), "Wittgenstein's later work in relation to conservatism", B. McGuiness ed. (1982), pp.44-68에 수록.

Pears, D.(1987), *The False Prison*, Vol. 1, (Oxford: Clarendon Pr.).

_____(1988), *The False Prison*, Vol. 2, (Oxford: Clarendon Pr.).

Perloff, M.(1996), *Wittgenstein's Ladder*, (Chicago: Univ. of Chicago Pr.).

Peterson, D.(1990), *Wittgenstein's Early Philosophy: Three Sides of the Mirror*, (London: Harvester Wheatsheaf).

Phillips, D. L.(1977), *Wittgenstein and Scientific Knowledge*, (London: Macmillan).

Peuker, T.(1998), "Das Faktum der Öffentlichkeit unserer Sprache zur Möglichkeit eines reflexiven privatsprachenarguments", W. Kellerwessel & T. Peuker eds., *Wittgensteins Spätphilosophie: Analysen und Probleme*, (Würzburg: Königshausen & Neumann), pp.73-98.

Pinker, S.(1995),《언어본능》, 김한영·문미선·신효식 옮김, (서울: 그린비, 1998).

Plato(1921), *Theaetus, Sophist*, (Loeb Classical Library), (Cambridge, MA.: Harvard Univ. Pr.).

Pradhan, R.C.(2001), "Logical necessity, conventionalism and forms of life", Pradhan ed., *Philosophy of Wittgenstein*, (New Delhi: Decent Books), pp.137-164.

Puhl, K.(1998), "Regelfolgen", E. von Savigny ed., *Ludwig Wittgenstein: Philosophische Untersuchungen*, (Berlin: Der Akademie), pp.119-142.

Putnam, H(1995), *Pragmatism*, (Oxford: Blackwell).

Quine, W. V.(1951), "Two dogmas of empiricism", *From a Logical Point of View*, (Cambridge, MA.: Harvard Univ. Pr., 1953), pp.20-46.

Raatzsch, R.(1998), "Wittgenstein's Philosophieren über das Philosophieren: Die Paragraphen 89 bis 133", E. von Savigny ed., *Ludwig Wittgenstein, Philosophis·he Untersuchungen*, (Berlin: Akademie Verlag), pp.71-96.

Read, R.(2002), "Marx and Wittgenstein on vampires and parasites: a critique of capital and metaphysics", G. Kitching & N. Pleasants eds., *Marx and Wittgenstein*, (New York: Routledge), pp. 254-281.

Read, R. & M. A. Lavery eds.(2011), *Beyond the Tractatus Wars: The New Wittgenstein Debate*, (New York: Routledge).

Rhees, R. ed.(1984), *Recollections of Wittgenstein*, (Oxford: Oxford Univ. Pr.).

Ricken, F.(2010), 《종교철학》, 이종진 옮김, (서울: 하우).

Ricoeur, P.(1994), 《해석 이론》, 조현범 옮김, (서울: 서광사, 1996).

_____(2002), 《텍스트에서 행동으로》, 박병수·남기영 옮김, (서울: 아카넷).

Ritter, J. & Grunder, K. eds.(1989), *Historisches Wörterbuch der Philosophie* Bd.7, (Basel: Schwabe & Co.).

Rorty, R.(1976), "철학의 순수화: 비트겐슈타인에 관한 에세이", 《실용주의의 결과》 김동식 옮김, (서울: 민음사, 1996), pp.103-131.

_____(1979), *Philosophy and the Mirror of Nature*, (New Jersey: Princeton Univ. Pr.).

_____(2007), "Wittgenstein and the linguistic turn", 그의 *Philosophical Papers* 4권. (Cambridge: Cambridge Univ. Pr.), pp.160-175.

Rudd, A.(2005), "Wittgenstein, global scepticism and the primacy of practice", Moyal-Sharrock, D. & Brenner, W. H. eds., (2005), pp.142-161.

Rundle, B.(1990), *Wittgenstein and Contemporary Philosophy of Language*, (Oxford: Blackwell).

Russell, B.(2010; 초판 1903), *Principles of Mathematics*, (London & New York: Routledge).

_____(1926; 초판 1914), *Our Knowledge of the External World*, (London: George Allen & Unwin).

_____(1992), *Theory of Knowledge: The 1913 Manuscript*, (London & New York: Routledge).

Saussure, F.(1990), 《일반언어학 강의》, 최승언 옮김, (서울: 민음사).

Savigny, E. v.(1991), "Self-conscious individual versus social soul: the rationale of Wittgenstein's discussion of rule following", *Philosophy and Phenomenological Research* 51, (1991), pp.67-84.

_____(1994), Wittgensteins "Philosophische Untersuchungen", Bd. I(수정판), (Frankfurt a. M.: Vittorio Klostermann).

_____(1996), *Der Mensch Als Mitmensch: Wittgensteins Philosophische Untersuchungen*, (München: DTV).

_____ & O. Scholz eds.(1995), *Wittgenstein Über die Seele*, (Frankfurt a. M.: Suhrkamp).

Scholz, O. R.(1995), "Wie schlimm ist Bedeutungsblindheit? Zur Kernfrage von PU II xi.", E. v. Savigny & O. Scholz eds.,(1995), pp.213-232.

Schroeder(2005), *Wittgenstein: The Way Out of the Fly-Bottle*, (Cambridge: Polity Pr.).

Schulte, J.(1986), "Wittgenstein and conservatism", S. Shanker ed., *Ludwig Wittgenstein: Critical Assessments* vol.4, (London: Croom Helm, 1986), pp.60-69.

_____(1993), *Experience and Expression: Wittgenstein's Philosophy of Psychology*, (Oxford: Claredon Pr.).

_____(2006), "The pneumatic conception of thought", Kober ed., (2006), pp.39-50.

Shanker, S. G.(2004), "A picture held me captive", E. Ammereller & E. Fischer eds., *Wittgenstein At Work*, (London & New York: Routledge), pp.246-256.

Spengler, O.(1972), *Der Untergang des Abendlandes*, (München: DTV) /《서구의 몰락》, 박광순 옮김, (서울: 범우사, 1995).

Steinvorth, U.(1979), "Wittgenstein, Loos und Karl Kraus", *Zeitschrift für Philosophische Forschung* 33, pp.74-89

Stokhof, M.(2002), *World and Life As One: Ethics and Ontology in Wittgenstein's Early Thought*, (Stanford, CA.: Stanford Univ. Pr.).

Stroll, A.(2005), "Why On Certainty matters", Moyal-Sharrock, D. & Brenner, W. H. eds., (2005), pp.33-46.

Suter, R.(1998),《비트겐슈타인과 철학》, 남기창 옮김, (서울: 서광사).

ter Hark, M.(2001), "The inner and the outer", H.-J. Glock ed., (2001), pp.199-223.

Thornton, T.(1998), *Wittgenstein on Language and Thought*, (Edinburgh: Edinburgh Univ. Pr.).

van der Does J.(2011), *Passed over in Silence: On Wittgenstein's Tractatus and its System*,

(London: College Publications).

von Wright, G. H.(1982), "Wittgenstein in relation to his times", McGuiness ed., (1982), pp.108-120. / "비트겐슈타인과 그의 시대" 비트겐슈타인,《문화와 가치》이영철 옮김, (서울: 천지, 1998), 185-201쪽.

_____(1995), "Wittgenstein and the twentieth century", R. Egidi ed., *Wittgenstein: Mind and Language*, (Dortrecht: Kluwer), pp.1-19.

_____(2006), "Remarks on Wittgenstein's use of the terms 'Sinn', 'sinnlos', 'unsinnig' 'wahr', and 'Gedanke' in the Tractatus", A. Pichler & S. Säätelä eds., *Wittgenstein: The Philosopher and His Works*, (Frankfurt a. M.: Ontos), pp.98-106.

Vossenkuhl, W.(1995), *Ludwig Wittgenstein*, (München: C. H. Beck).

Wachterhauser, B. R.(1986), "Introduction: History and Language in Understanding", Wachterhauser, B. R. ed., *Hermeneutics and Modern Philosophy*, (New York: SUNY), pp.5-61.

Wang, H.(1993), "What is logic?", K. Puhl ed., *Wittgensteins Philosophie der Mathematik*, (Wien: Hölder-Pichler-Tempsky), pp.11-23.

Waismann, F.(1965), *The Principles of Linguistic Philosophy*, R. Harre ed., (London: Macmillan).

White, R. M.(2006), *Wittgenstein's Tractatus Logico-Philosophicus*, (London: Continuum).

Williams, M.(1999), *Wittgenstein, Mind and Meaning. Towards a Social Conception of Mind*, (London & New York: Routledge).

_____(2010), *Blind Obedience: Paradox and Learning in the Later Wittgenstein*, (London & New York: Routledge).

Winch, P.(1958), *The Idea of A Social Science*, (London: RKP).

_____(1994), "Discussion of Malcolm's essay", Malcolm, N. ed.,(1994), pp.95-135.

Wuchterl, K. & A. Hübner(1979), *Ludwig Wittgenstein*, (Hamburg: Rowohlt).

Zemach, E. M.(1995), "Meaning, the experience of meaning and the meaning-blind in Wittgenstein's late philosophy", *Monist* 78, 1995, pp.480-495.

인명 색인

비트겐슈타인의 철학

펴낸날 초판 1쇄 2016년 12월 30일
          초판 3쇄 2019년 8월 5일

지은이 이영철
펴낸이 김현태

펴낸곳 책세상
주소 서울시 마포구 잔다리로 62-1, 3층(04031)
전화 02-704-1251(영업부), 02-3273-1333(편집부)
팩스 02-719-1258
이메일 bkworld11@gmail.com
홈페이지 chaeksesang.com
등록 1975. 5. 21. 제1-517호

ISBN 979-11-5931-094-2 93160

* 잘못된 책은 바꾸어드립니다.
* 책값은 뒤표지에 있습니다.

이 도서의 국립중앙도서관 출판시도서목록(CIP)은 서지정보유통지원시스템 홈페이지
(http://seoji.nl.go.kr)와 국가자료공동목록시스템(http://www.nl.go.kr/kolisnet)에서
이용하실 수 있습니다.(CIP제어번호 : CIP2016031434)